MANDALAS

para mejorar tu concentración

Primera edición: abril de 2024
Segunda edición: octubre de 2024

Av. Diagonal, 662-664, 08034 Barcelona (España)
Libros Cúpula es marca registrada por Editorial Planeta, S. A.
www.planetadelibros.com

ISBN: 978-84-480-4099-4
D. L: B. 1.398-2024

Impresor: Gómez Aparicio
Impreso en España – *Printed in Spain*

MANDALAS

para mejorar tu concentración

LIBROS CÚPULA

¿Estás buscando una forma divertida y relajante de mejorar tu concentración? ¡Tenemos justo lo que necesitas! Bienvenido a *Mandalas para mejorar tu concentración*, el libro perfecto para aquellos que buscan una forma creativa de desconectar del mundo y mejorar su concentración.

Este libro está repleto de diseños circulares llamados «mandalas». Pero no te preocupes, no necesitas ser un experto en meditación para disfrutar de estos diseños. Simplemente elige tus colores favoritos y deja que tu creatividad y tu imaginación se encarguen del resto.

Hemos seleccionado cuidadosamente una variedad de mandalas para ayudarte a lograr diferentes objetivos, desde la relajación hasta la creatividad y la visualización. Cada sección del libro está diseñada para ayudarte a lograr un estado mental diferente y mejorar tu concentración de diferentes maneras.

Además de los mandalas, también encontrarás citas motivadoras para inspirarte mientras coloreas.

Así que si estás buscando una forma divertida y relajante de mejorar tu concentración, ¡este libro es para ti!

¡Coge tus lápices de colores y comencemos a colorear!

ÍNDICE

PARTE 1: PAZ INTERIOR

Sumérgete en un mundo de relajación y bienestar con esta sección de mandalas suaves y relajantes.

PARTE 2: ATENCIÓN PLENA

En esta sección, encontrarás mandalas más complejos y detallados que requerirán de tu atención y tu concentración.

PARTE 3: IMAGINACIÓN

Deja que tu creatividad se desate con esta sección de mandalas libres y abstractos.

PARTE 4: DIVERSIÓN

En esta sección, encontrarás mandalas lúdicos y divertidos que te permitirán disfrutar de la experiencia de colorear mientras te relajas y desconectas del mundo.

PARTE 5: VISUALIZACIÓN

En esta sección, encontrarás mandalas diseñados para fomentar la visualización creativa y la manifestación de objetivos.

PAZ INTERIOR

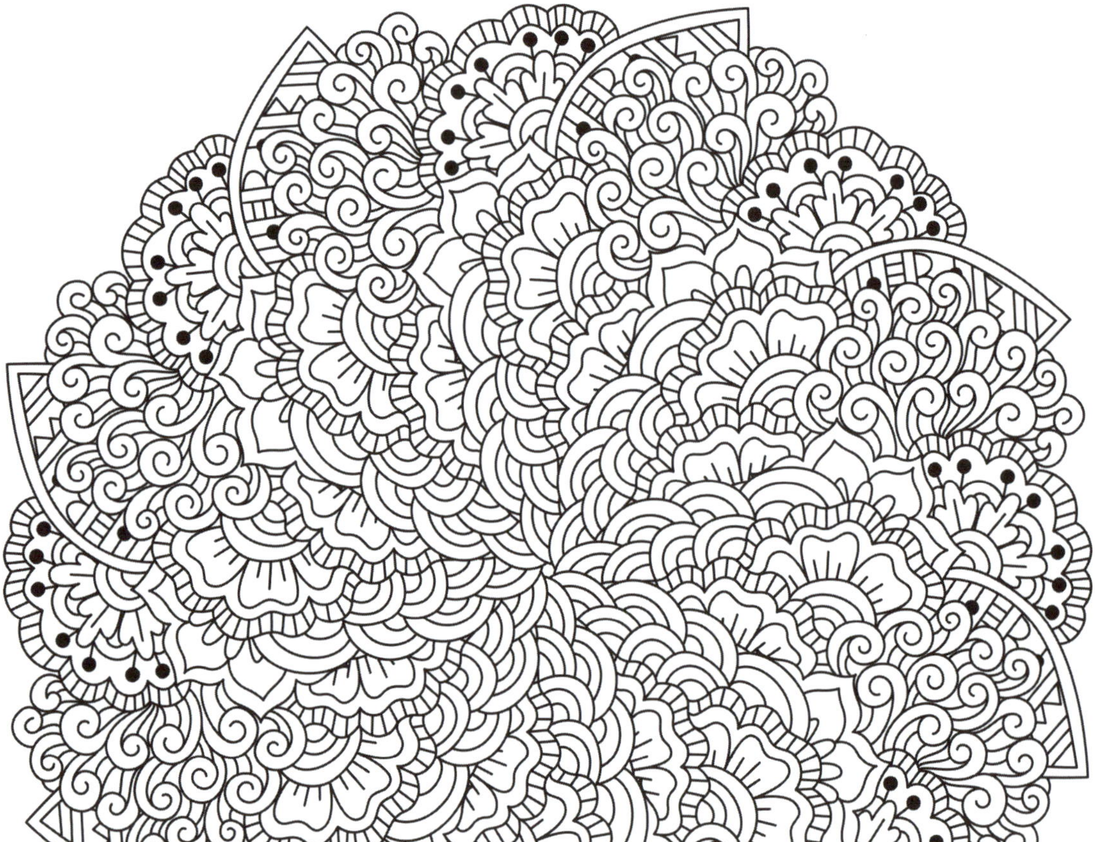

La creatividad es la inteligencia divirtiéndose.

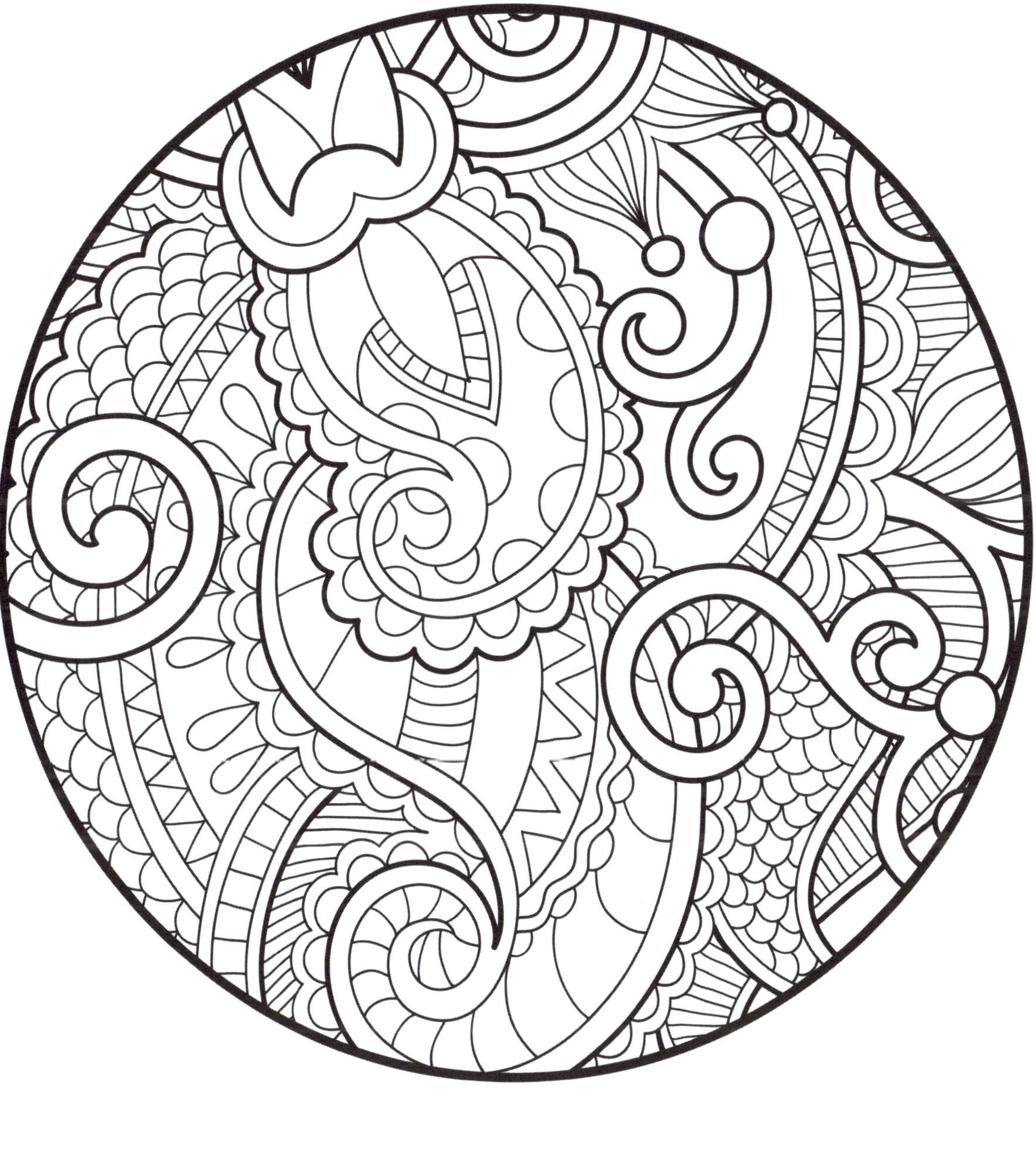

La concentración es la raíz de todas
las habilidades en el hombre.

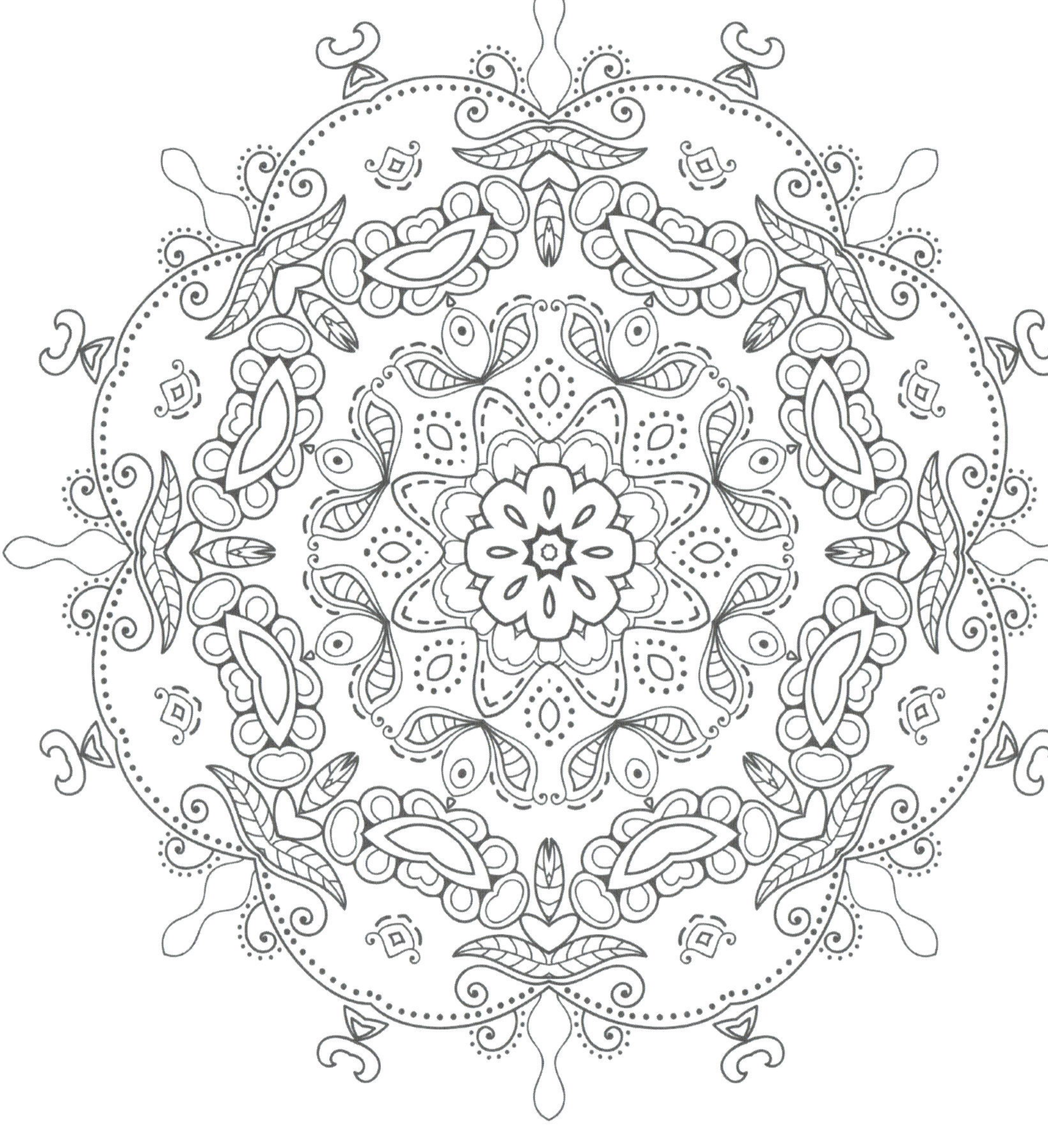

La creatividad es permitirte a ti mismo cometer errores.
El arte es saber cuáles mantener.

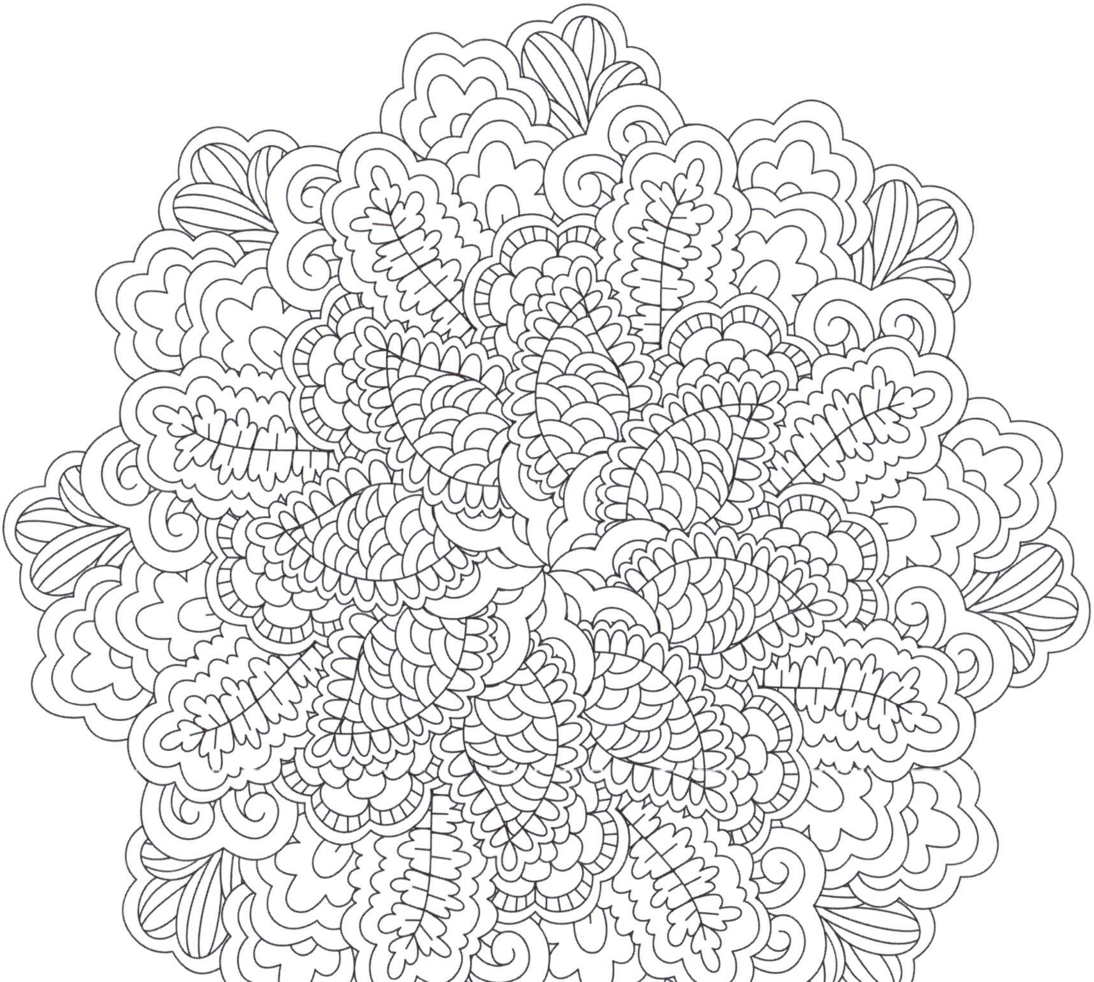

La atención plena es la capacidad
de estar presente en el momento presente.

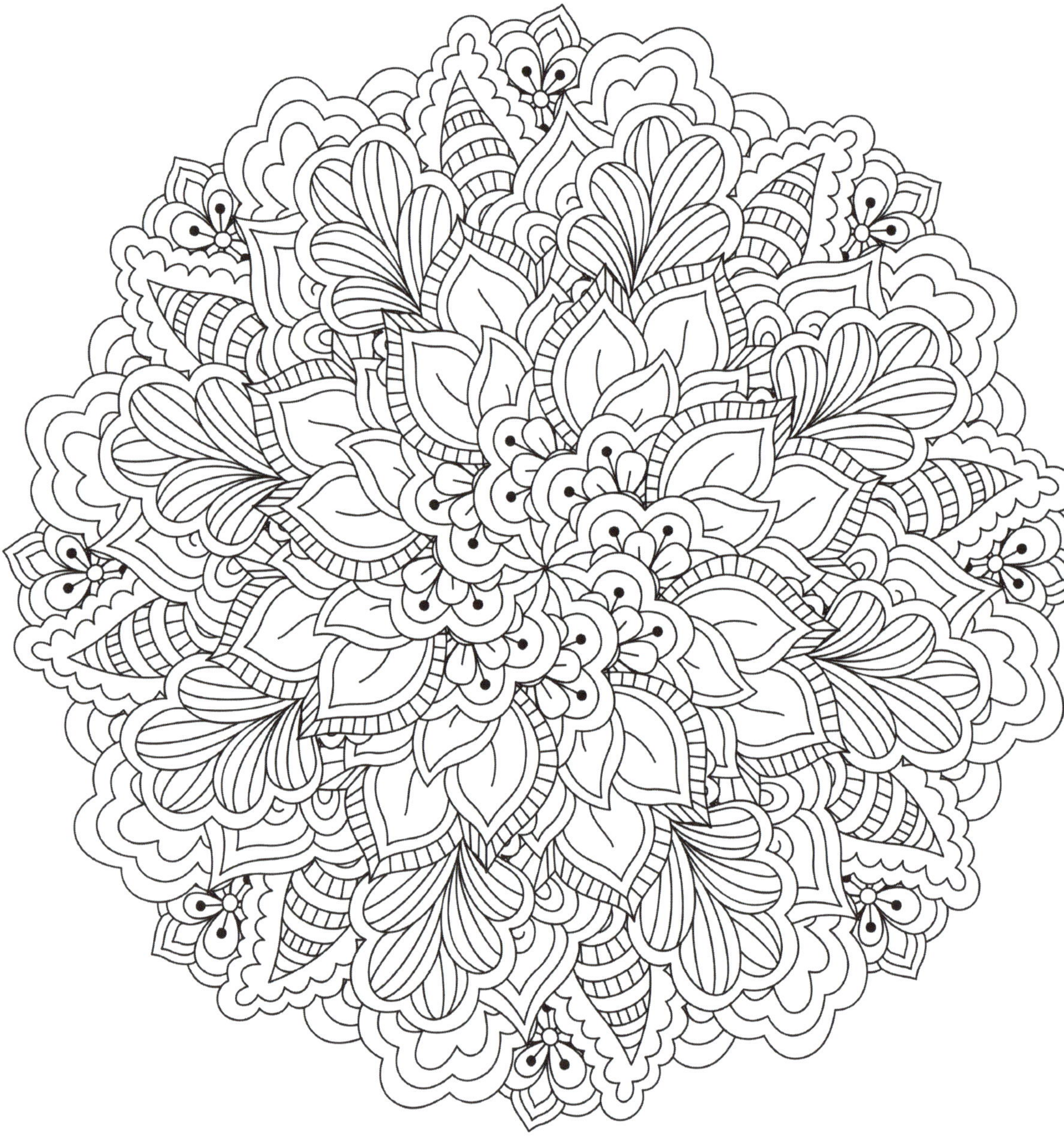

La imaginación es la única arma
en la guerra contra la realidad.

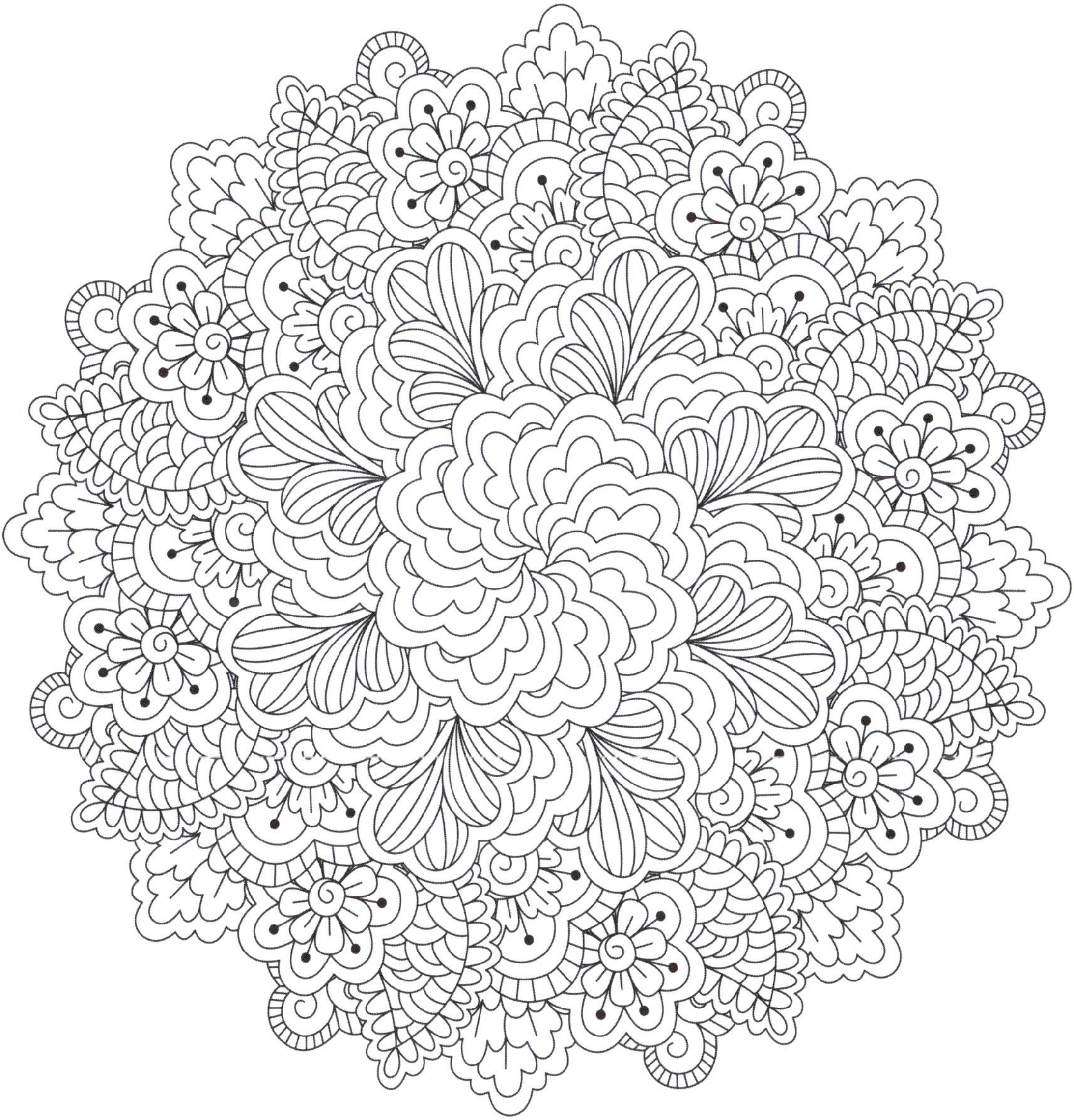

La diversión es una de las partes más importantes de la vida.

La visualización es el primer paso
para la realización.

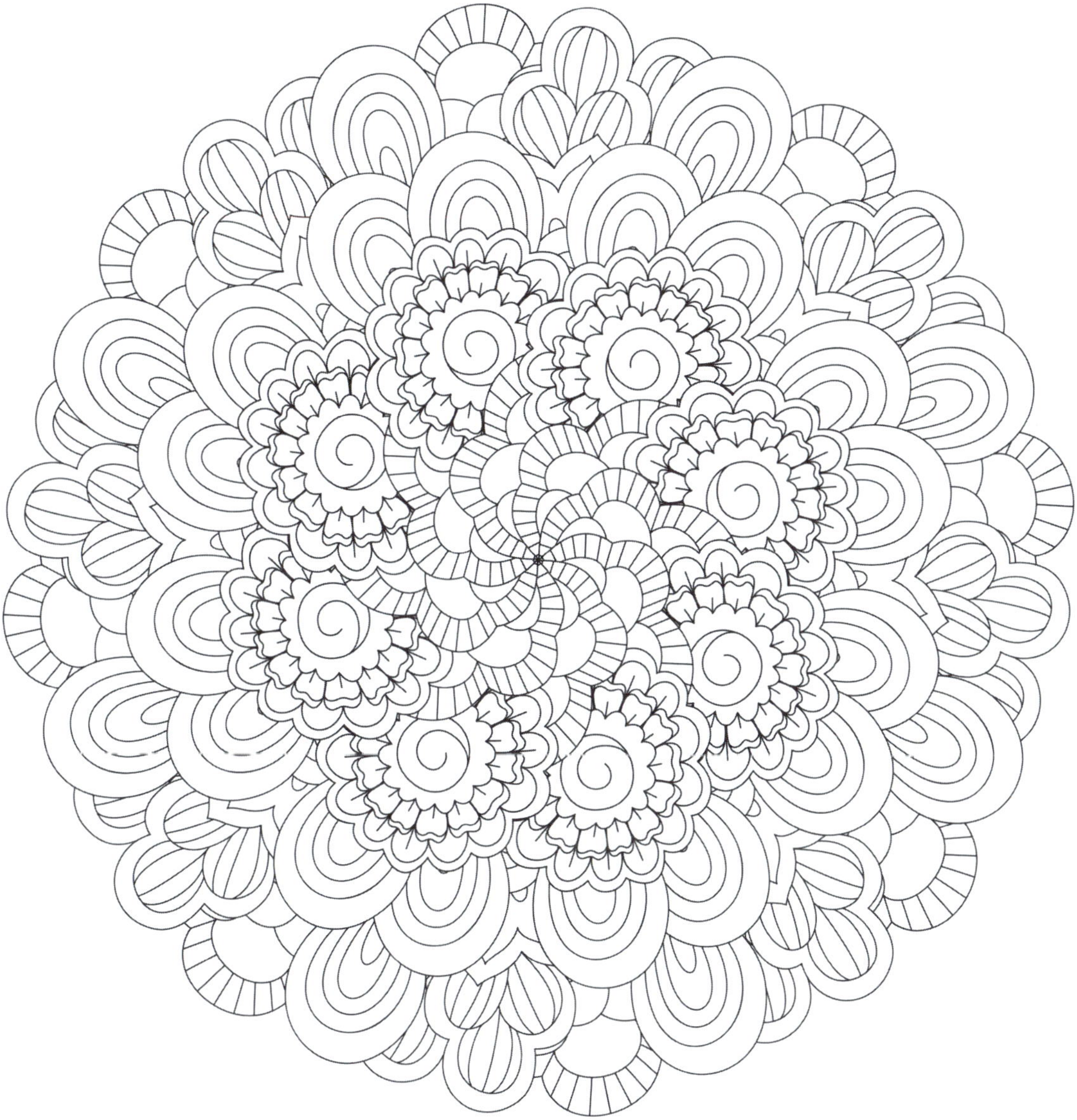

La paz interior comienza con una sonrisa.

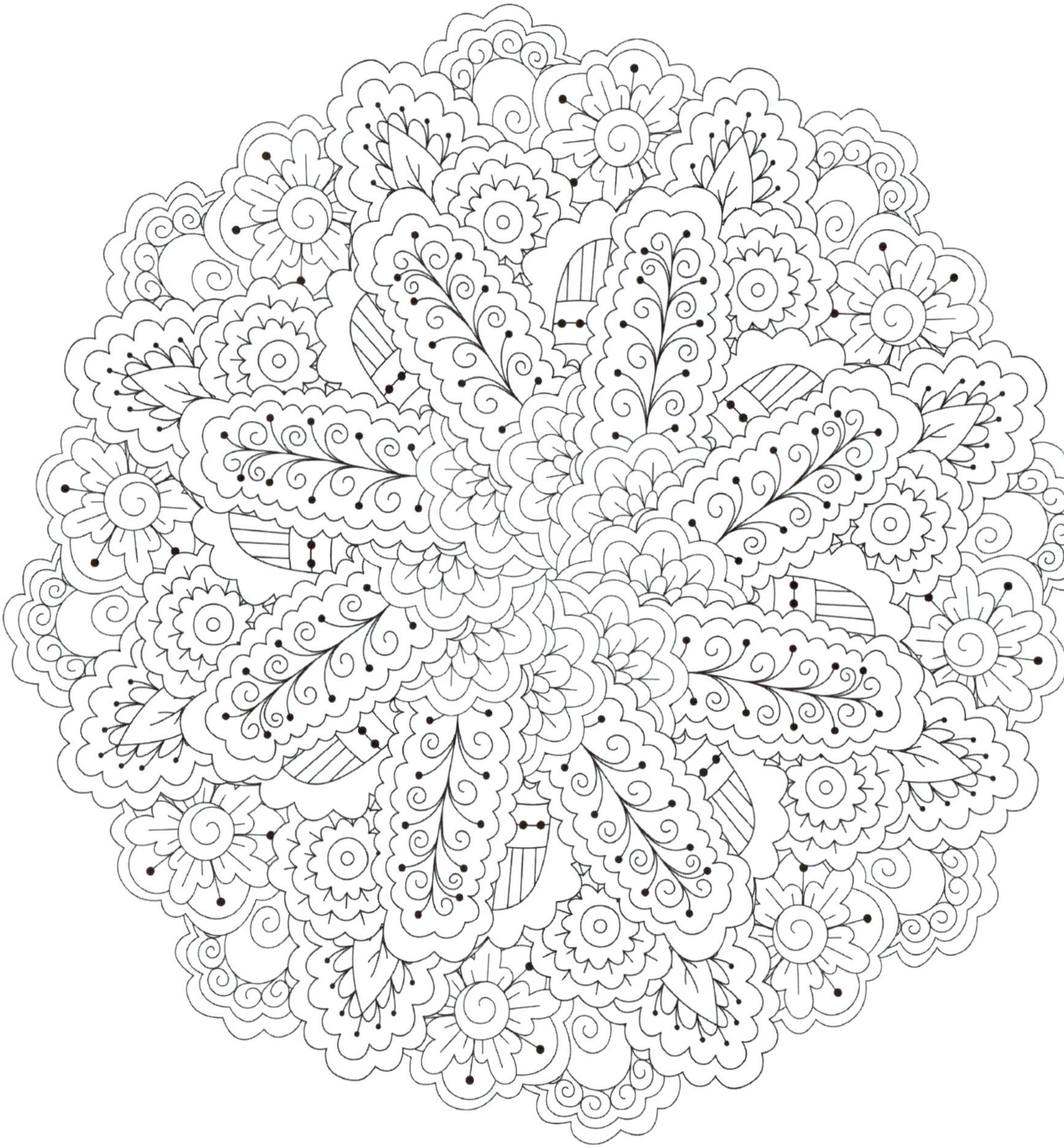

La concentración y el enfoque
son los secretos del éxito.

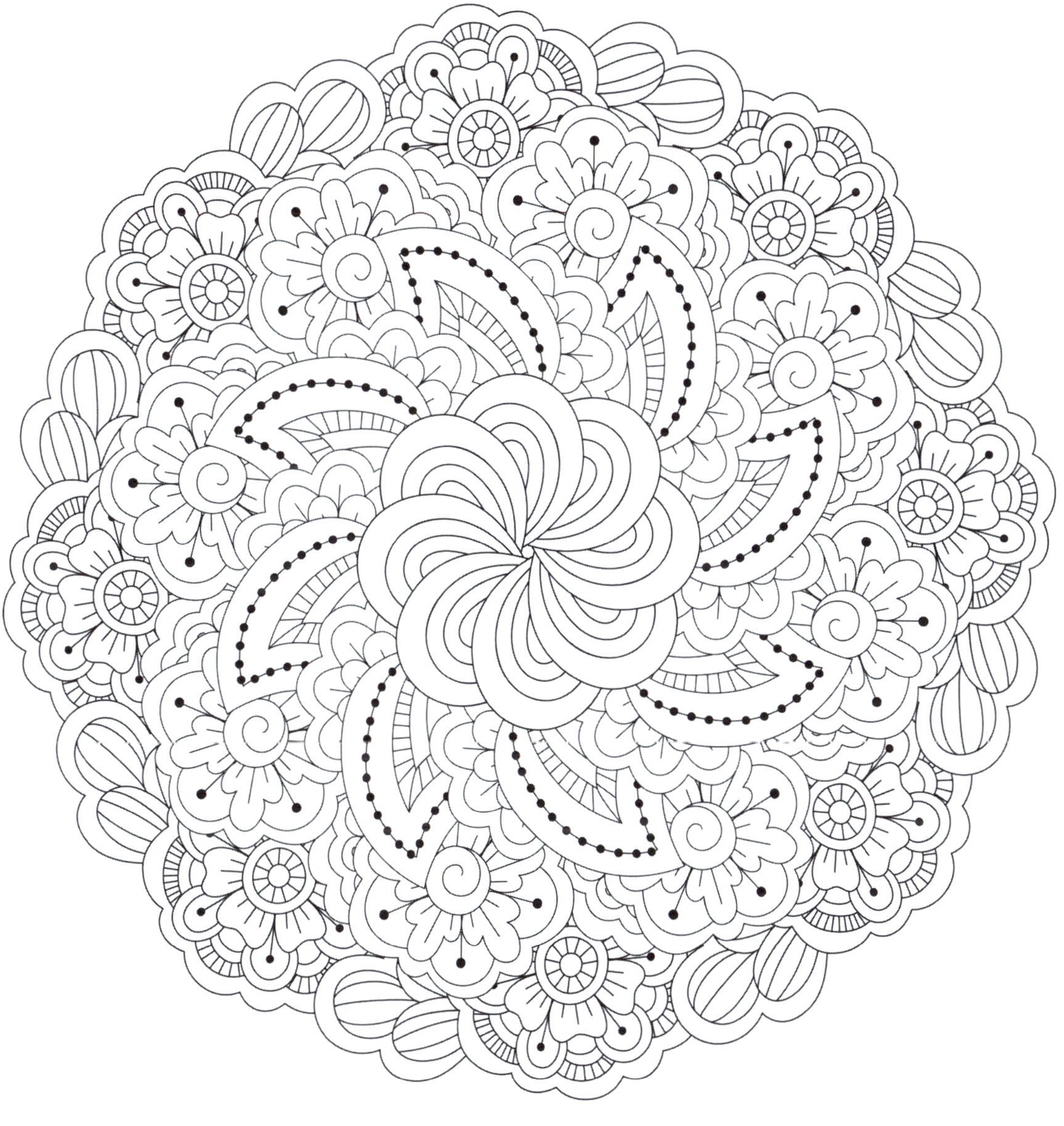

La creatividad es la fuerza
más importante en el mundo.

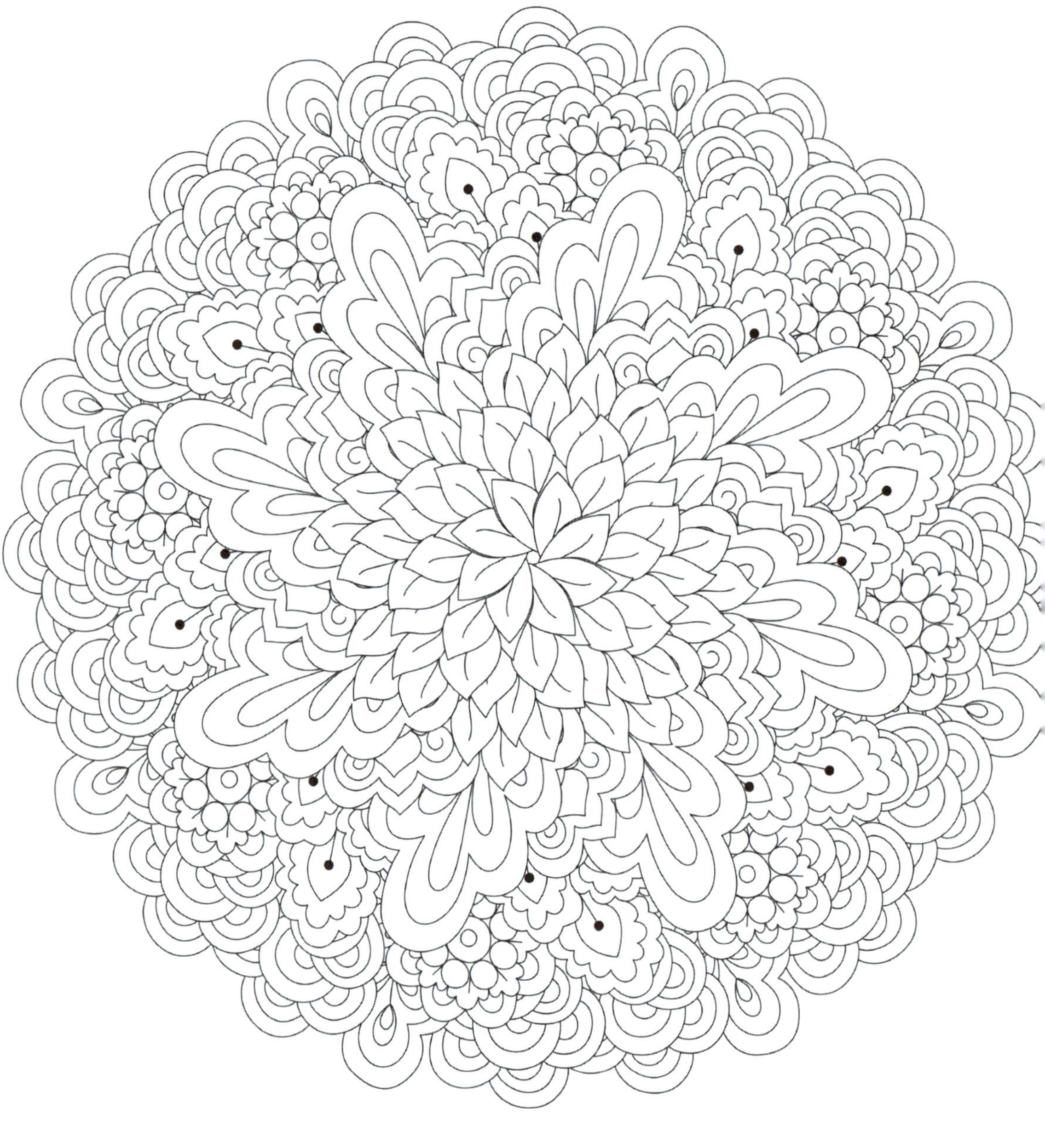

El arte de la concentración
es el arte de la eliminación.

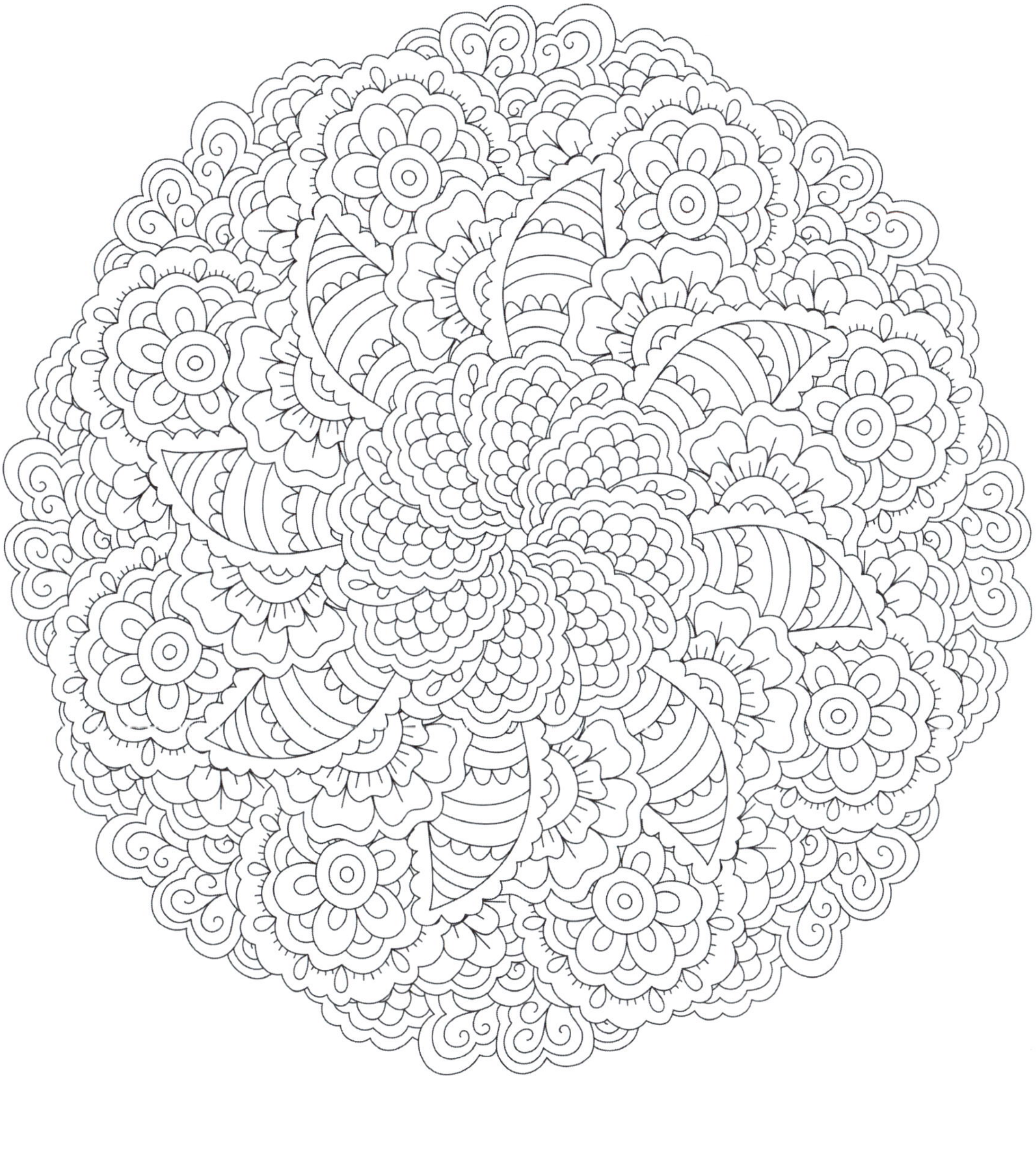

La creatividad es contagiosa, pásala.

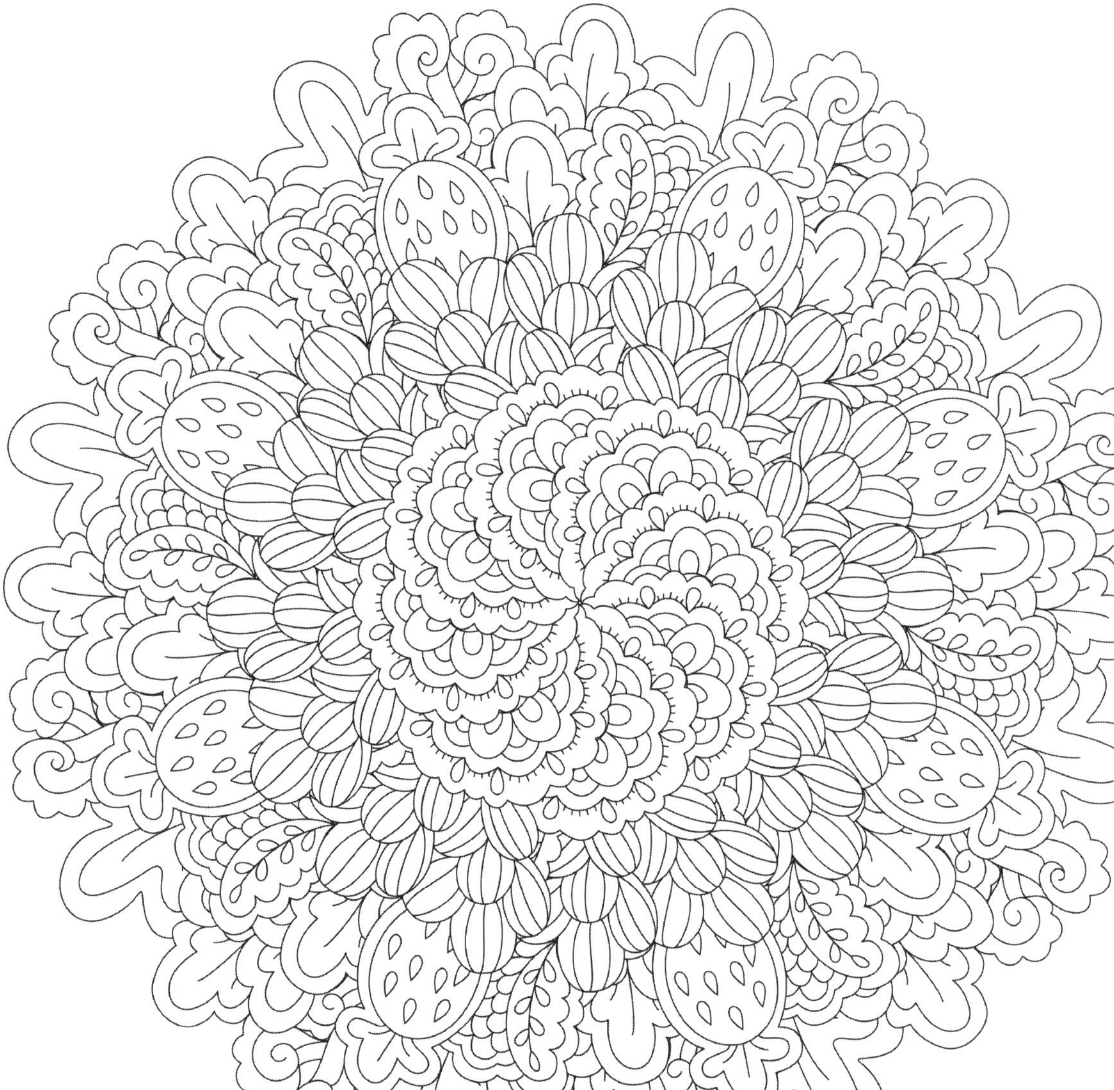

La atención plena no es difícil,
simplemente tenemos que recordar hacerlo.

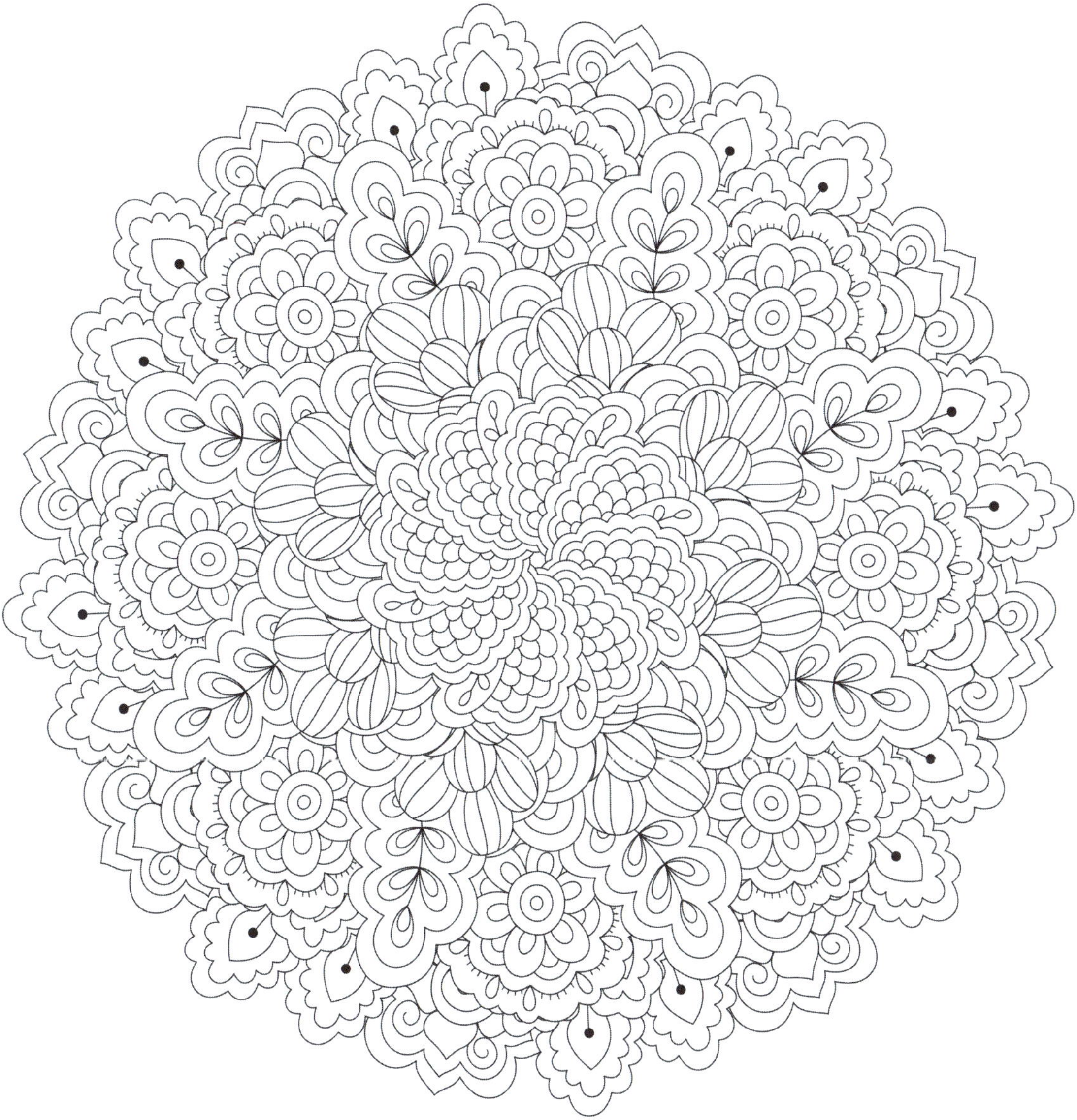

La imaginación es más importante que el conocimiento.

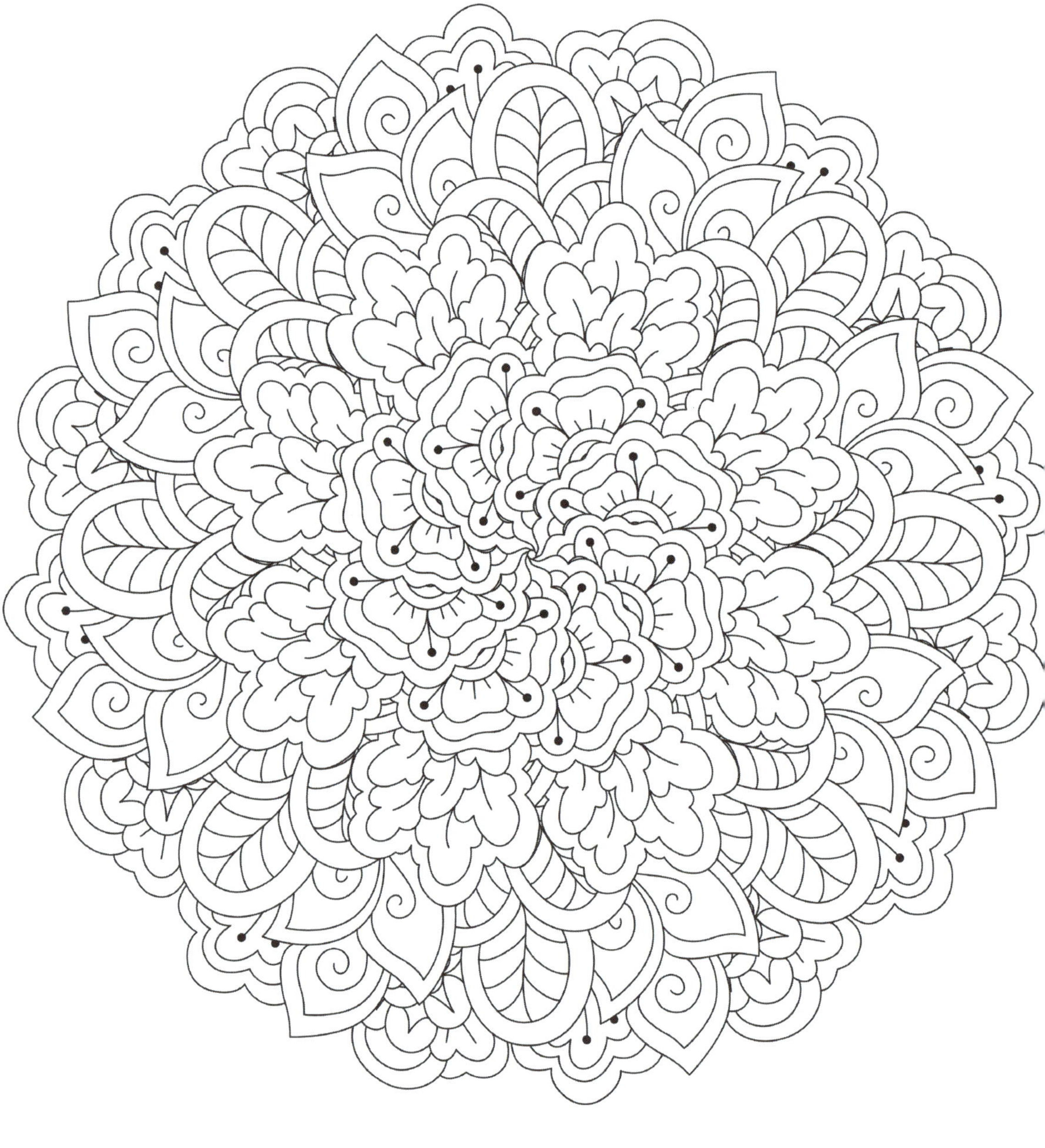

La diversión es buena para la salud.

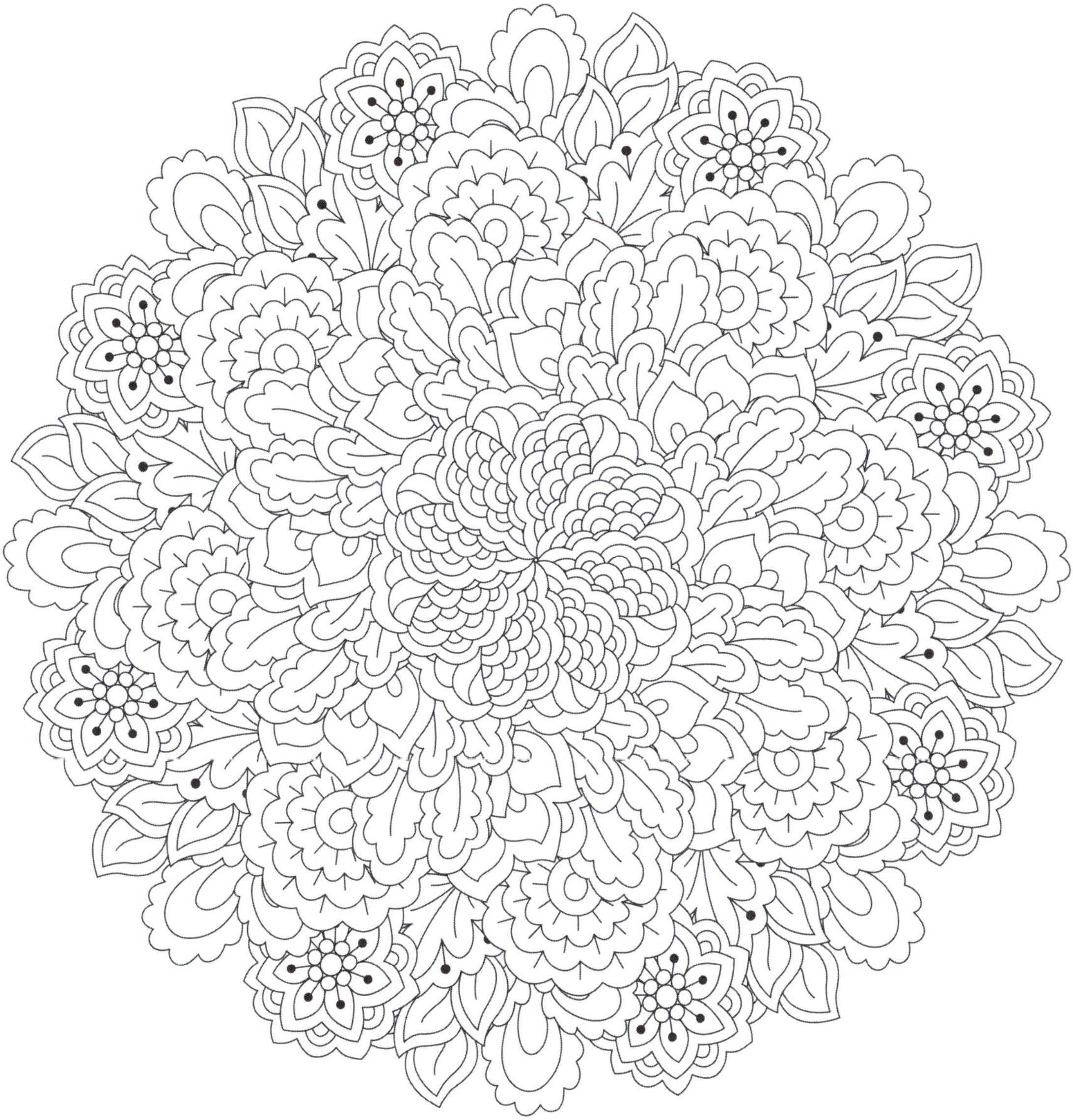

La visualización es el poder más poderoso del universo.

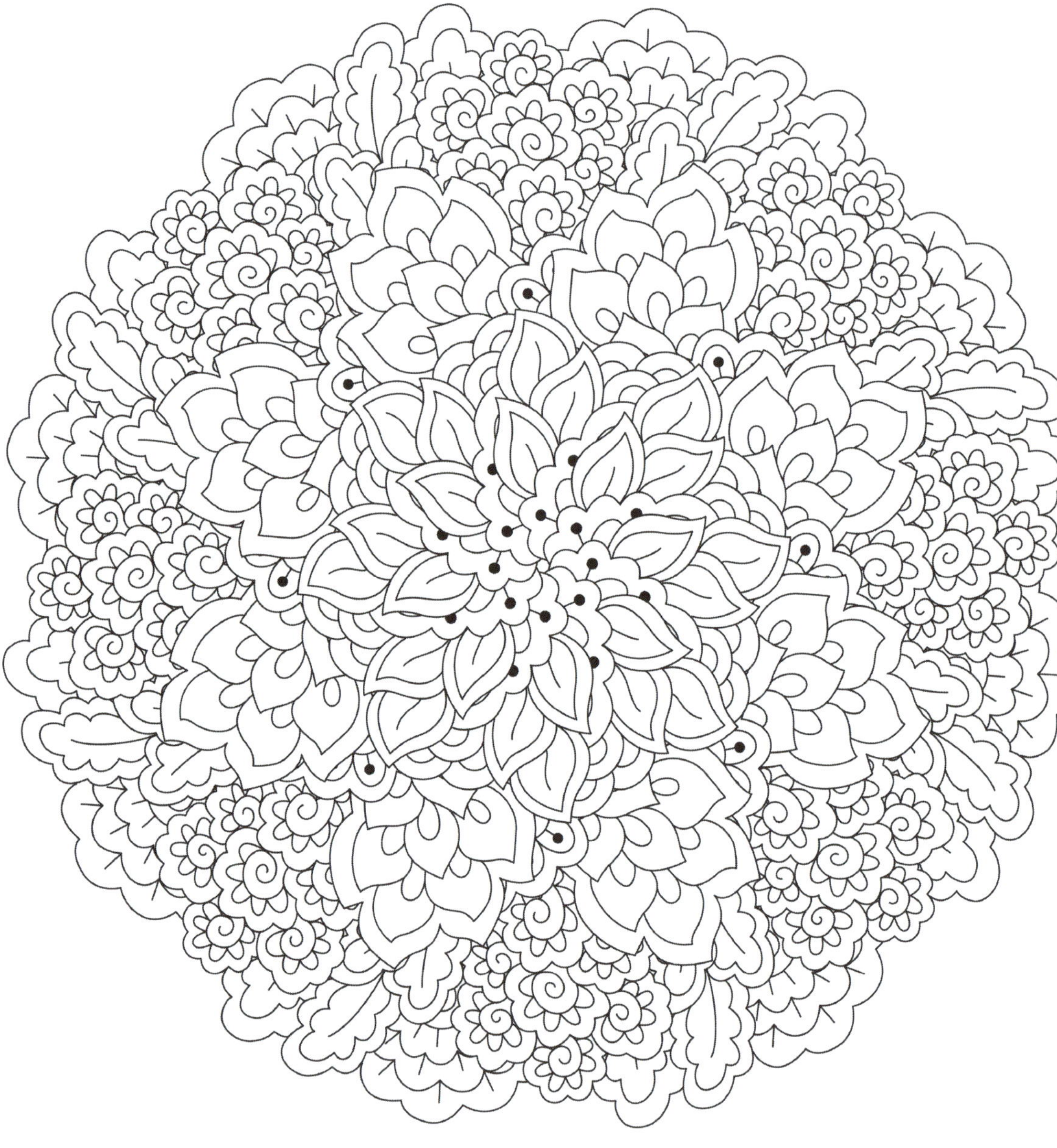

La paz interior es la clave para la felicidad.

La concentración es la clave del éxito.

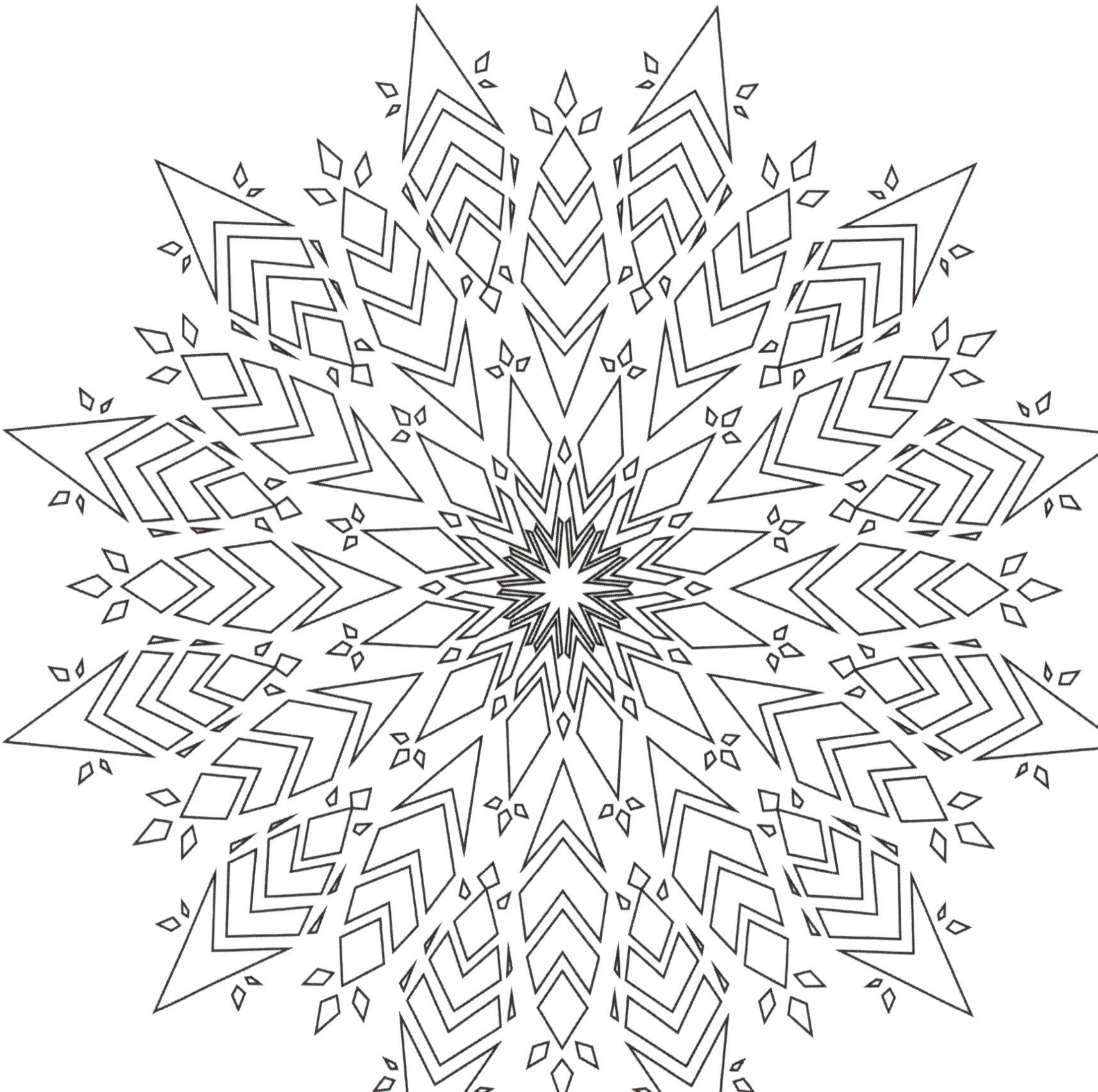

La creatividad es
la inteligencia divirtiéndose.

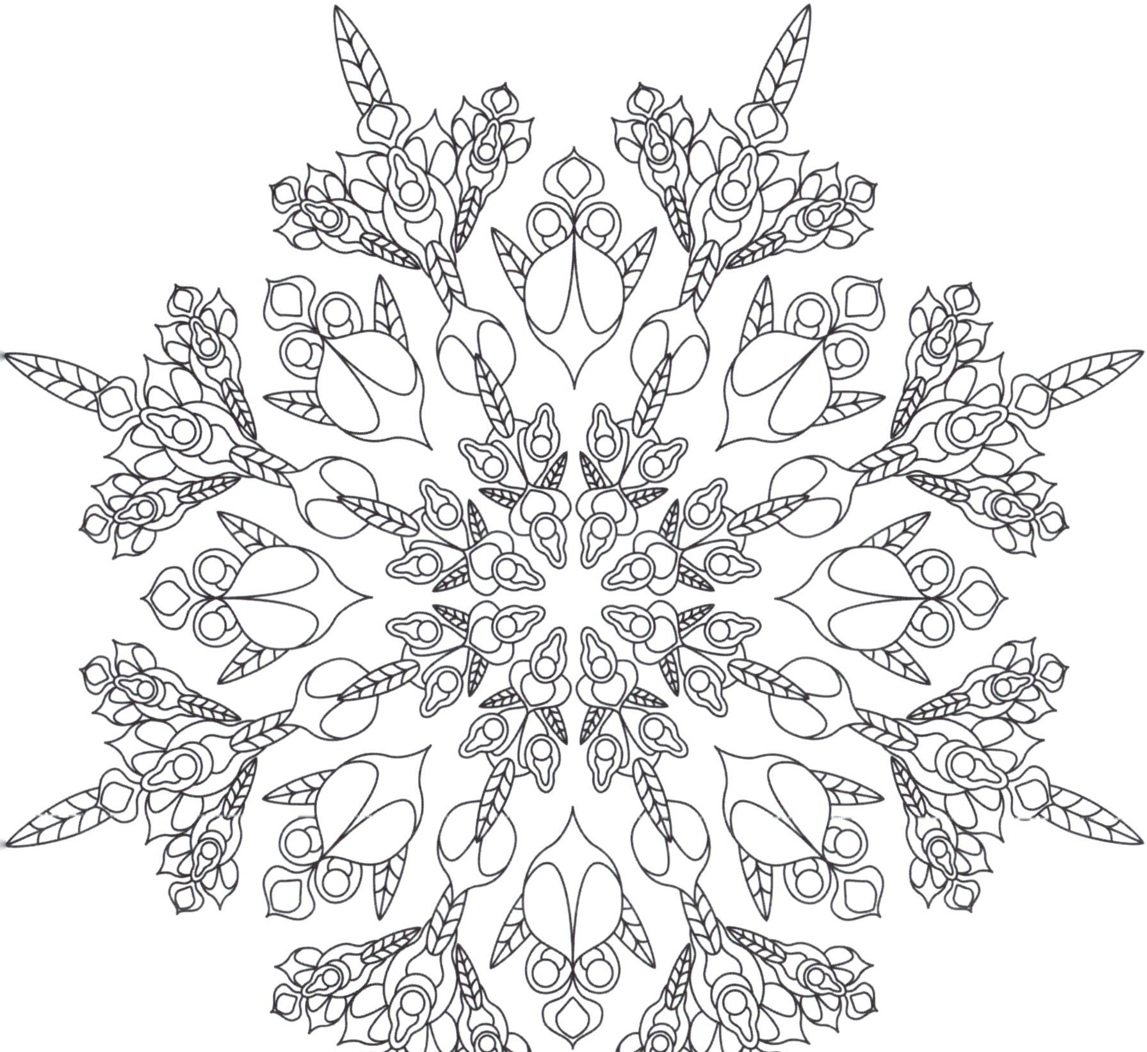

La atención plena es la clave
para la verdadera felicidad.

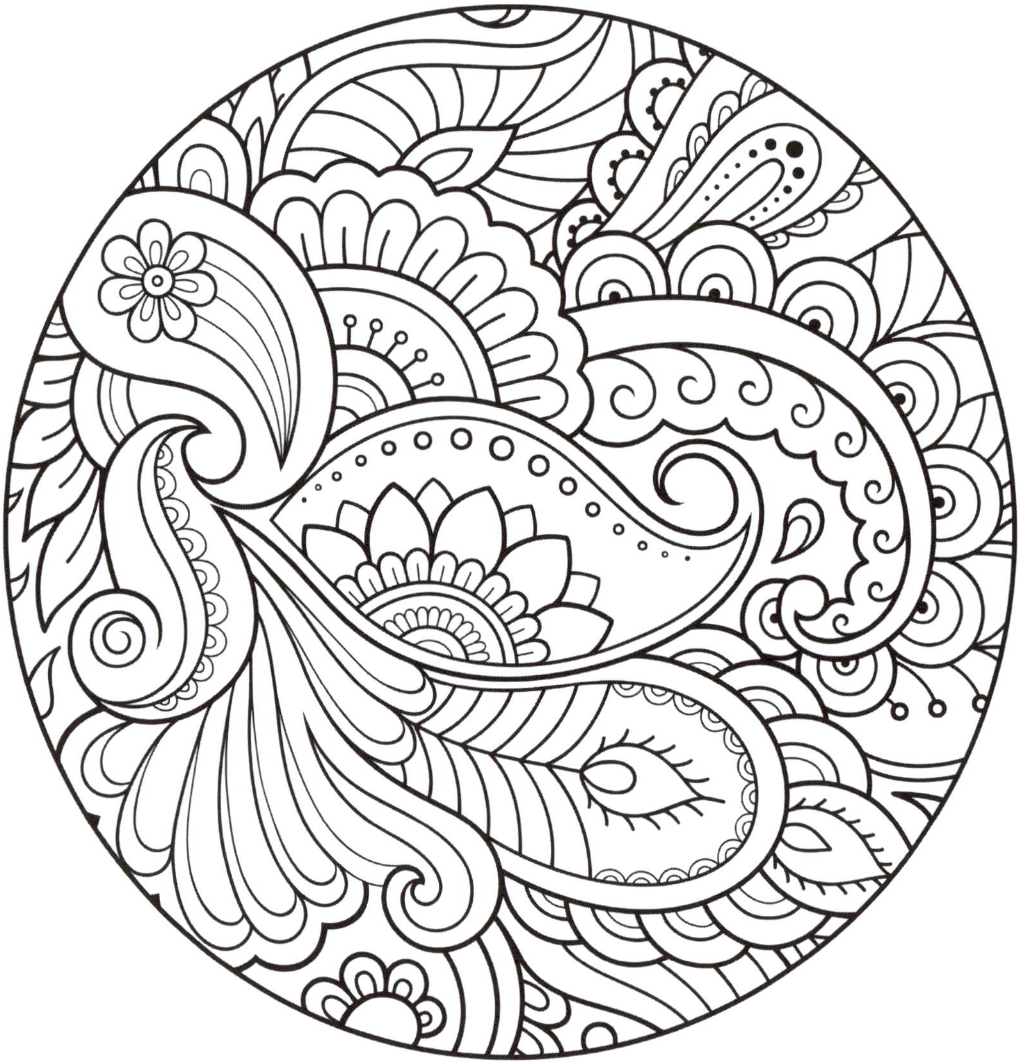

La imaginación es la única arma
en la guerra contra la realidad.

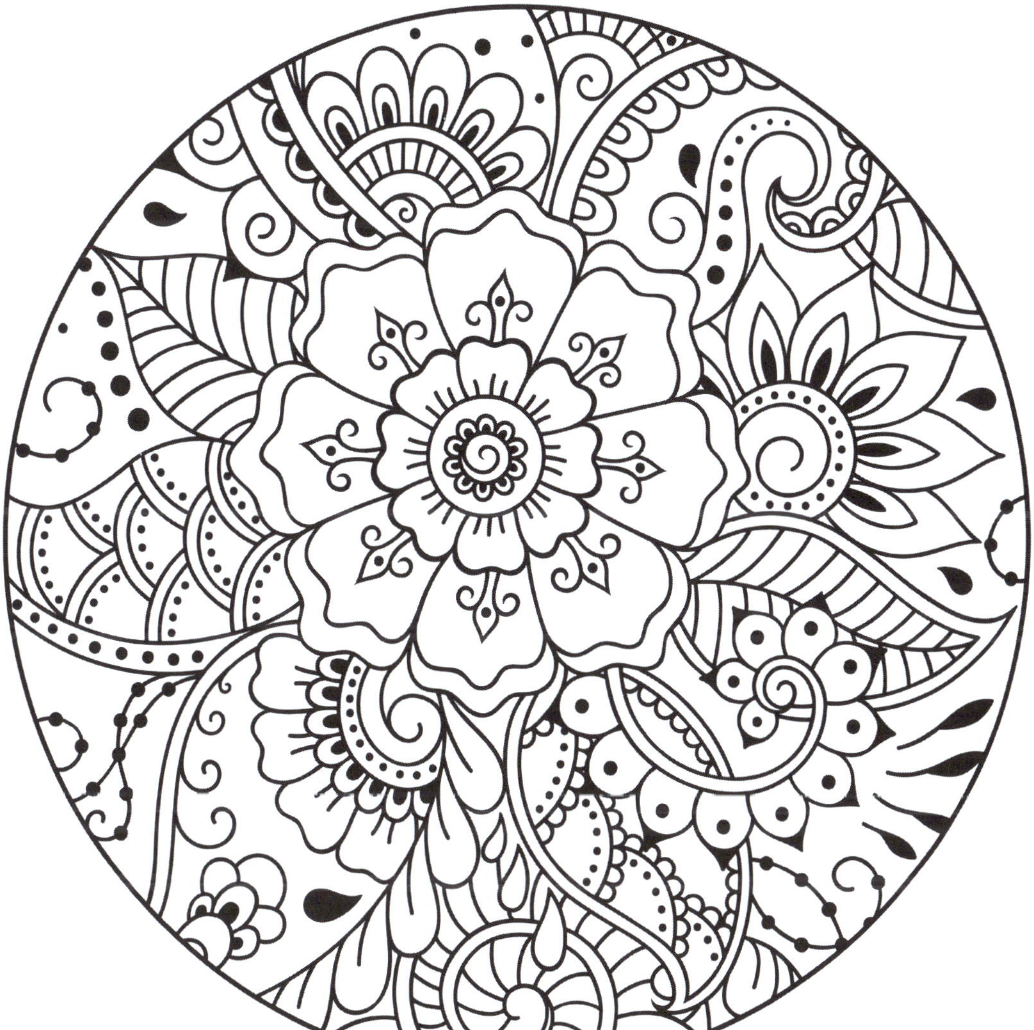

La diversión es una de las cosas más importantes en la vida.

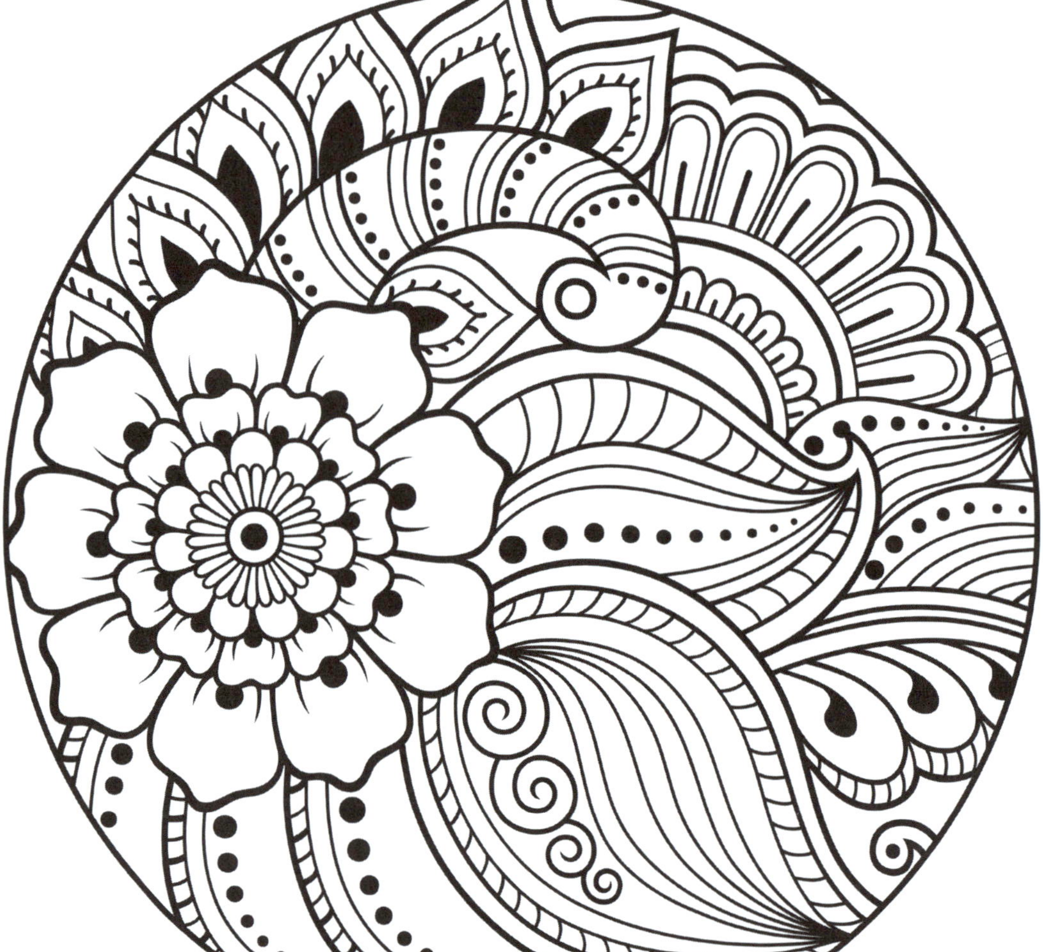

La visualización es el primer paso
para la manifestación.

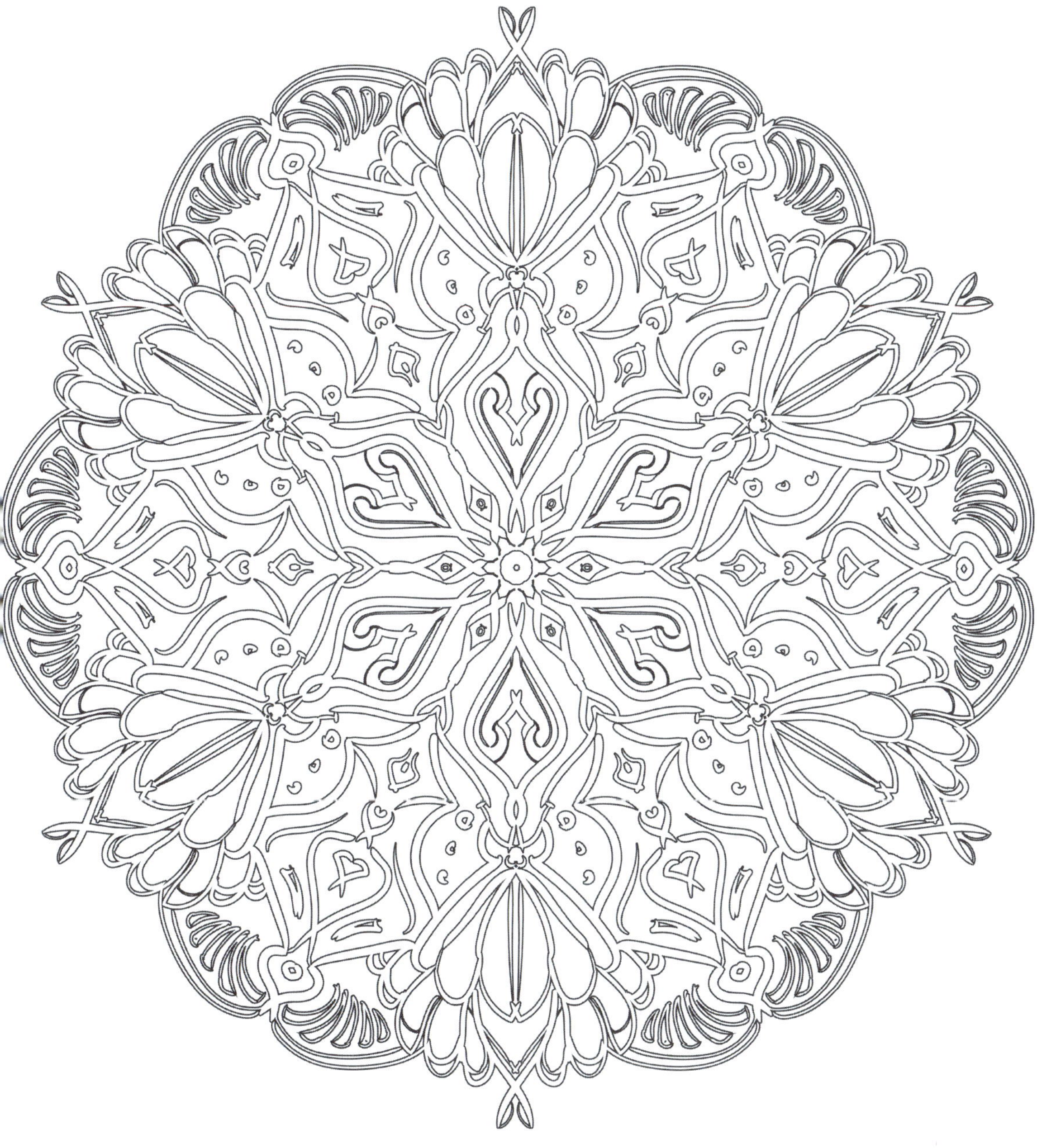

La creatividad es el poder de conectar
lo aparentemente desconectado.

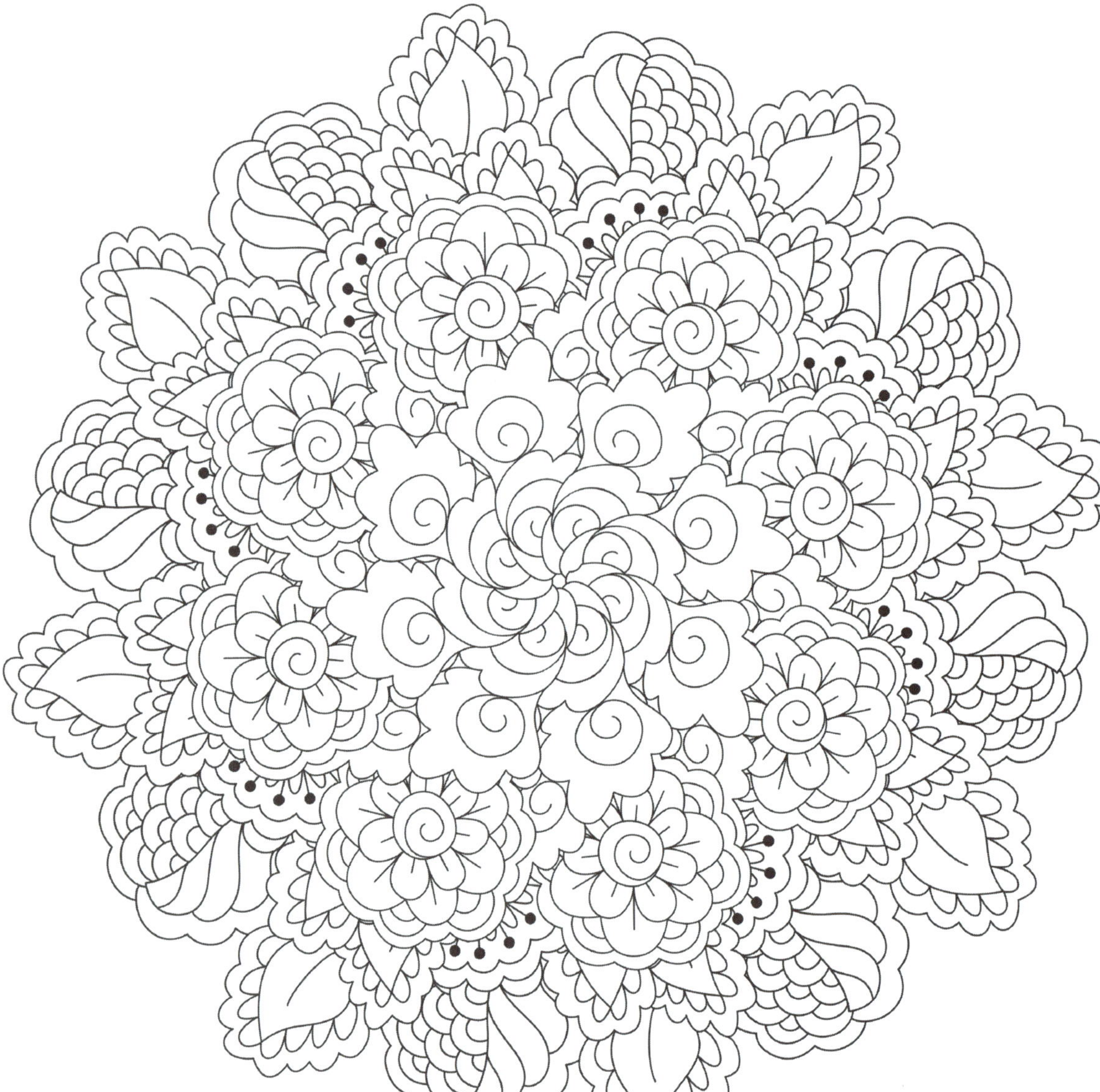

La concentración es la capacidad de mantener la atención en una sola dirección durante un período de tiempo prolongado.

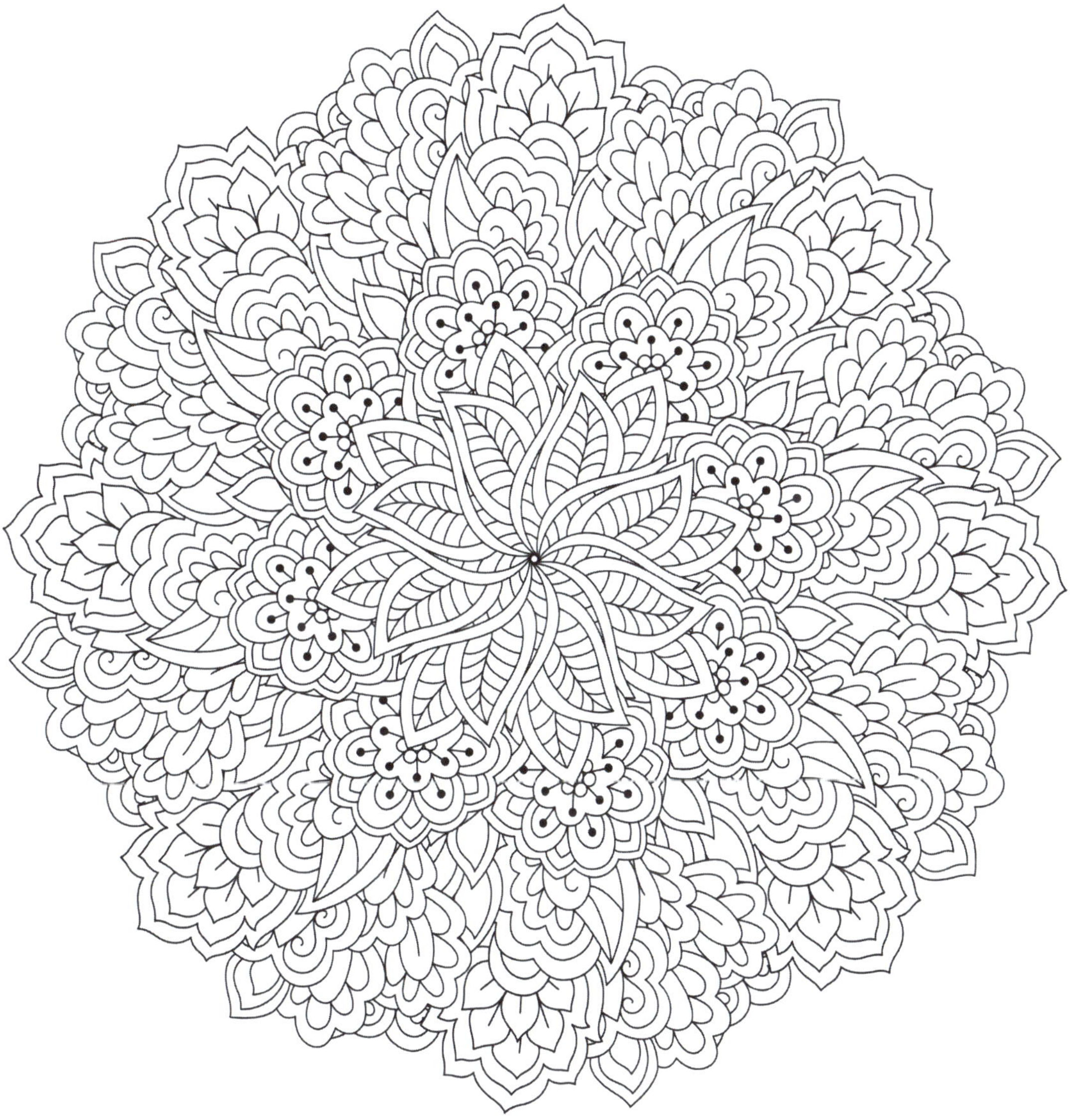

La creatividad es la libertad de expresión personal.

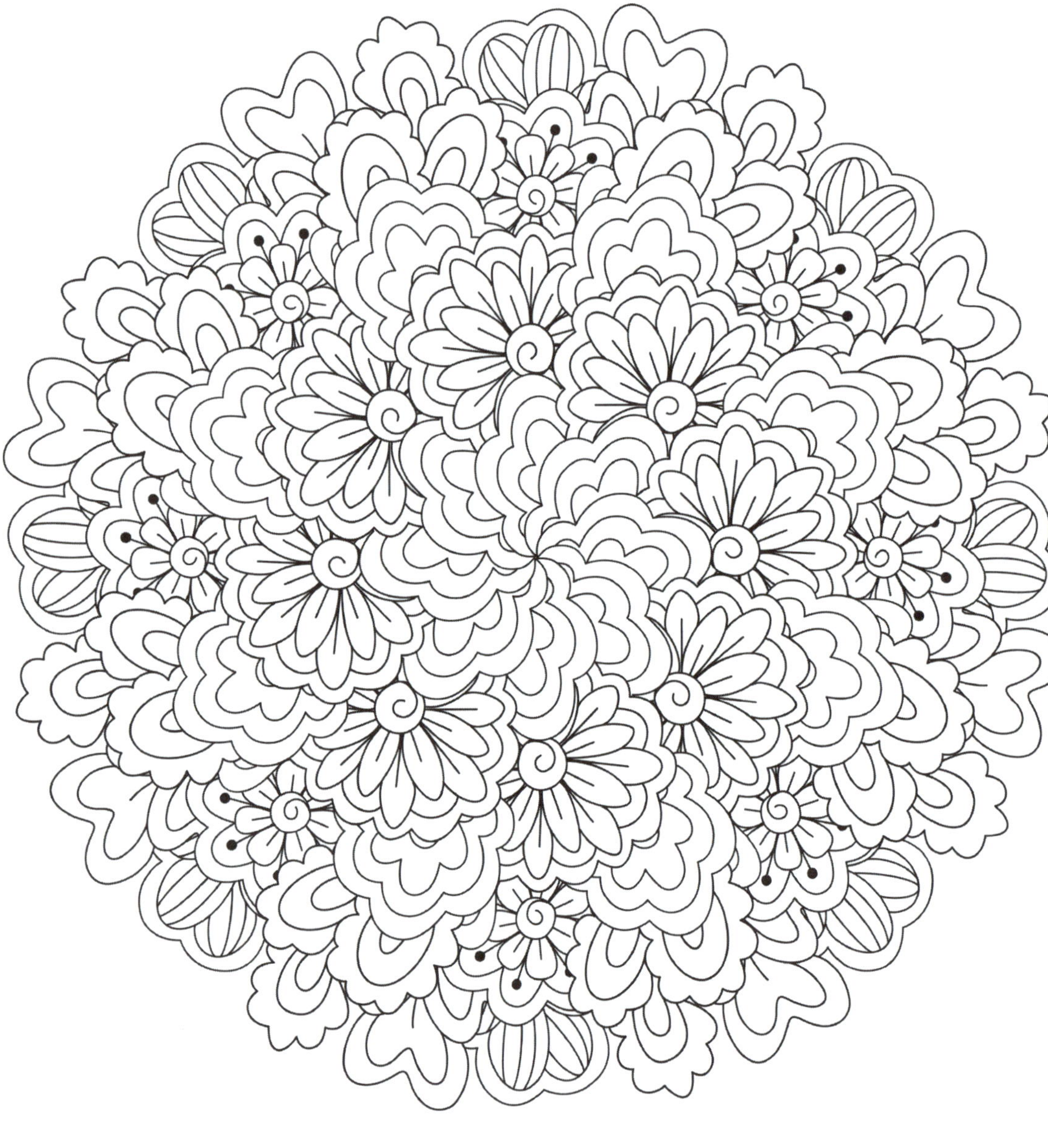

La atención plena es la clave
para la libertad emocional.

La imaginación es más importante que el conocimiento.
El conocimiento es limitado, mientras que la imaginación no tiene límites.

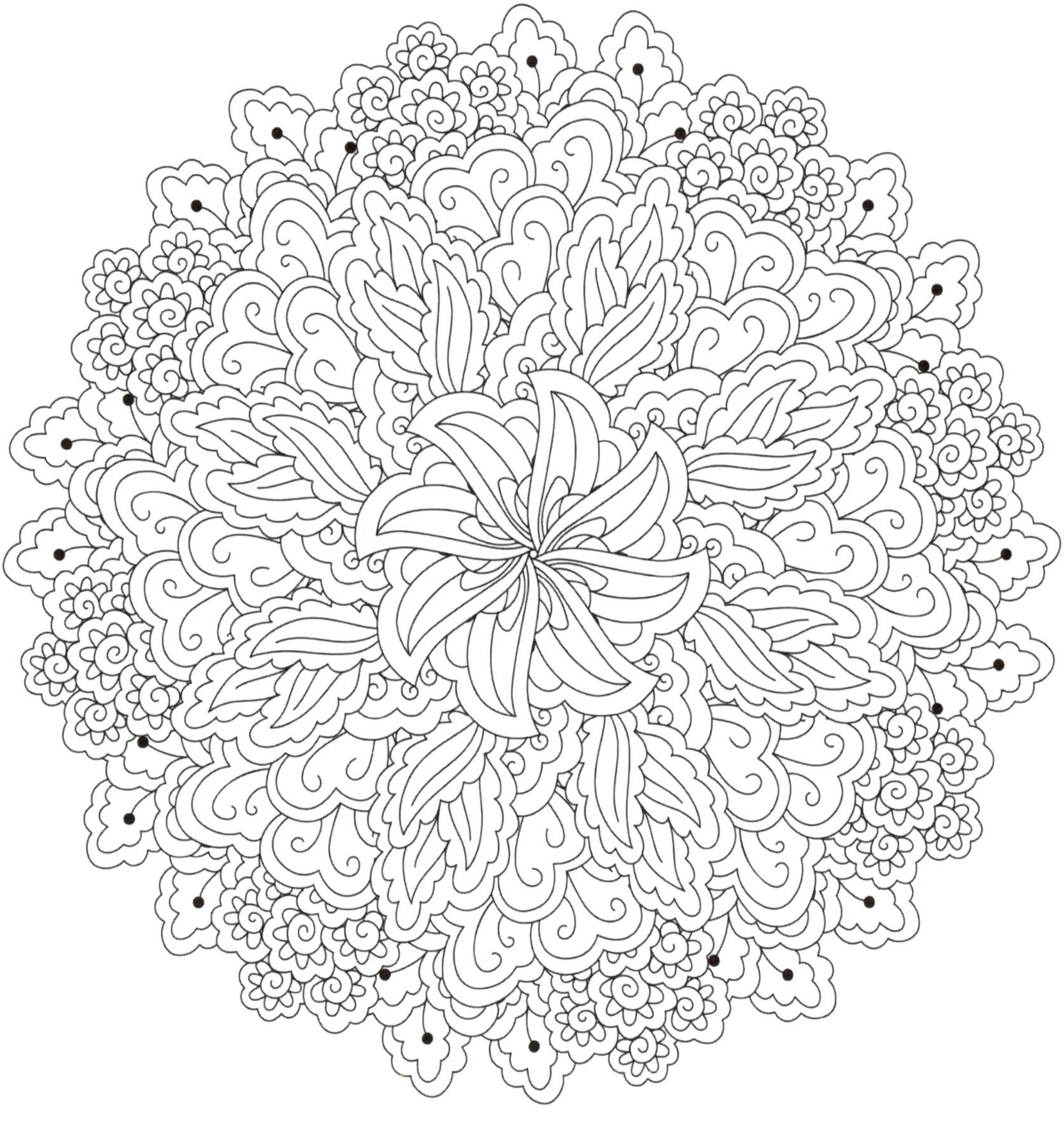

La diversión es como la vida,
solo que más alegre.

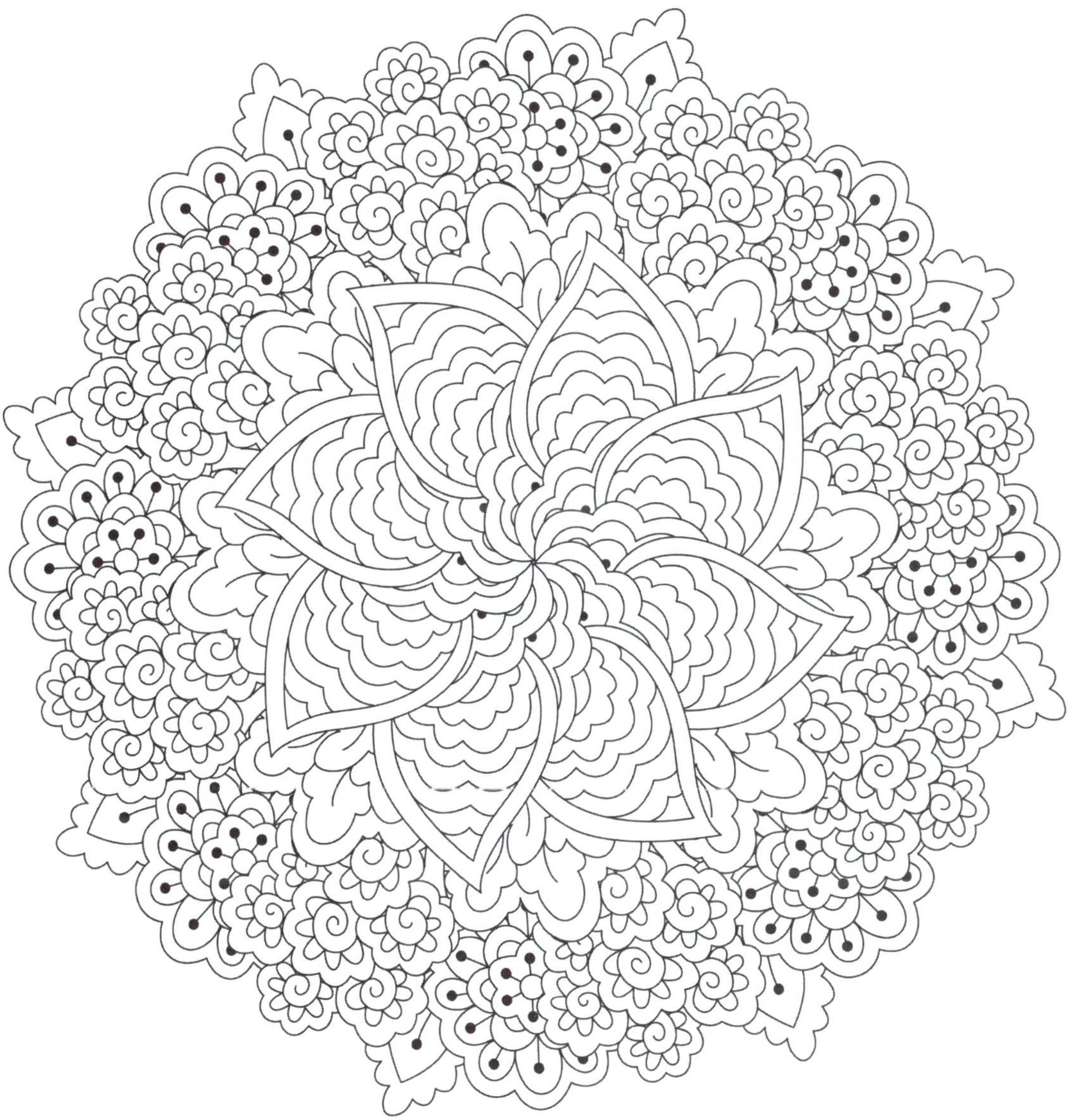

La visualización es el uso de la imaginación para crear lo que quieres en tu vida.

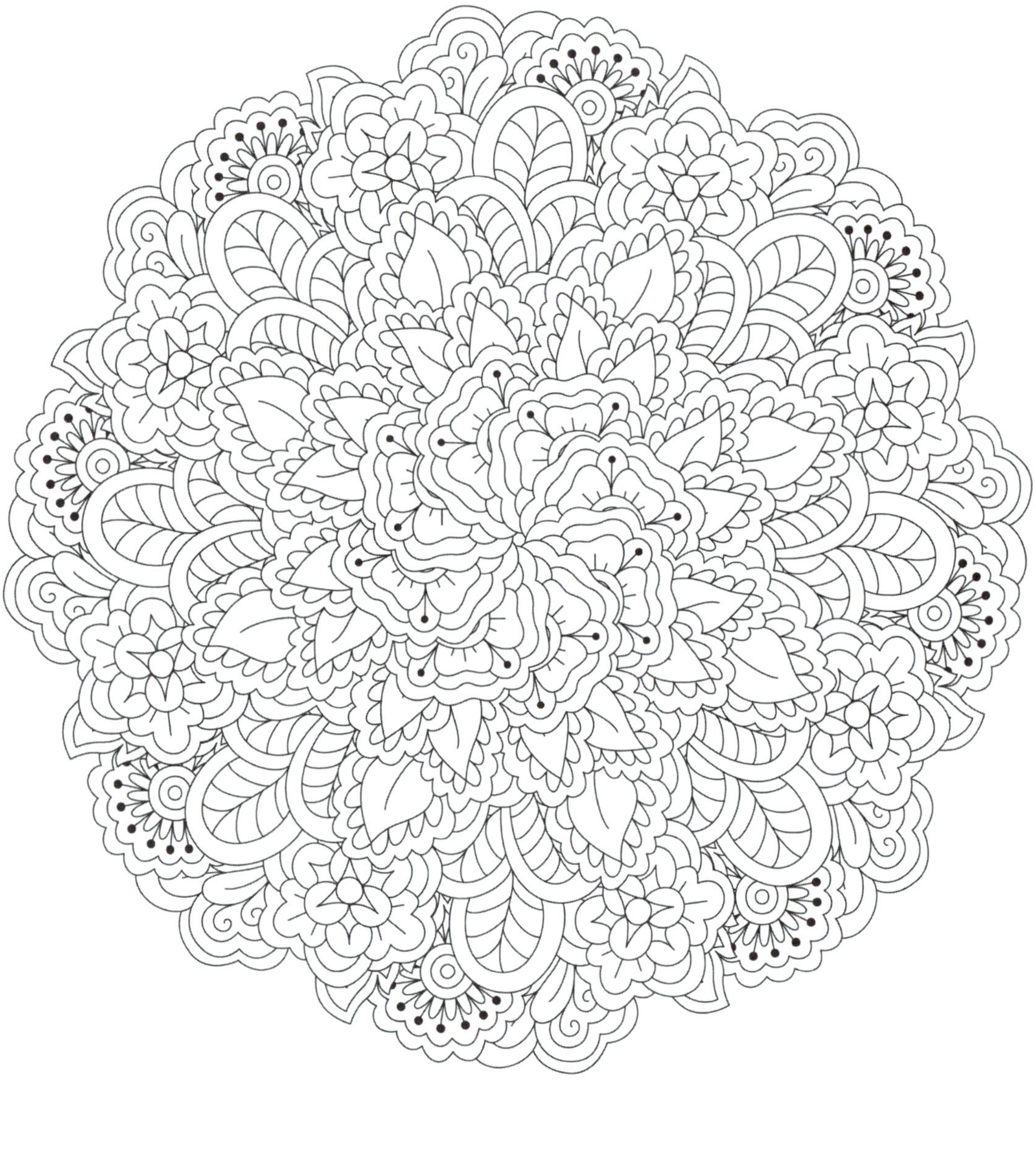

La paz interior es la semilla para el éxito.

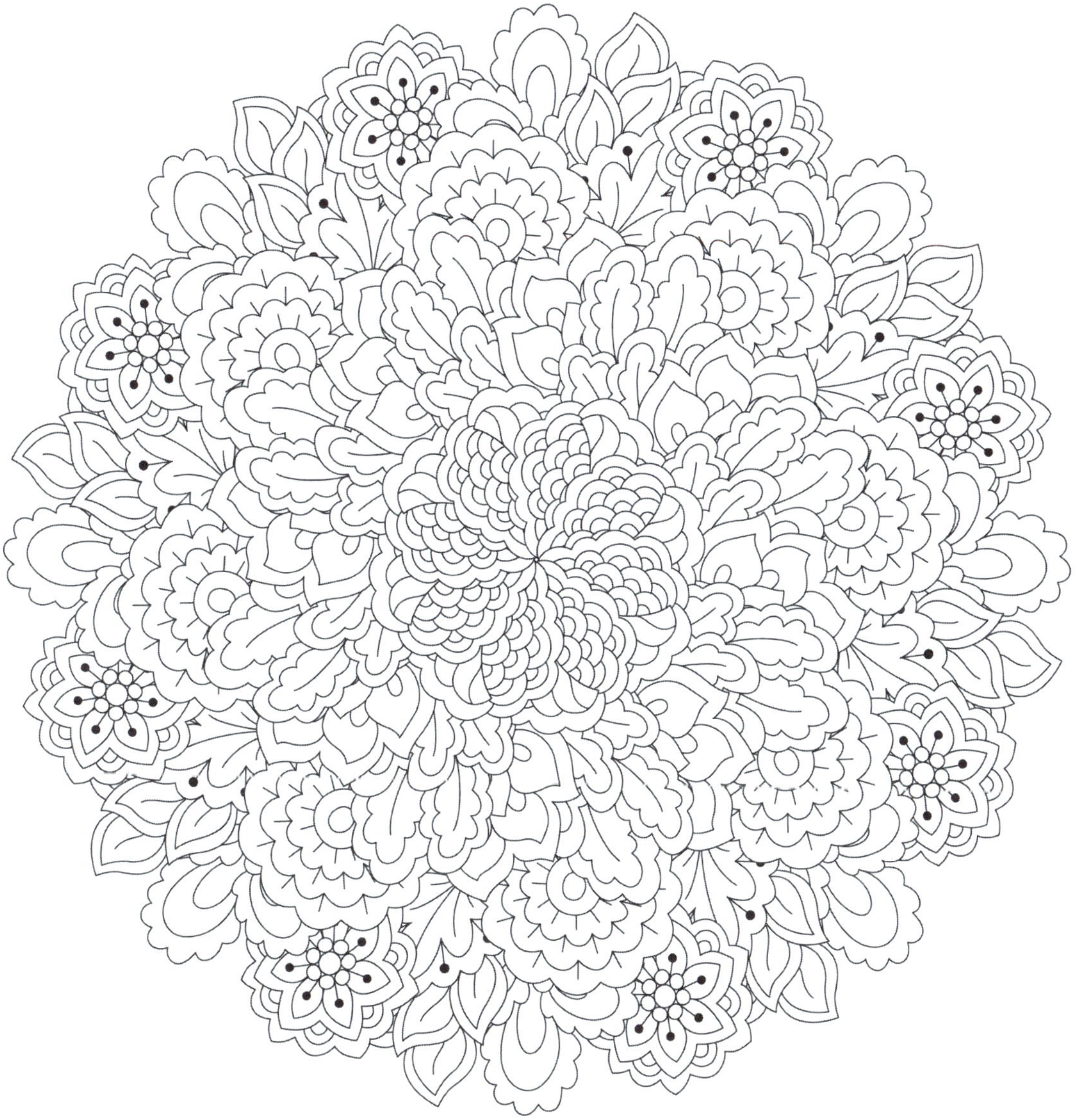

La concentración es la fuerza que te permite
enfocarte en una sola cosa y dominarla.

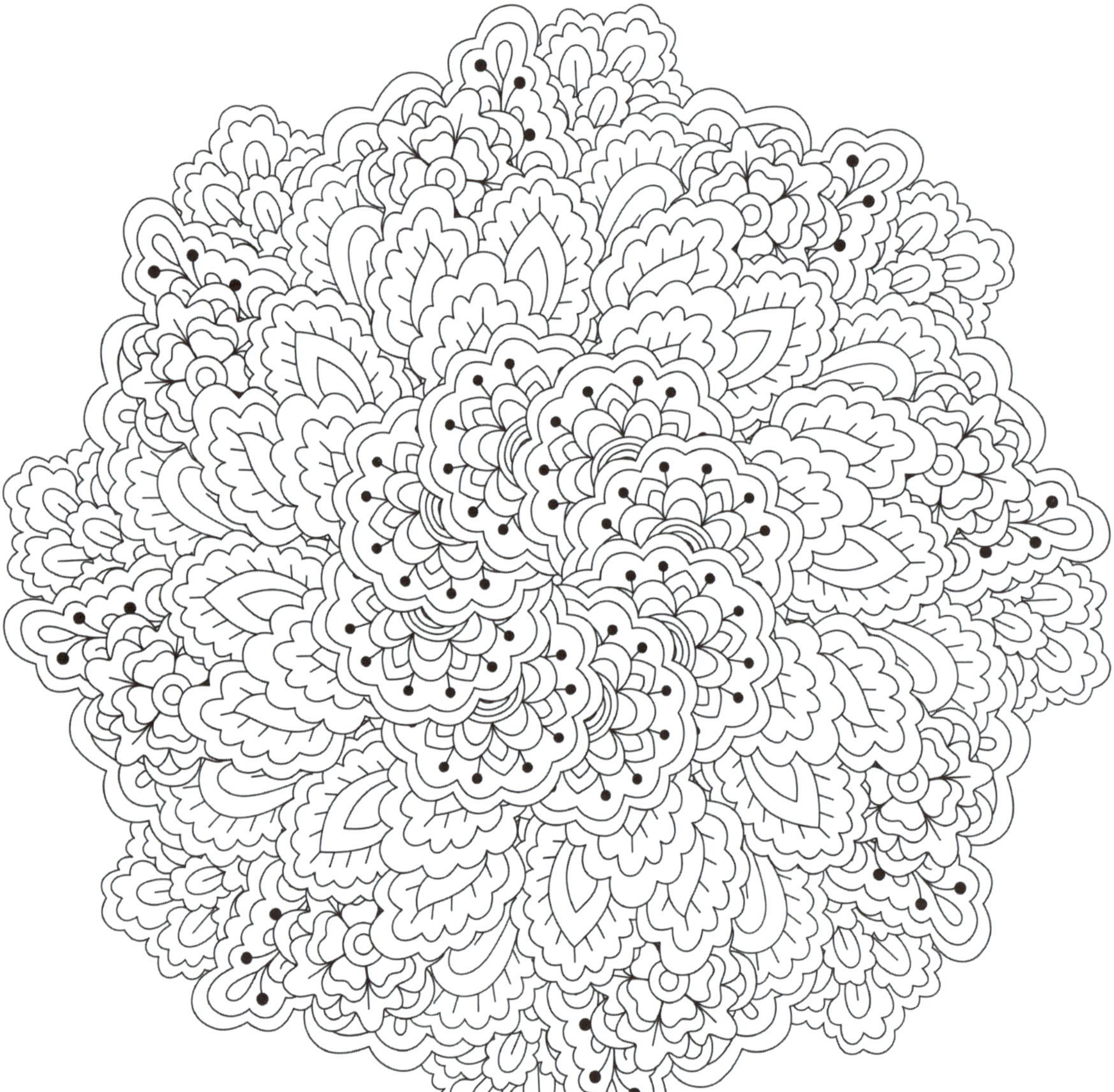

La creatividad es una especie de magia
que surge de la nada.

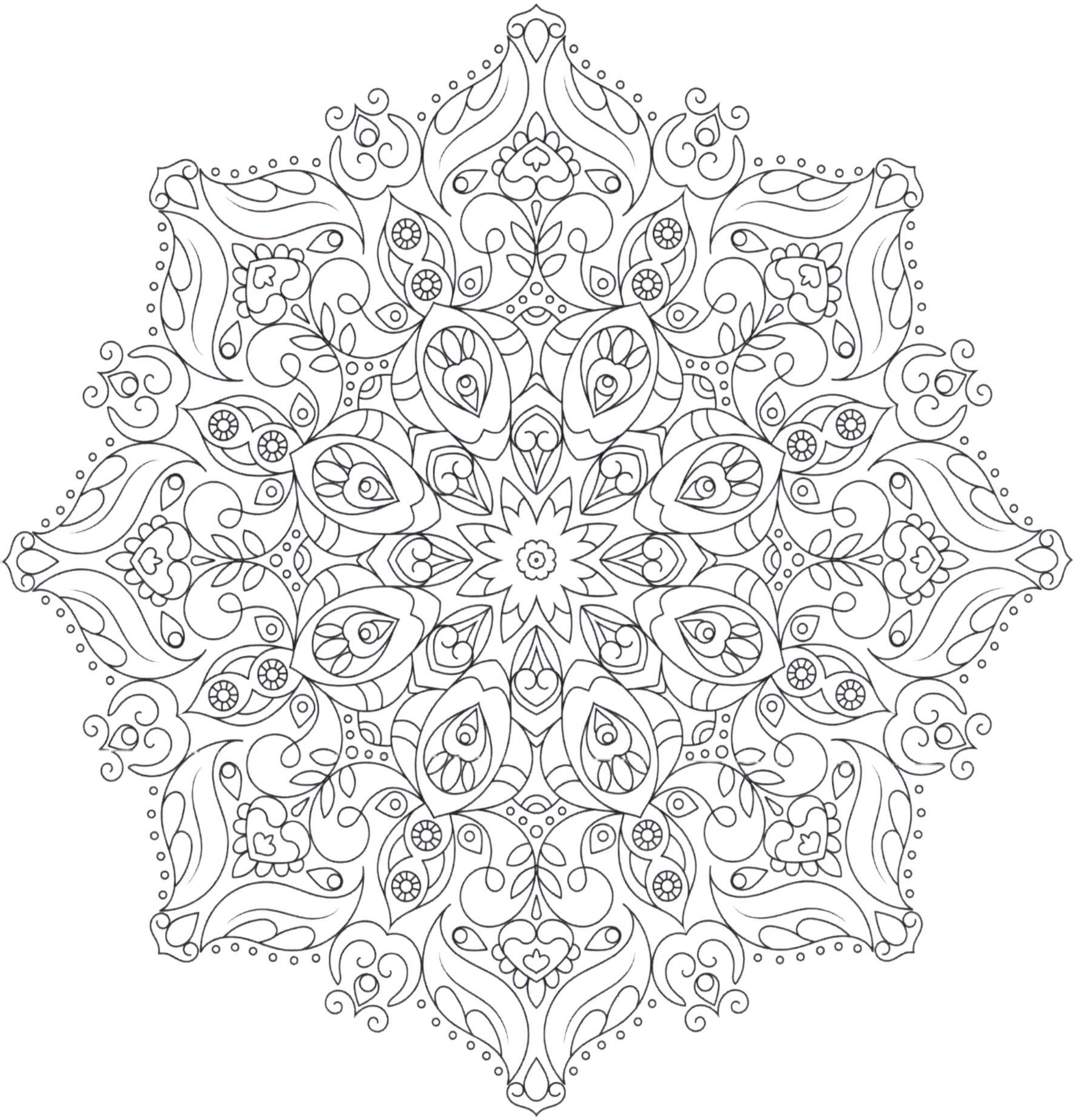

La atención plena es la clave para vivir en el presente y encontrar la felicidad en el aquí y ahora.

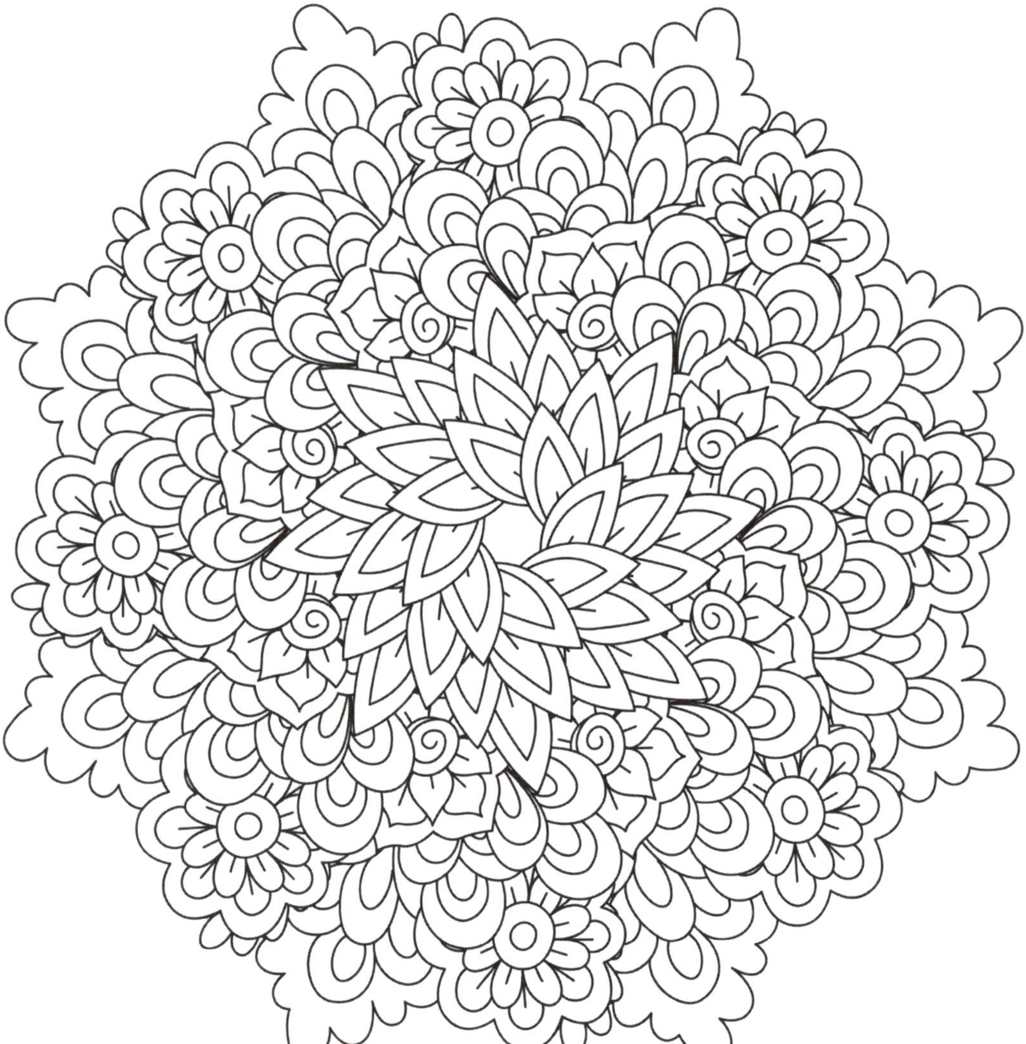

La imaginación nos lleva a lugares que nunca hemos estado antes.

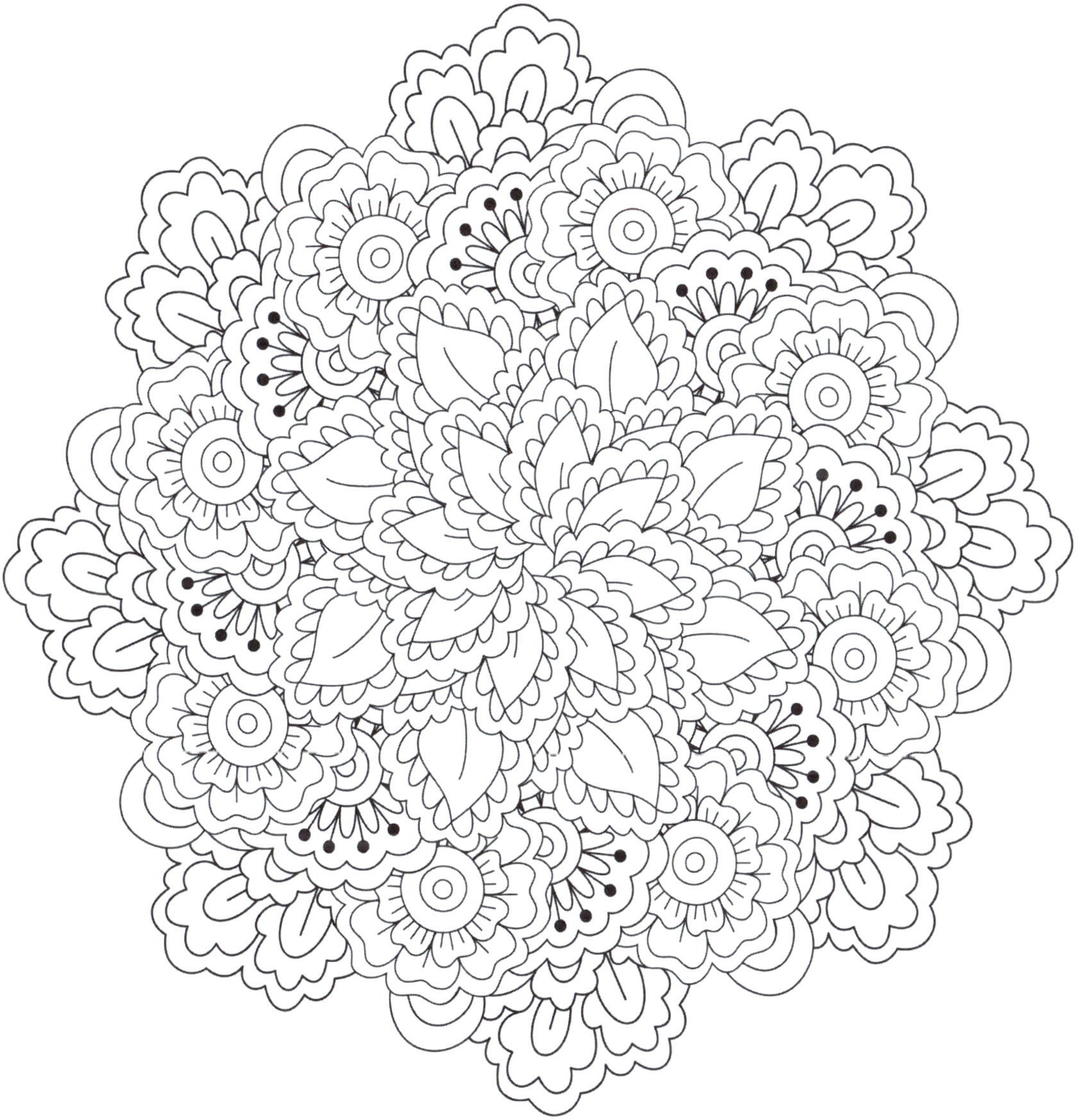

La diversión es la clave
para mantenerse joven y feliz.

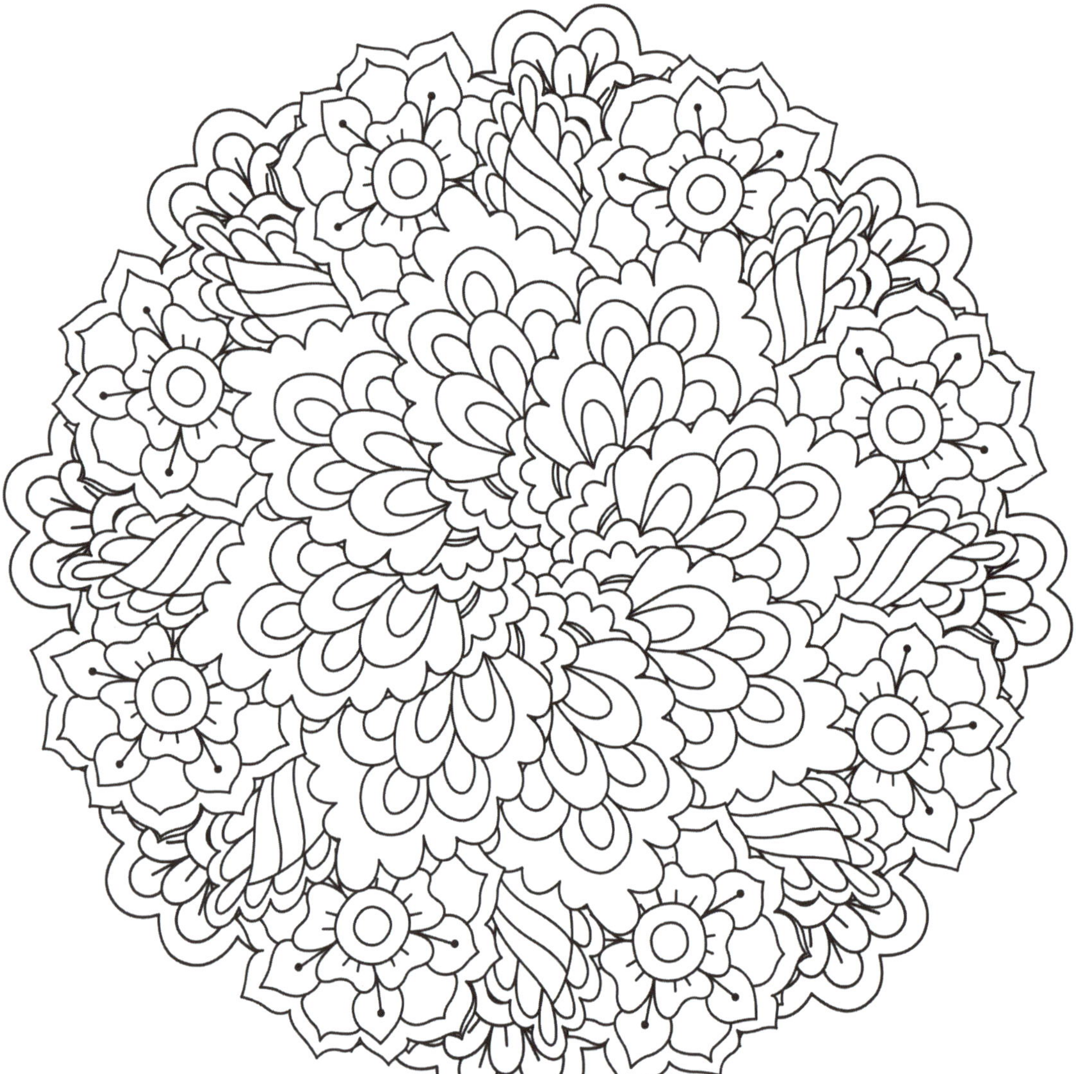

La visualización es el primer paso
para lograr tus sueños.

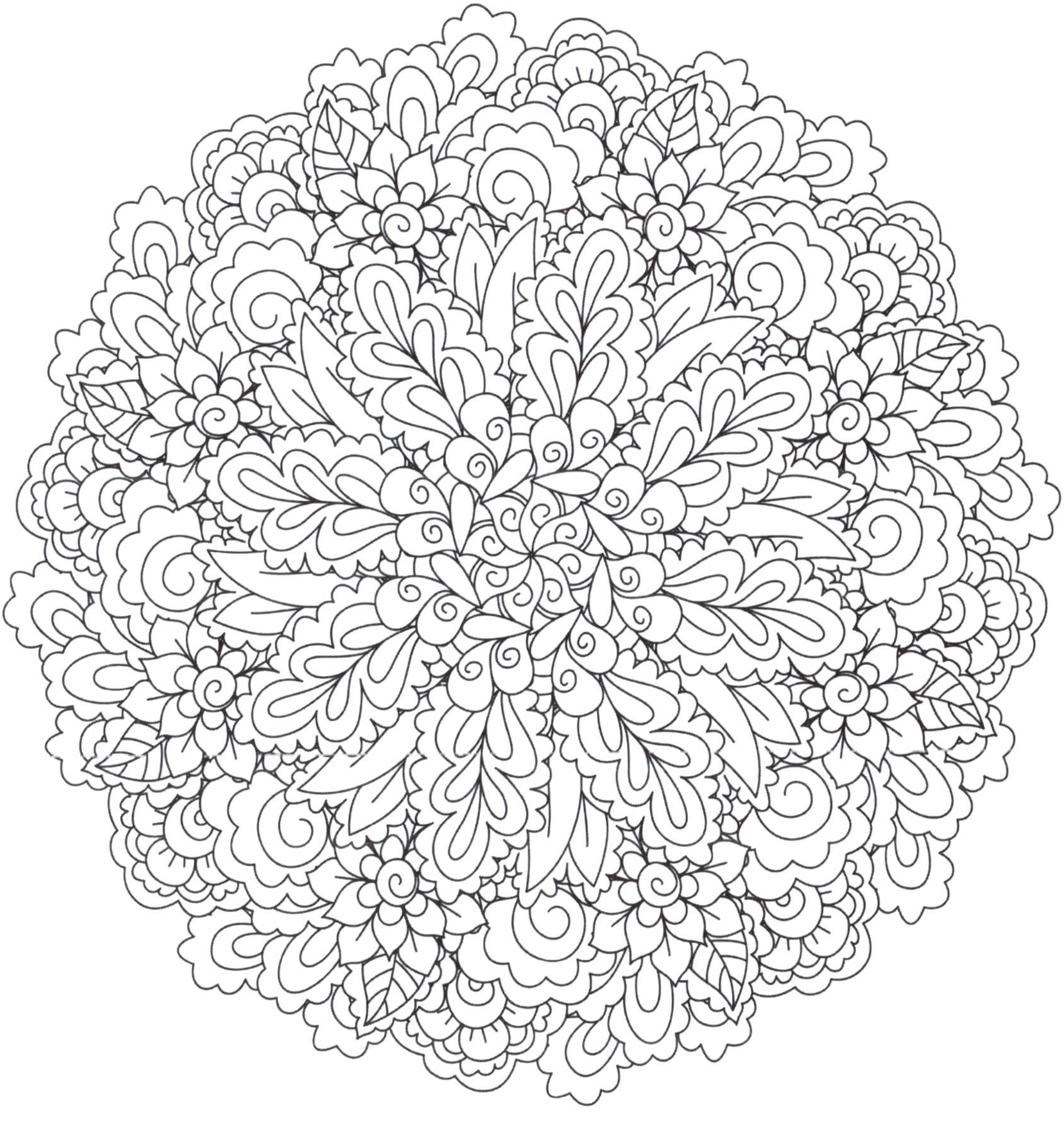

La paz interior es la clave para una mente sana.

La concentración es la habilidad
de ignorar todo lo que no es importante.

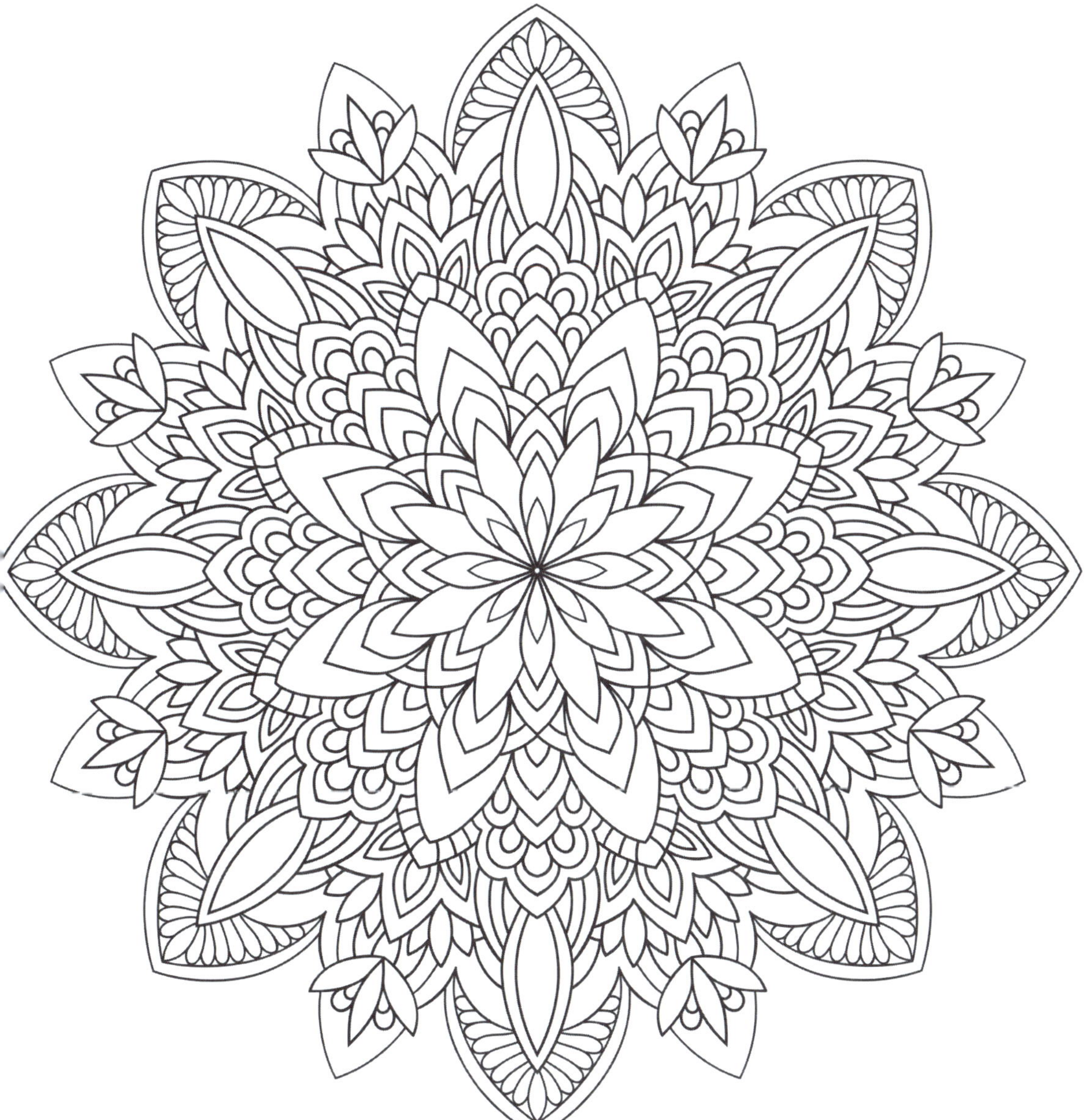

La creatividad es la capacidad de ver lo ordinario de una manera extraordinaria.

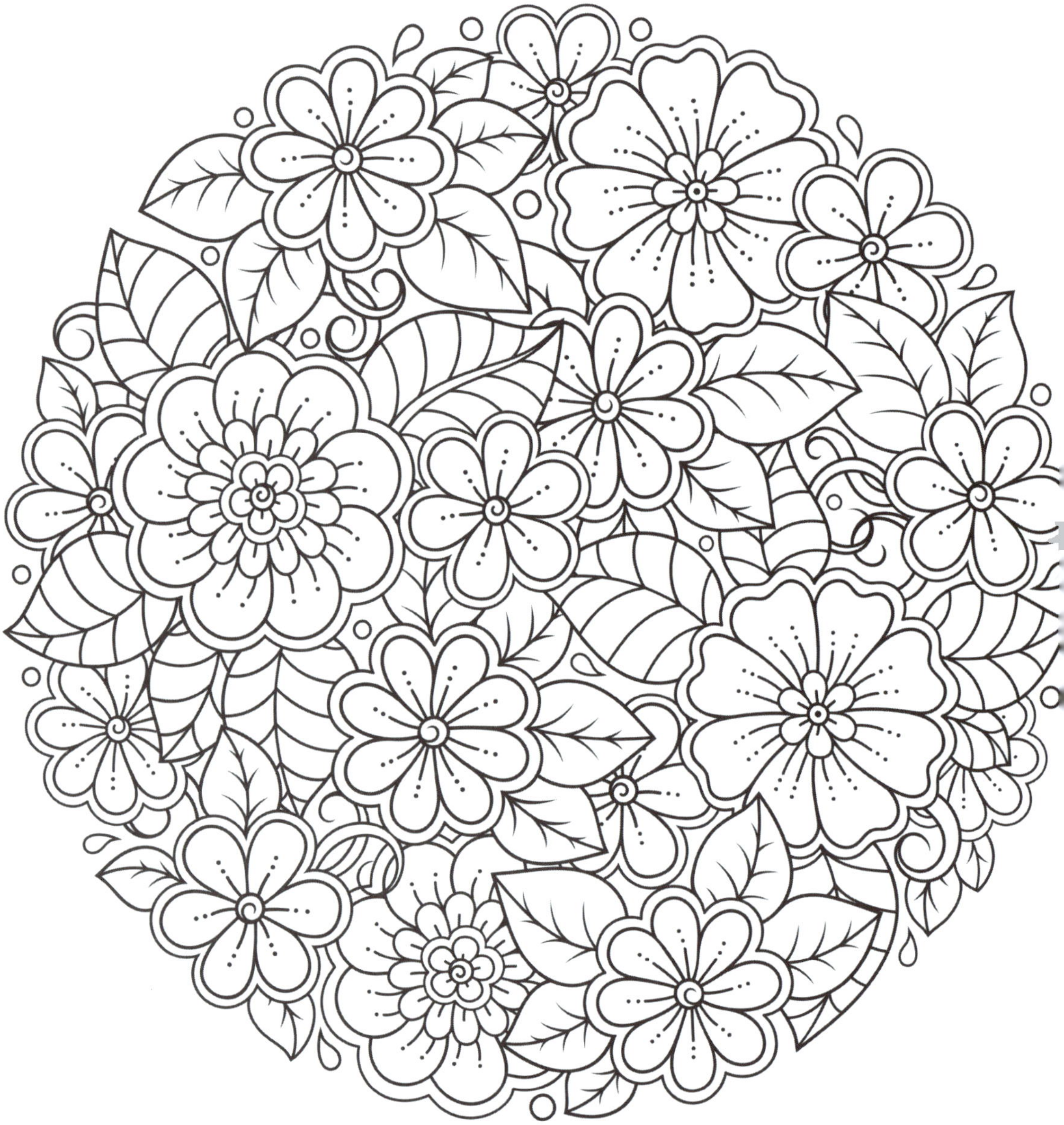

La atención plena es la habilidad de estar presente
y consciente en cada momento.

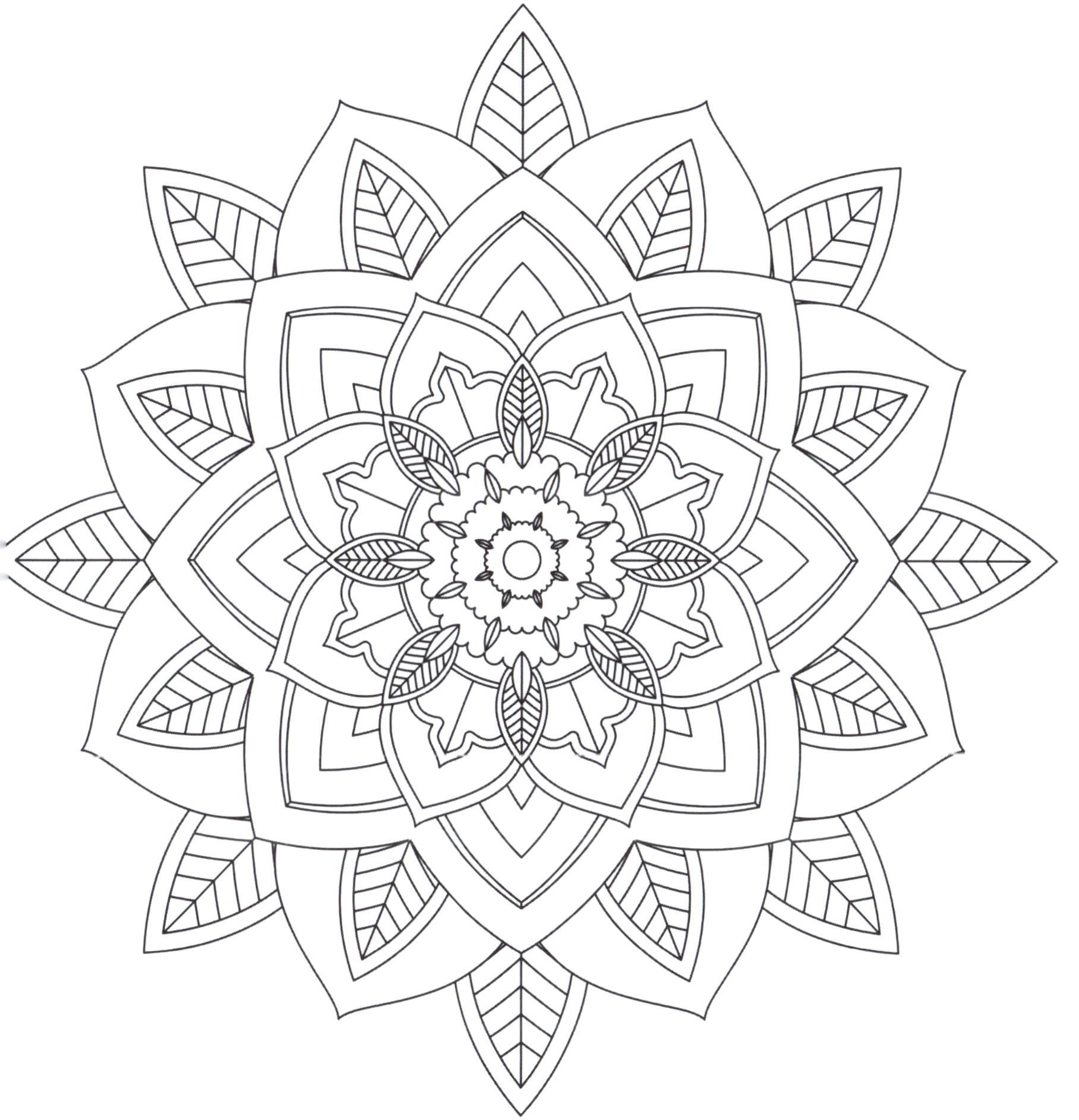

La imaginación es la herramienta más poderosa
que tenemos para explorar el mundo y crear cosas nuevas.

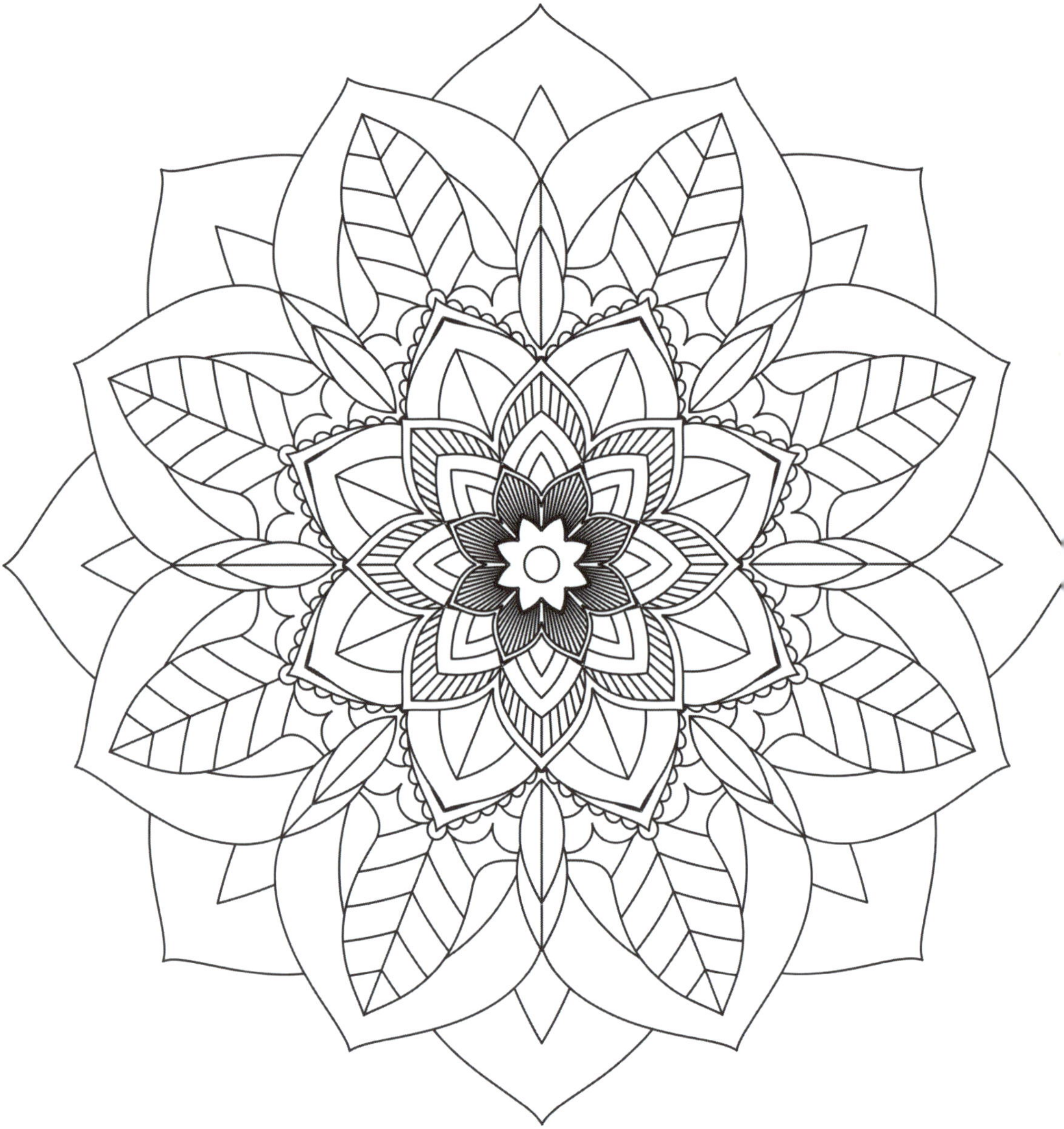

La diversión es la medicina para el alma.

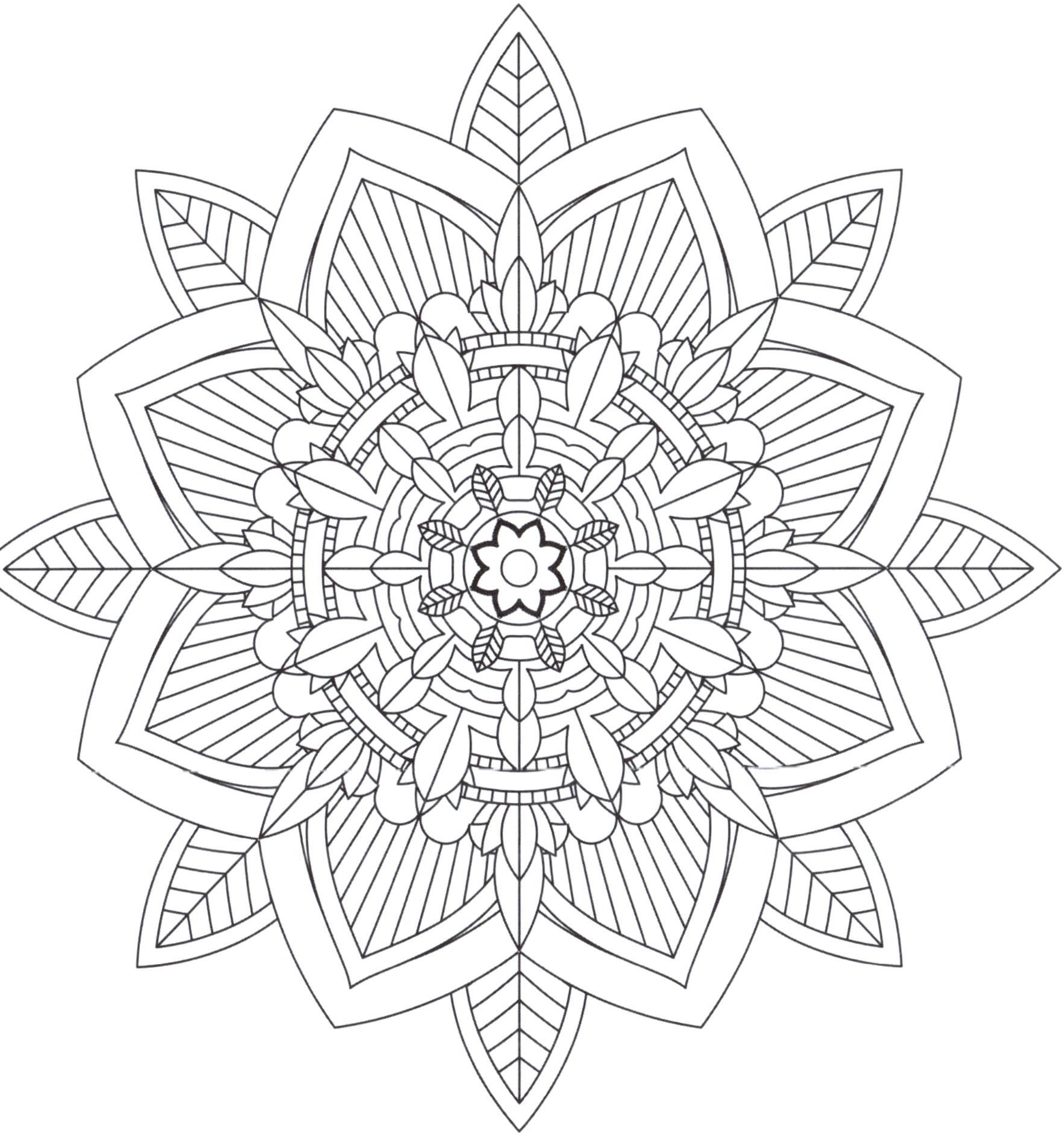

La visualización es el primer paso para hacer realidad tus sueños.

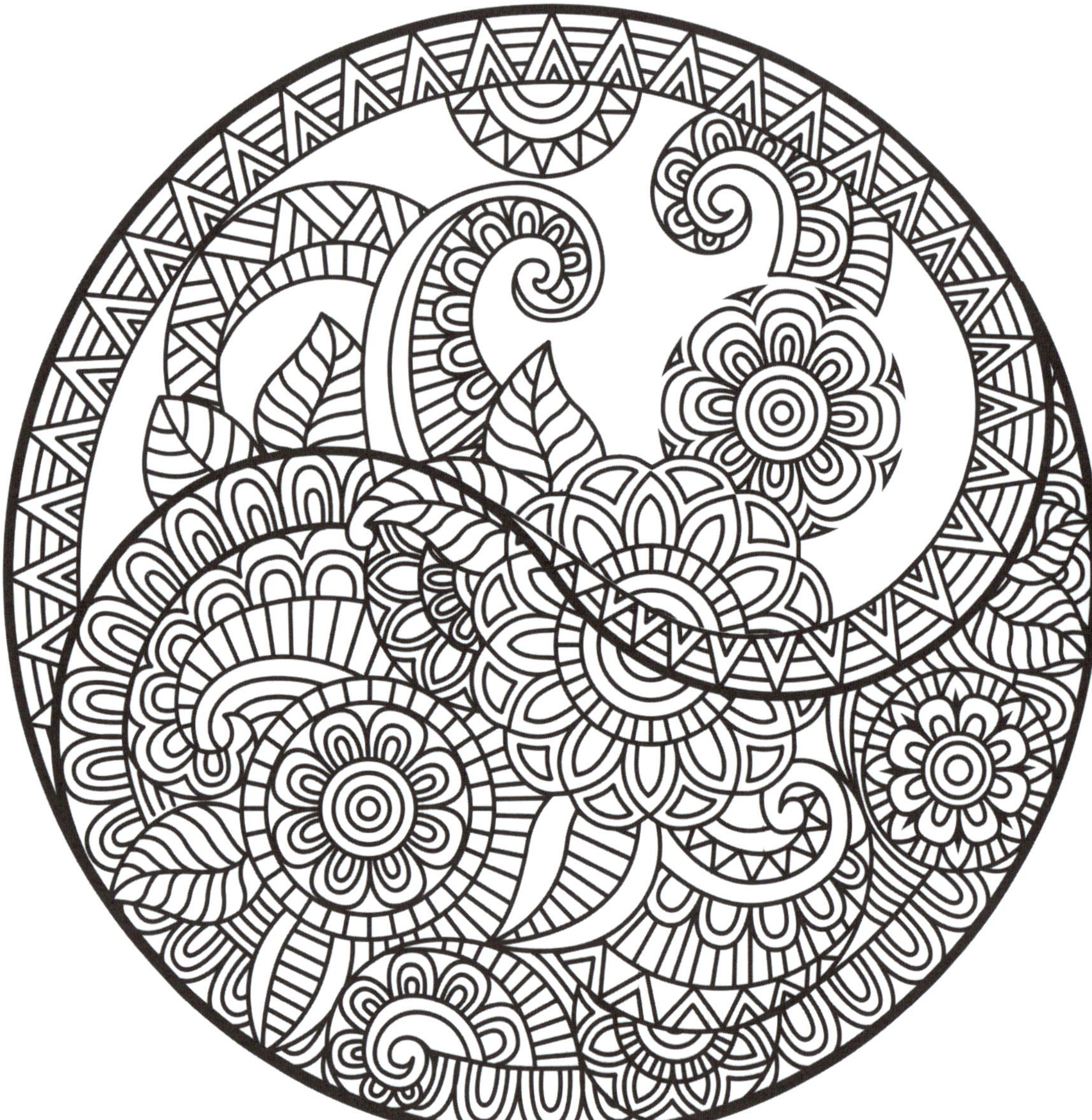

La paz interior es la clave
para la felicidad duradera.

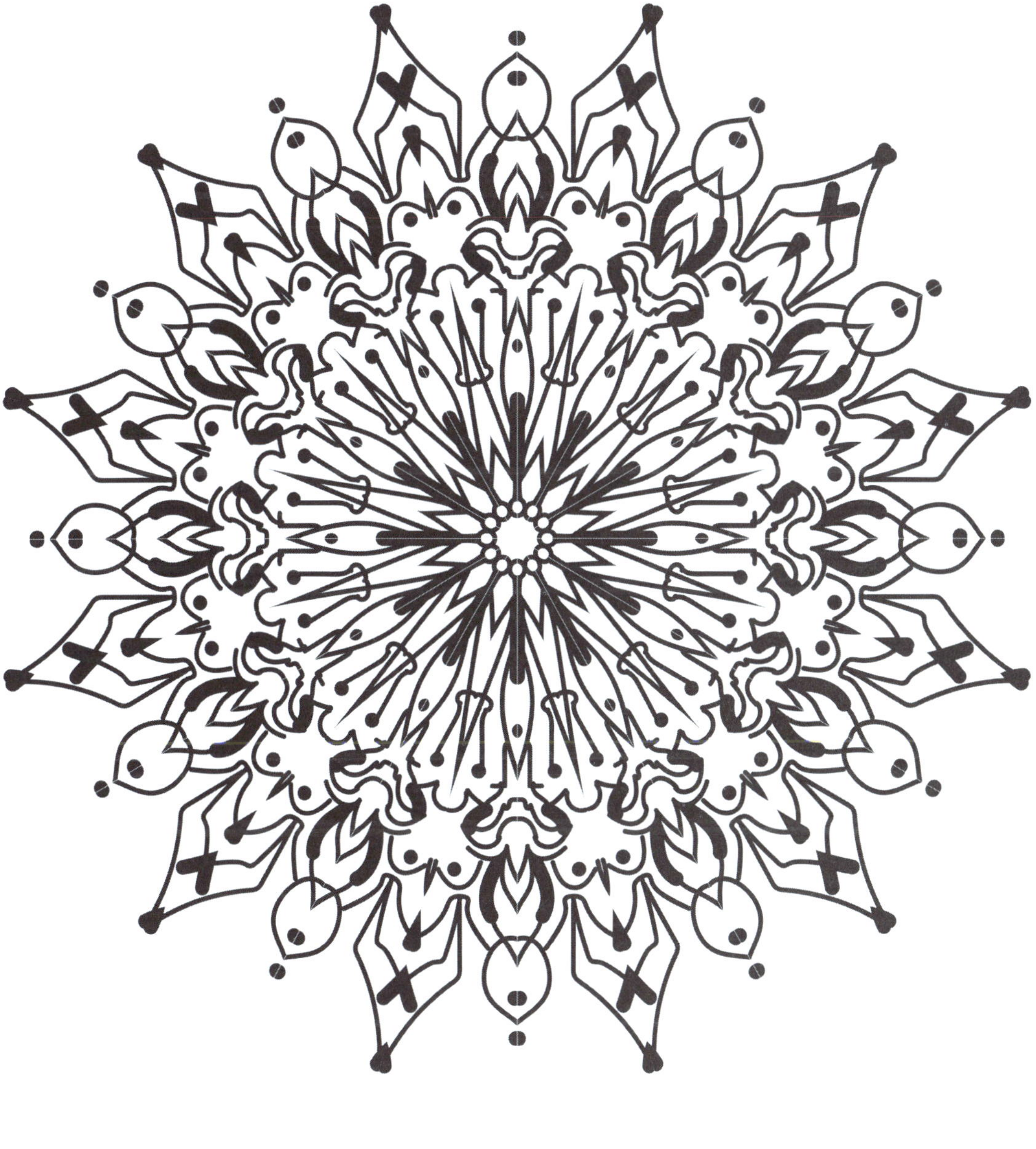

El descanso es la mejor medicina
para la mente y el cuerpo.

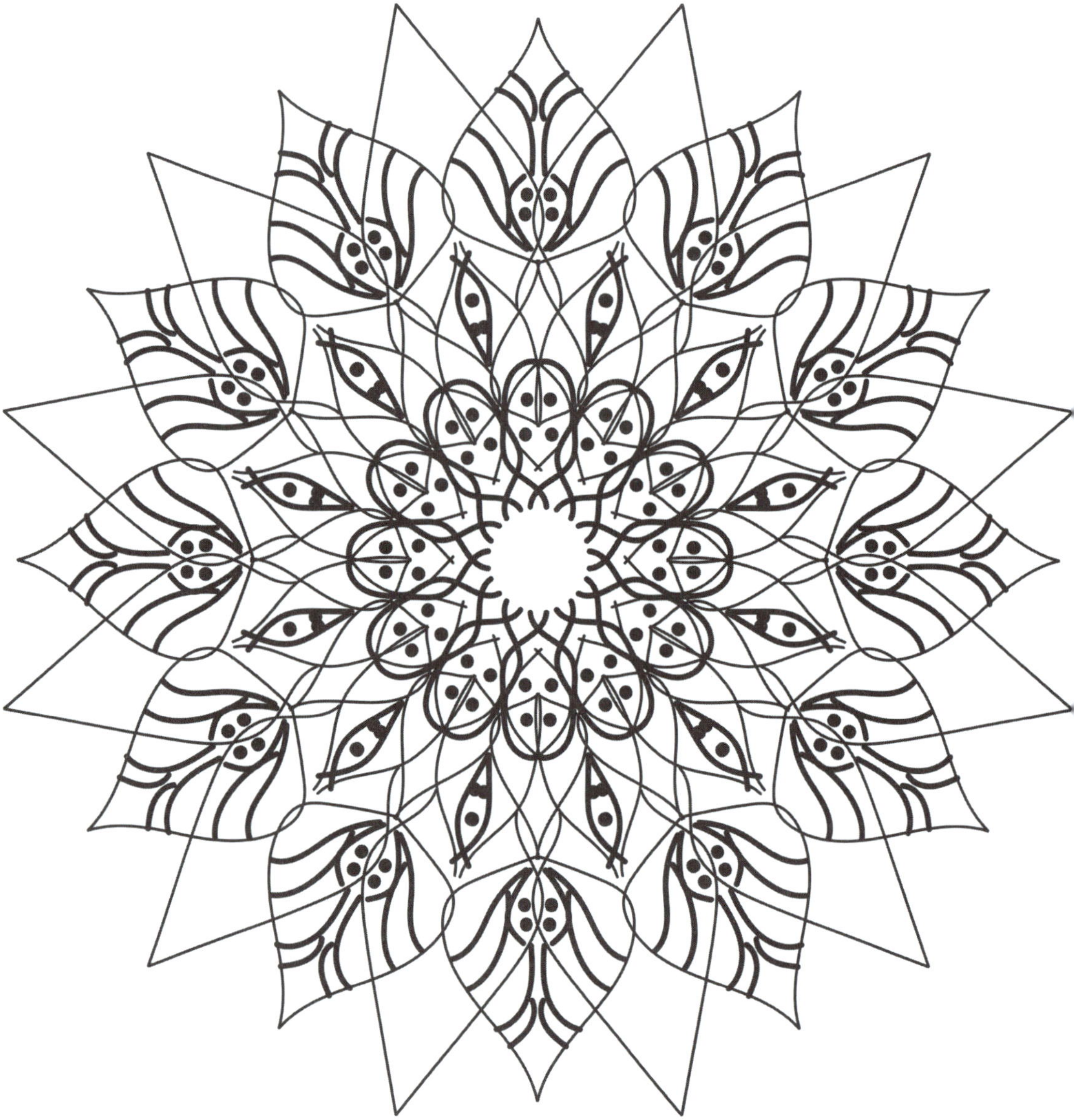

La relajación es la clave para la paz mental.

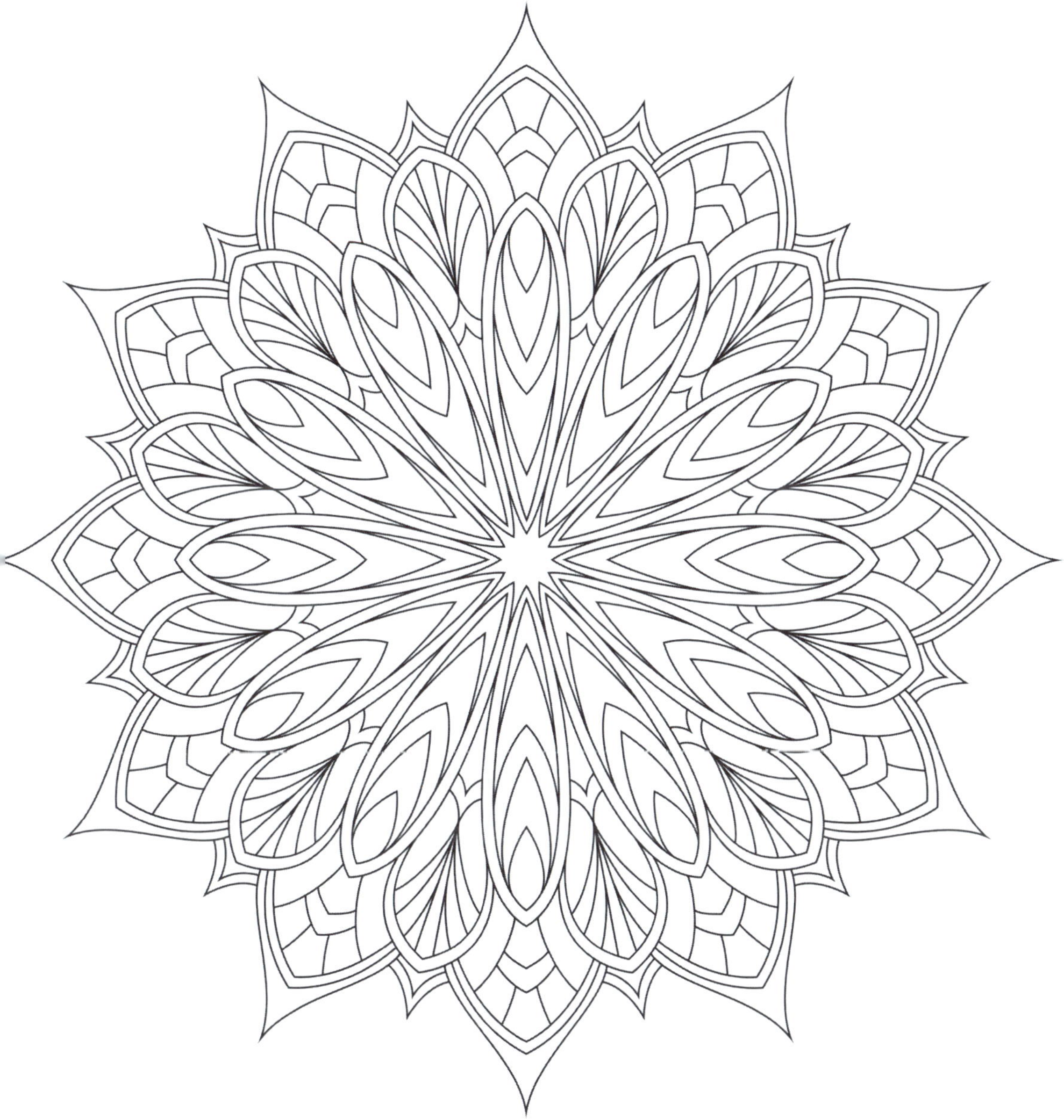

El bienestar no es solo tener un cuerpo sano,
sino también una mente sana.

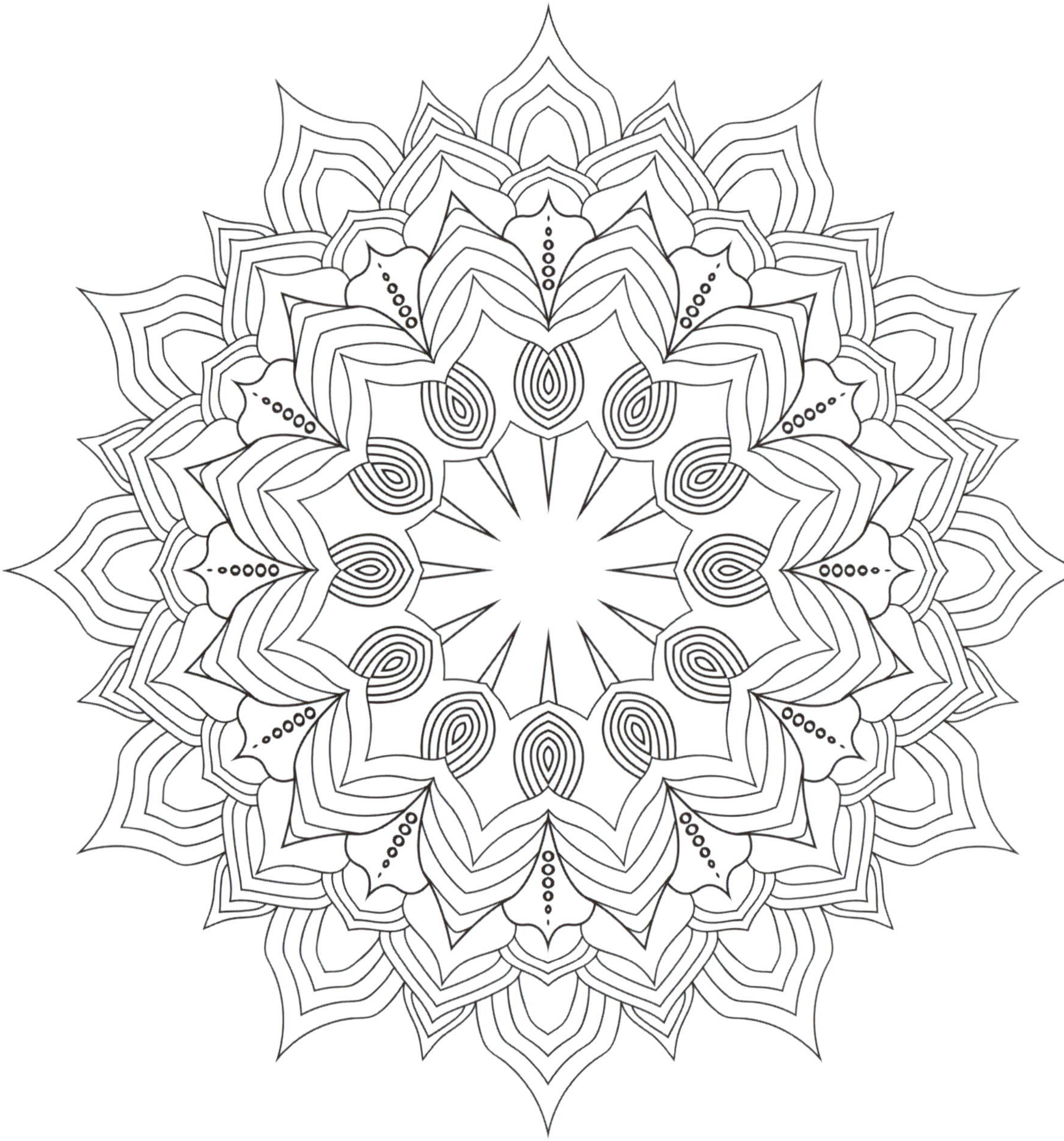

La motivación viene de hacer
las cosas que te importan.

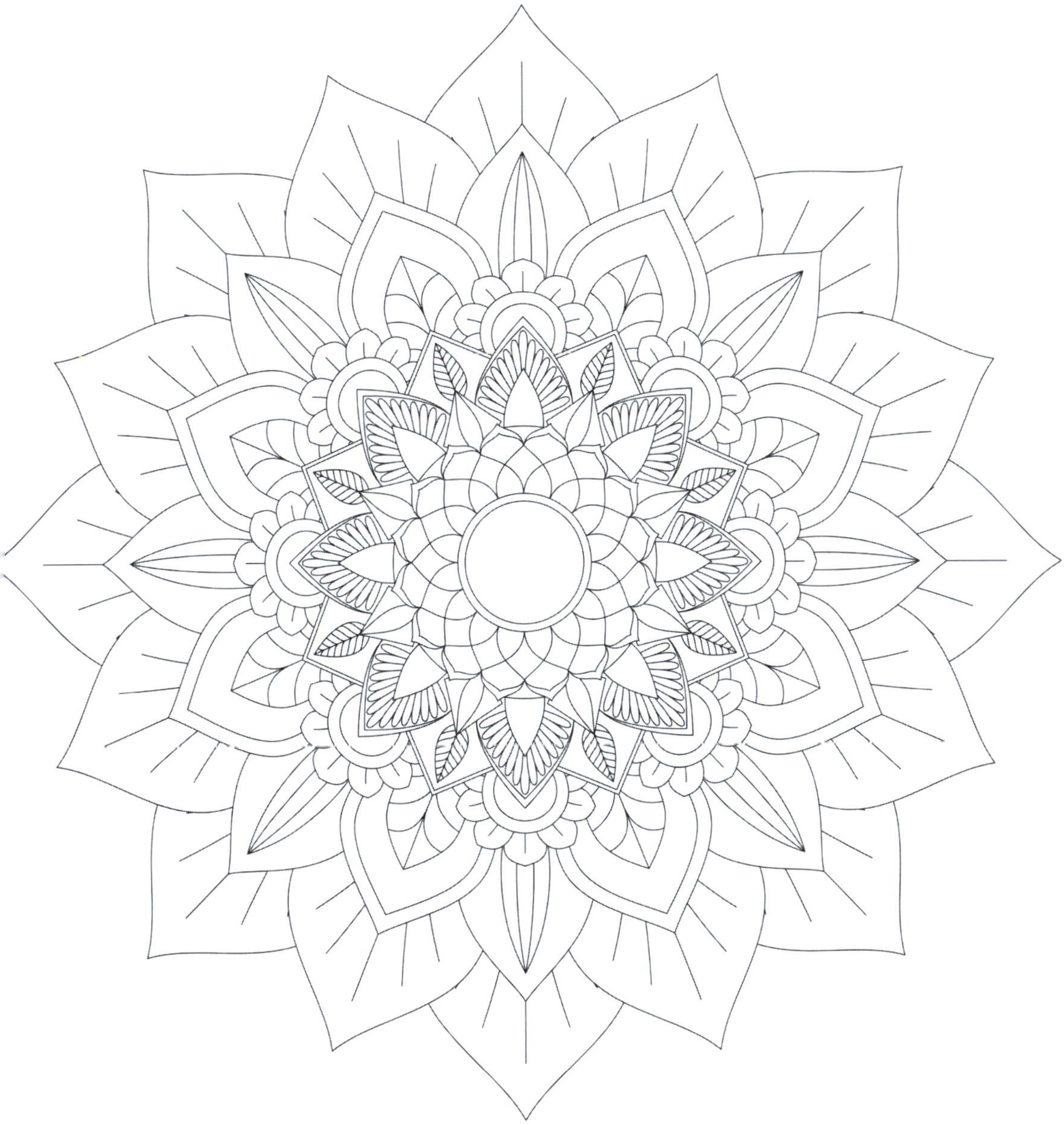

El bienestar es el resultado de la atención plena.

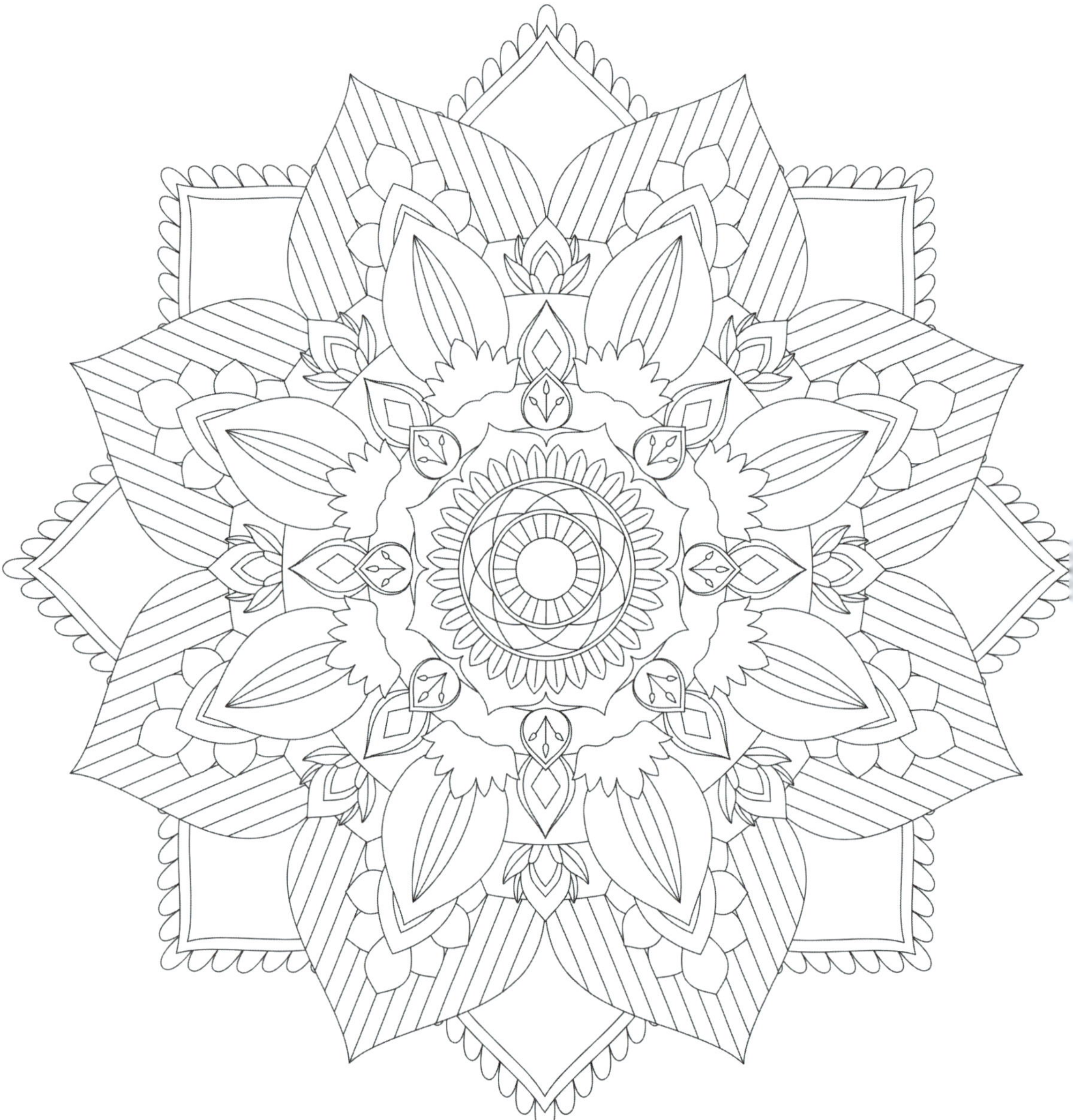

La relajación es una forma de reponer tu cuerpo y tu mente.

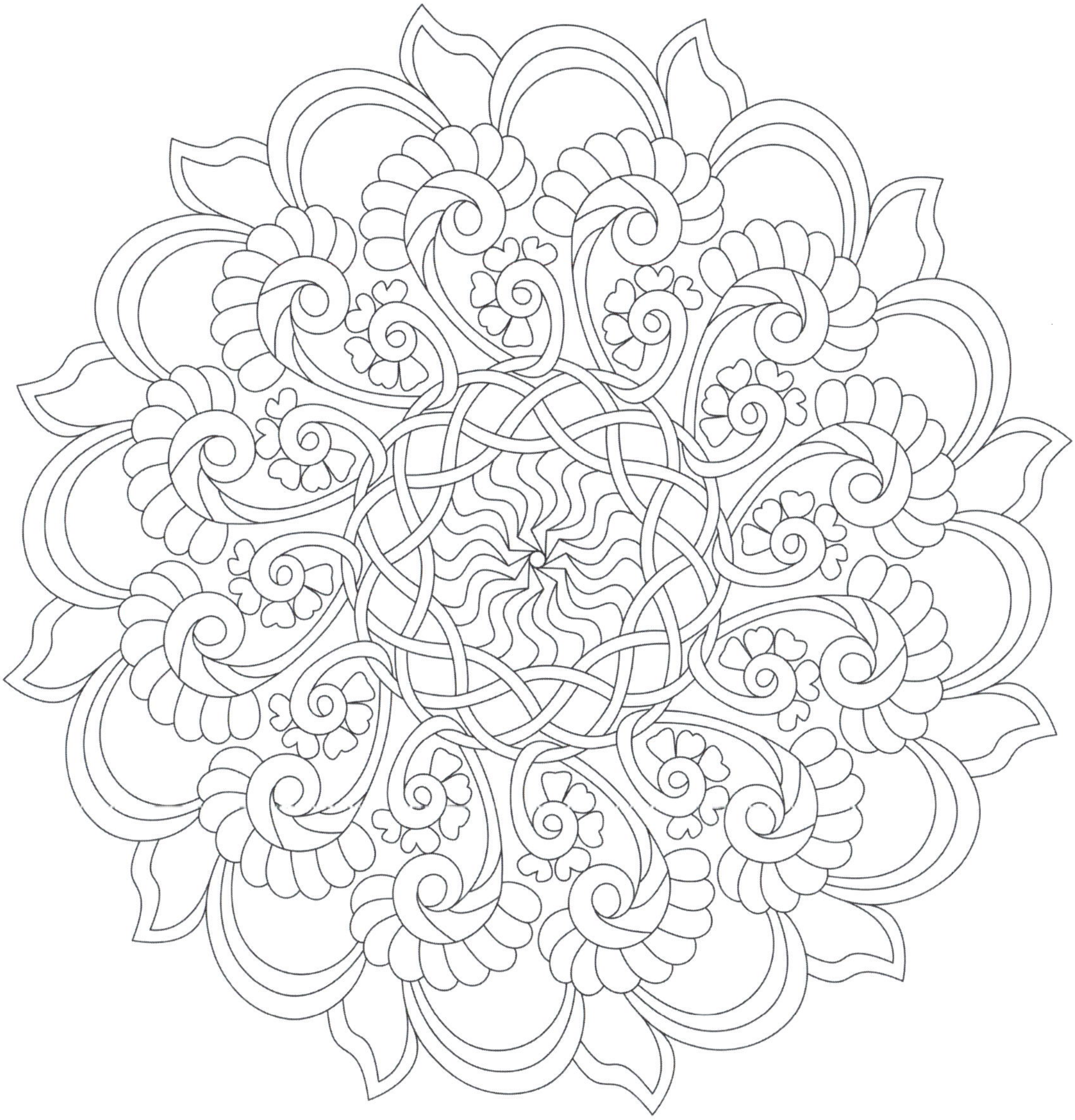

La motivación es lo que te ayuda a empezar.
El hábito es lo que te mantiene en marcha.

ATENCIÓN PLENA

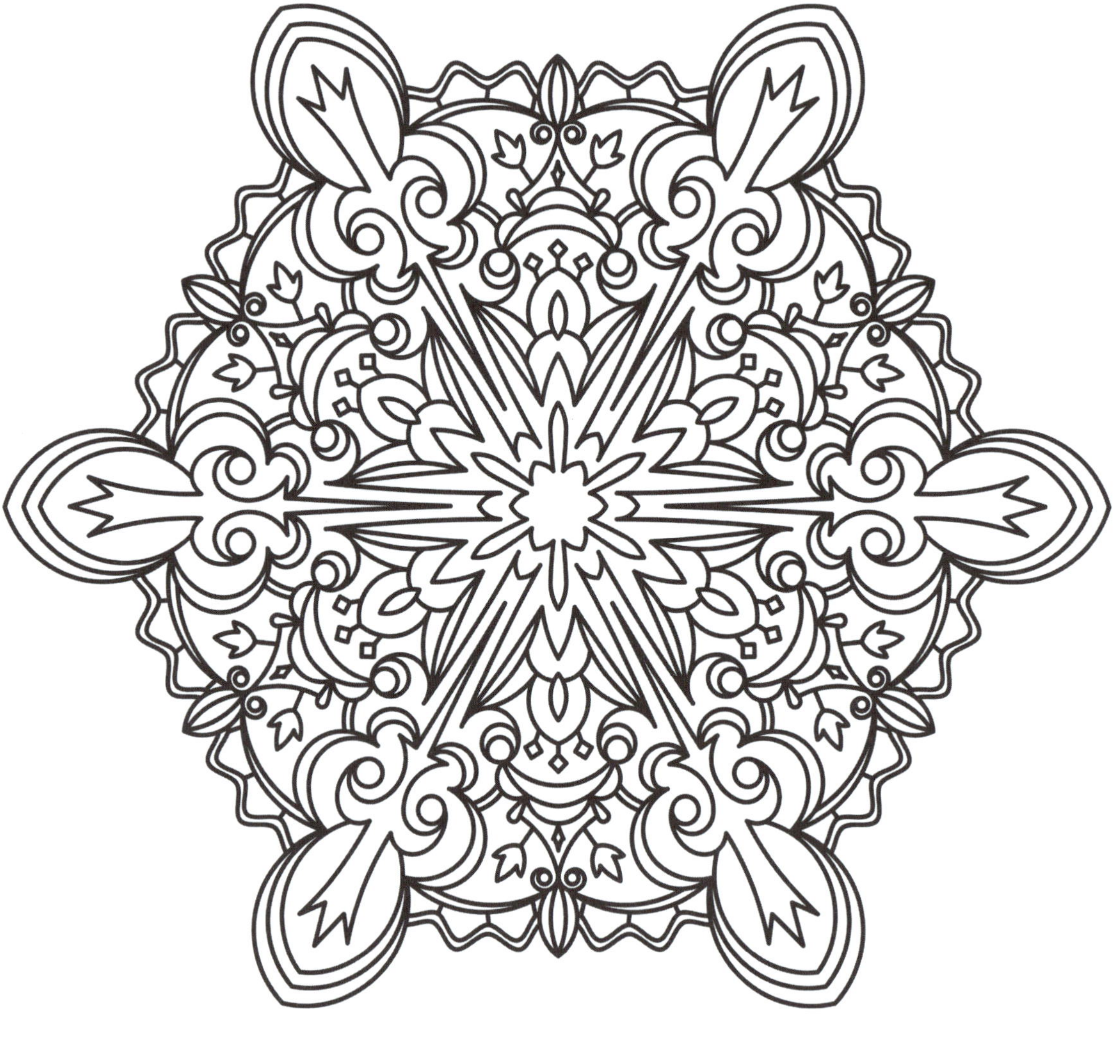

La motivación es la chispa
que enciende el fuego de la acción.

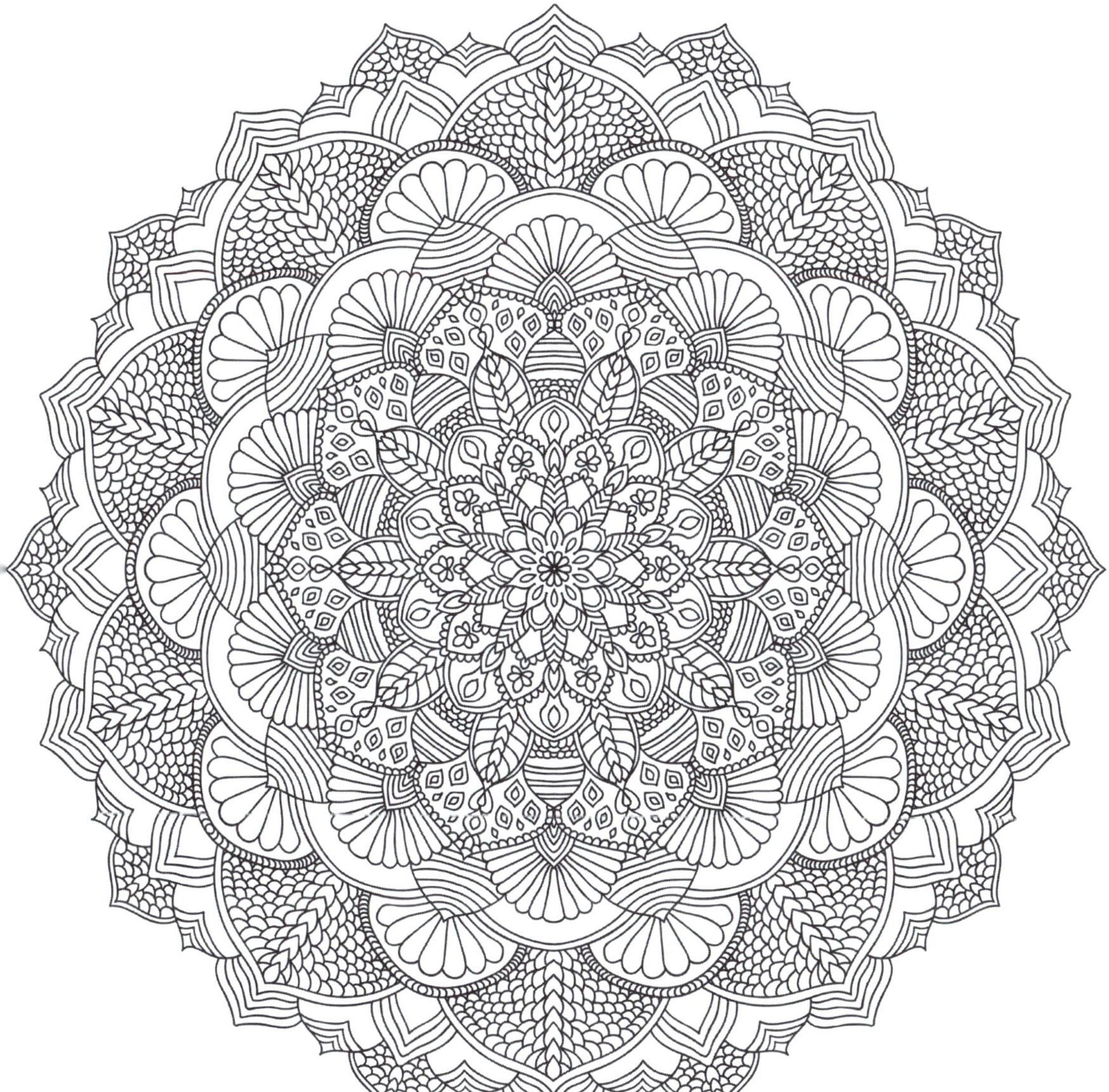

El bienestar es una elección que haces
cada día para cuidar tu cuerpo y tu mente.

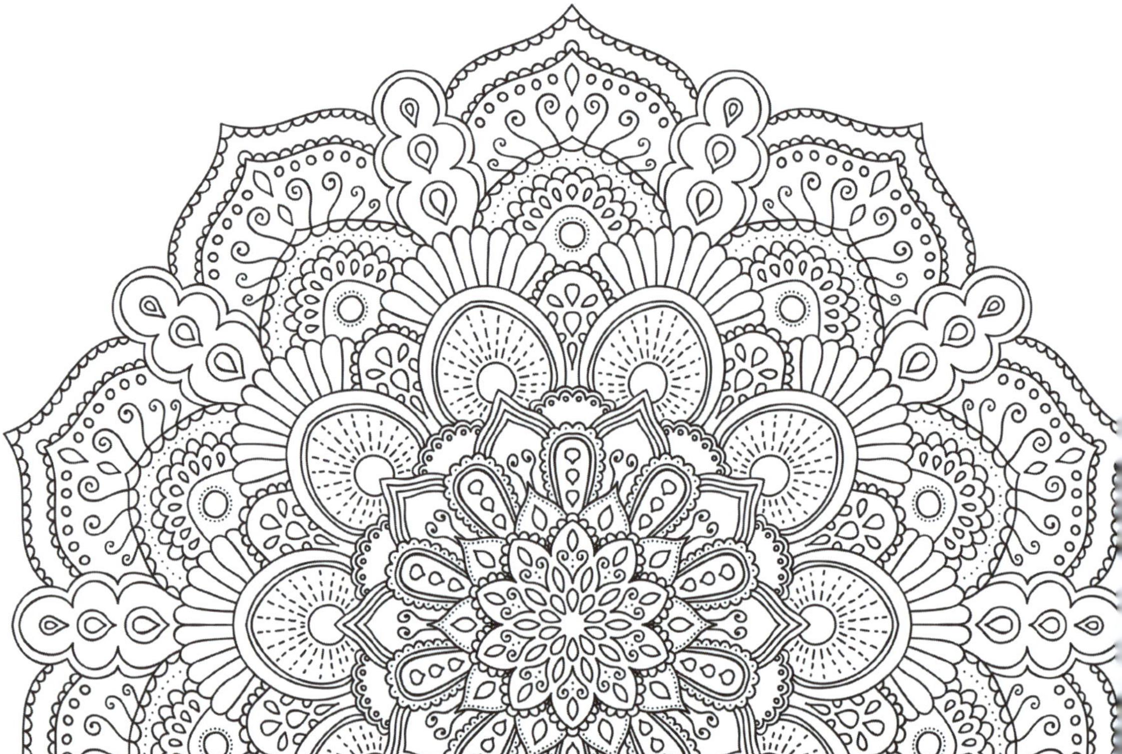

La relajación es la clave para reducir
el estrés y la ansiedad.

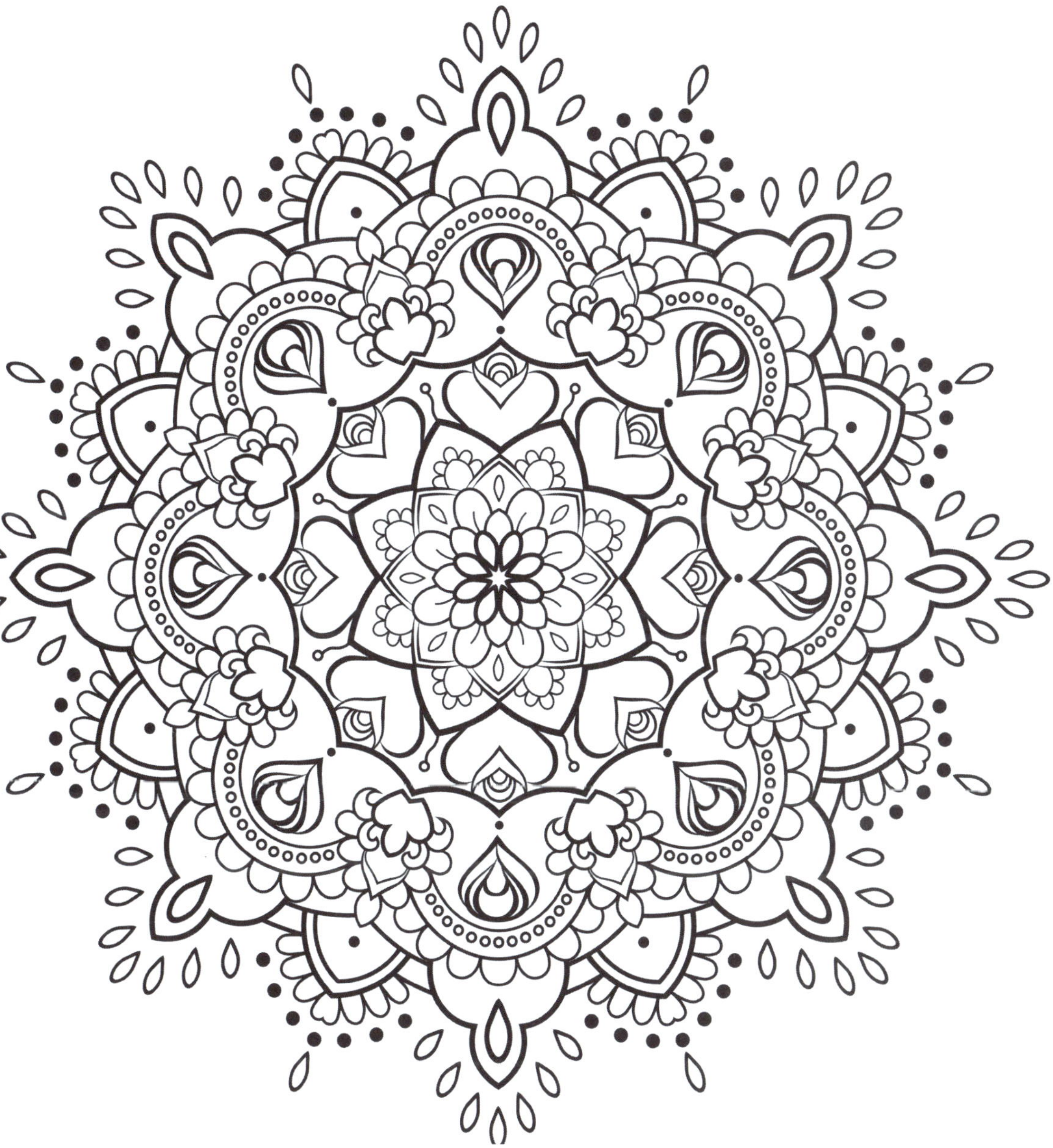

No dejes de creer en la magia del momento.

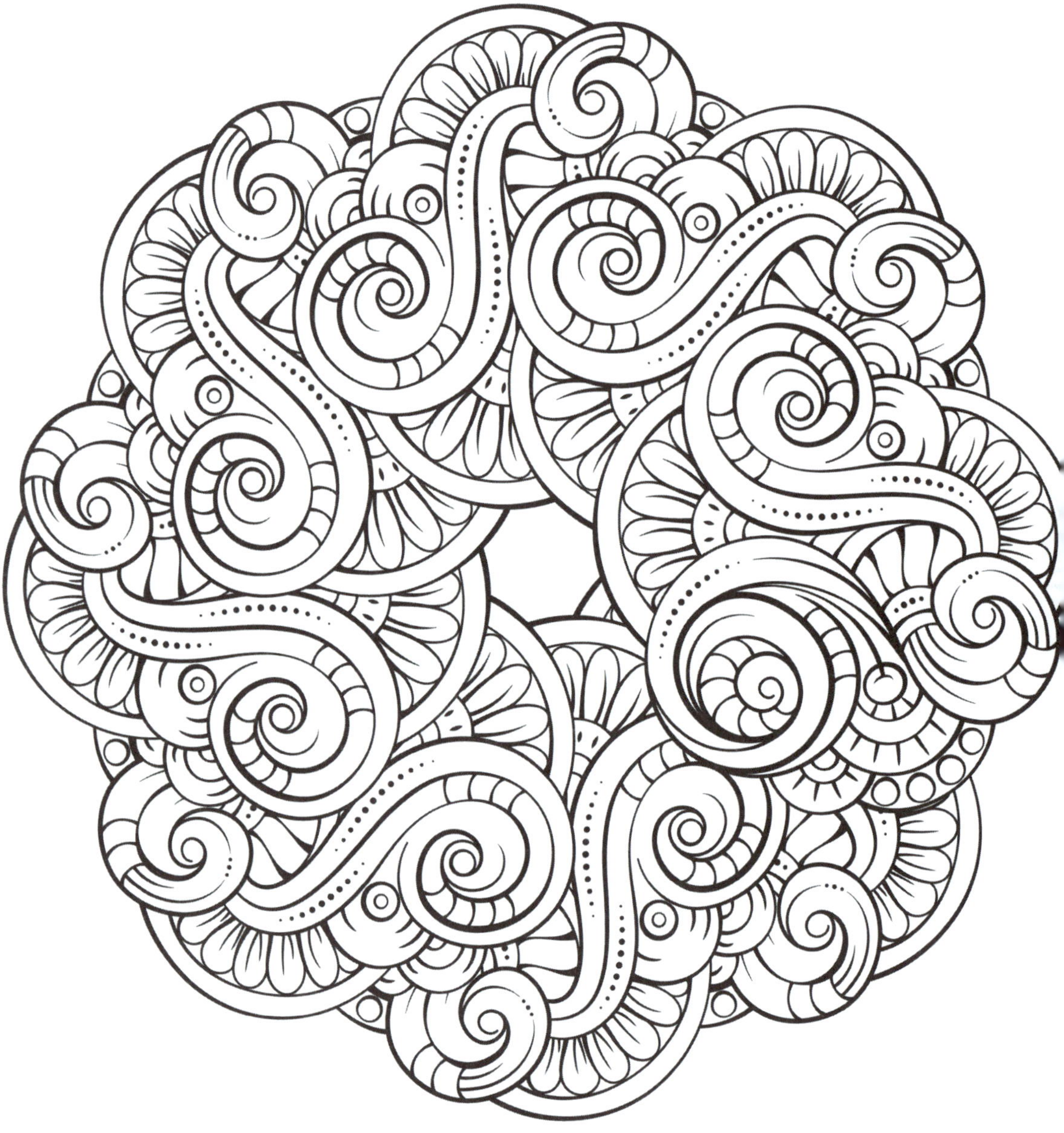

El bienestar es una sensación de plenitud
y satisfacción en tu vida.

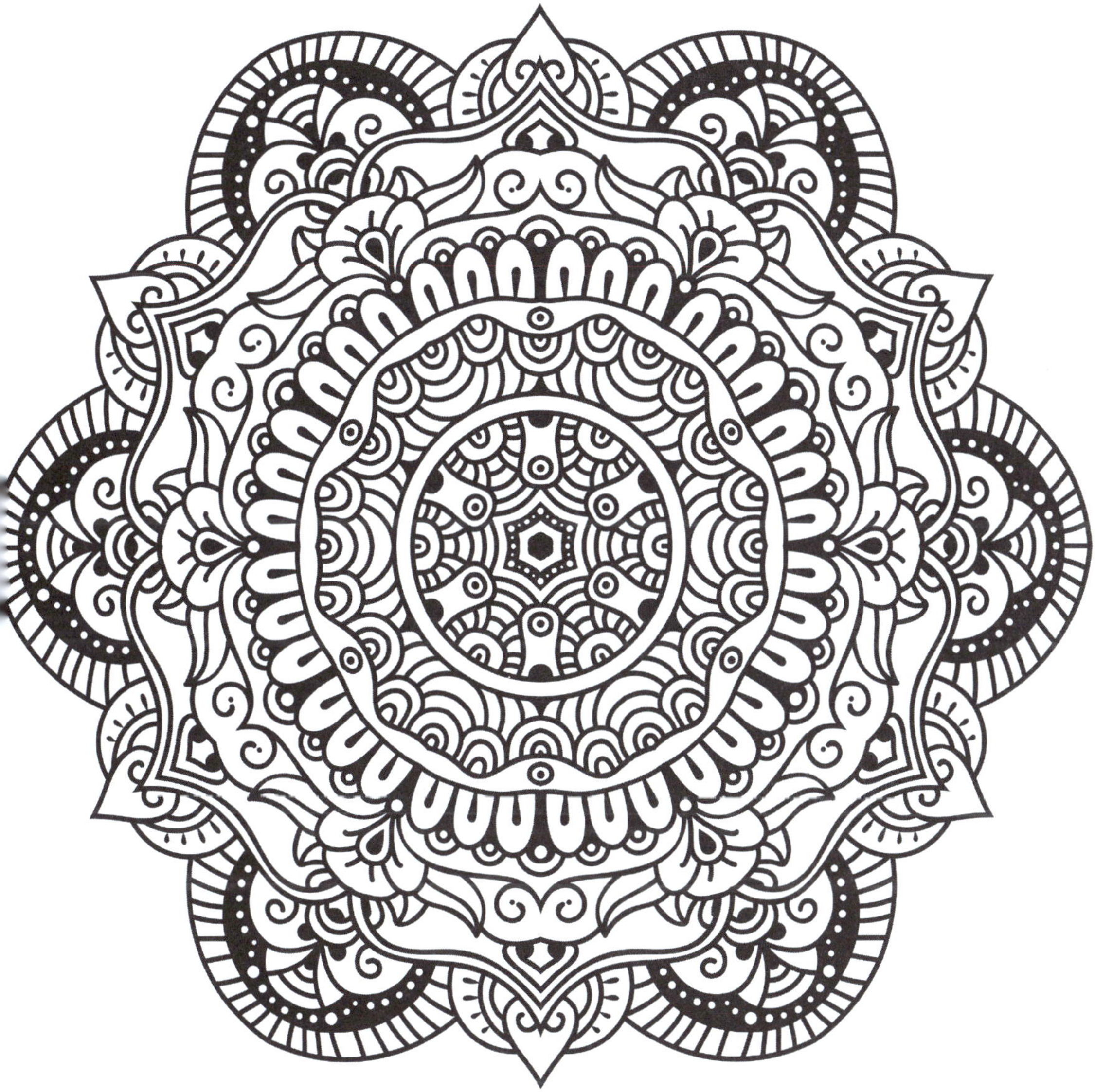

La relajación es la forma de encontrar
el equilibrio en tu vida.

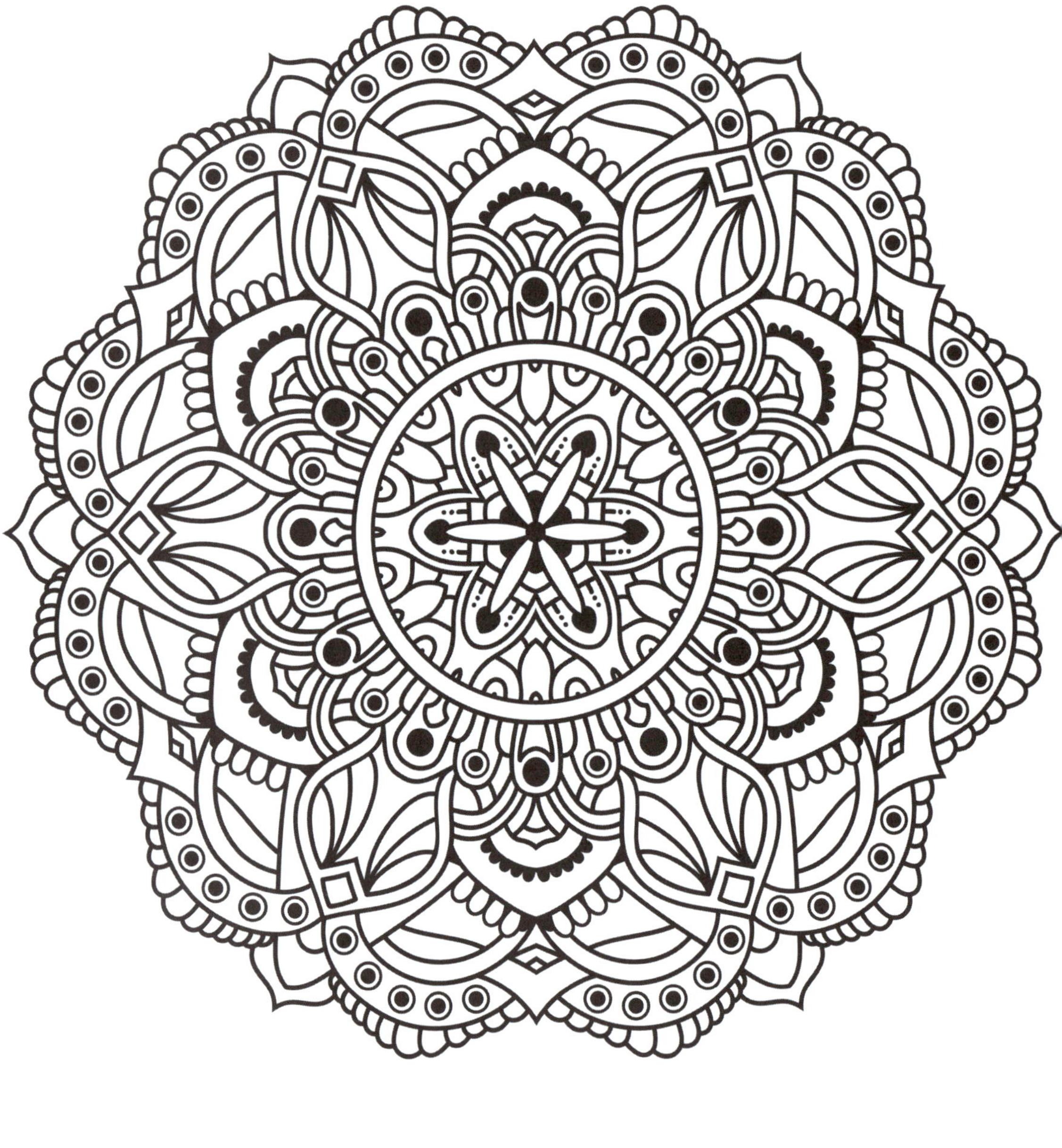

La motivación es lo que te hace seguir adelante,
incluso cuando las cosas se ponen difíciles.

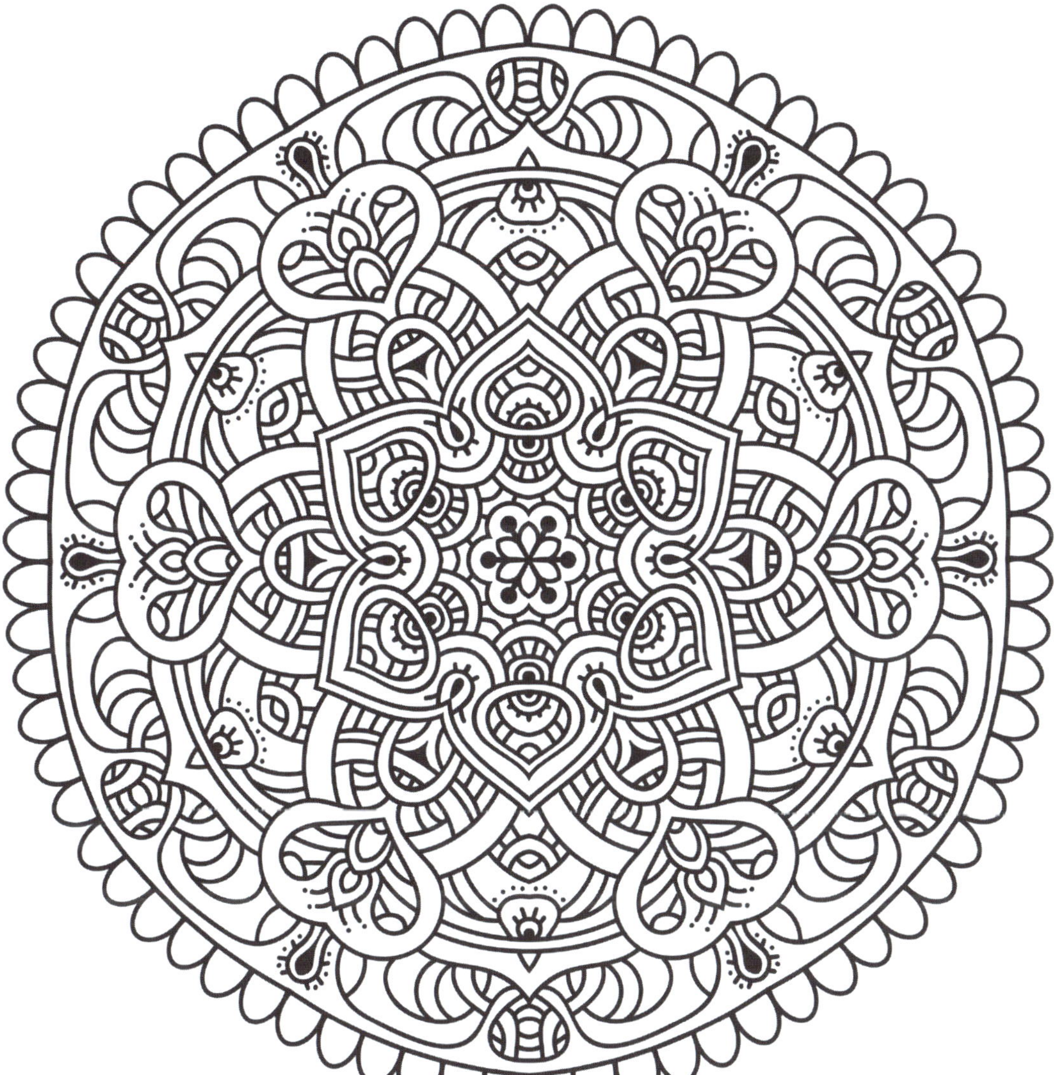

No te pierdas las pequeñas alegrías de la vida mientras esperas la gran felicidad.

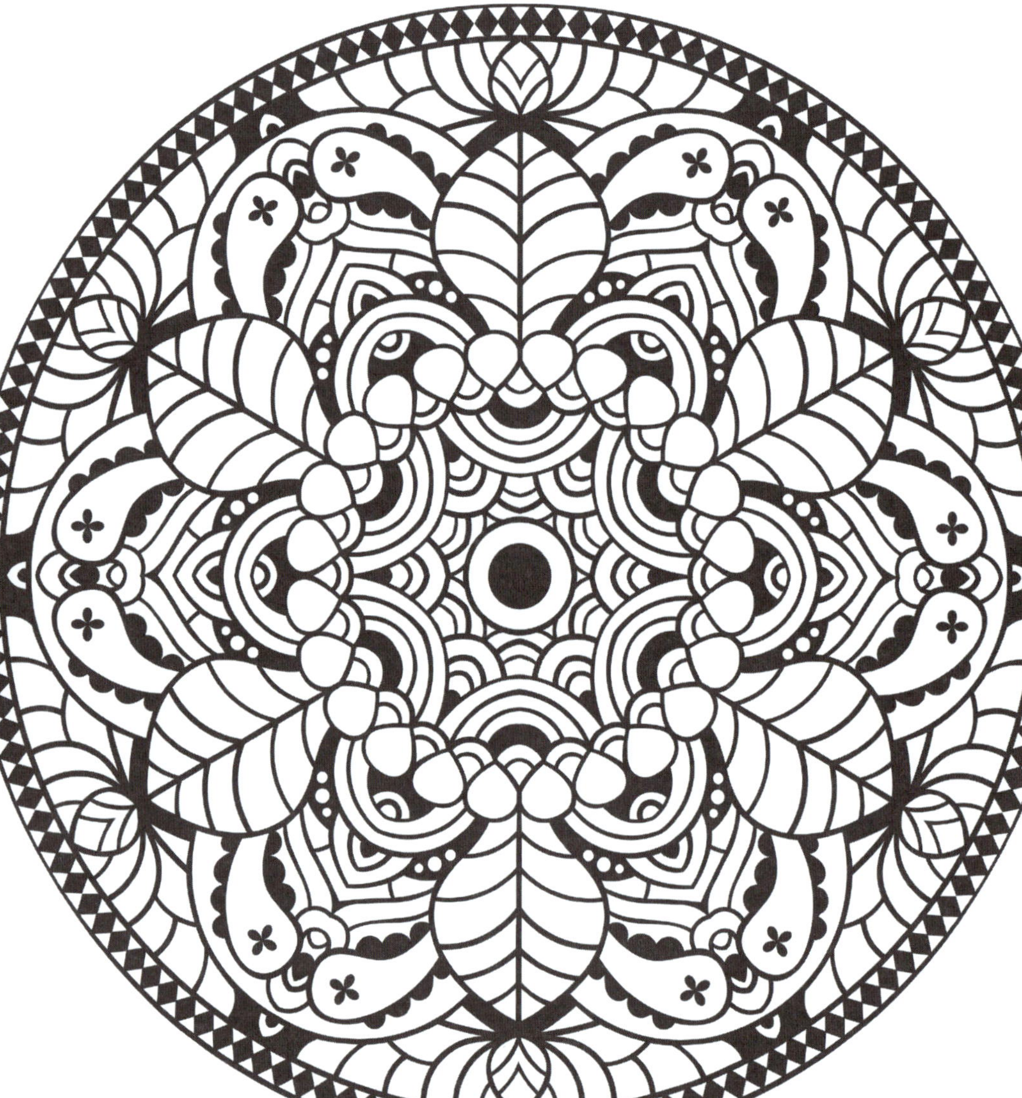

*Cada momento es especial para quien tiene
la visión de reconocerlo como tal.*

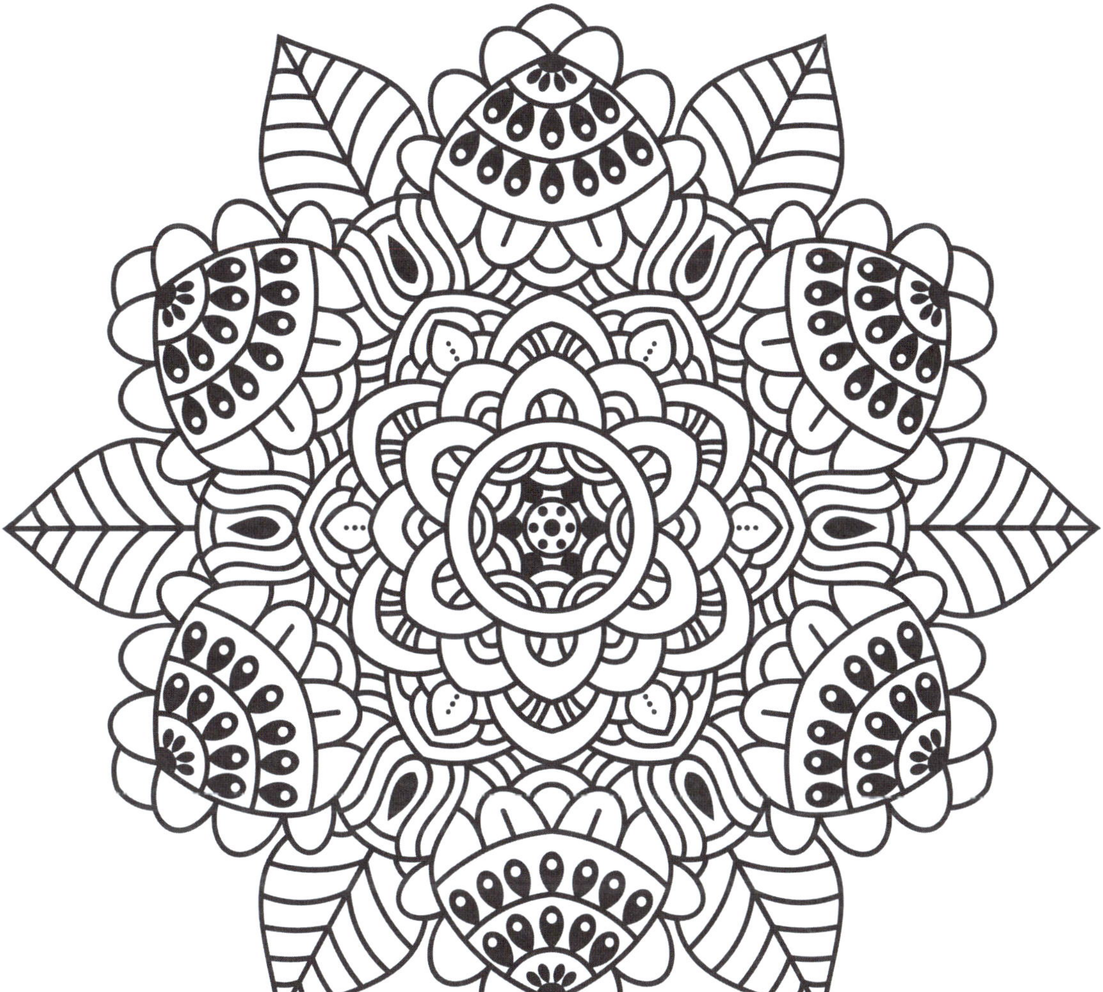

La felicidad de tu vida depende de la calidad de tus pensamientos.

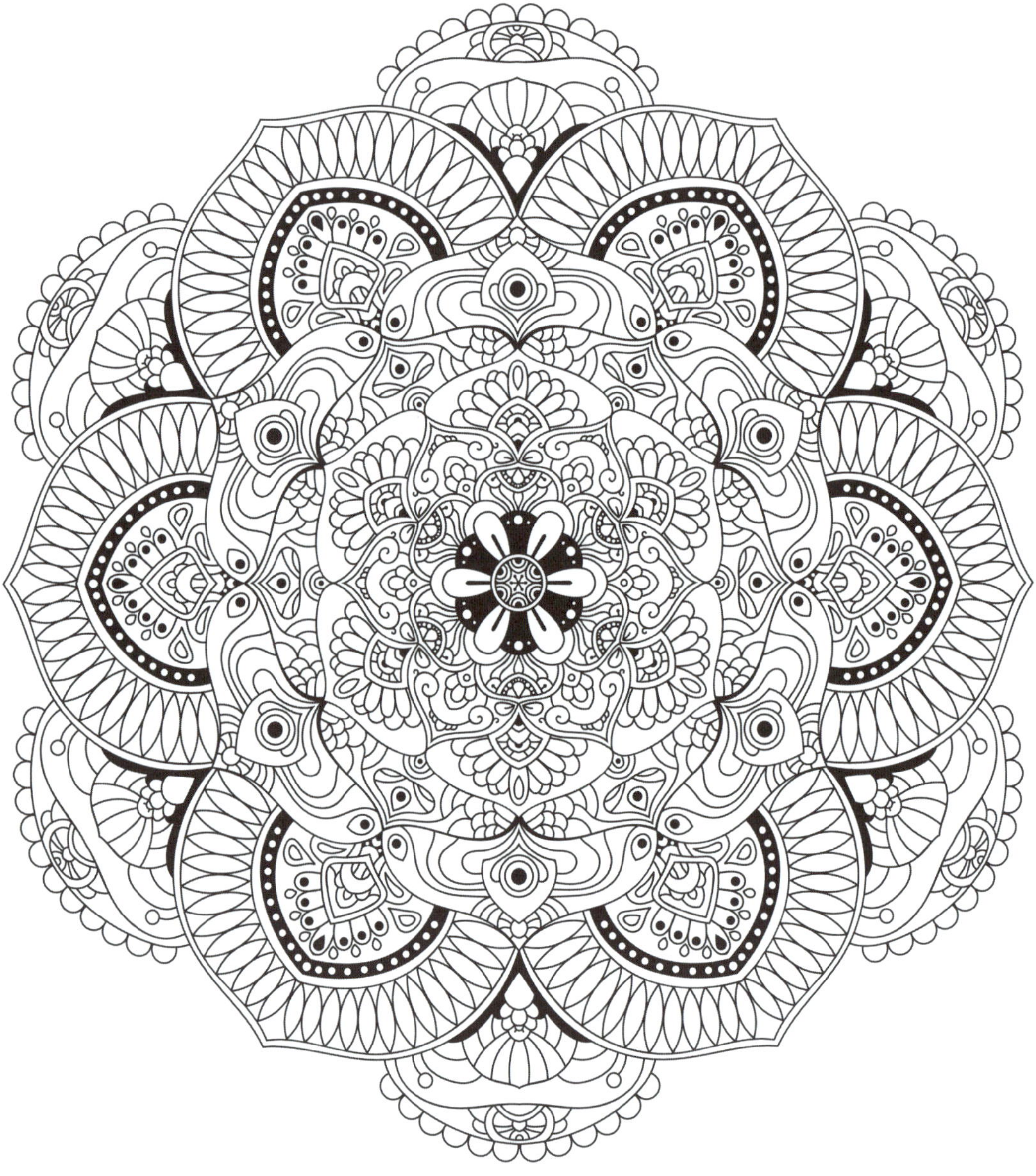

No todas las tormentas vienen para perturbar tu vida;
¡algunas llegan para limpiarte el camino!

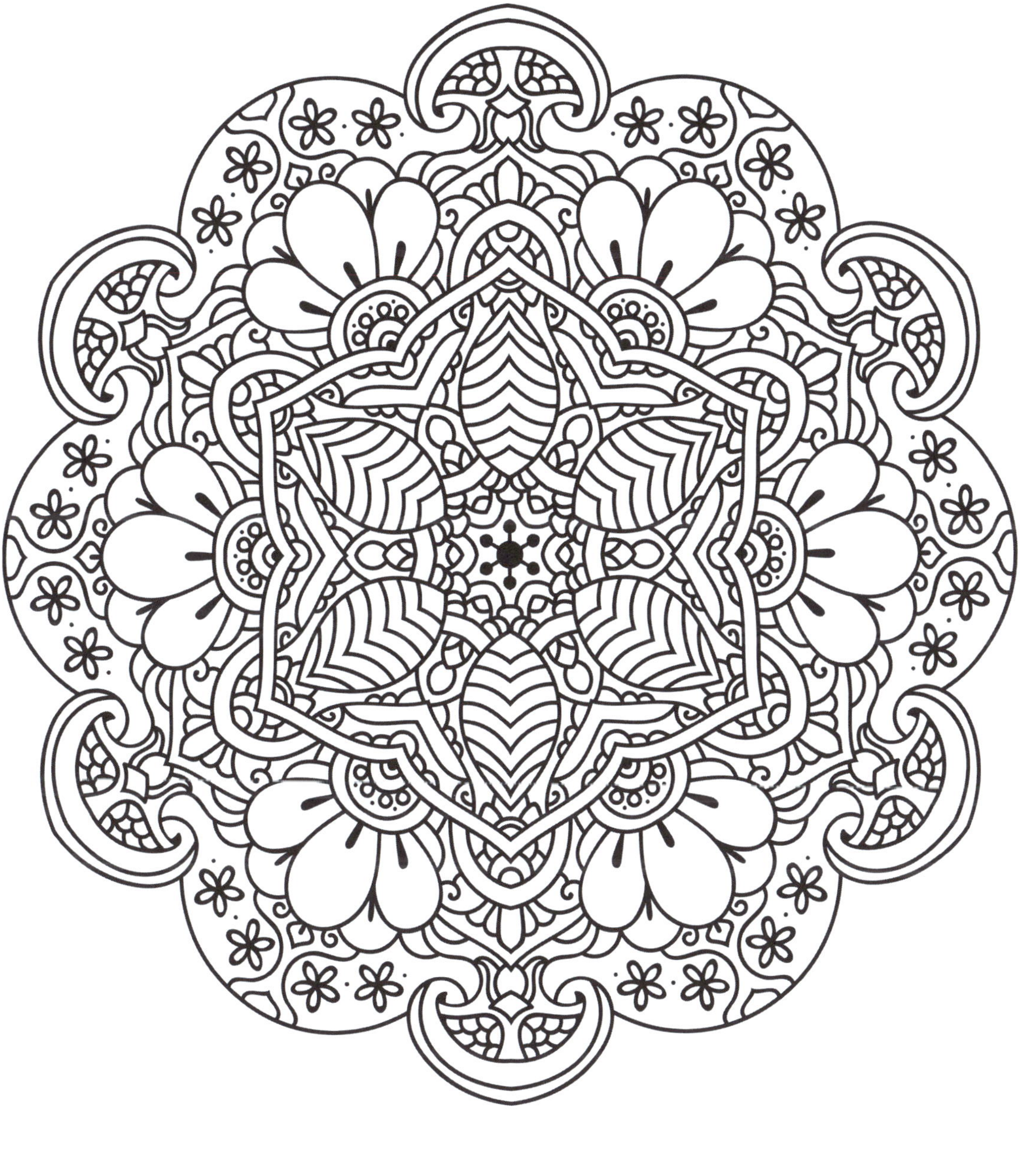

El pesimista se queja del viento;
el optimista espera que cambie; el realista ajusta las velas.

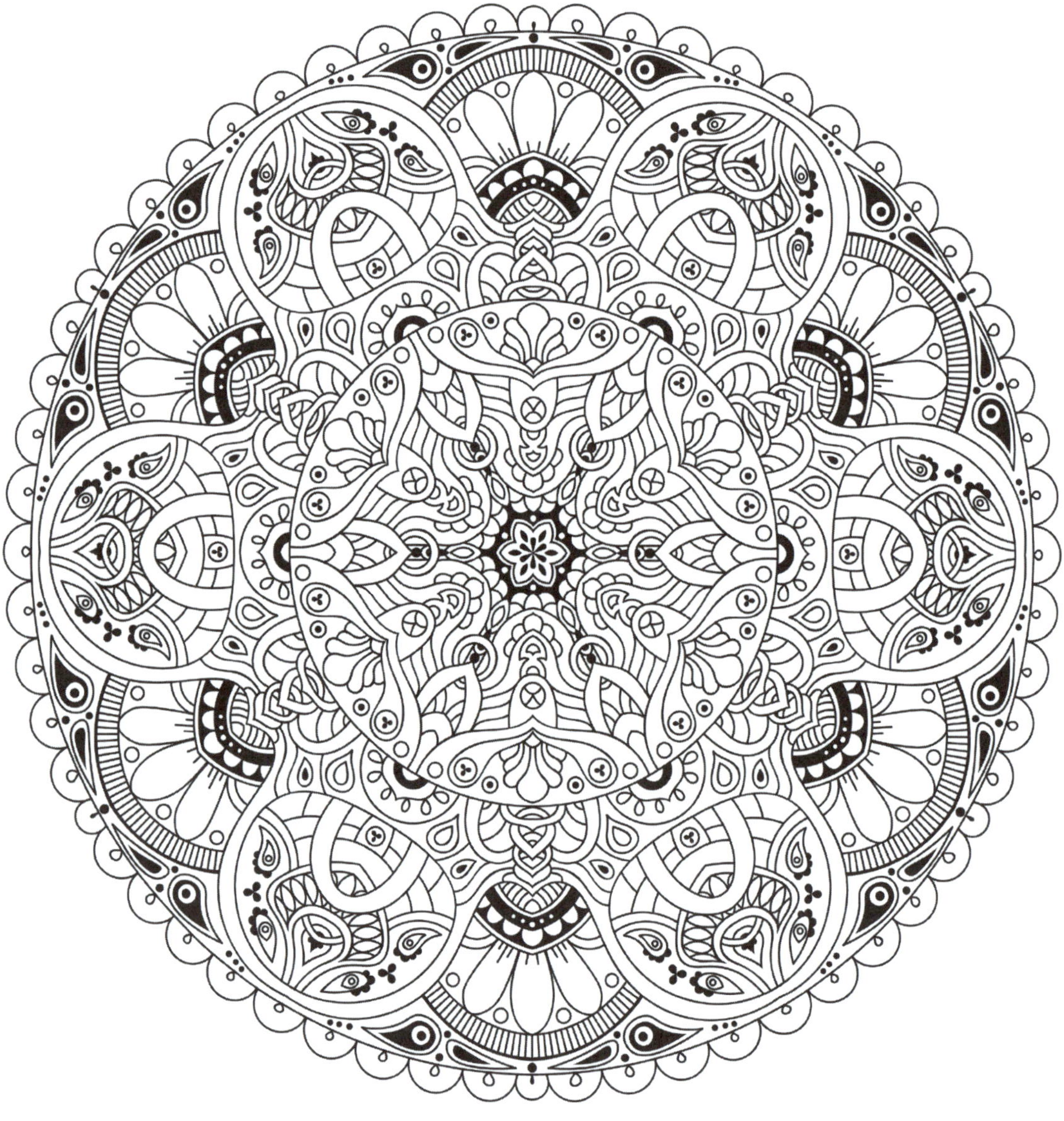

La gente positiva cambia el mundo,
mientras que la negativa lo mantiene como está.

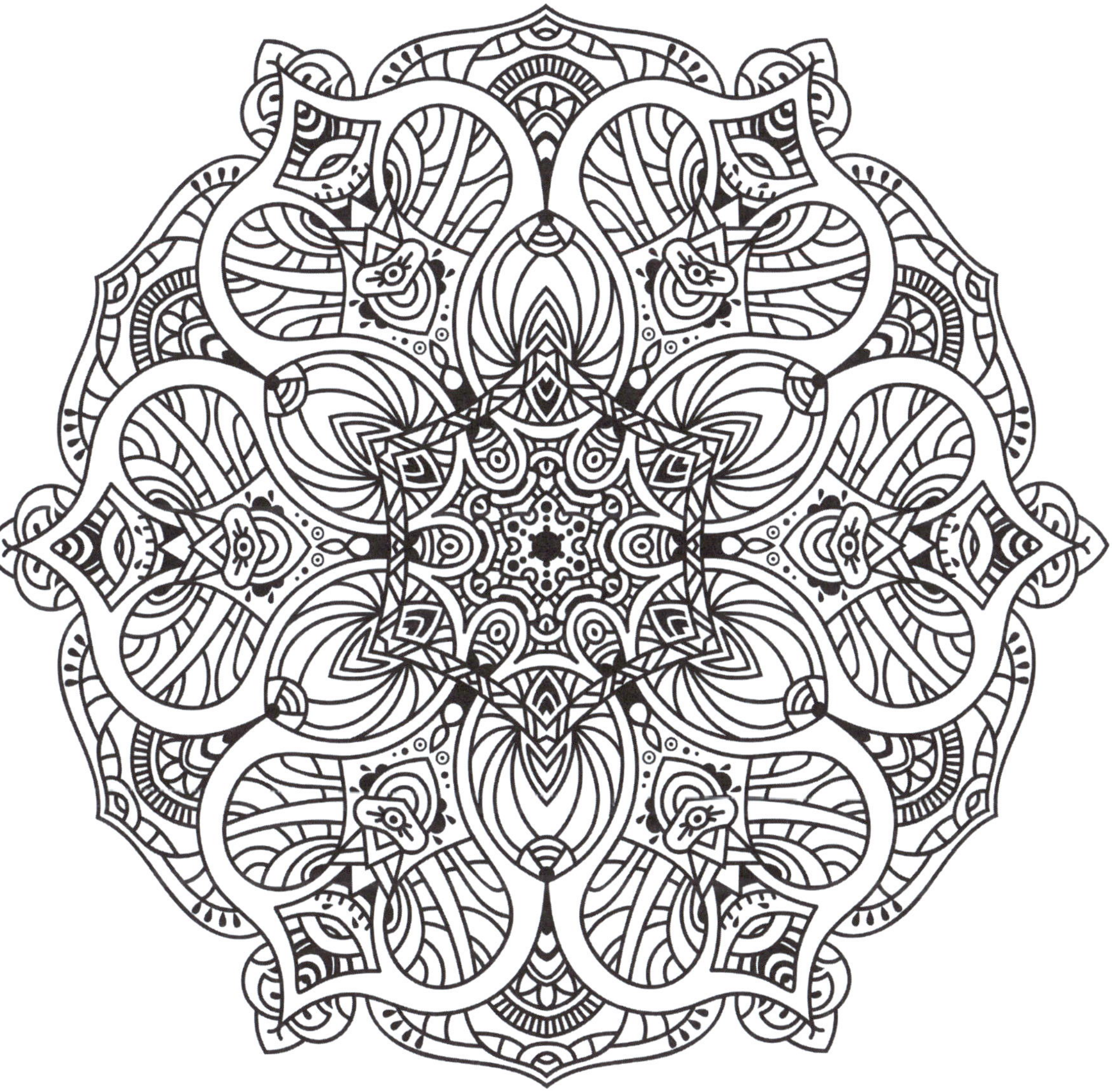

Si puedes cambiar tu mente,
puedes cambiar el mundo.

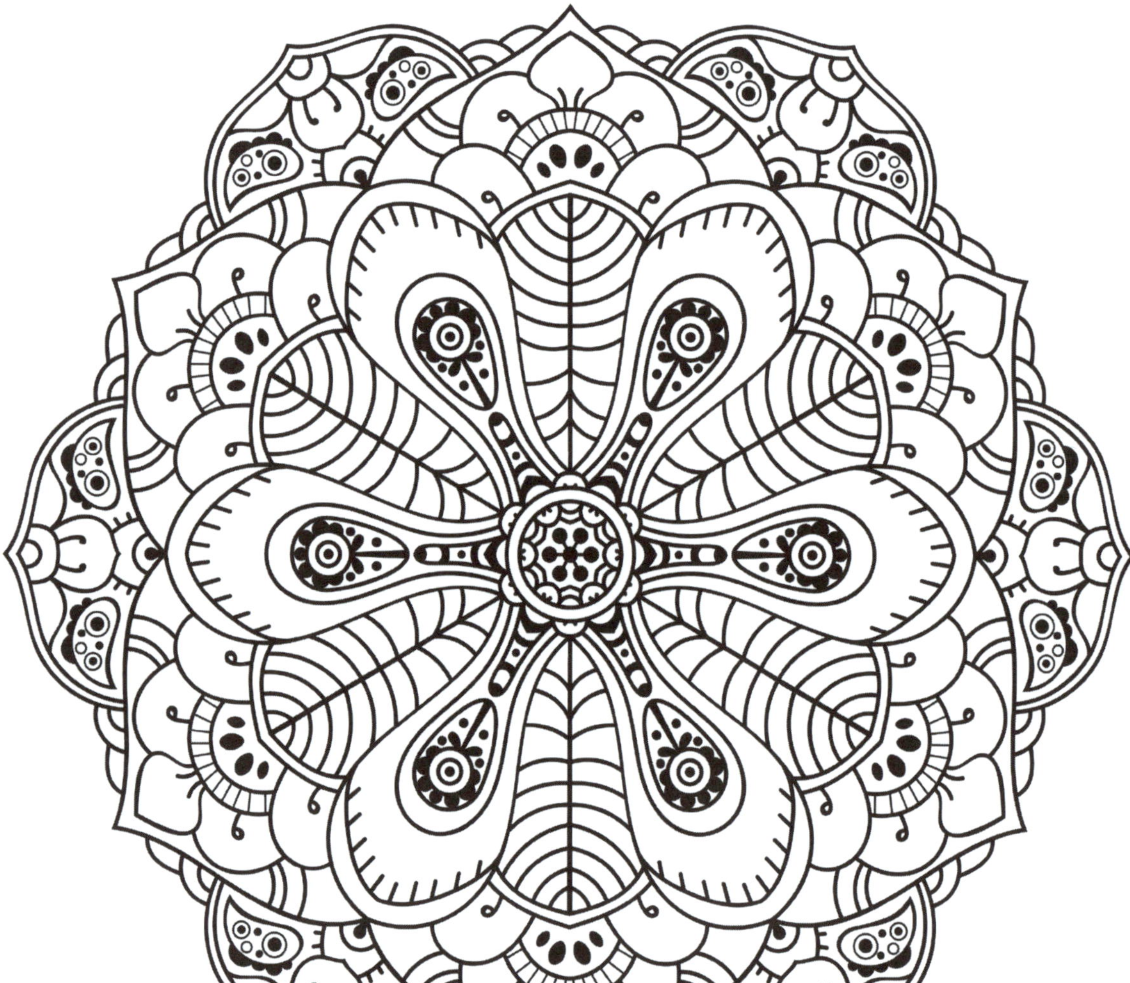

Si no puedes hacer grandes cosas,
prueba a hacer pequeñas cosas de forma grandiosa.

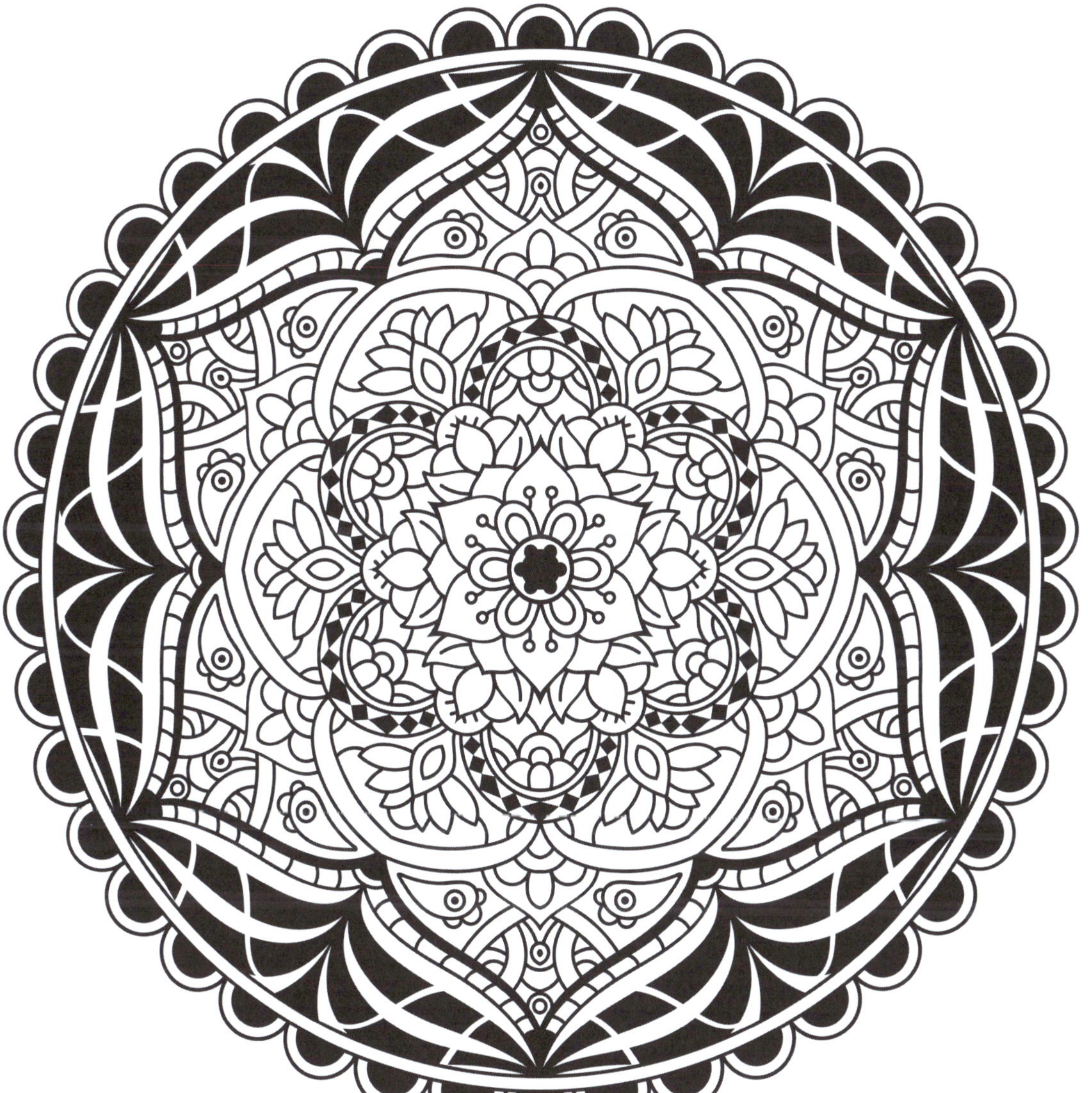

Aunque nadie puede volver atrás y hacer un nuevo comienzo,
cualquiera puede comenzar a partir de ahora
y hacer un nuevo final.

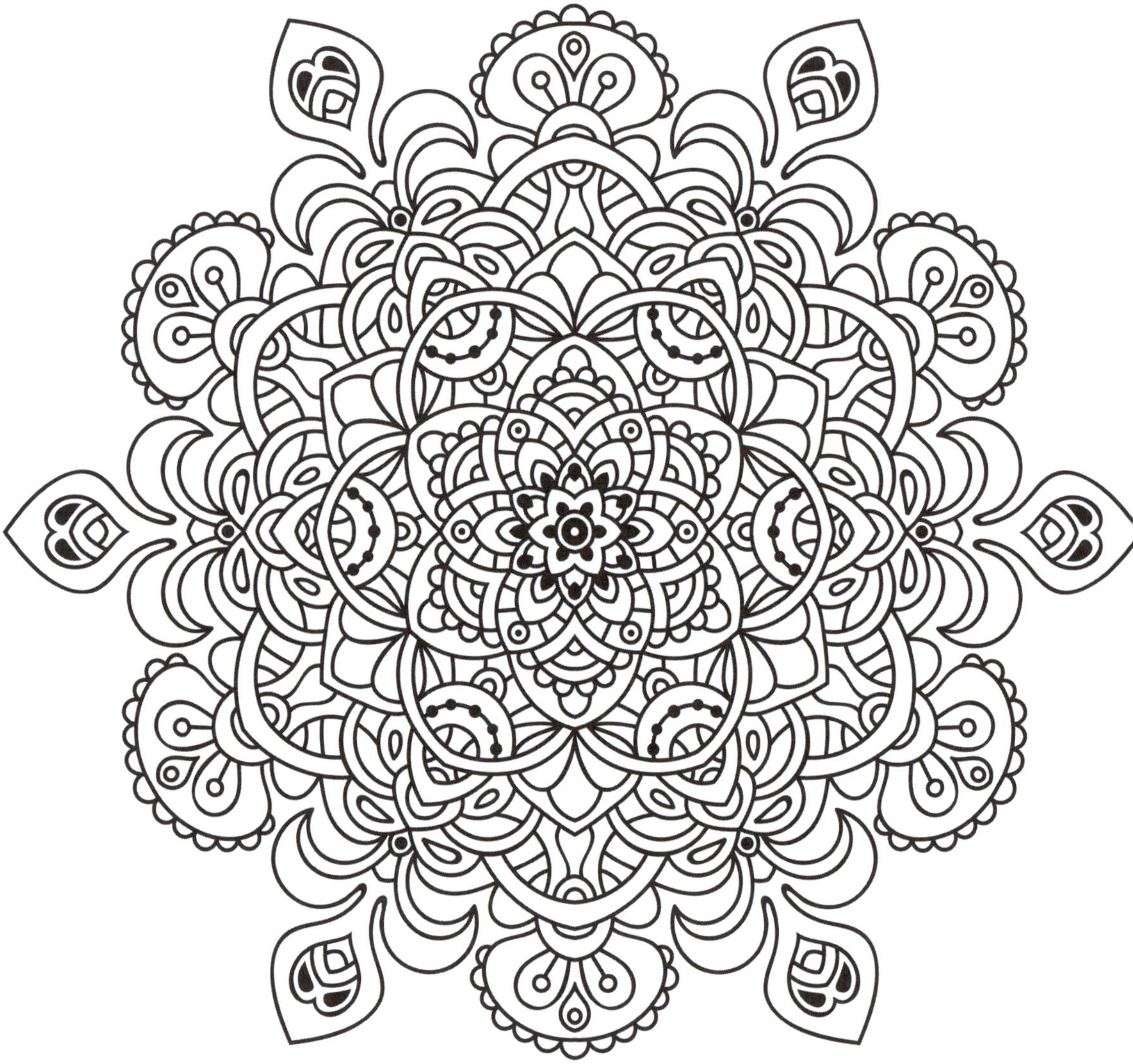

Hay tres cosas en la vida que una vez que pasan ya no regresan; el tiempo, las palabras y las oportunidades.

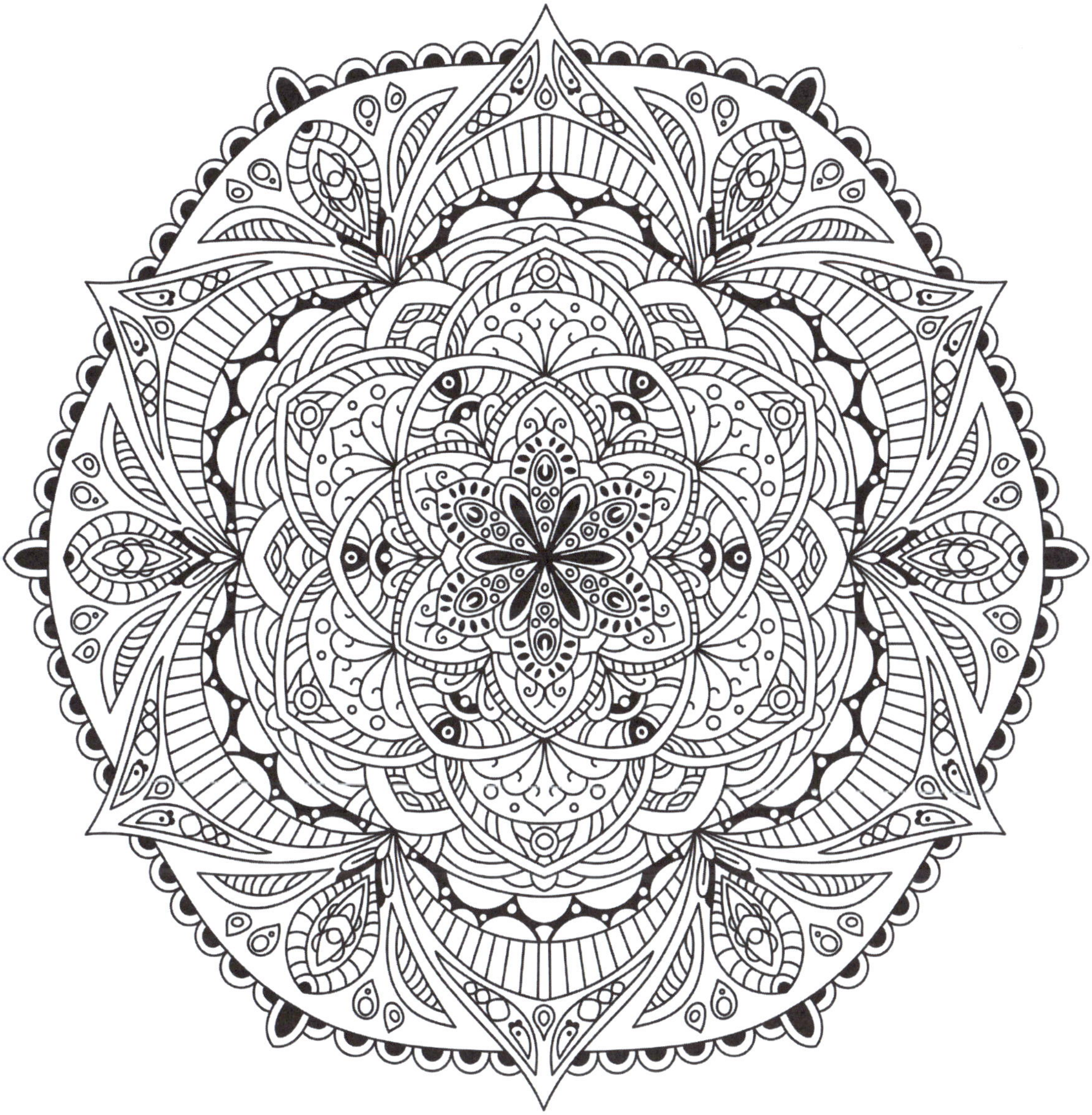

Si te caes siete veces, levántate ocho.

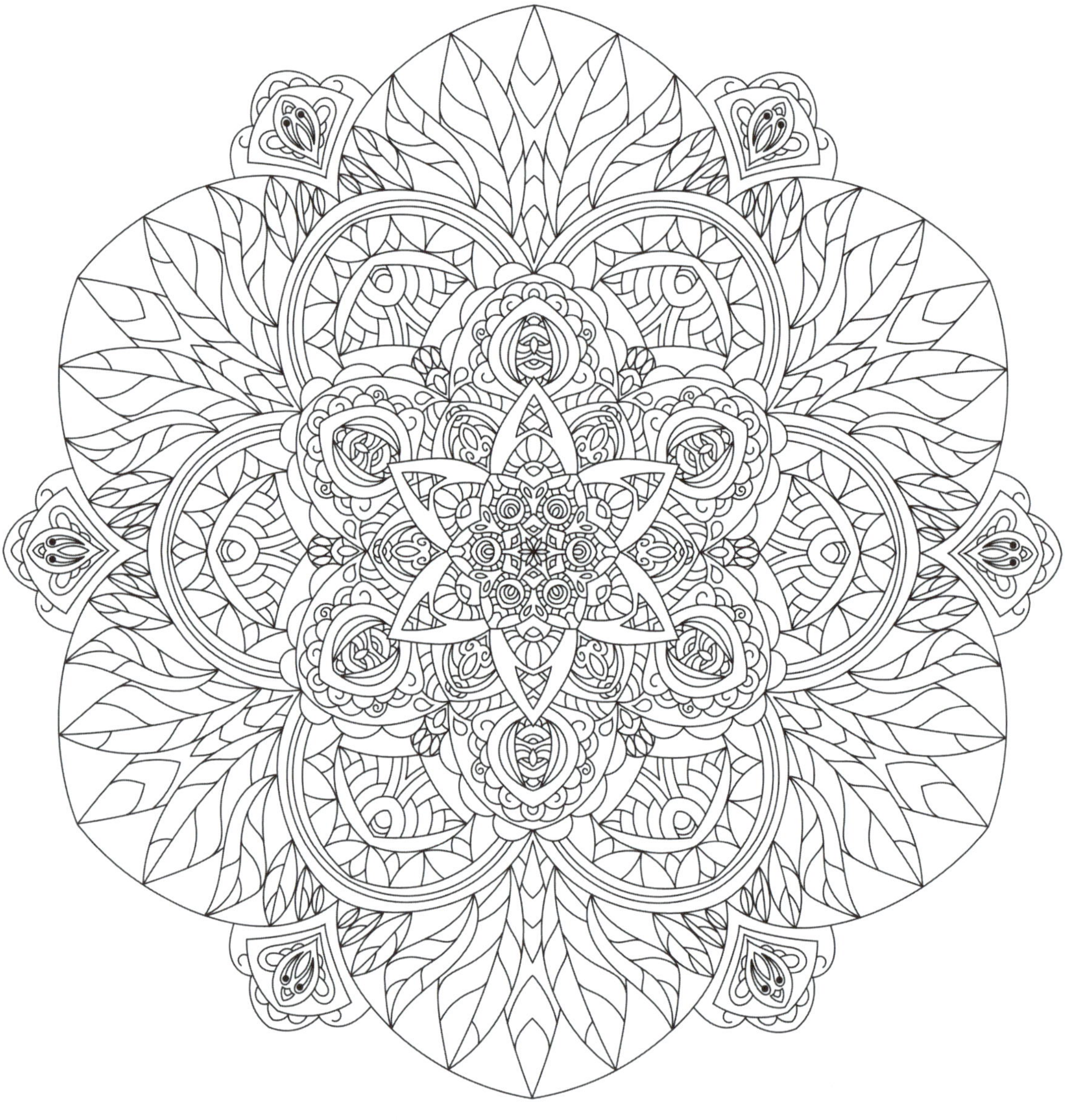

*A veces la segunda oportunidad
te la tienes que dar a ti mismo, no a otra persona.*

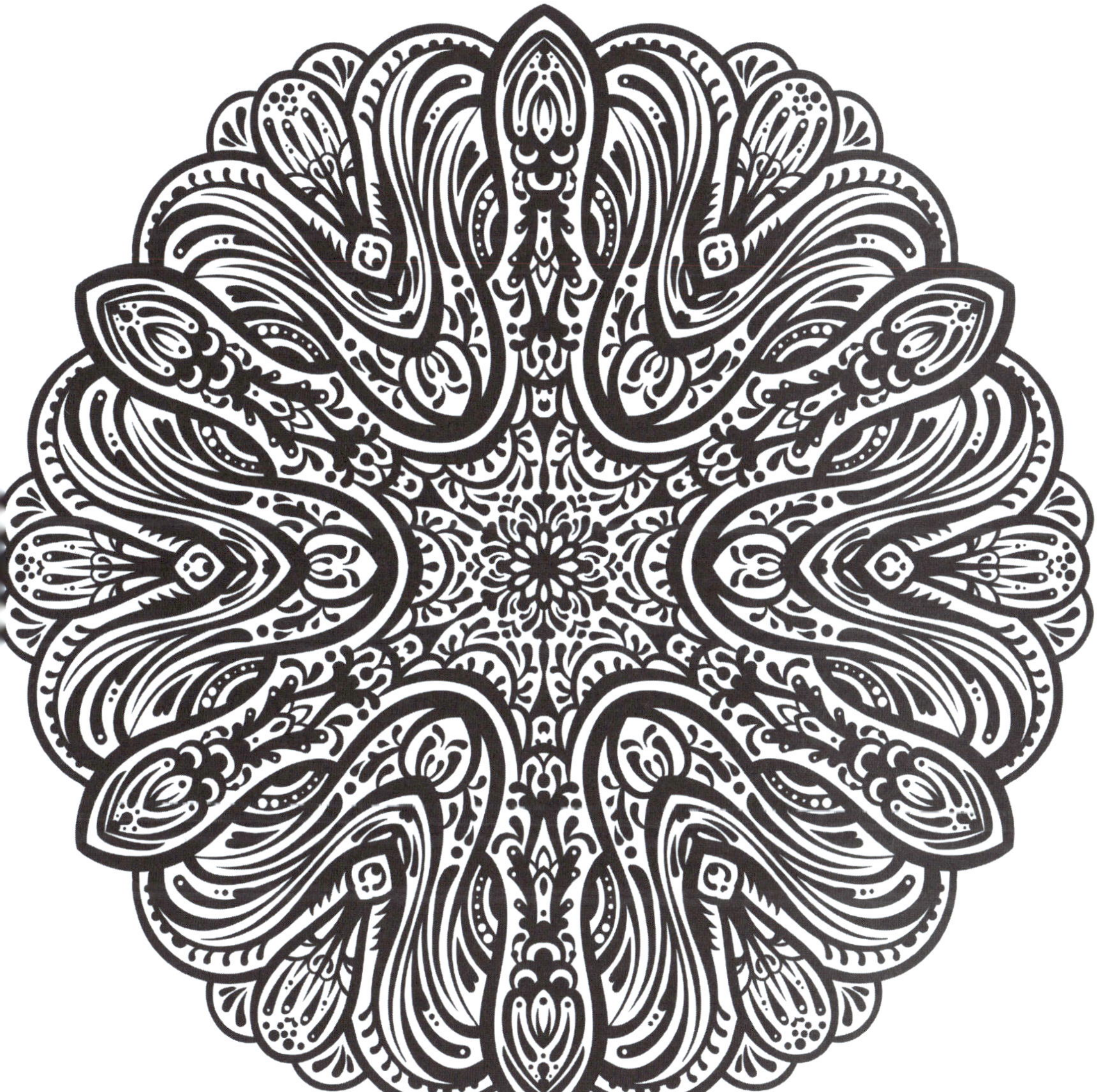

Nada está perdido si se tiene el valor de proclamar que todo está perdido y hay que empezar de nuevo.

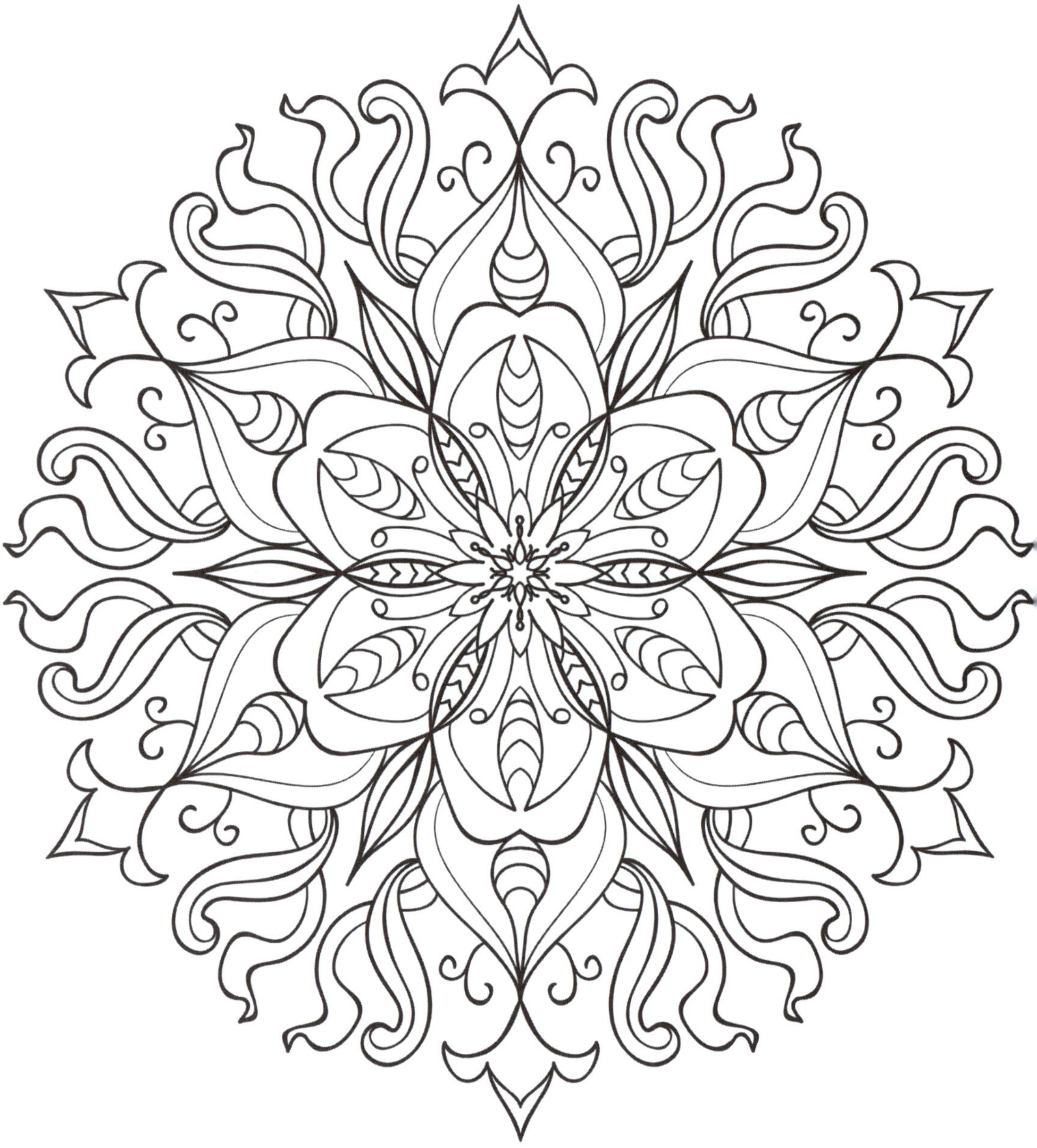

Tocar fondo se convirtió en la base sólida
sobre la que reconstruí mi vida.

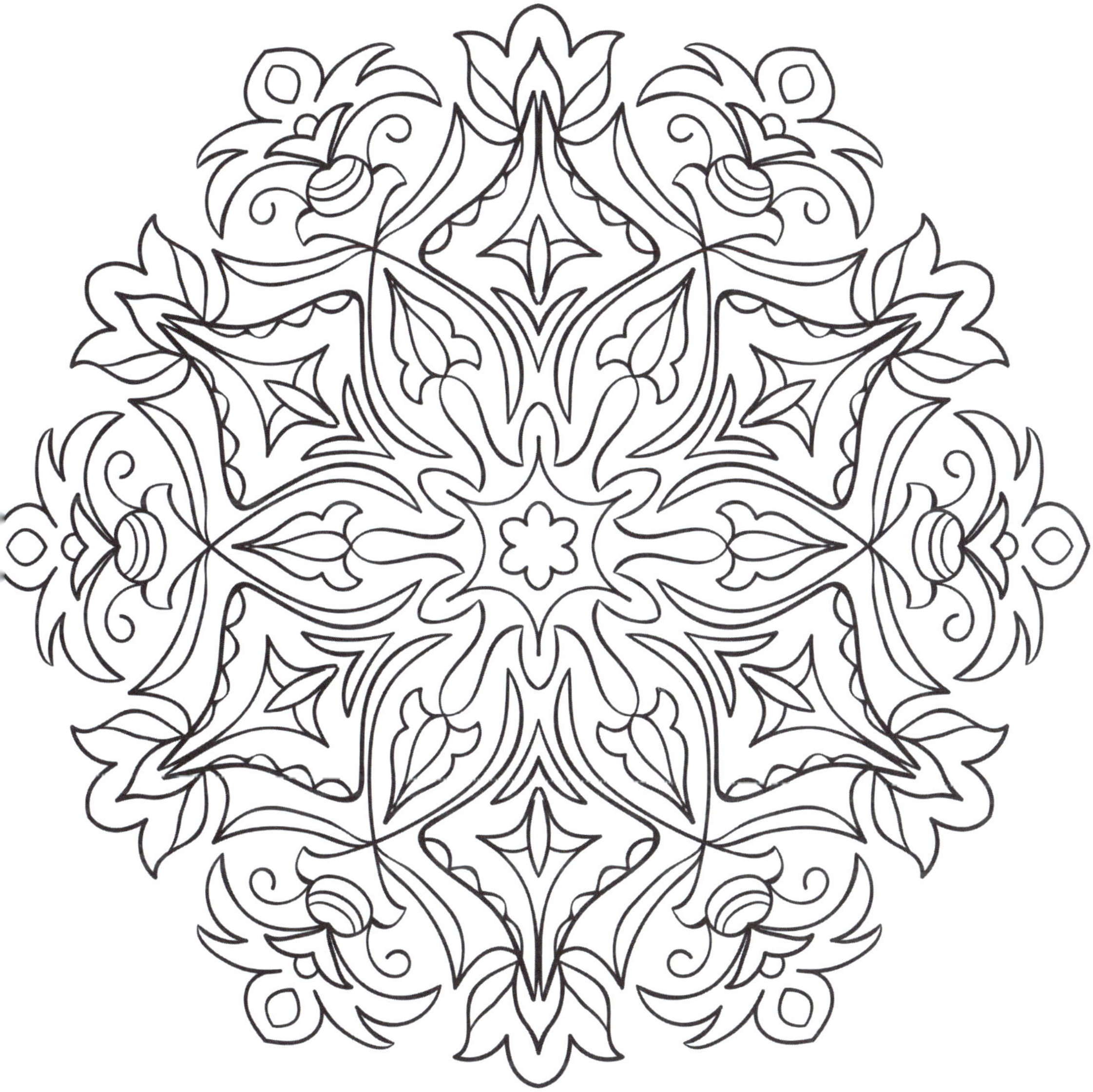

A cada instante se pone a cero el contador y el ser humano tiene un don maravilloso: la oportunidad de empezar e intentarlo de nuevo.

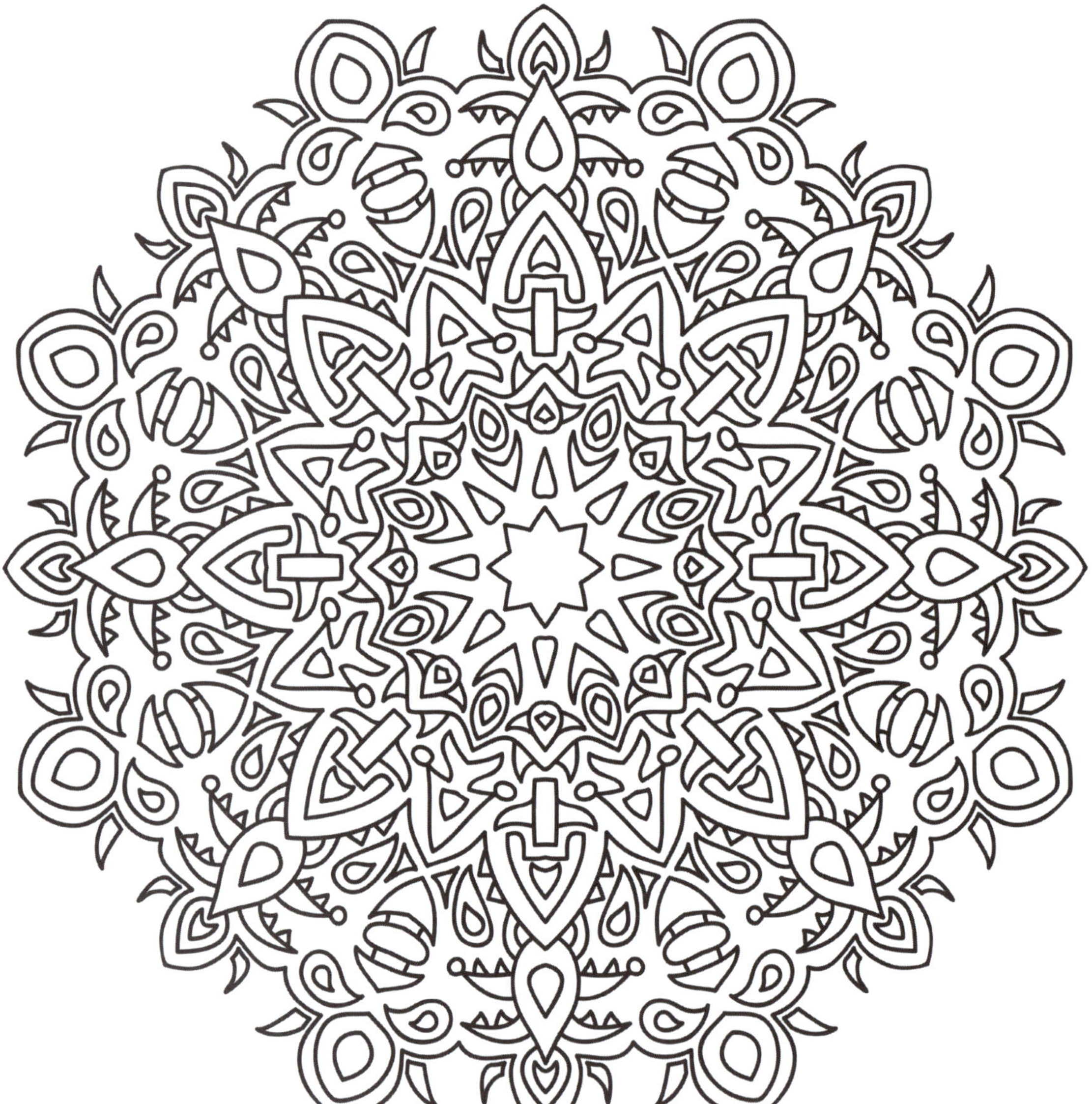

La vida tenía que destruirte para que tú pudieras reconstruirte mejor.

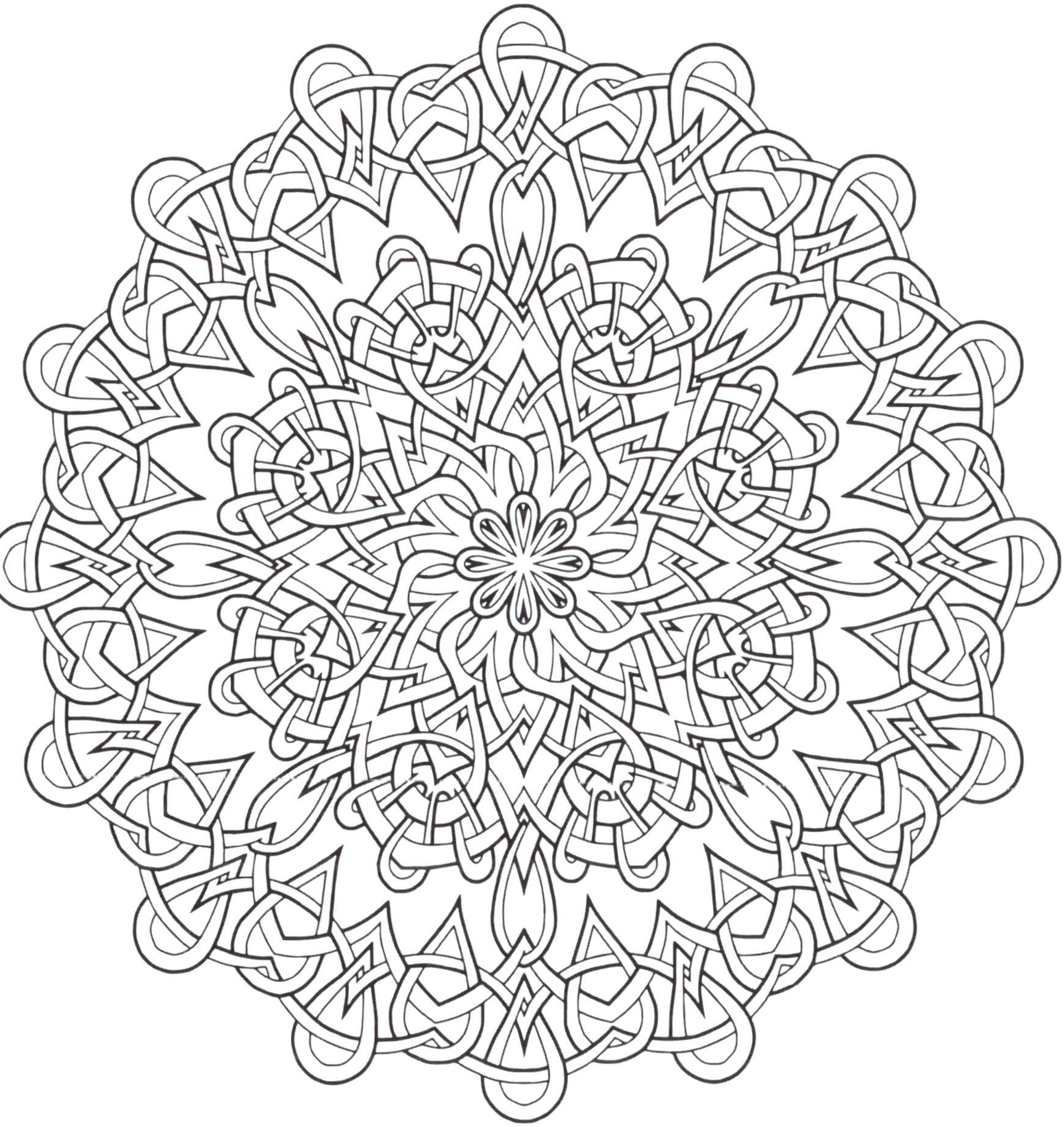

Aprendí que no se puede dar marcha atrás,
que la esencia de la vida es ir hacia adelante.

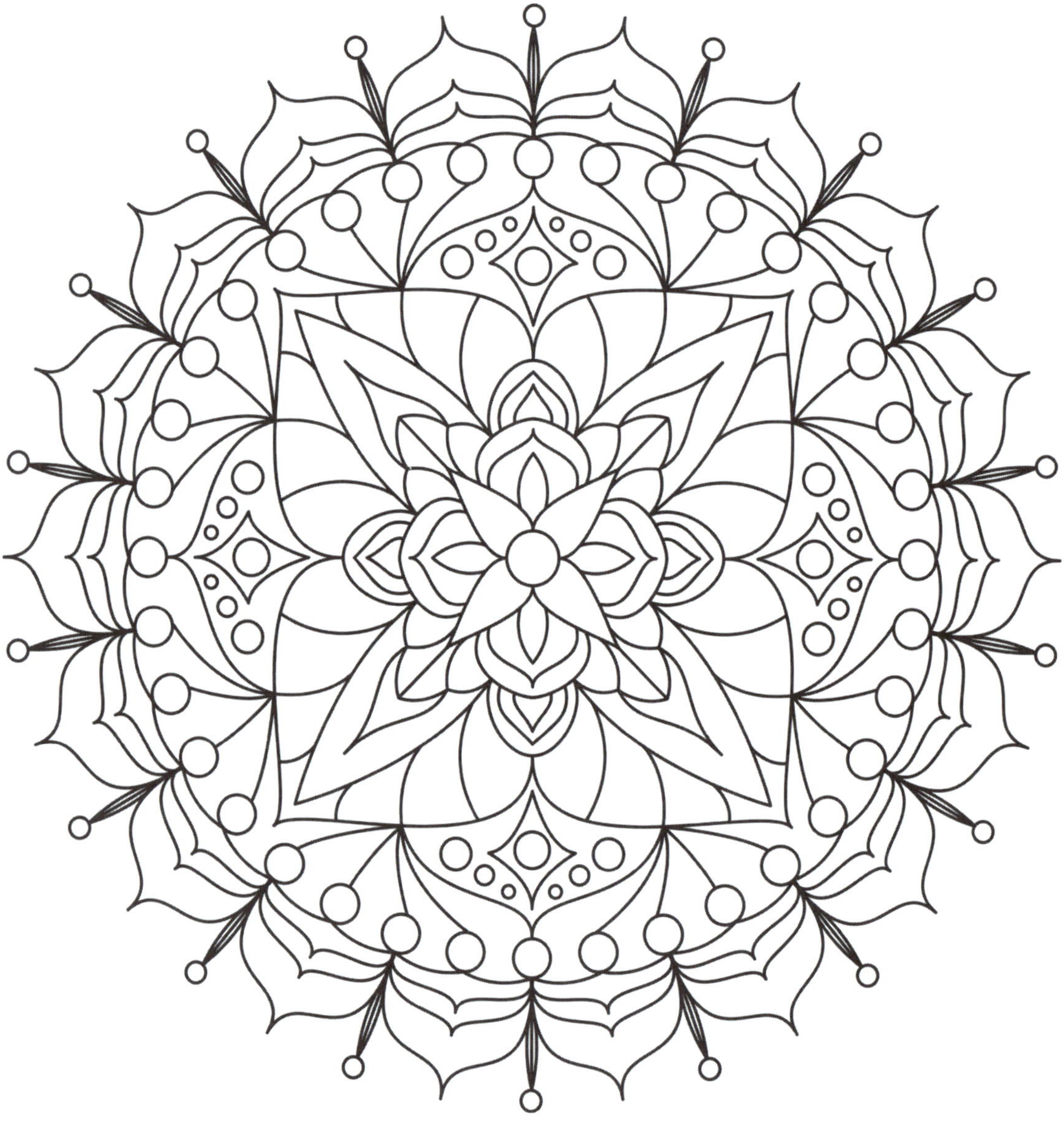

La gente positiva es la que se cae, se levanta, se sacude,
se cura los raspones, le sonríe a la vida y dice: ¡ahí voy de nuevo!

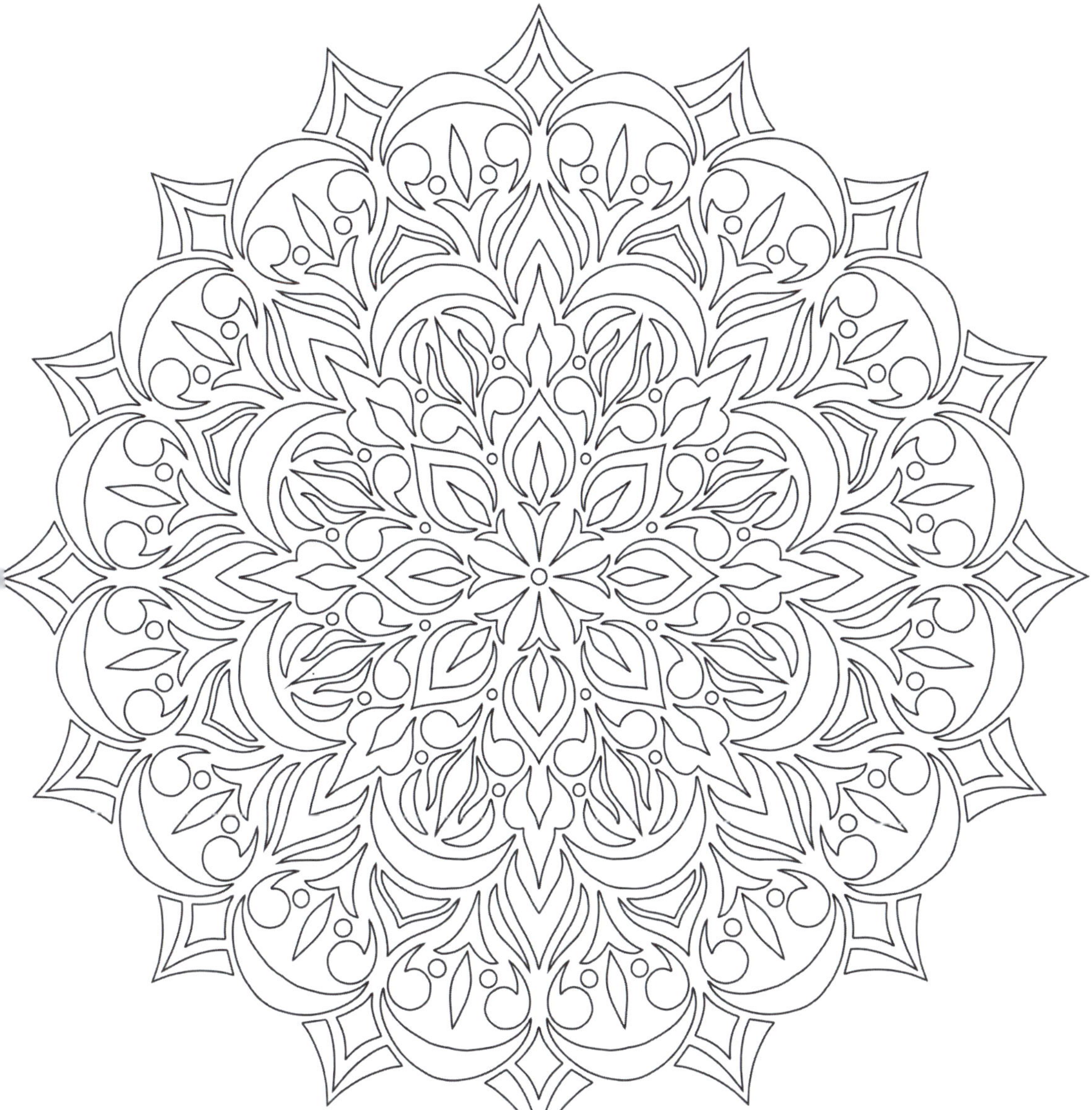

Detrás de cada persona valiente y decidida
hay una historia que la hirió y la hizo ser más fuerte.

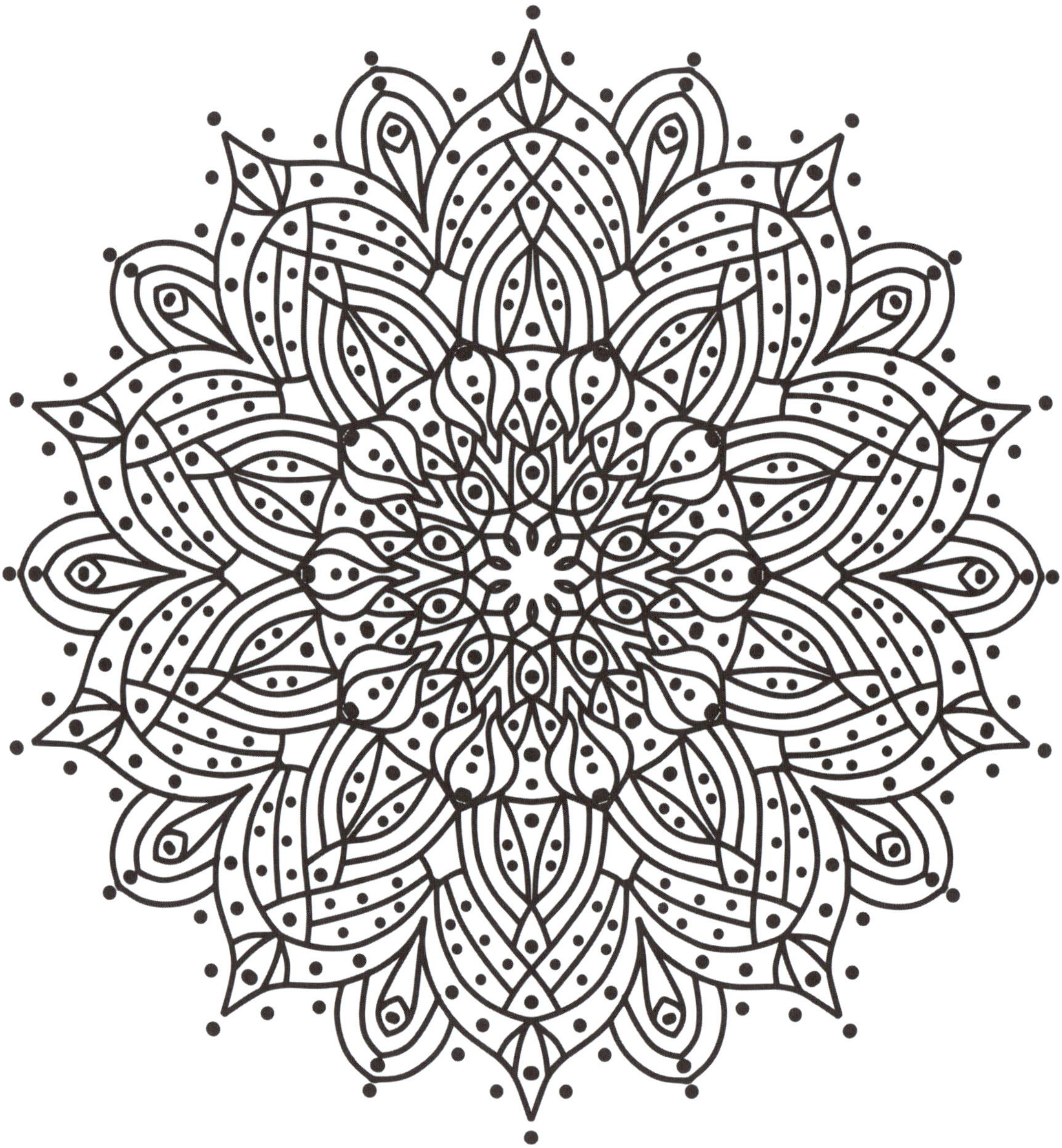

El fracaso es la oportunidad de comenzar
de nuevo con más inteligencia.

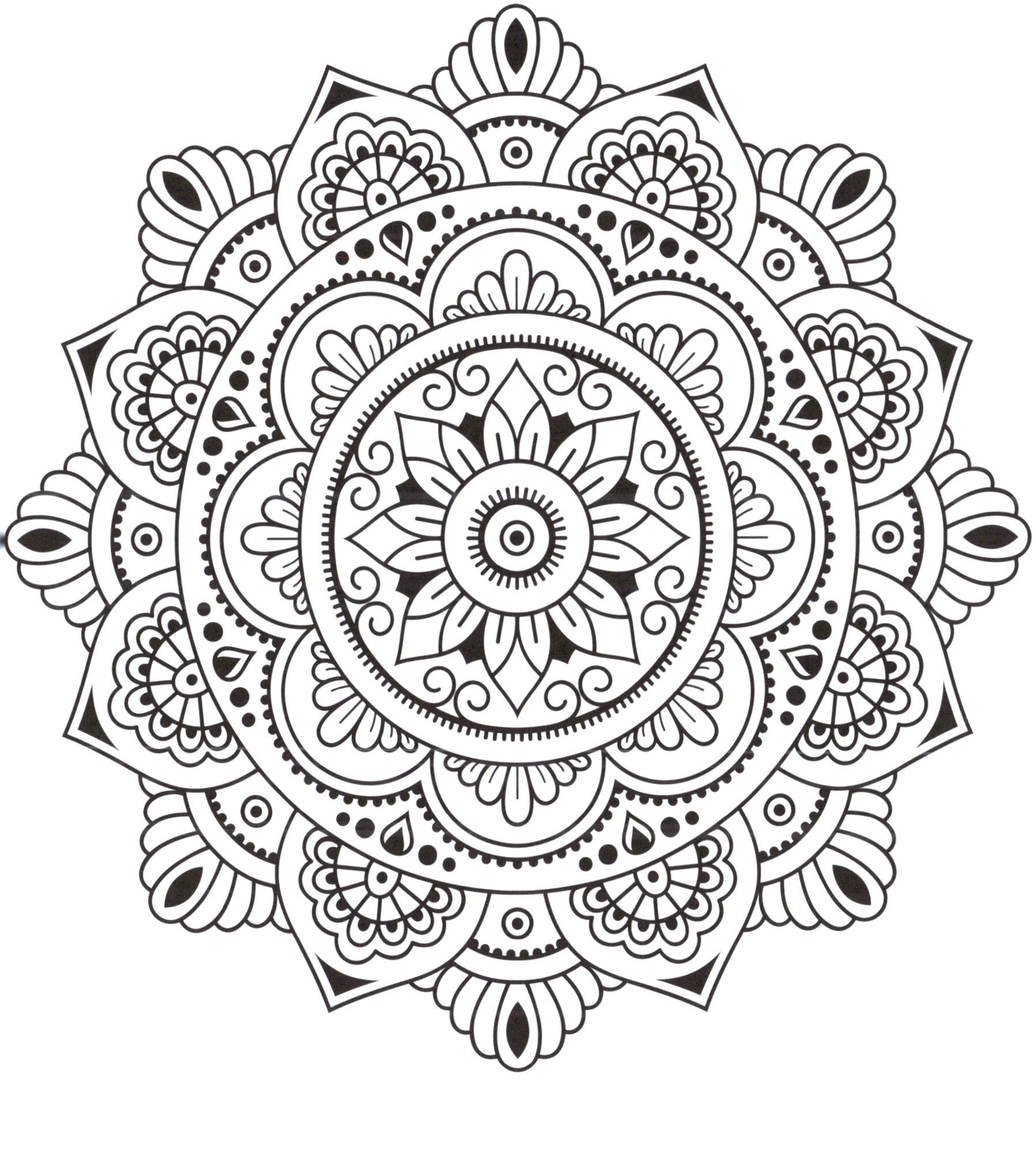

Nunca sabes lo fuerte que eres, hasta que ser fuerte es la única opción que te queda.

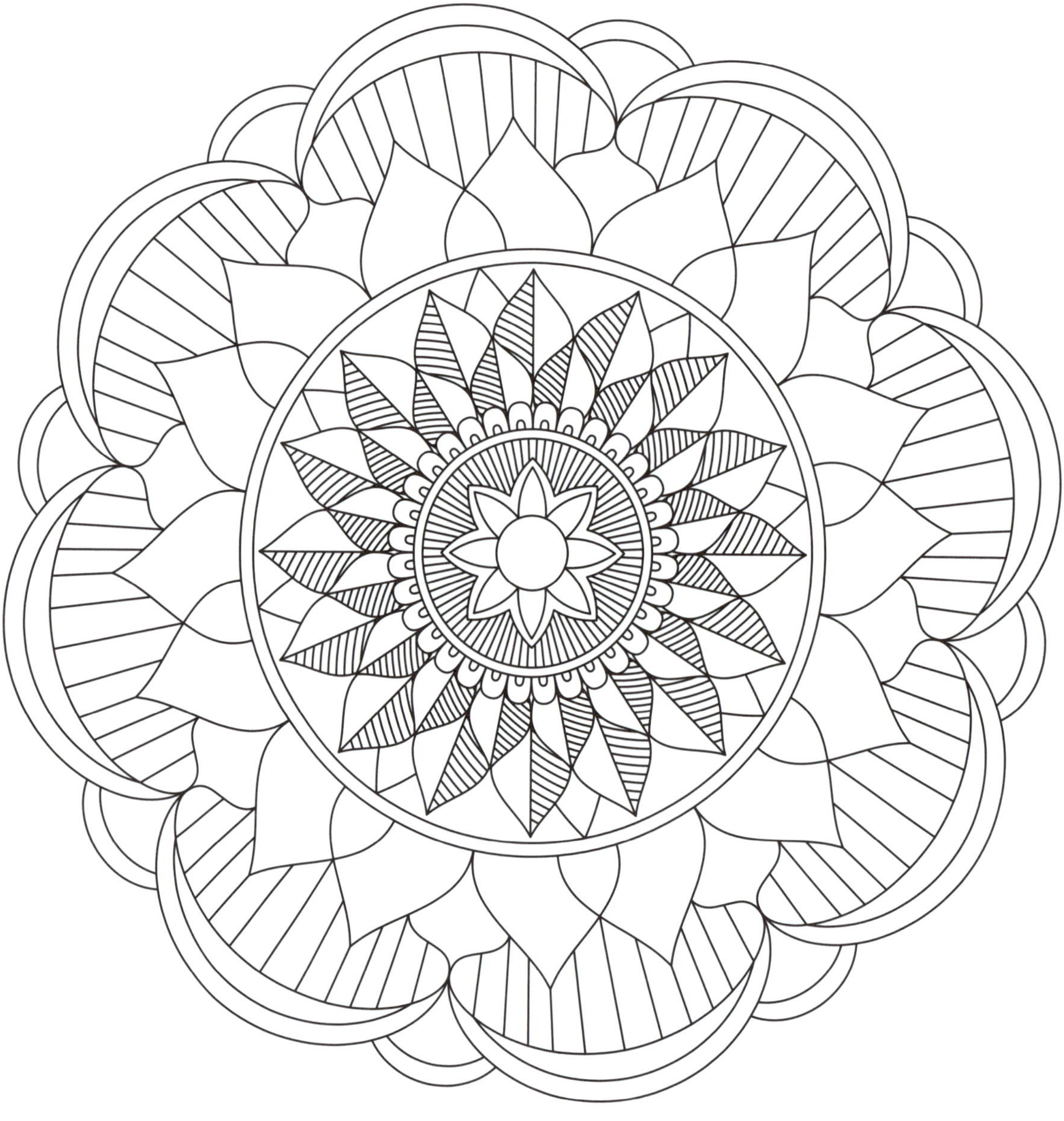

El fracaso es la manera de empezar de nuevo,
pero más inteligente.

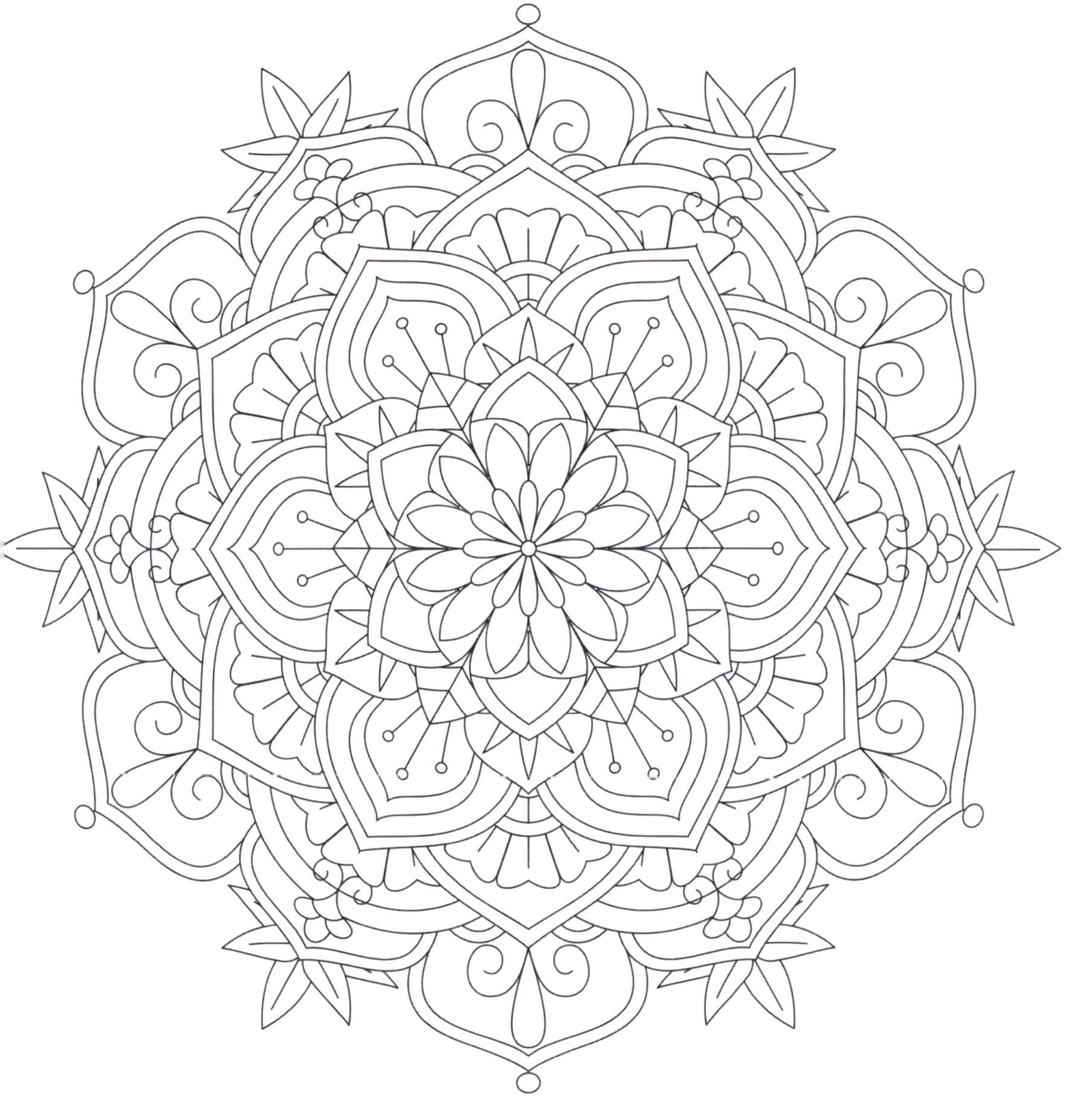

Haz lo mejor que puedas hasta que sepas hacerlo mejor.
Luego, cuando lo sepas mejor, hazlo mejor.

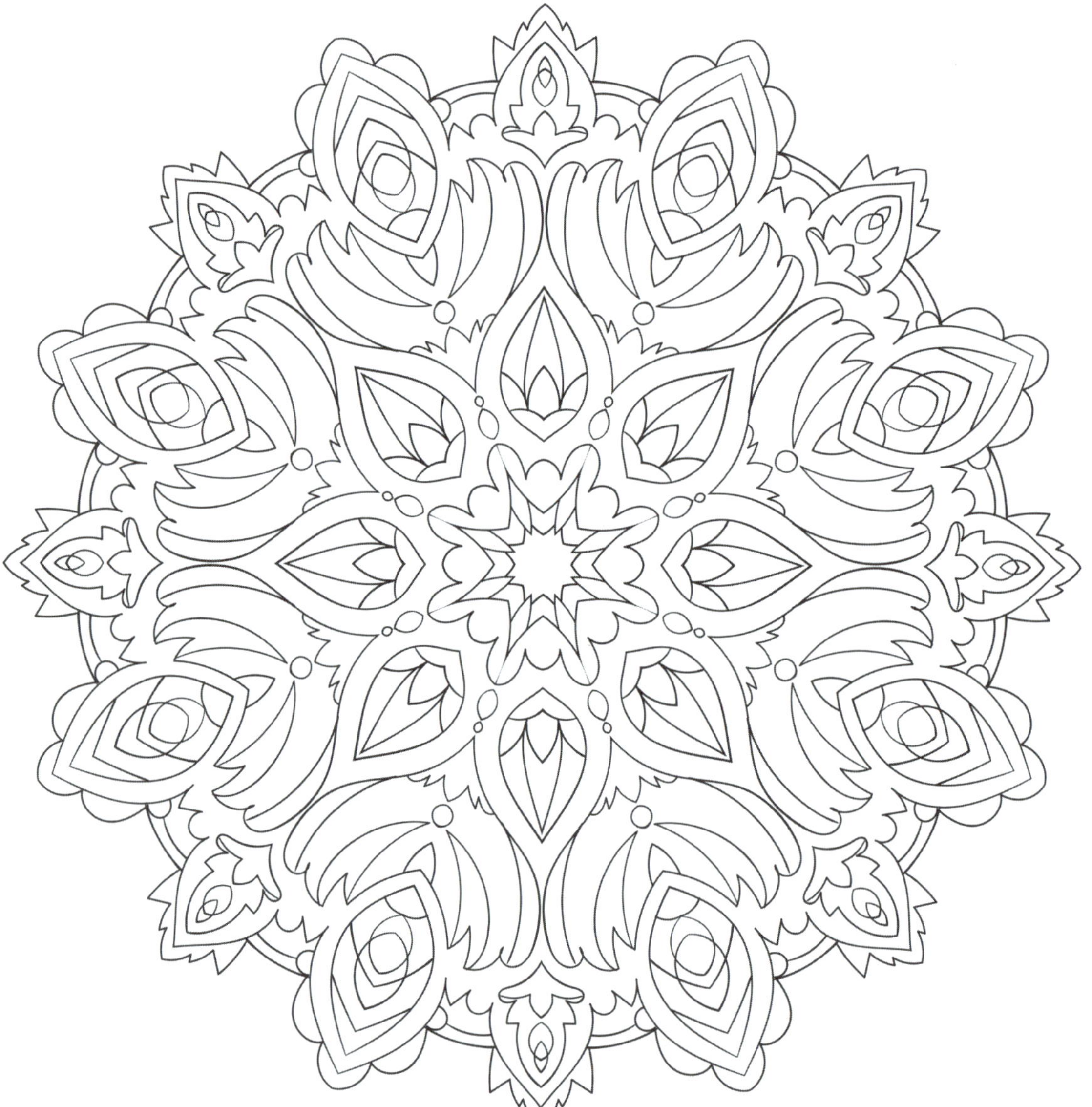

Si eres capaz de sentirte feliz cuando estás solo,
has encontrado el secreto para ser verdaderamente feliz.

Nunca dejes de aprender porque la vida nunca deja de enseñar.

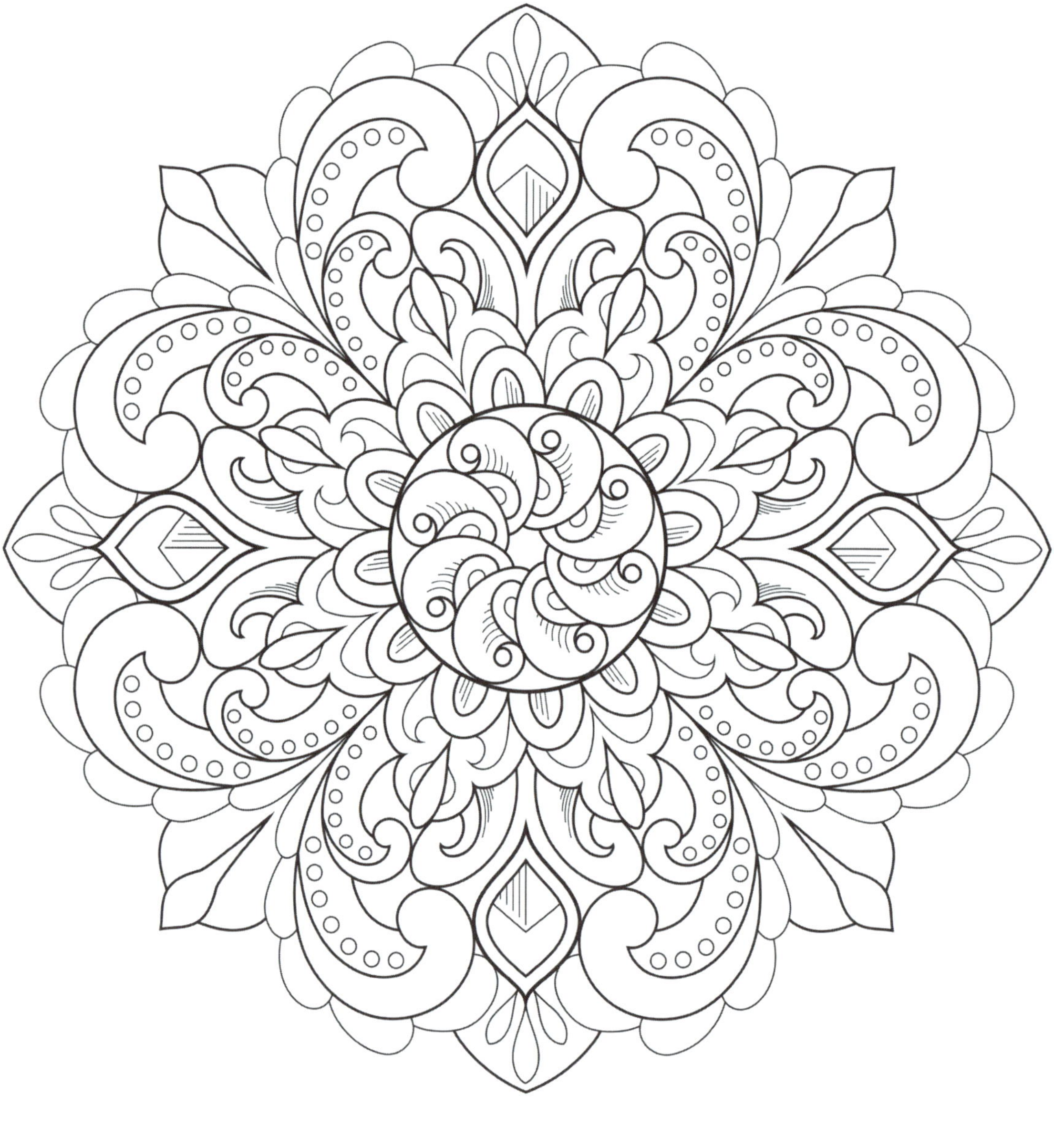

Empieza haciendo lo necesario, después lo posible y, de repente, te encontrarás haciendo lo imposible.

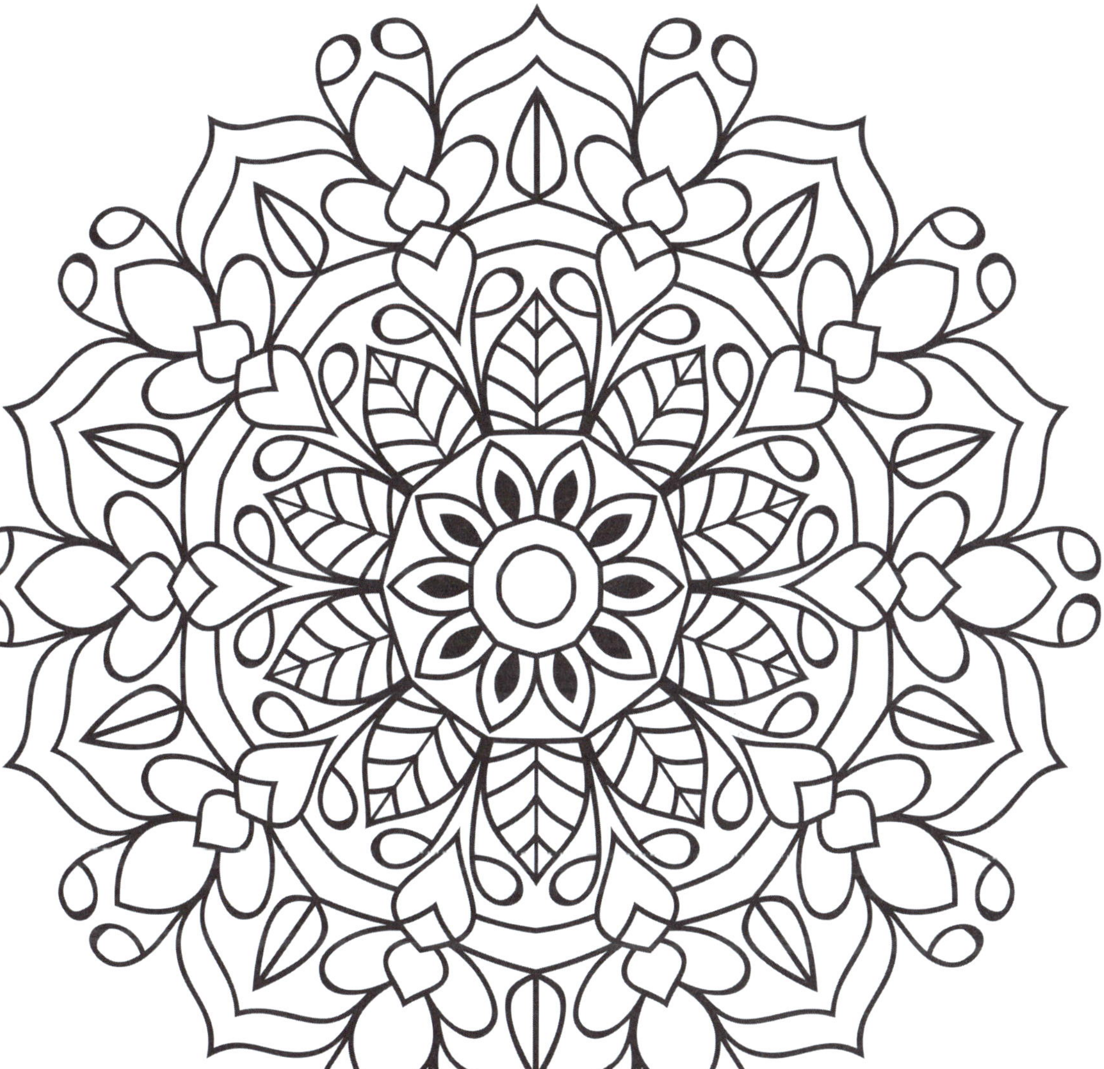

La mayor aventura que puedes emprender es vivir la vida de tus sueños.

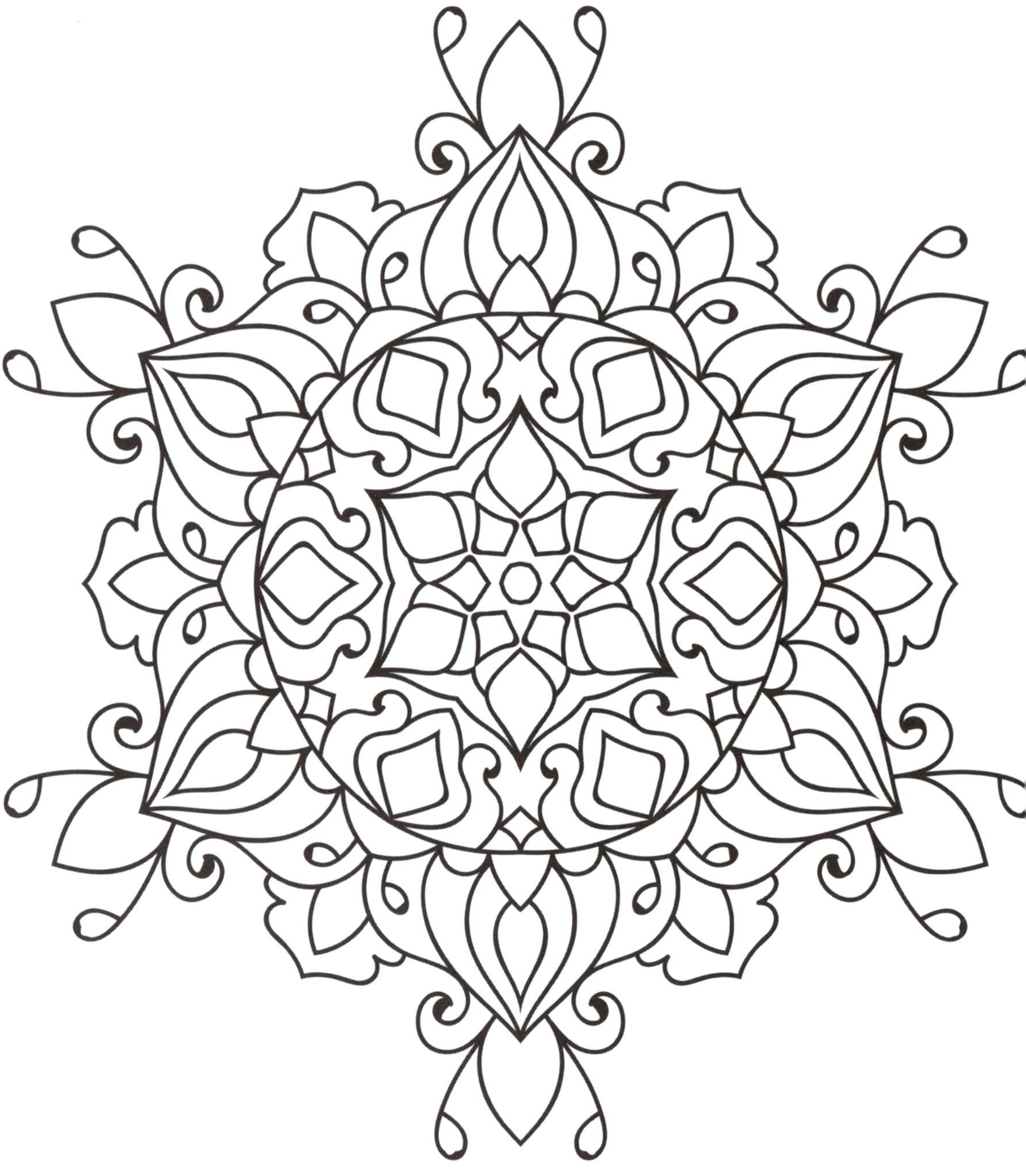

Tu sueño no tiene fecha de caducidad.
Respira hondo y vuelve a intentarlo.

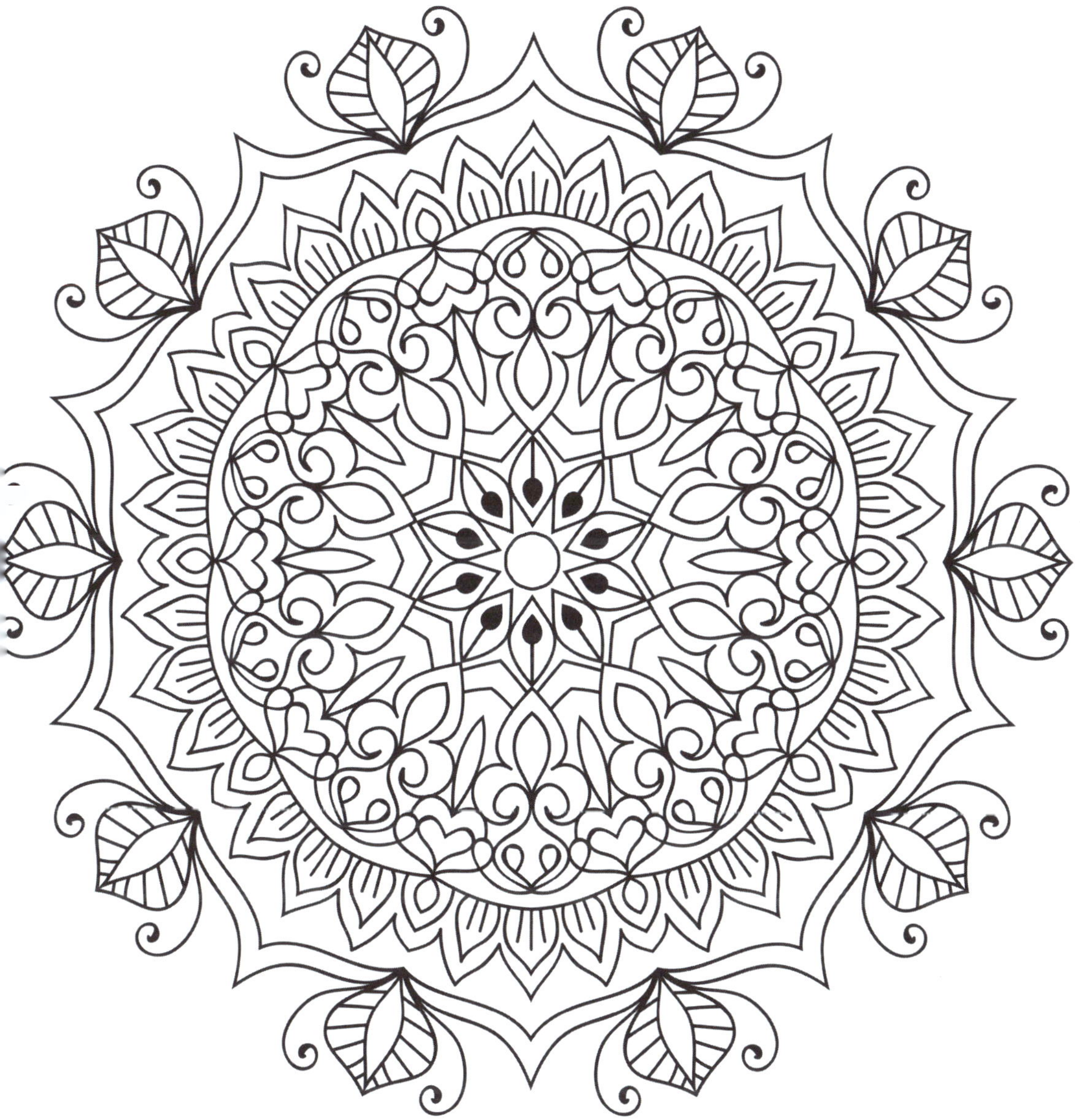

La diferencia entre donde estuviste ayer y donde estarás mañana es lo que pienses, digas y hagas hoy.

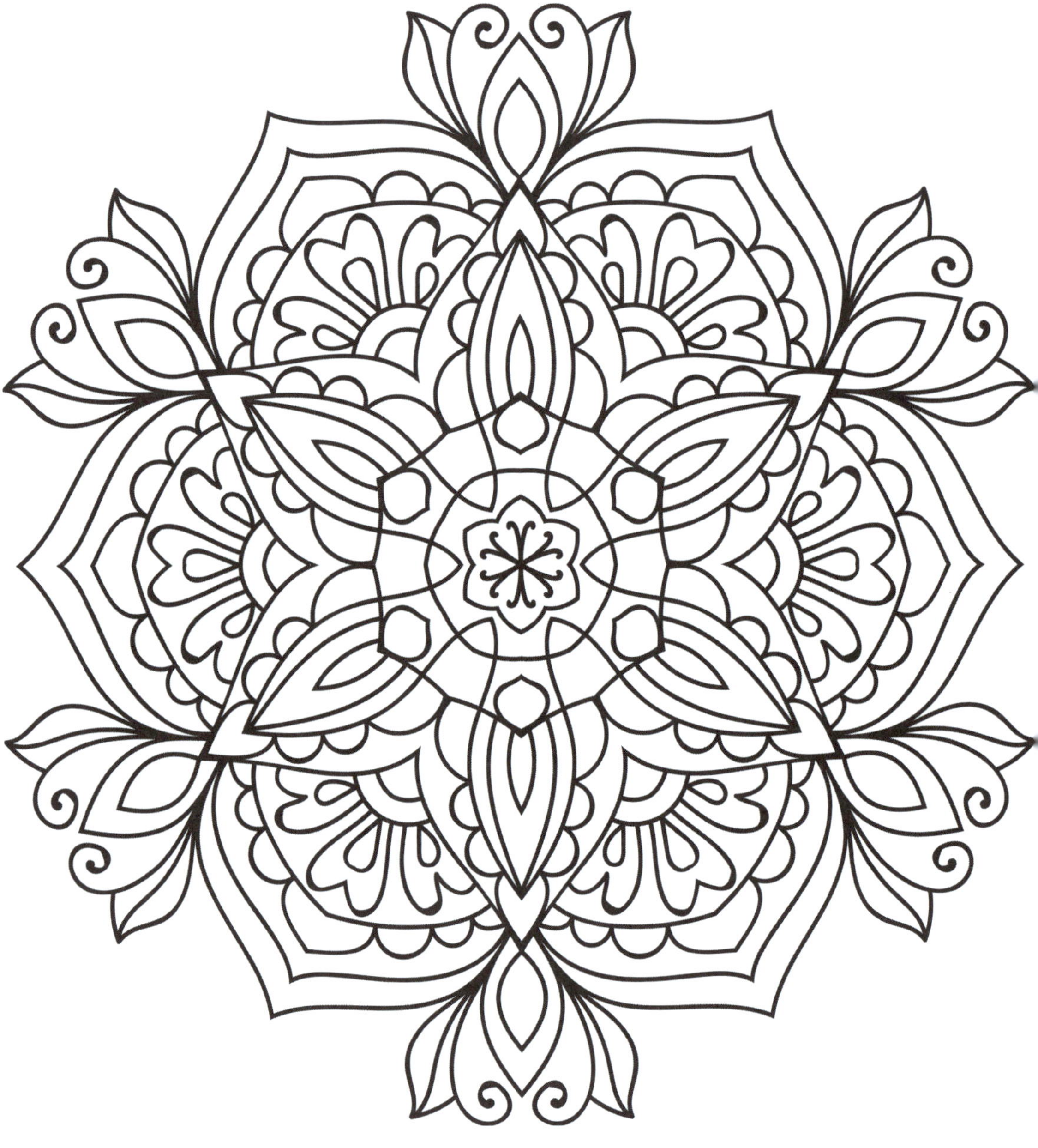

Cada día es una nueva oportunidad para ser feliz.

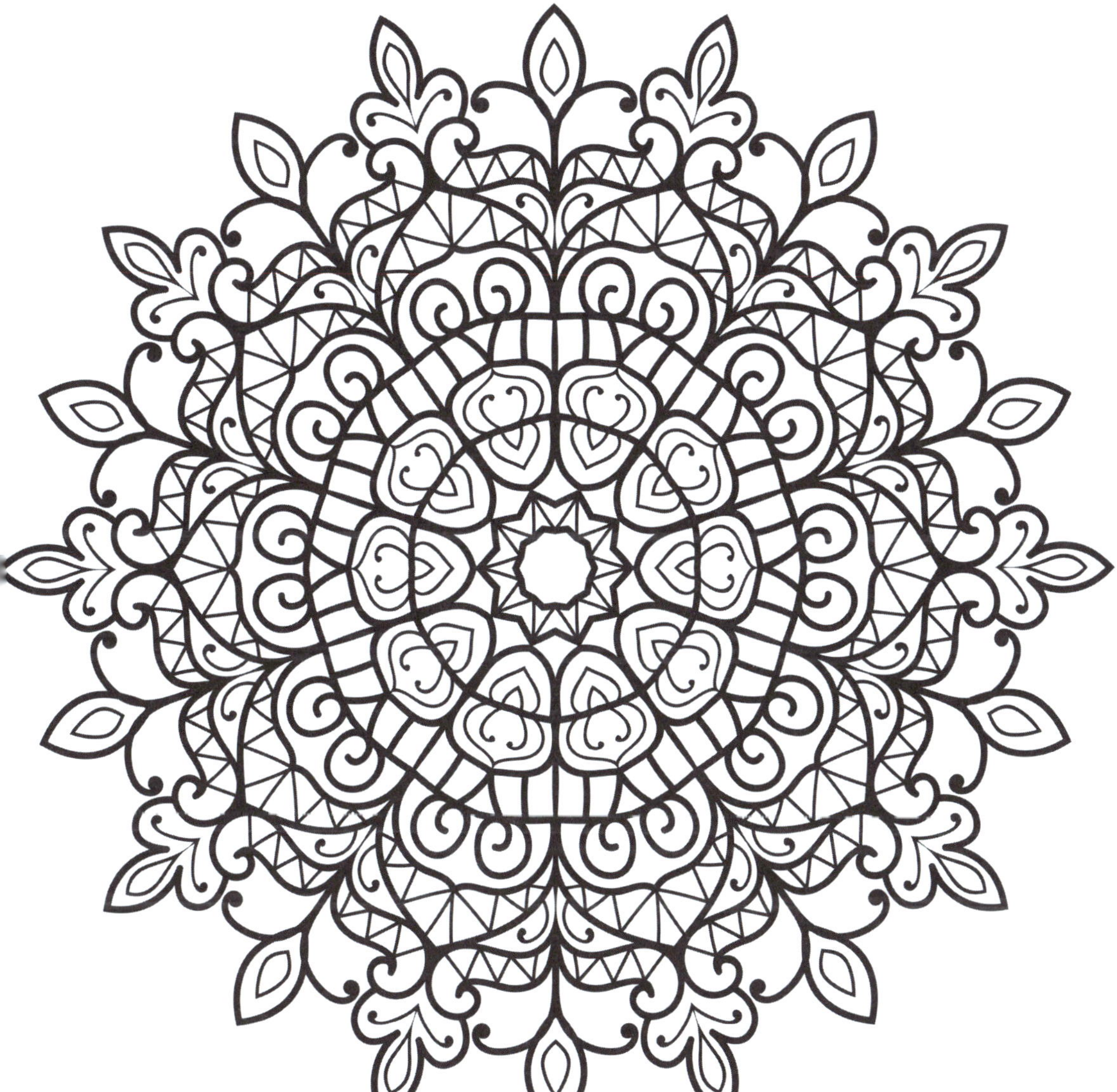

Nunca dejes de creer en ti mismo,
eres más fuerte de lo que piensas.

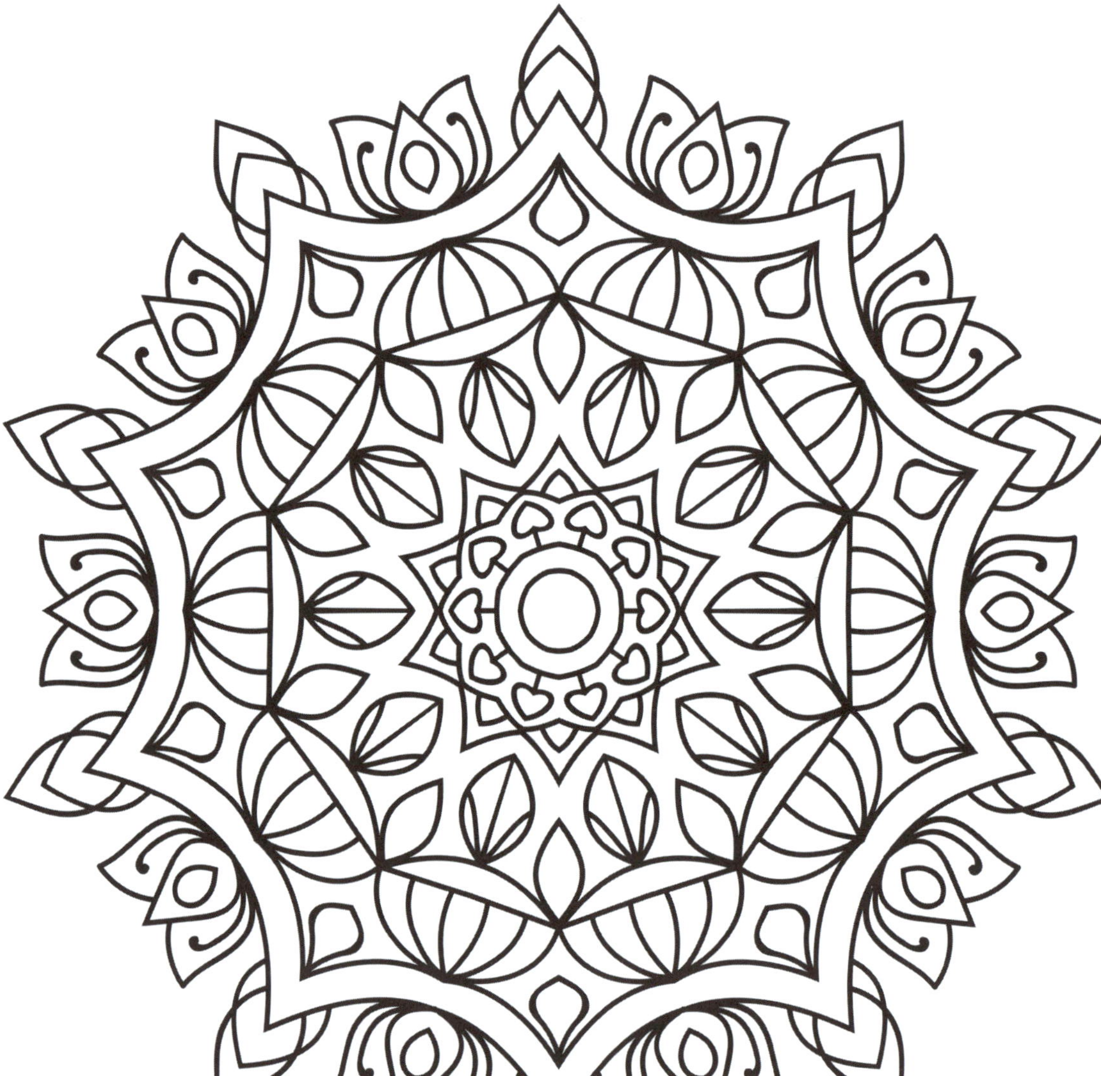

Sonríe, es la clave para abrir el corazón de los demás.

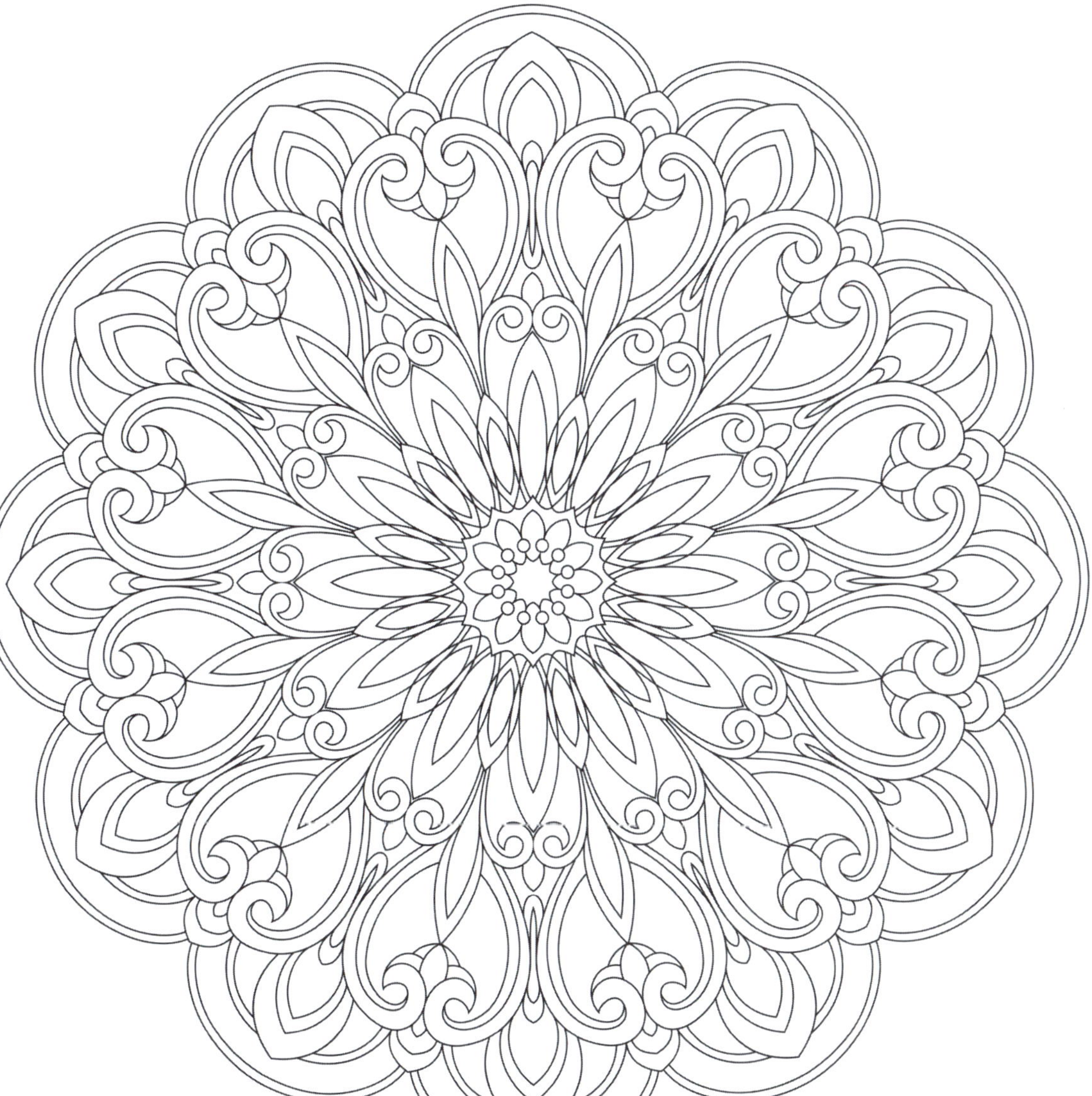

La felicidad no es algo que se pospone para el futuro,
es algo que se diseña para el presente.

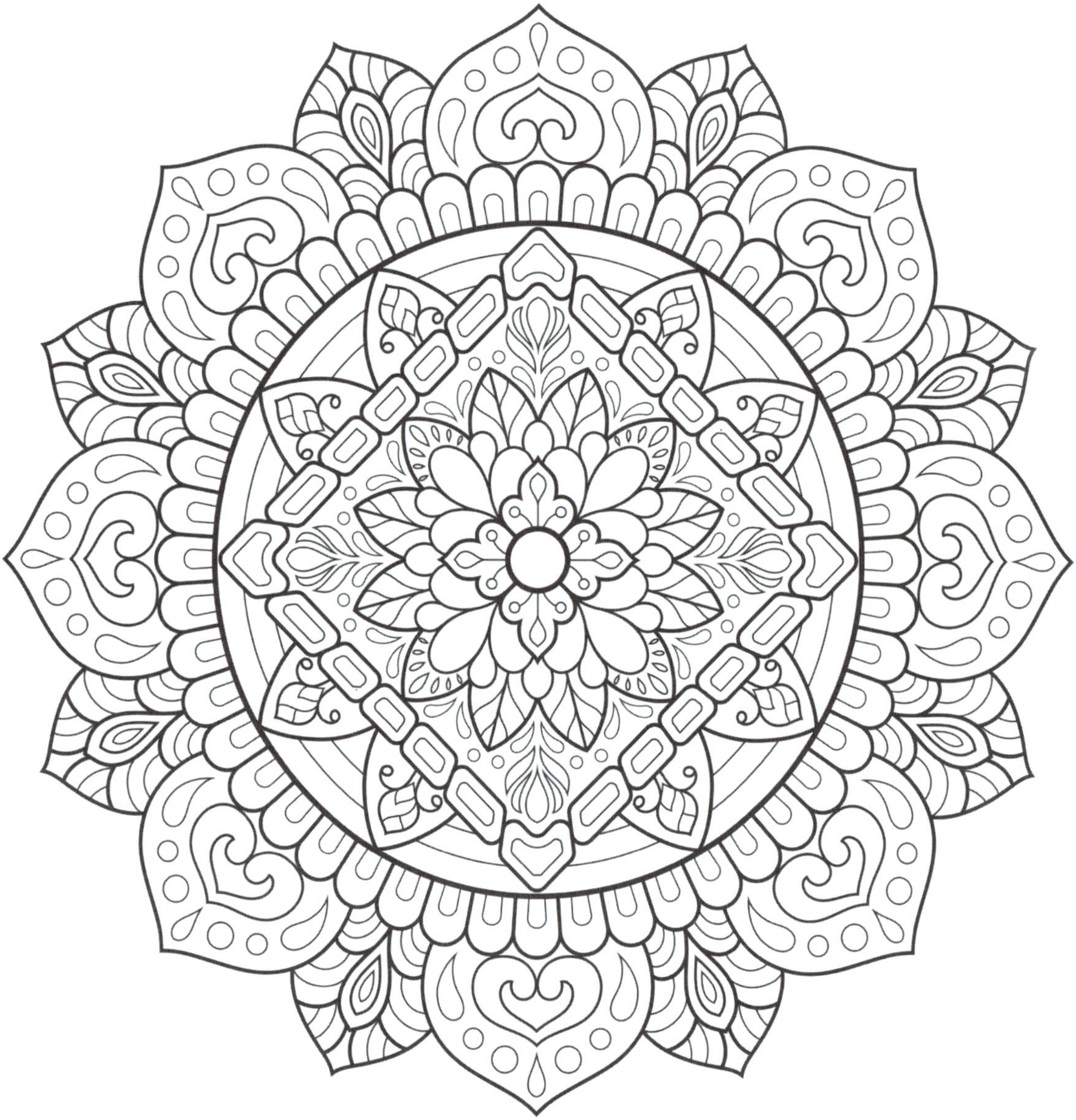

Cada día es una nueva oportunidad para ser mejor que ayer.

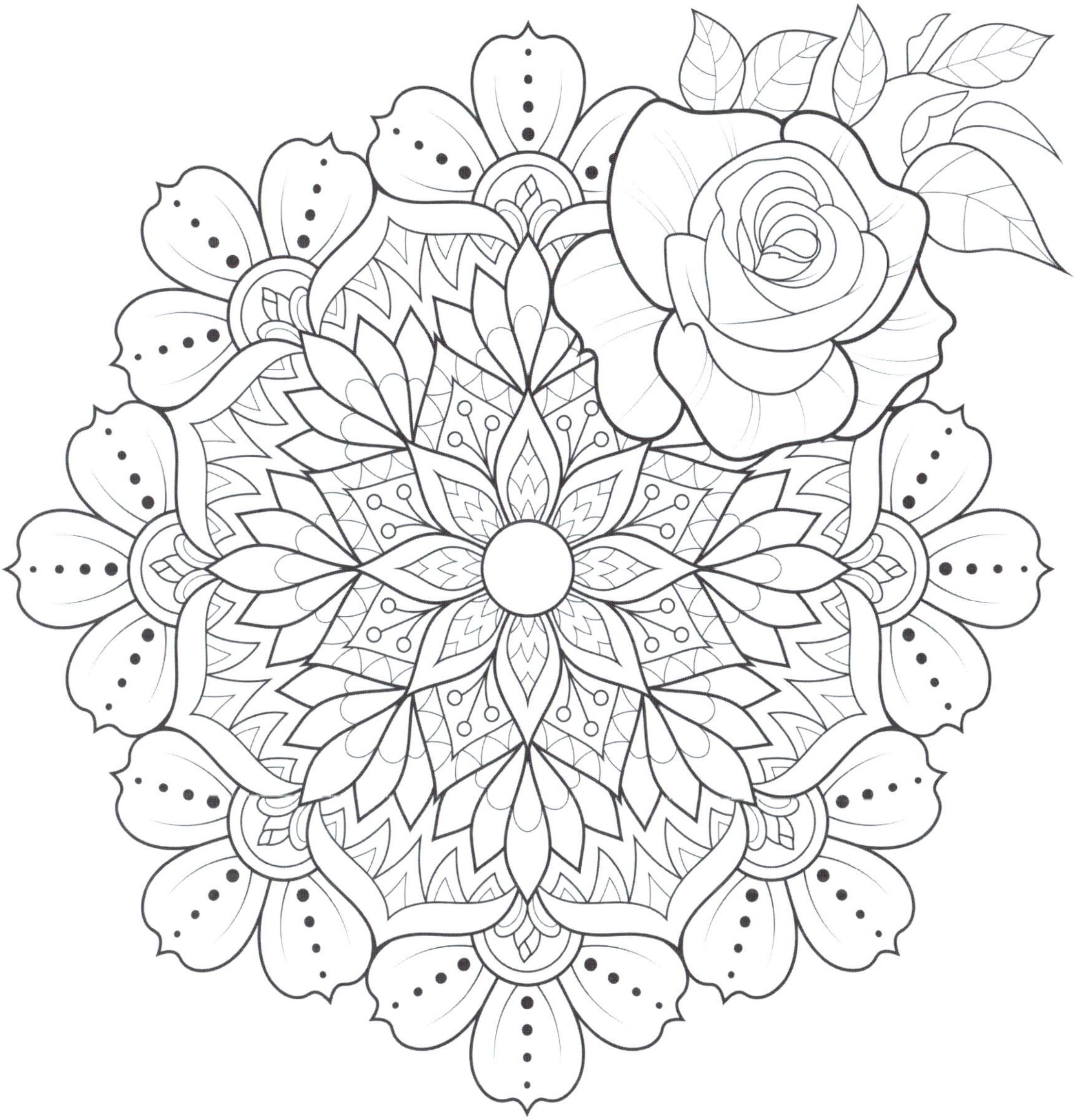

Cree en ti mismo y todo será posible.

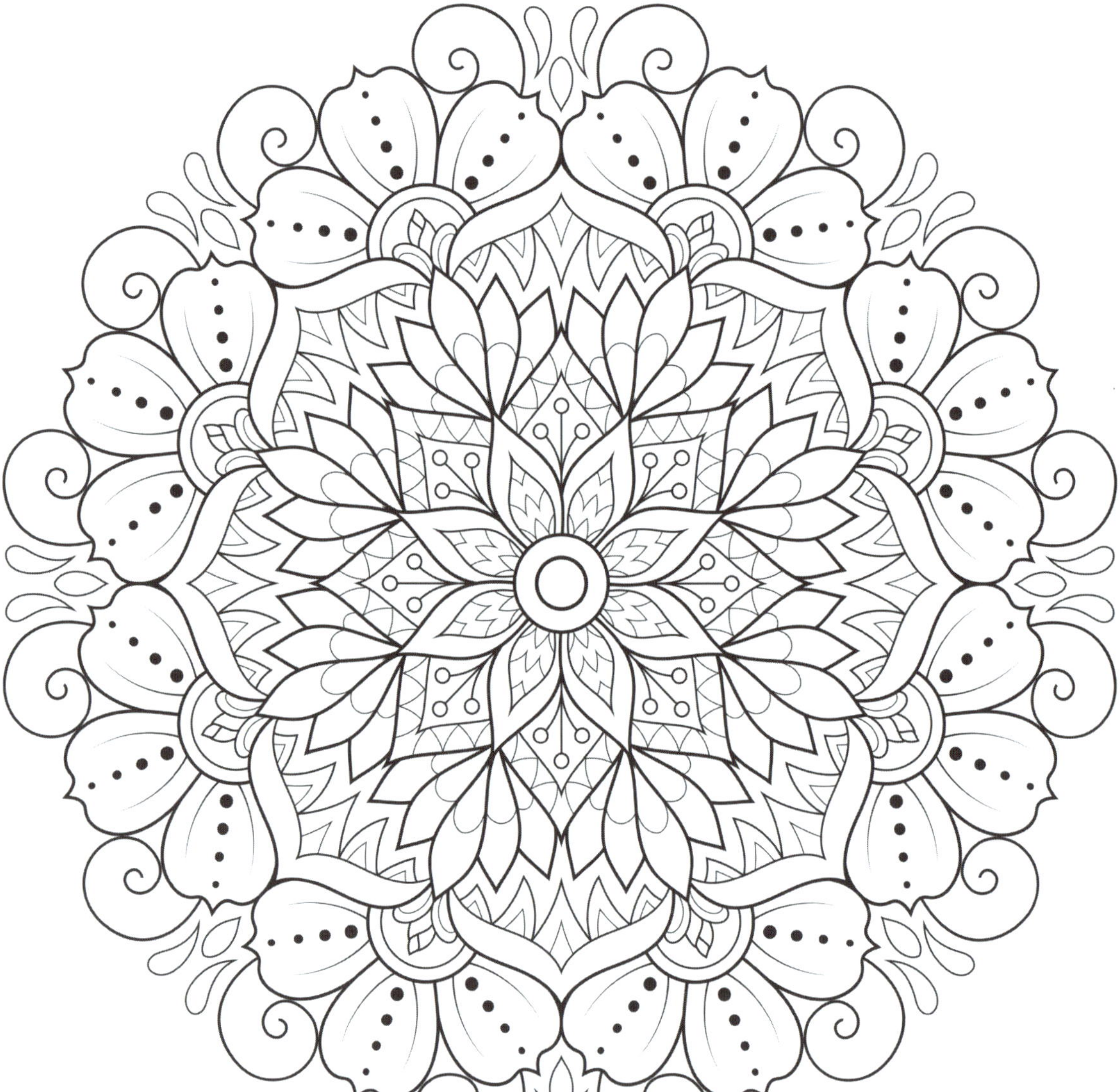

La vida está llena de colores, elige el que
más te guste y pinta tu mundo.

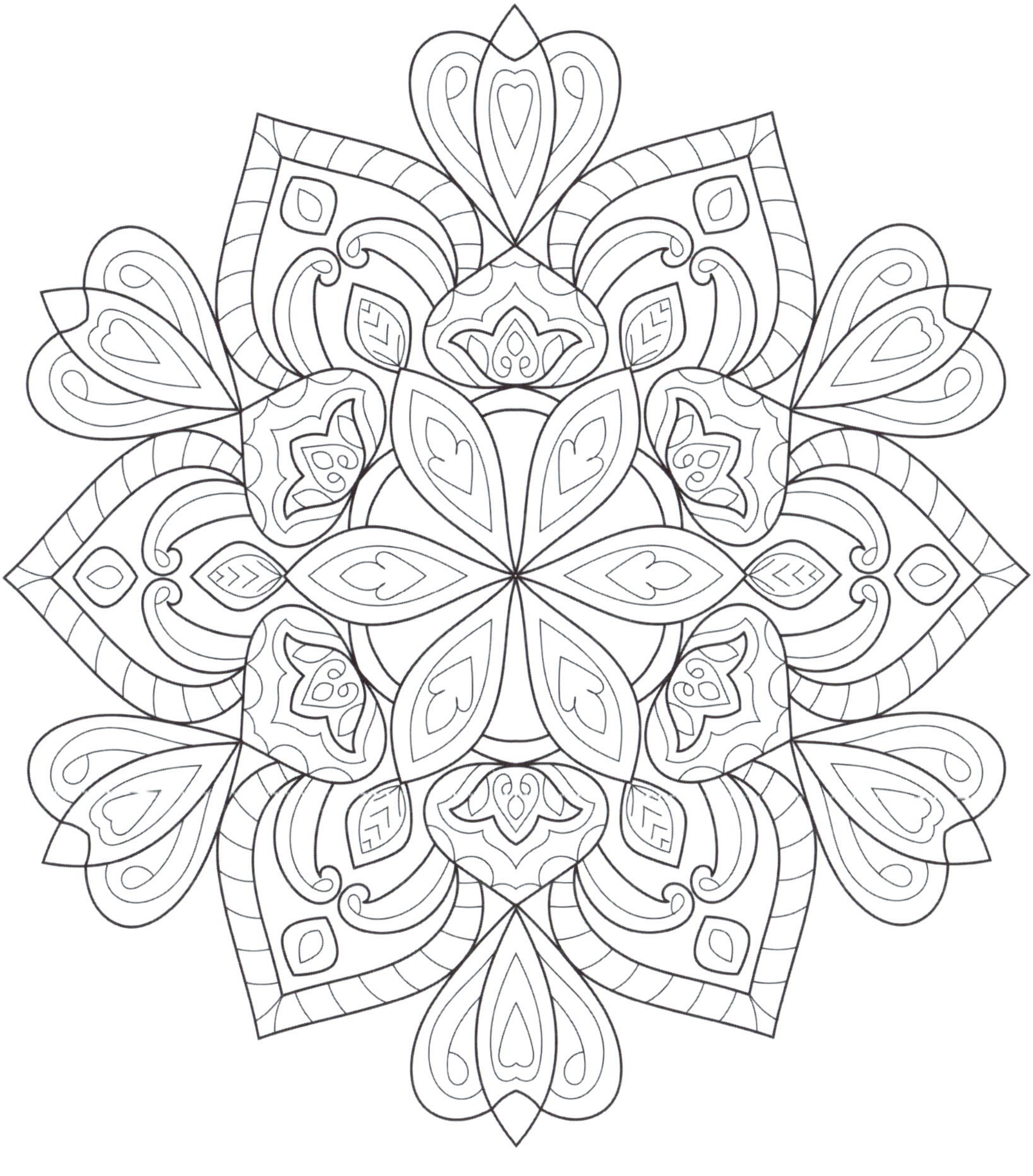

No te preocupes por los fracasos, preocúpate por las oportunidades que pierdes por no intentarlo.

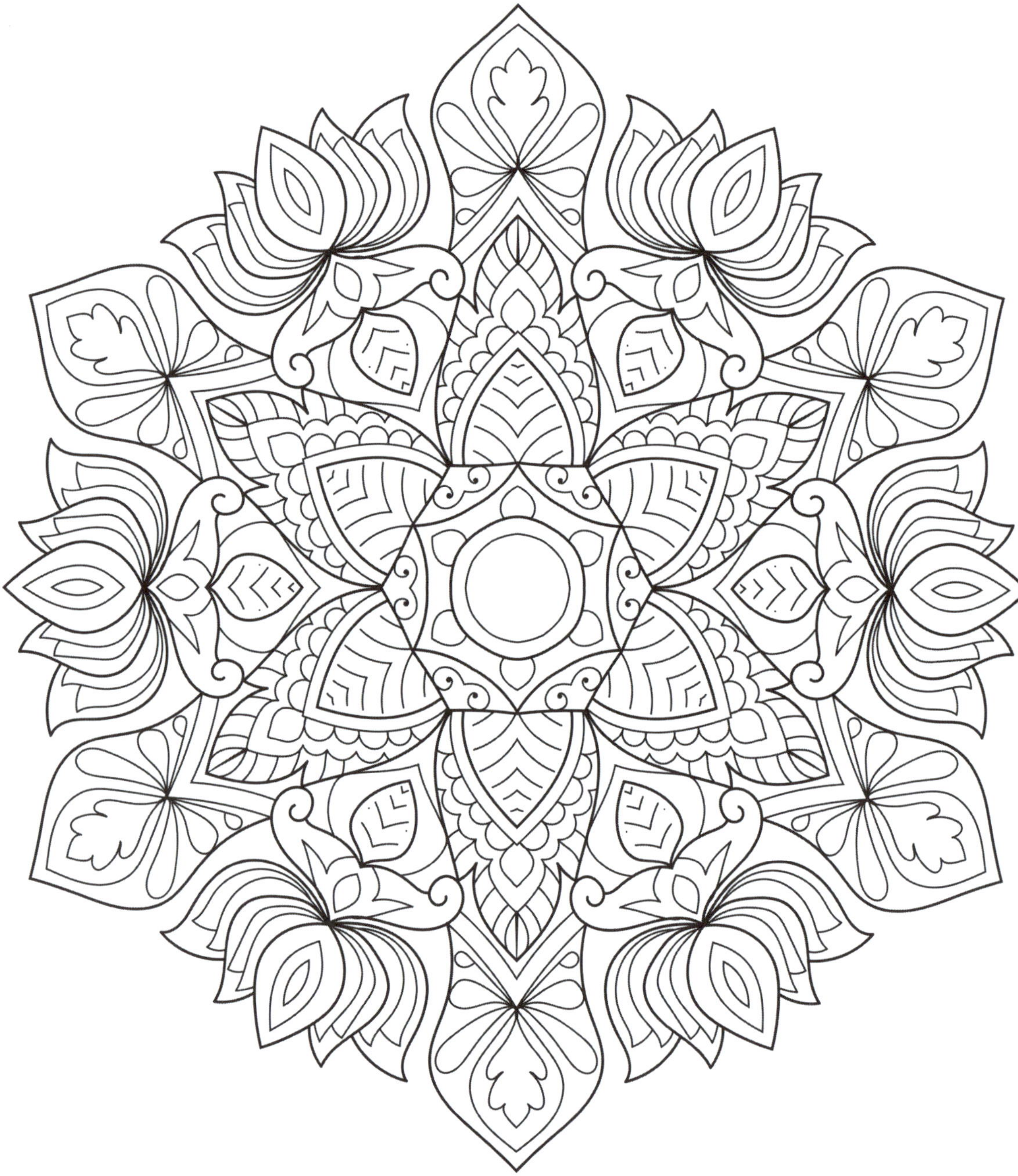

La felicidad no es tener todo lo que quieres,
es disfrutar de todo lo que tienes.

Si quieres algo que nunca has tenido,
debes hacer algo que nunca has hecho.

La felicidad no es tener todo lo que quieres,
es disfrutar de todo lo que tienes.

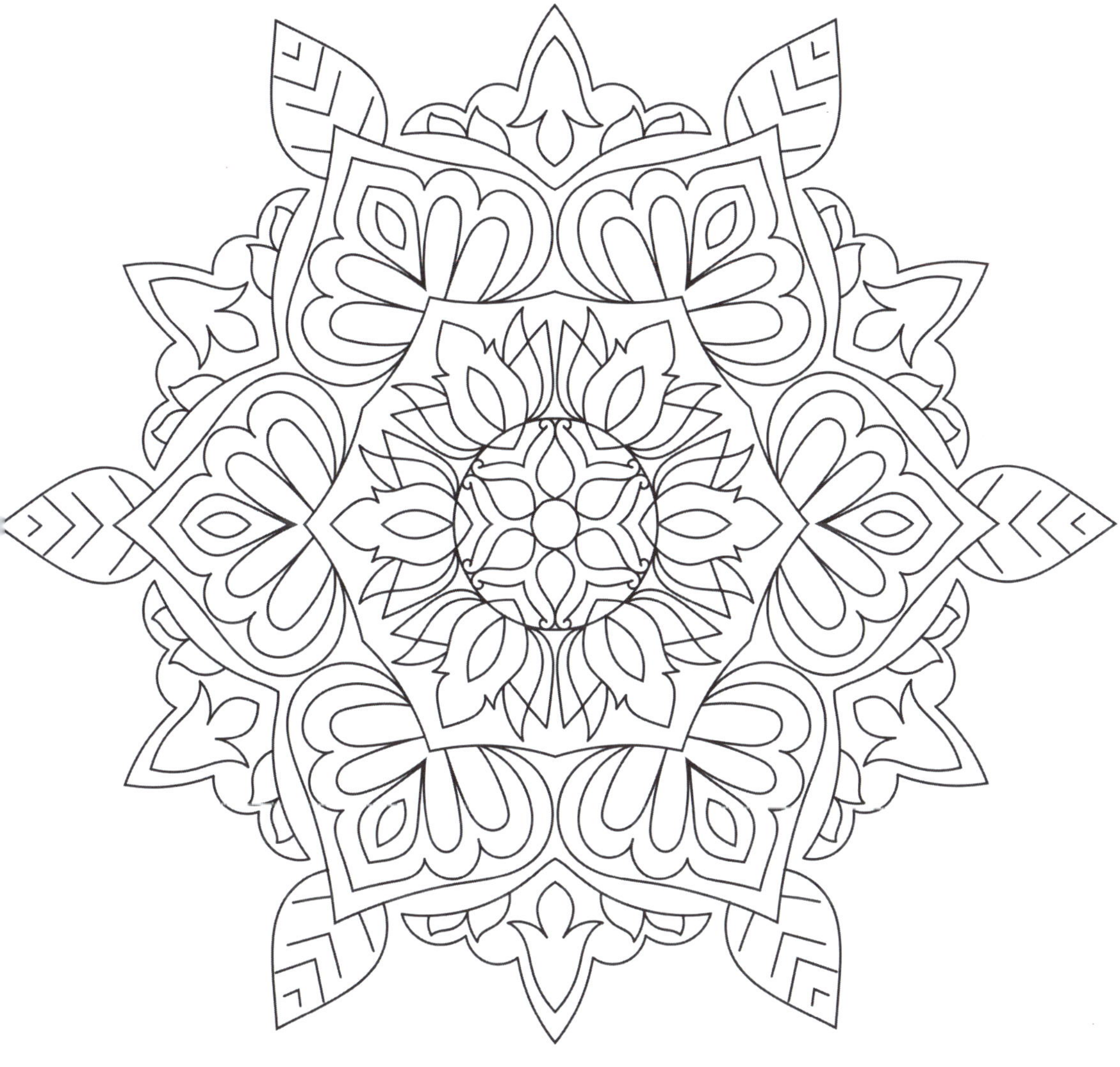

Un viaje de mil pasos da comienzo con un solo primer paso.

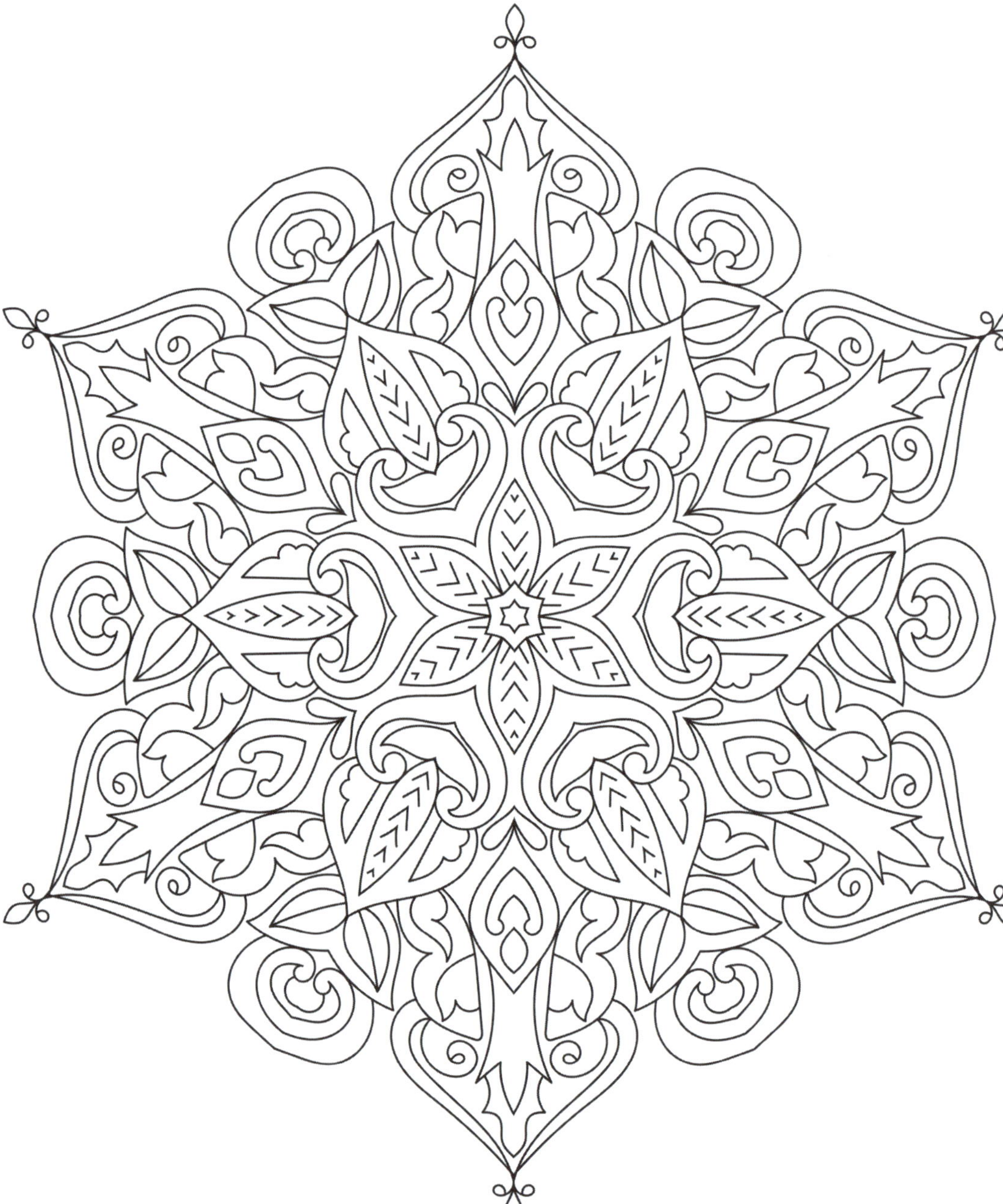

La actitud lo es todo, mantén una actitud positiva
y todo lo demás vendrá por añadidura.

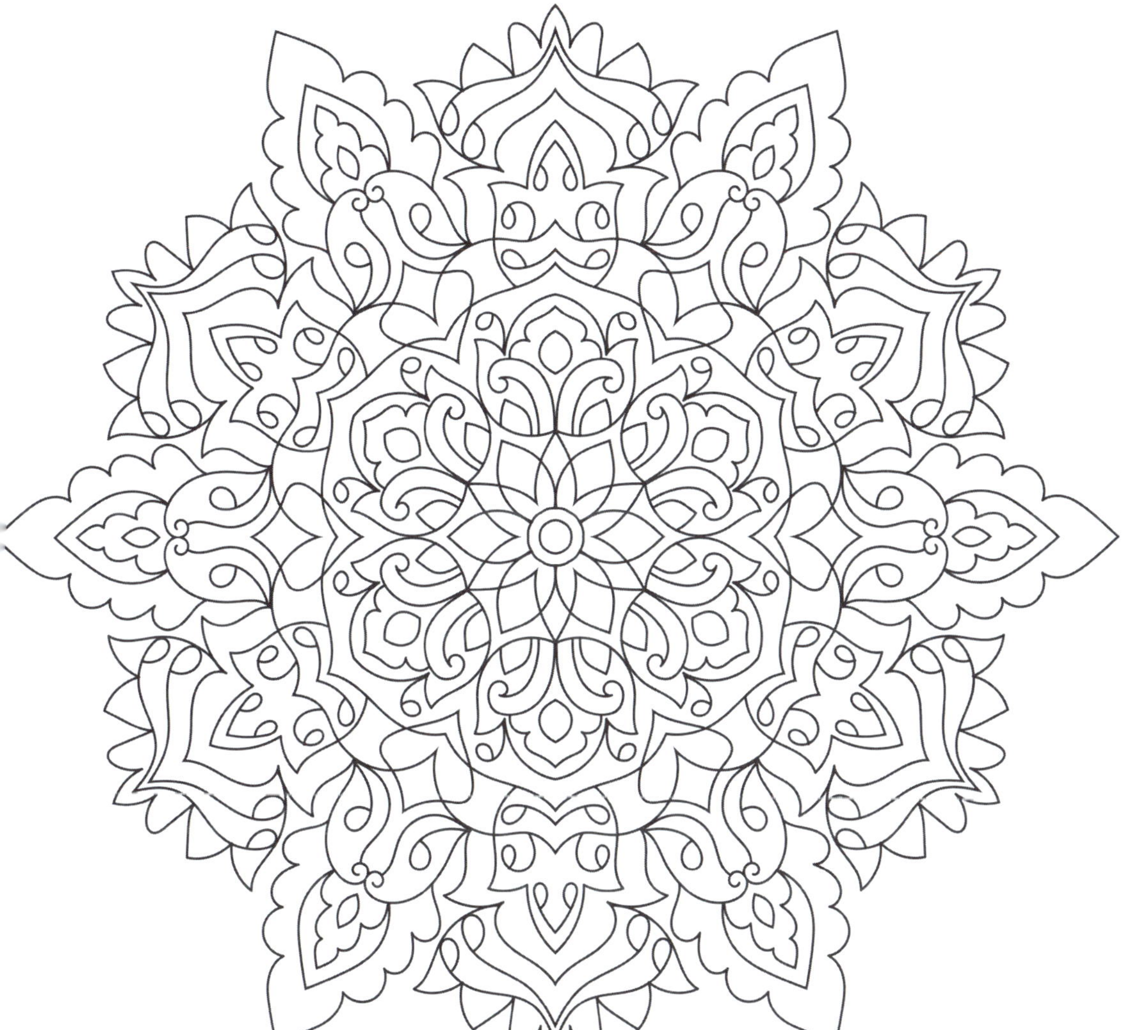

Sé la razón de la sonrisa de alguien hoy.

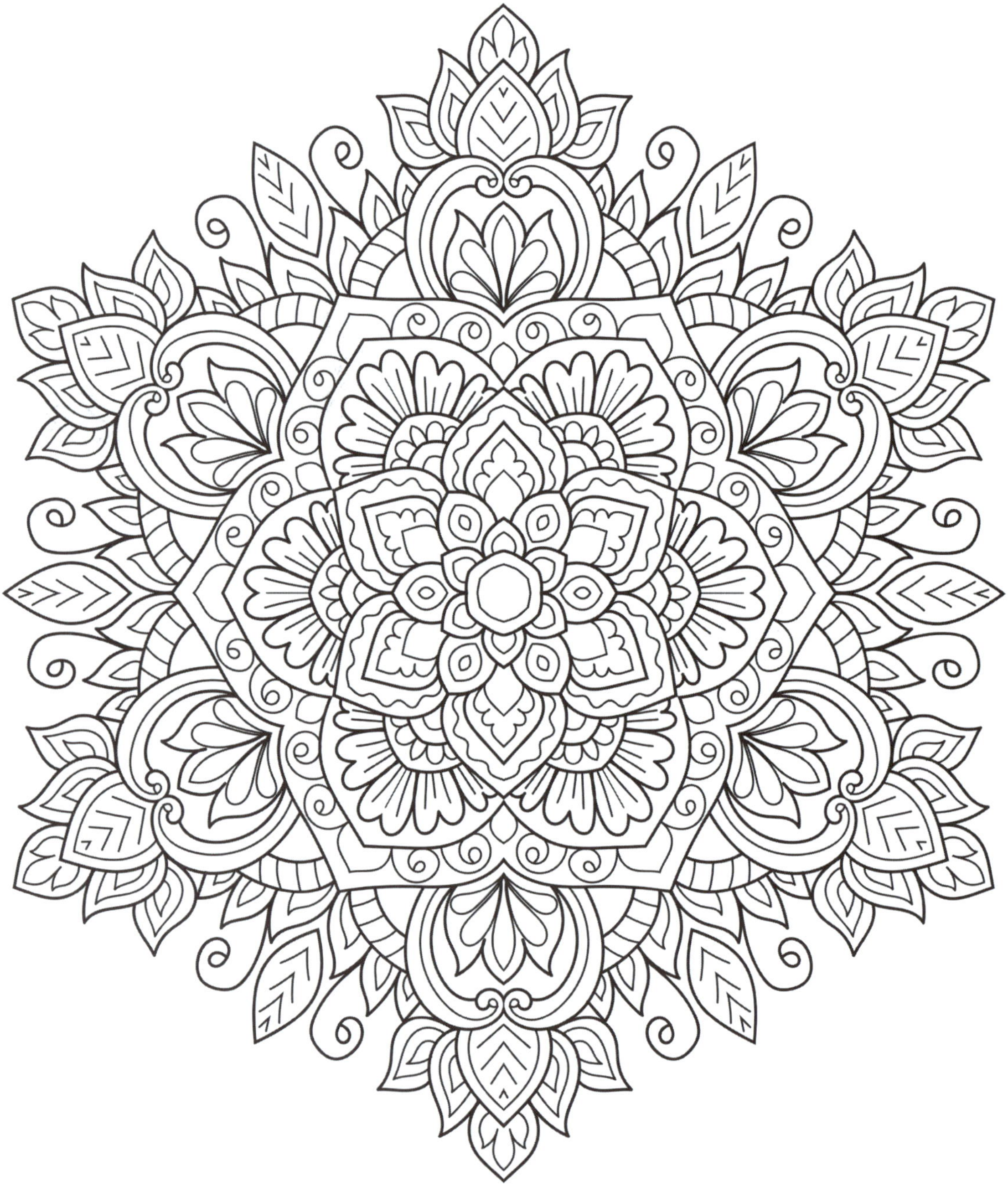

La felicidad es un estado mental,
no una meta que se alcanza.

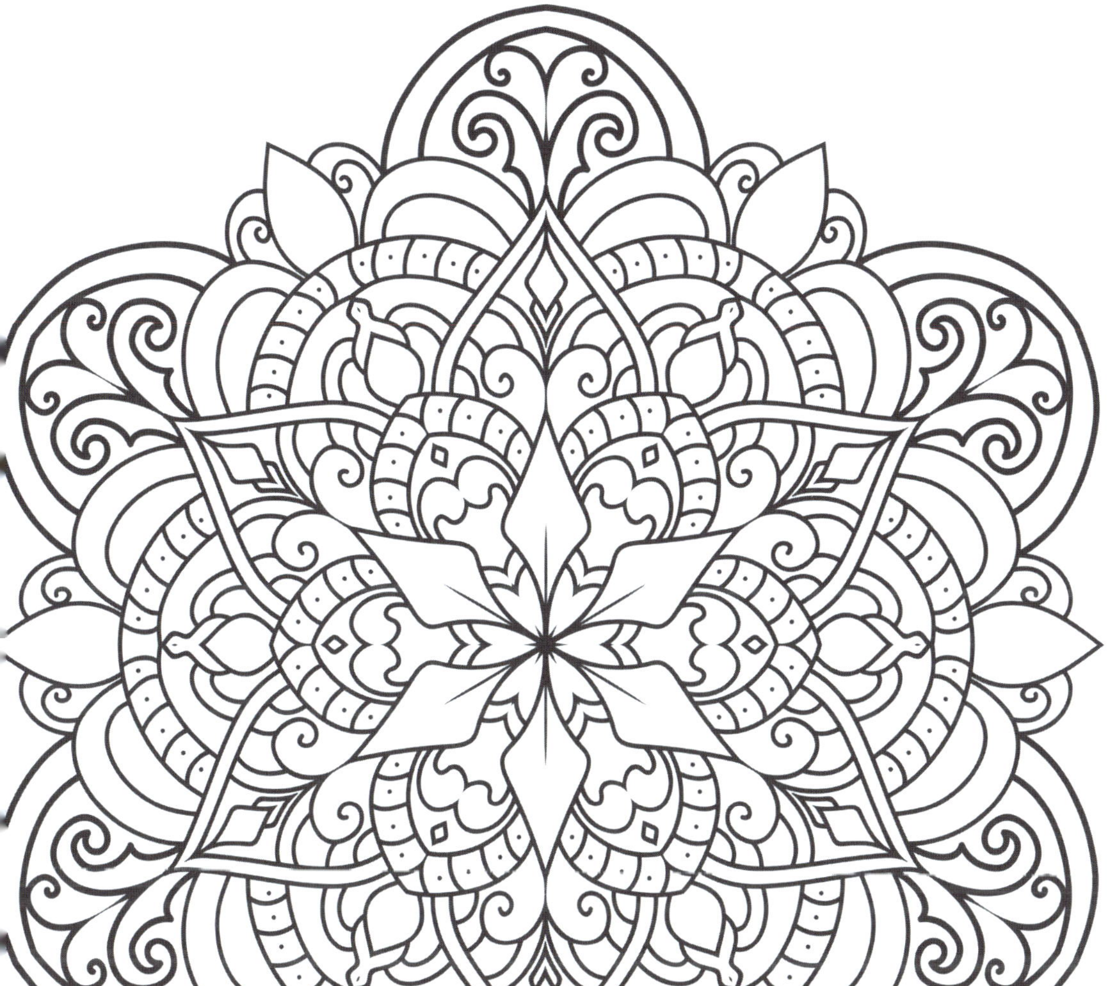

No importa cuántas veces caigas,
lo importante es cuántas veces te levantas.

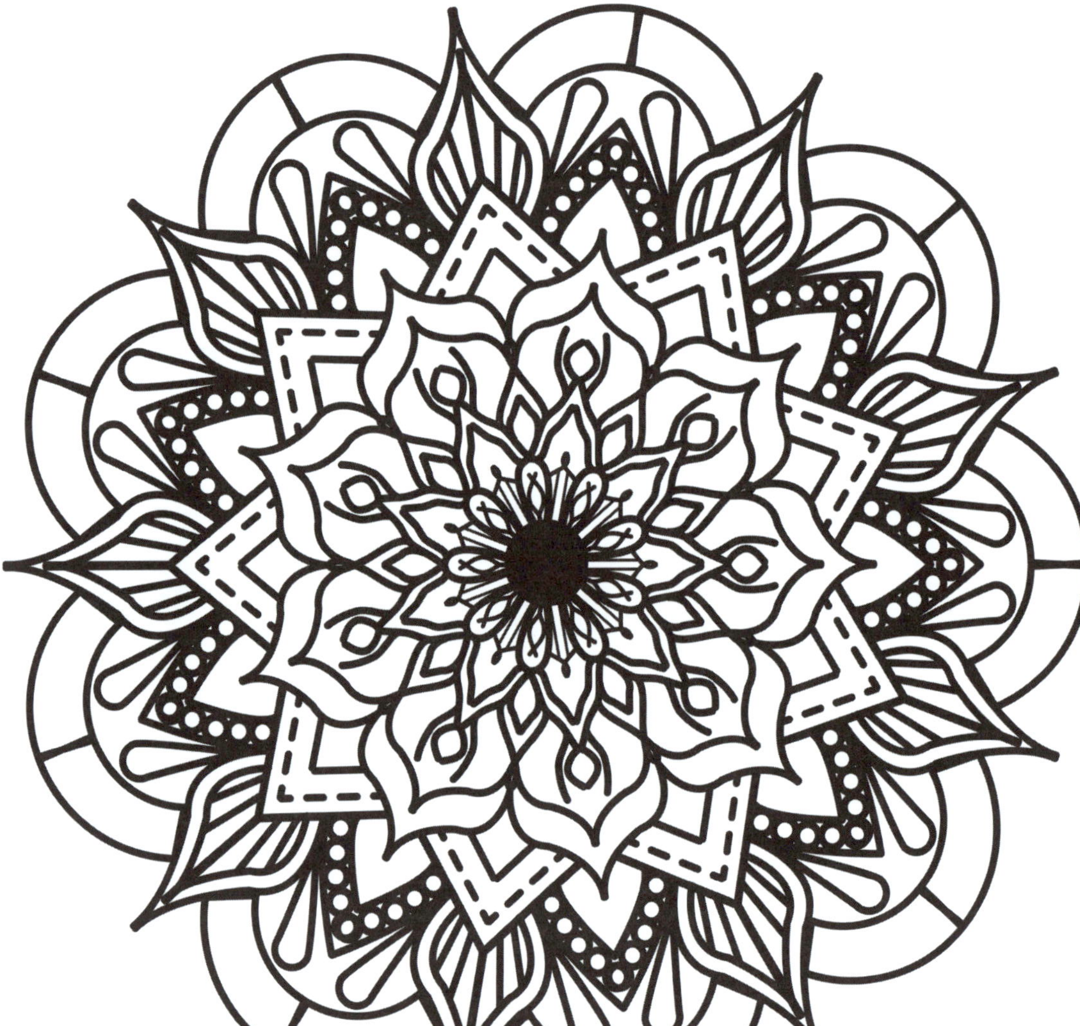

Sigue tus sueños, ellos saben el camino.

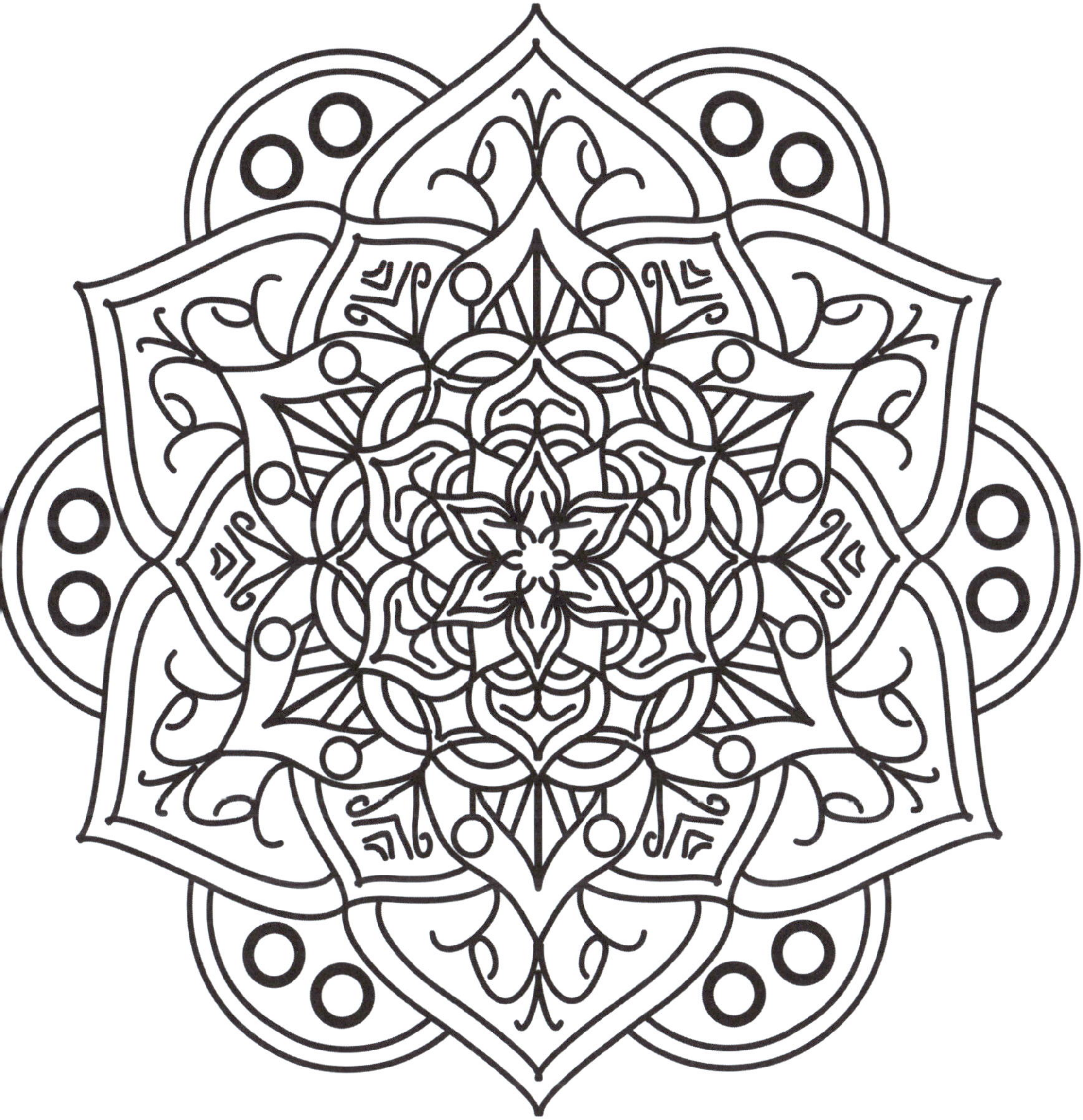

La vida es como un arcoíris, necesitas la lluvia para poder apreciar los colores.

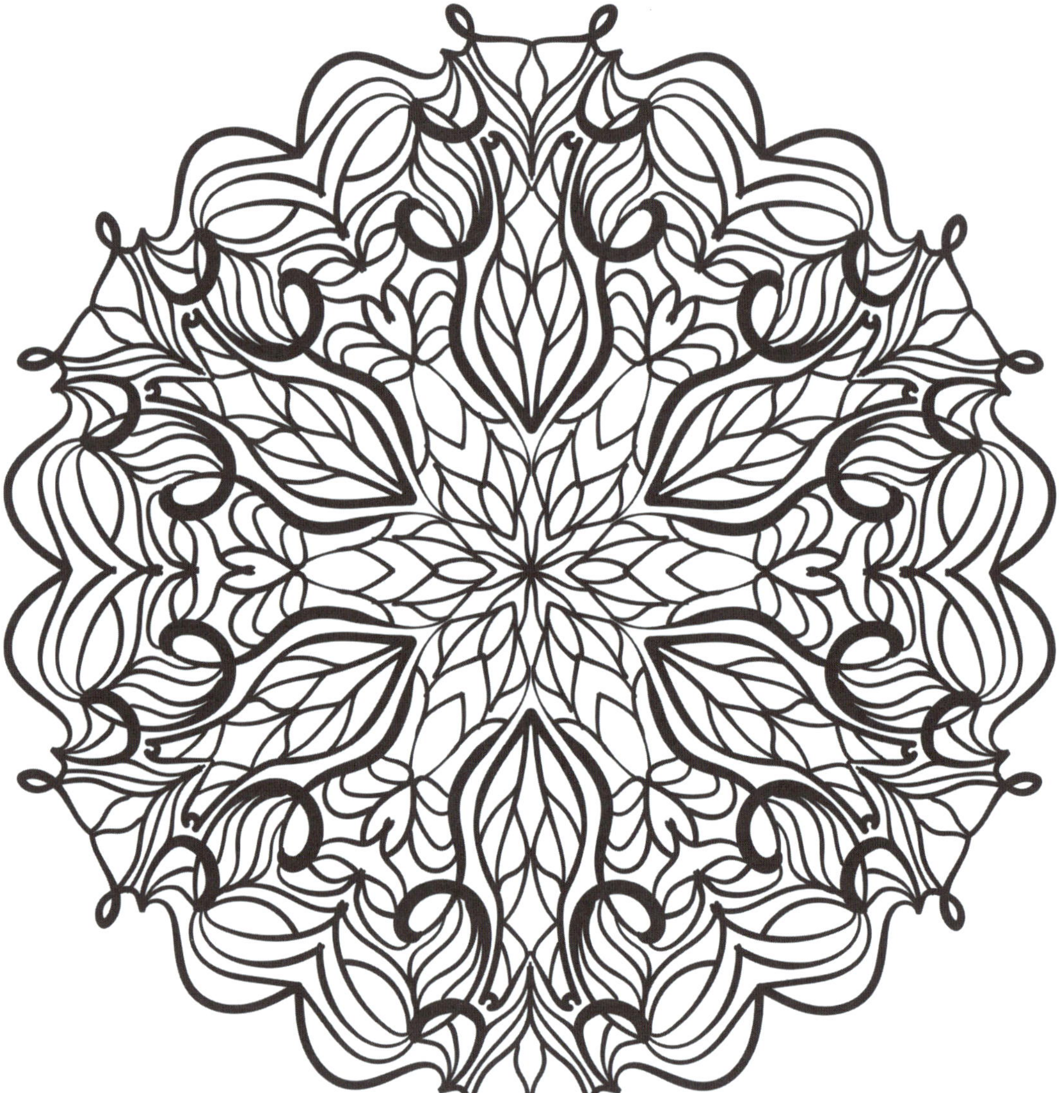

No te rindas, la vida es una montaña rusa,
pero al final siempre vale la pena el viaje.

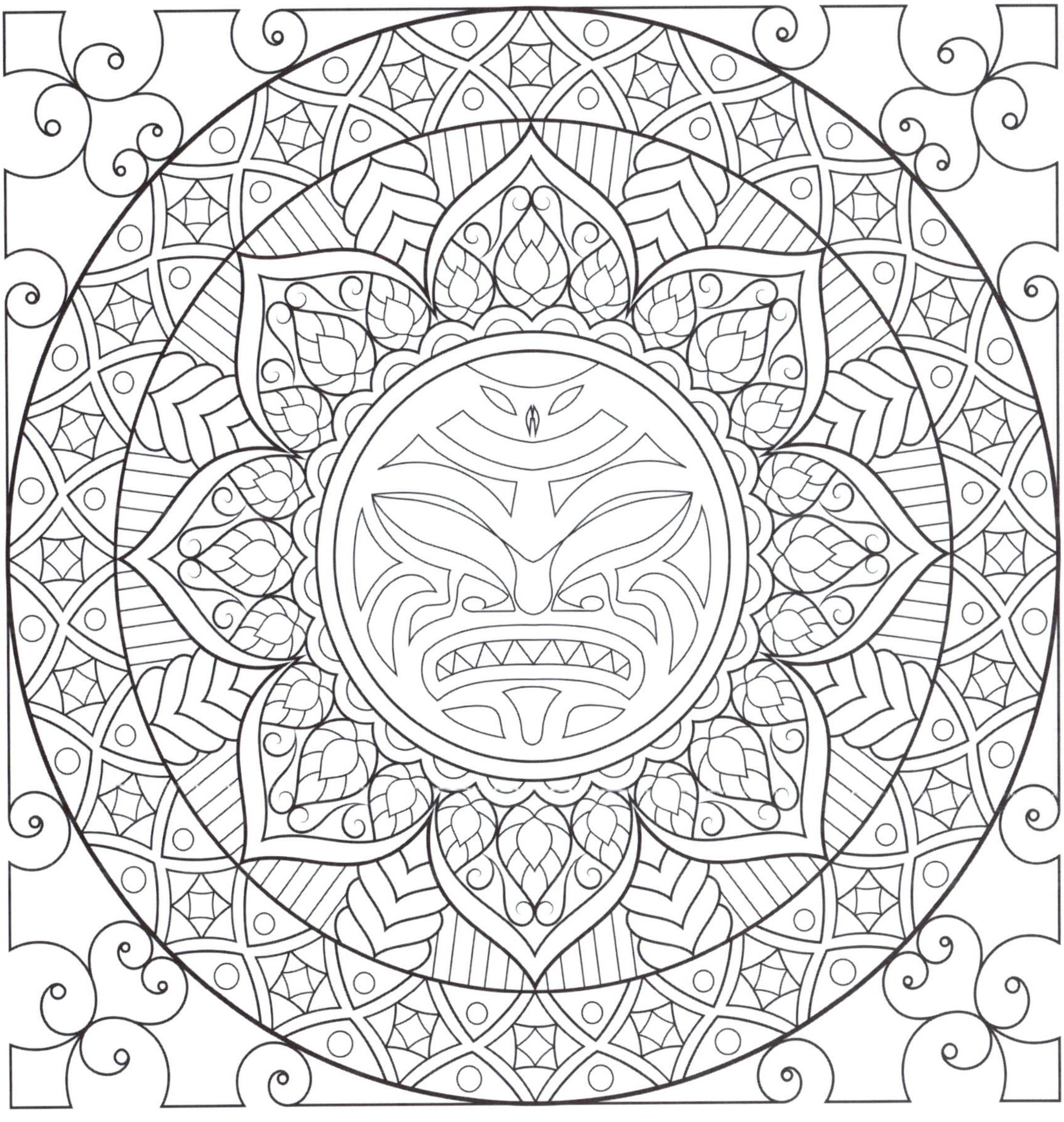

La vida es demasiado corta para estar triste,
disfruta cada momento.

IMAGINACIÓN

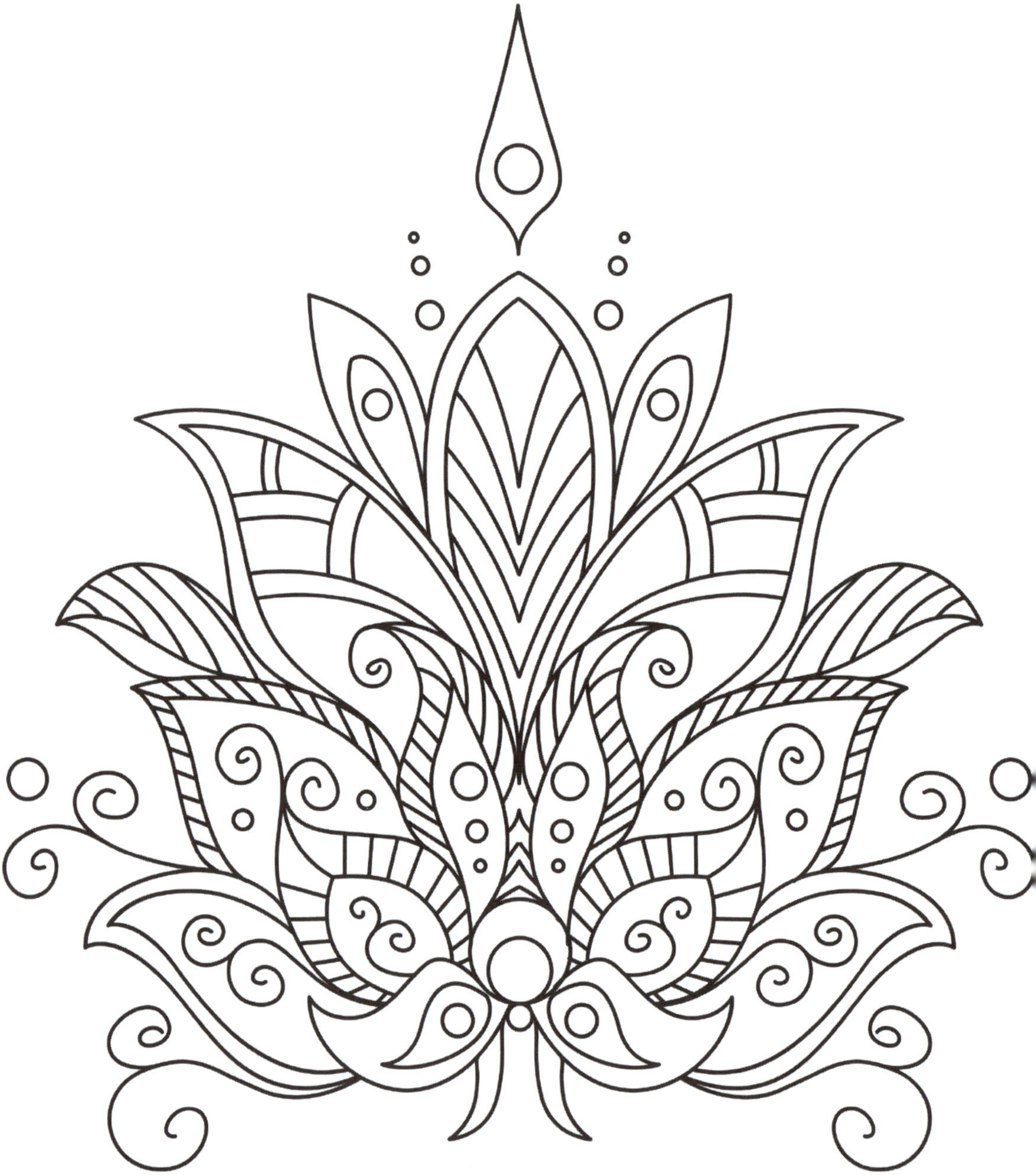

Por encima de las nubes, siempre hace sol.

Piensa, sueña, cree y atrévete.

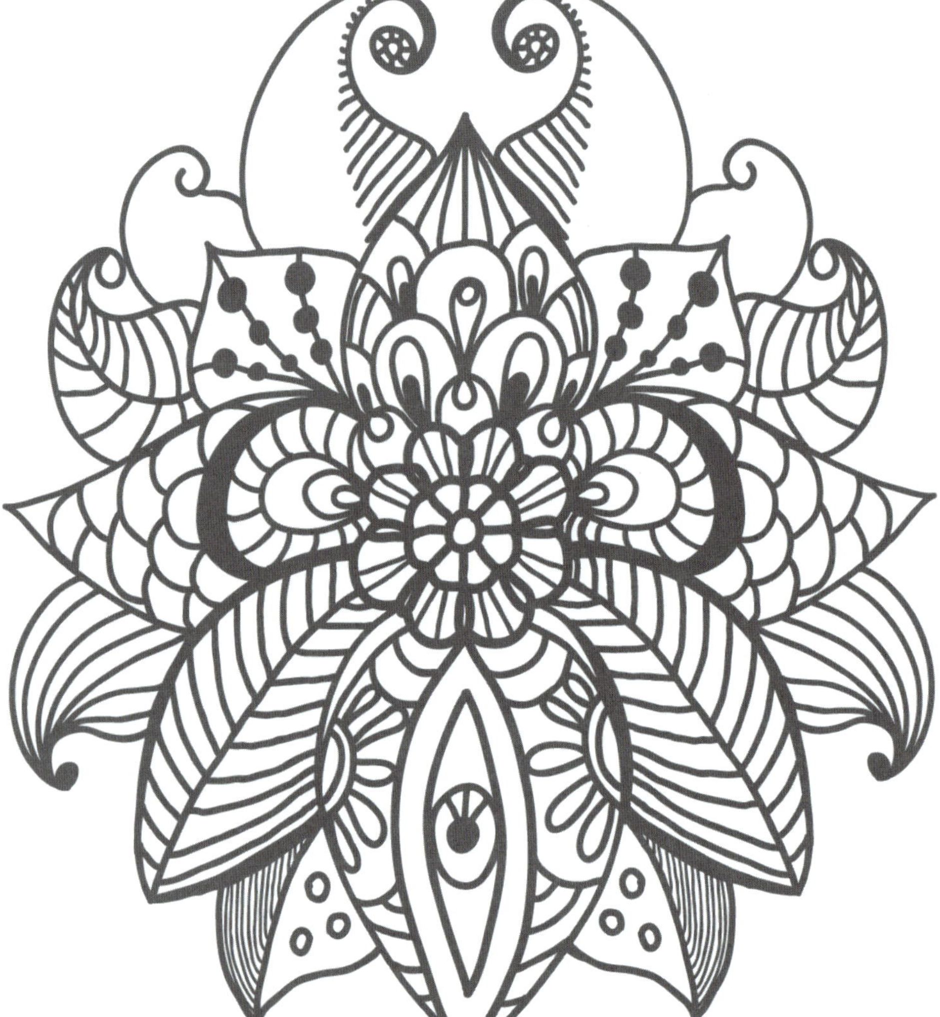

Llora litros, sonríe a mares.

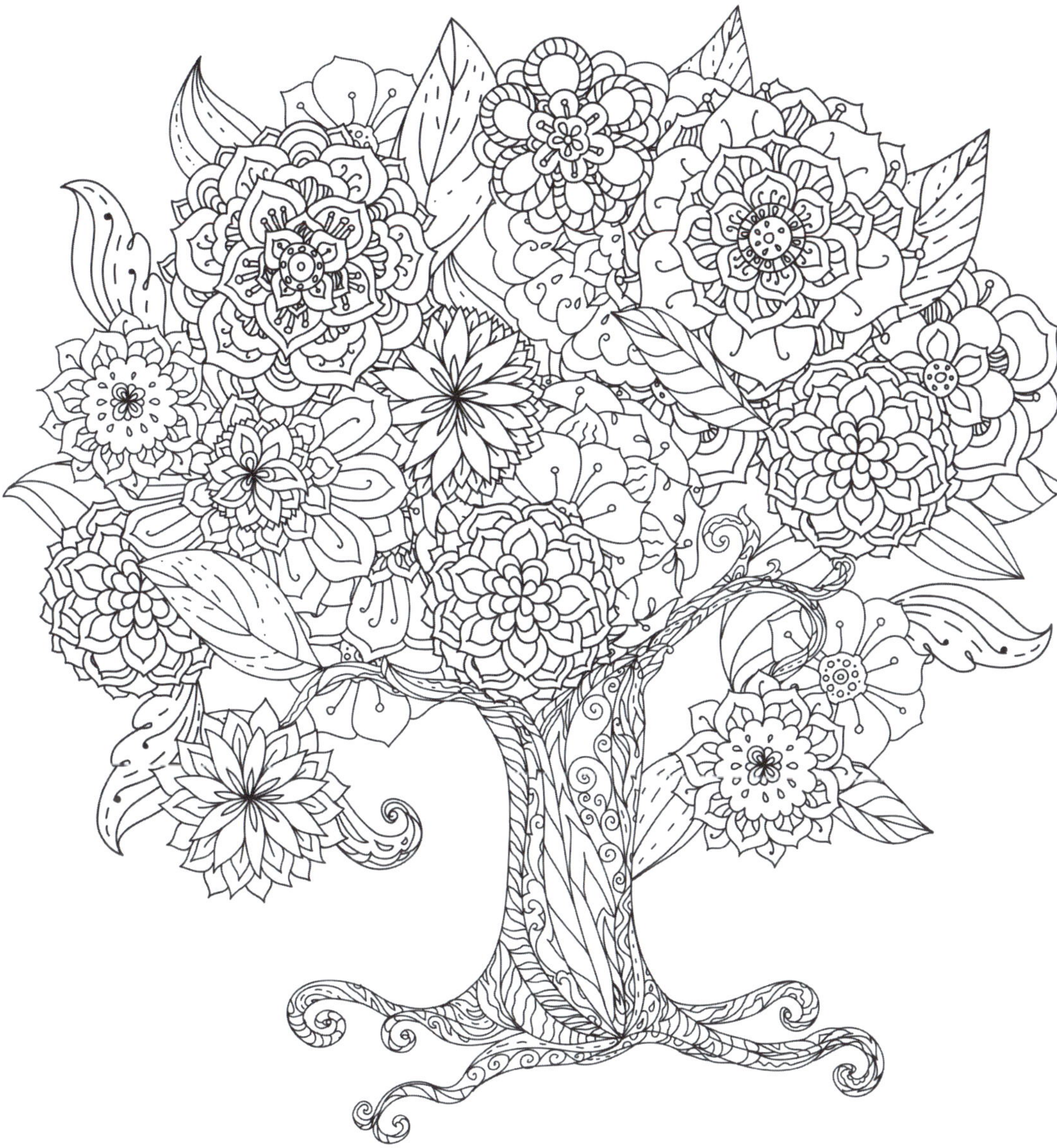

Cree en ti y todo será posible.

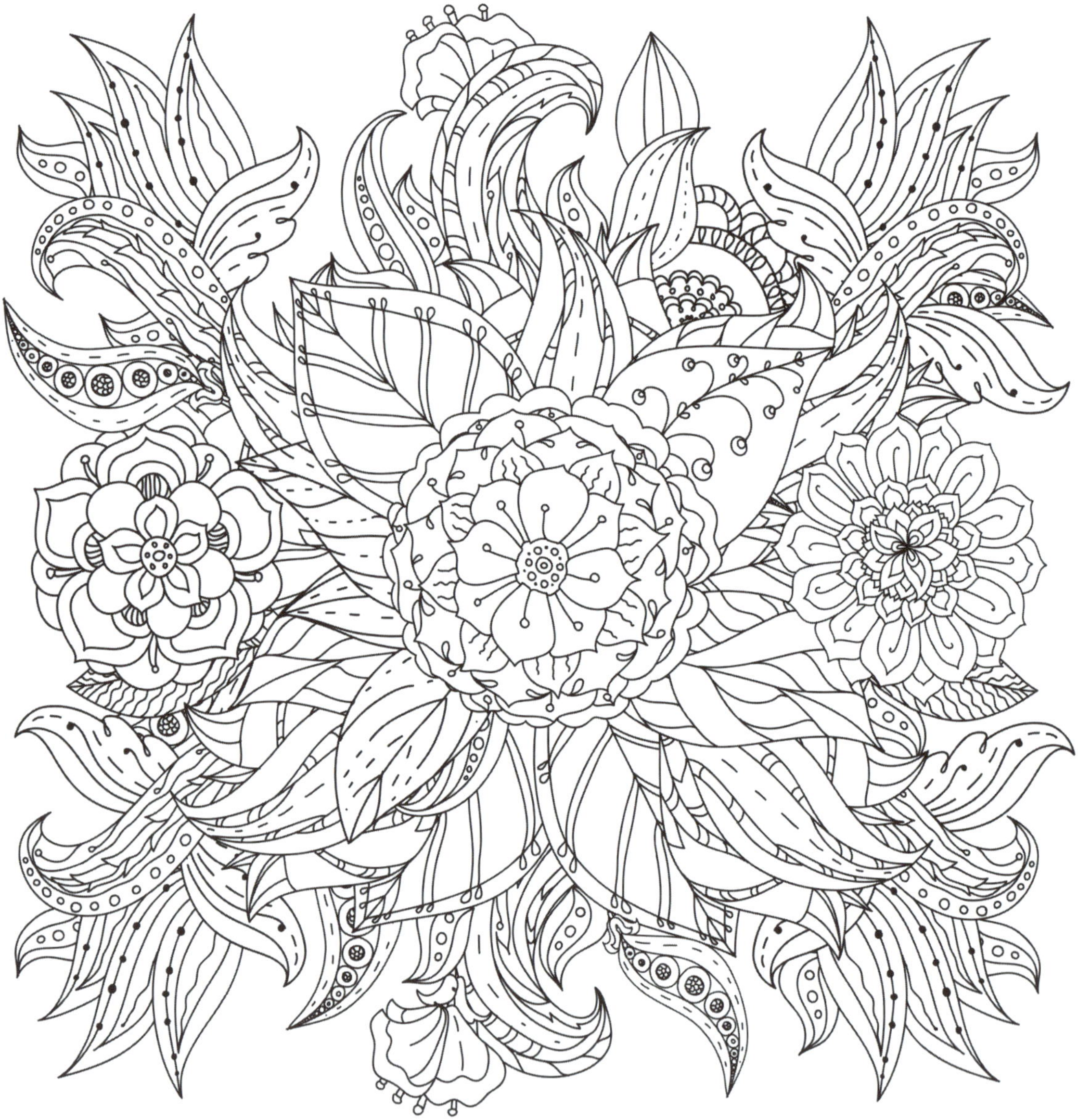

Piensa positivo. Vive positivo.

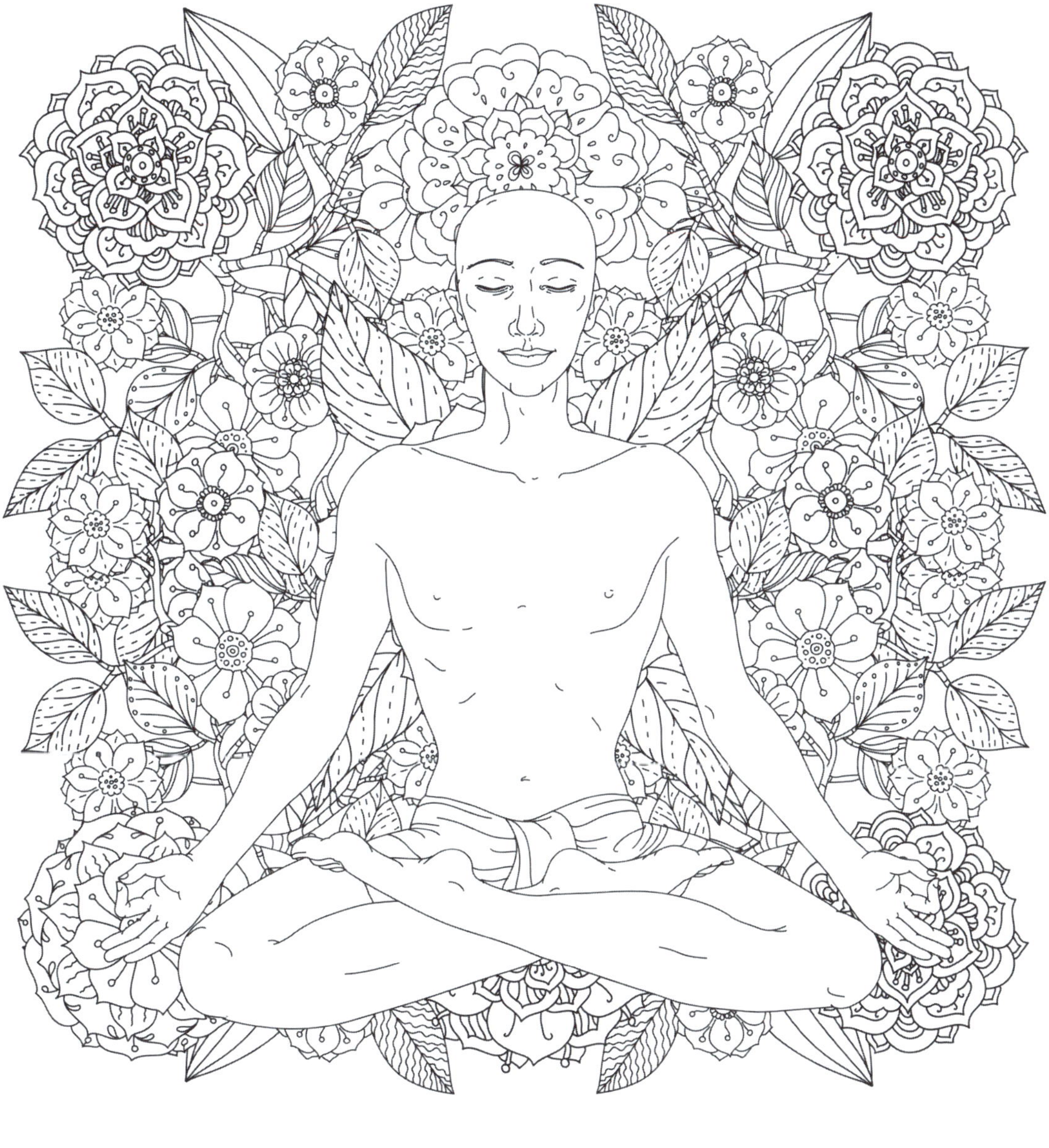

Trae tu propio sol.

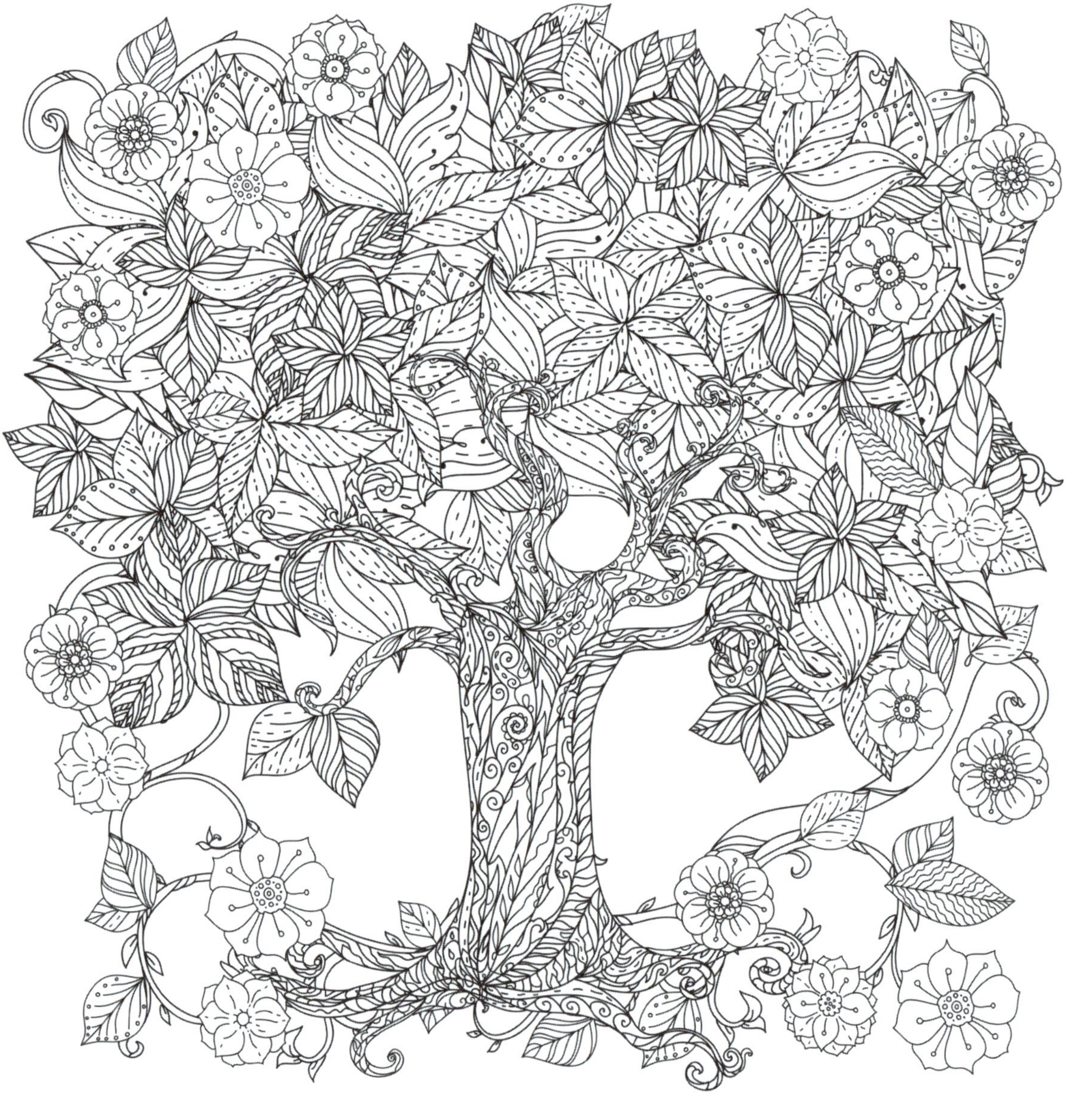

Si no suma, que no reste.

Lo mejor está por venir.

Pongamos de moda la felicidad.

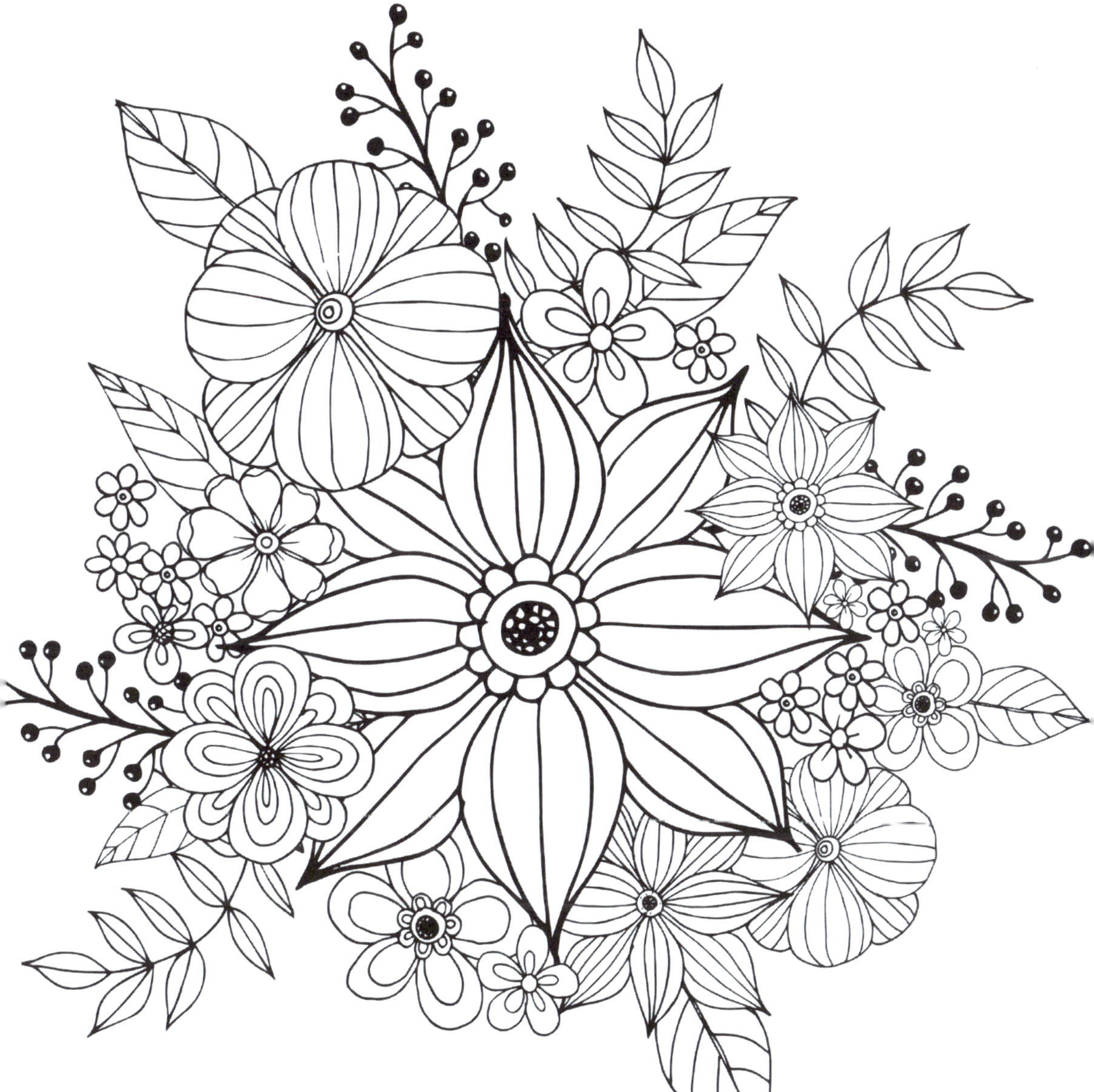

La vida es como una montaña rusa. Gózatela.

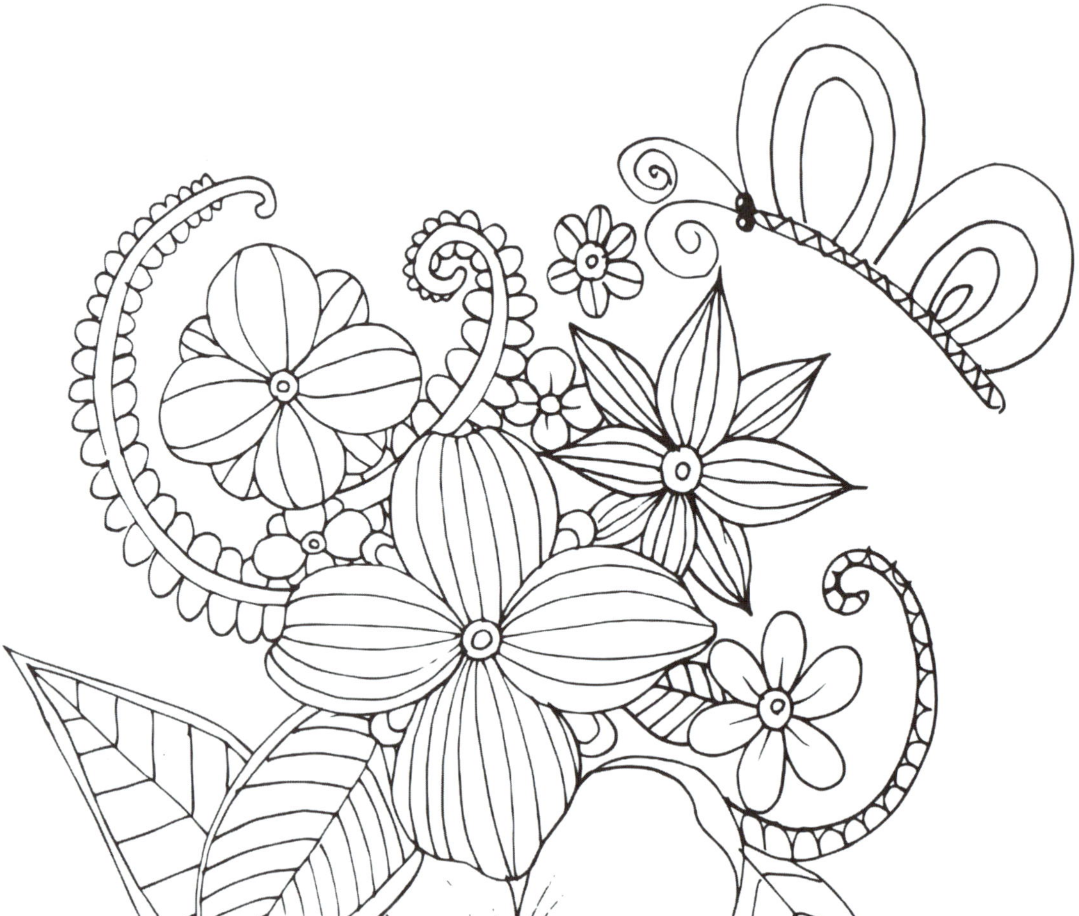

Todo vale la pena si te hace reír.

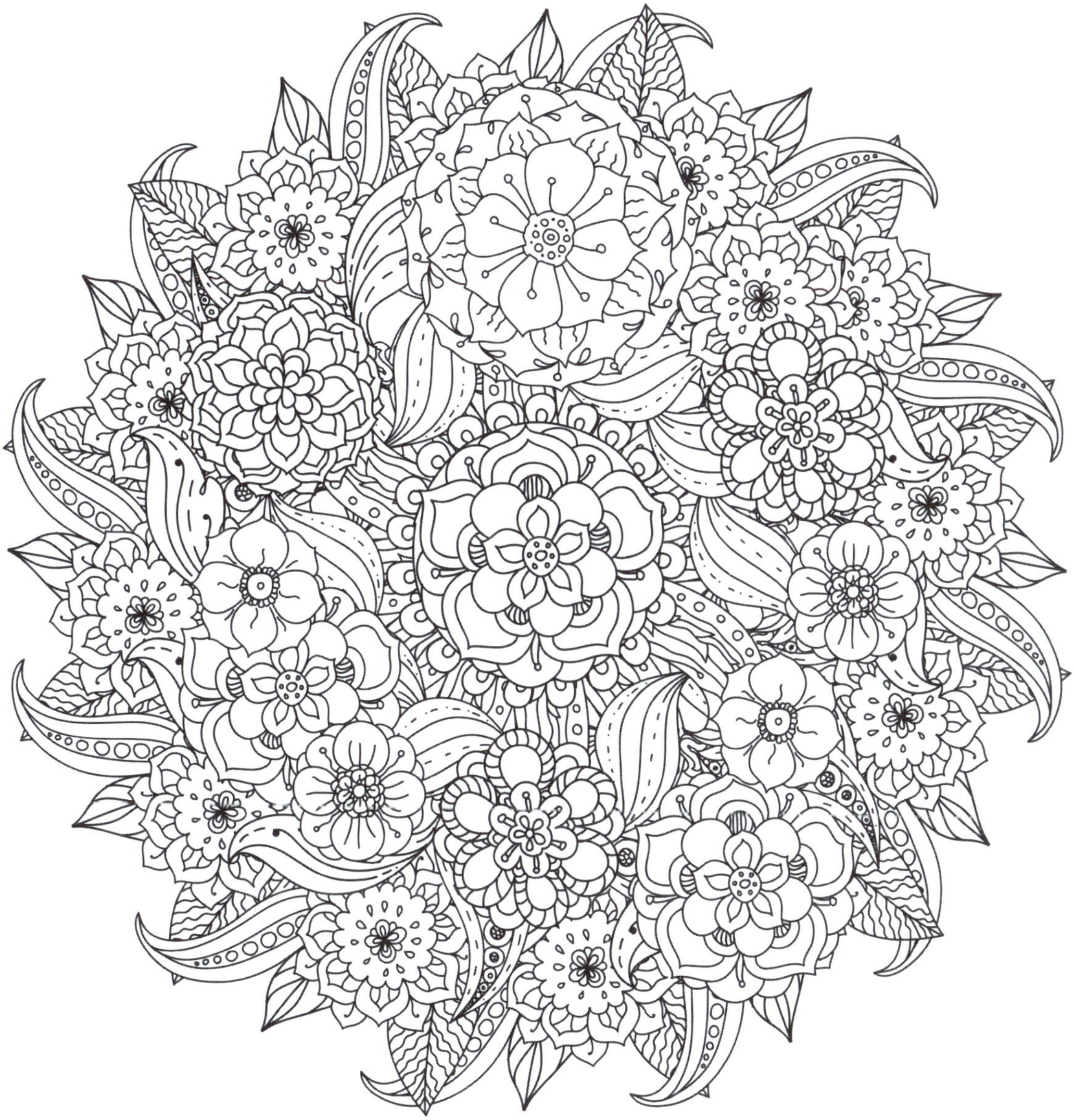

Encuentra confort en el caos.

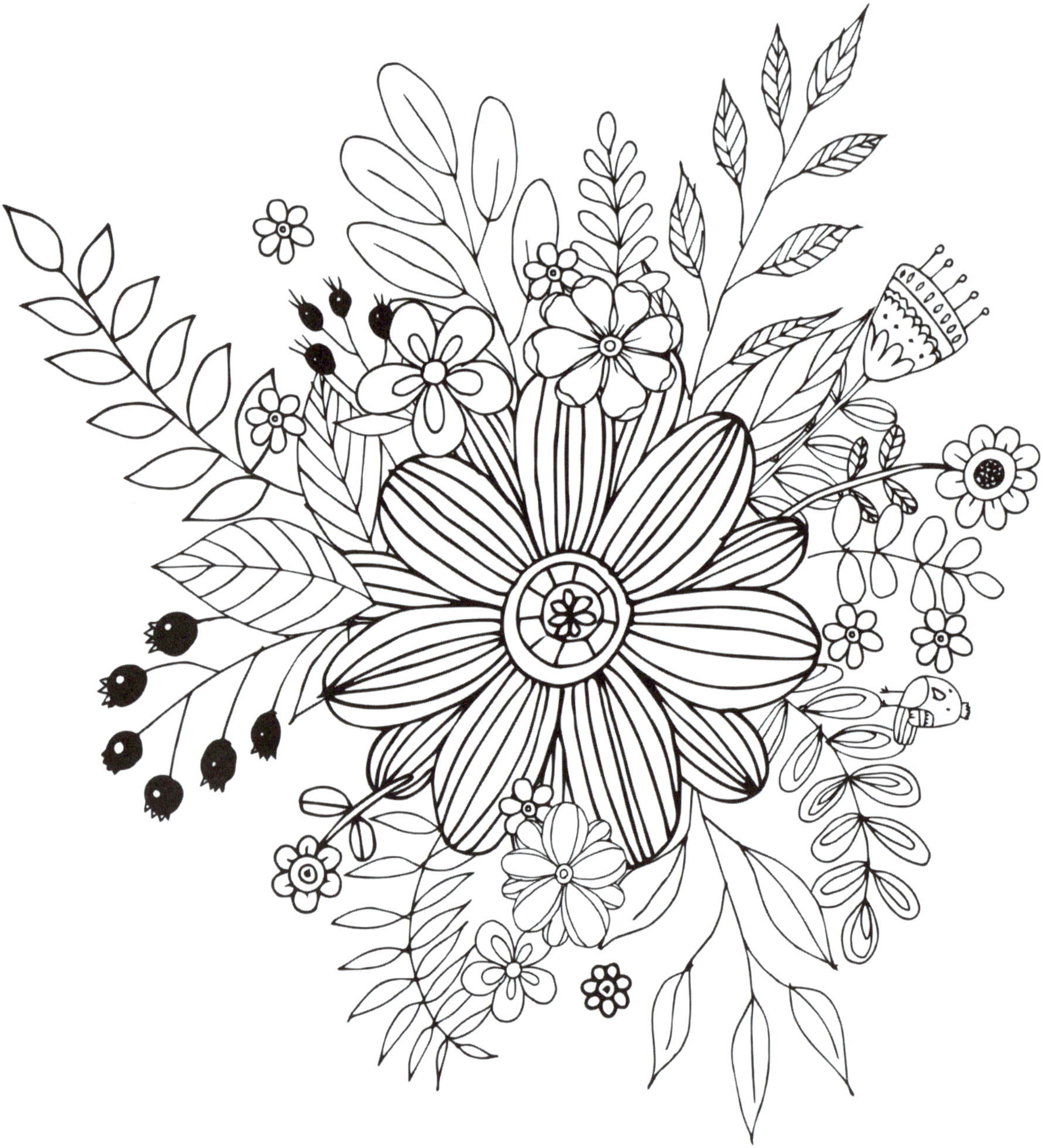

Sin lluvia no hay flores.

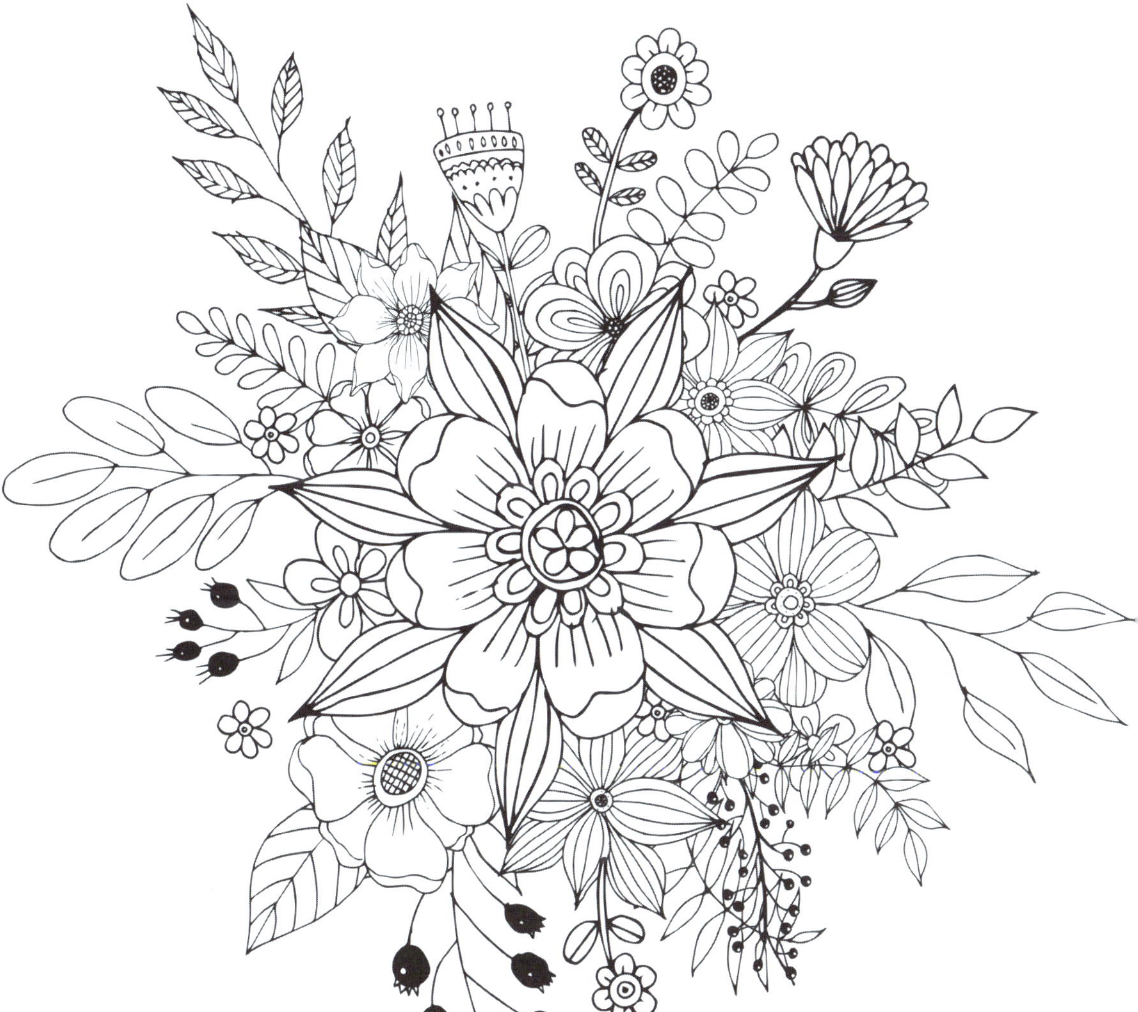

Las estrellas no pueden brillar sin oscuridad.

Sonríe más, quéjate menos.

Más esencia y menos apariencia.

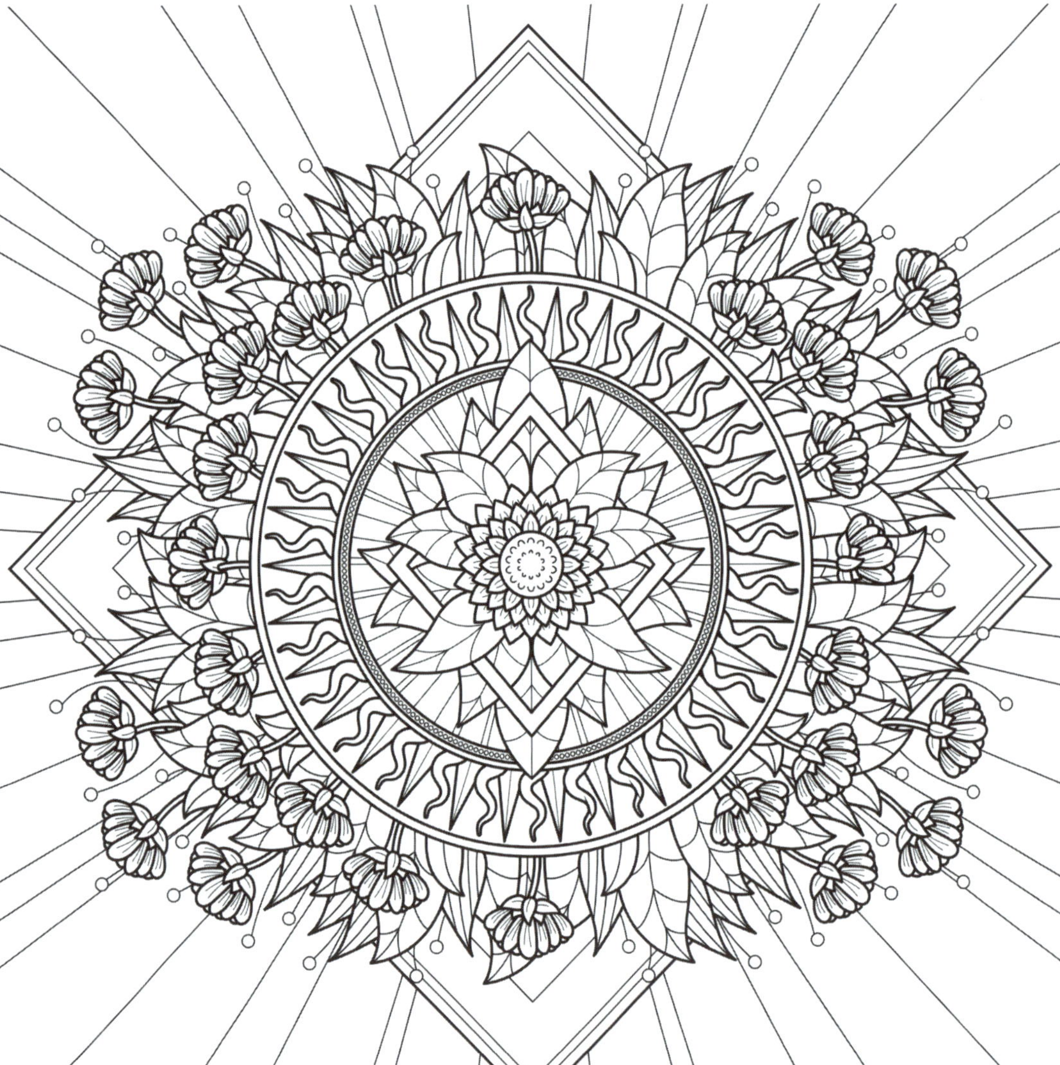

Amar sin poseer. Vivir sin depender.

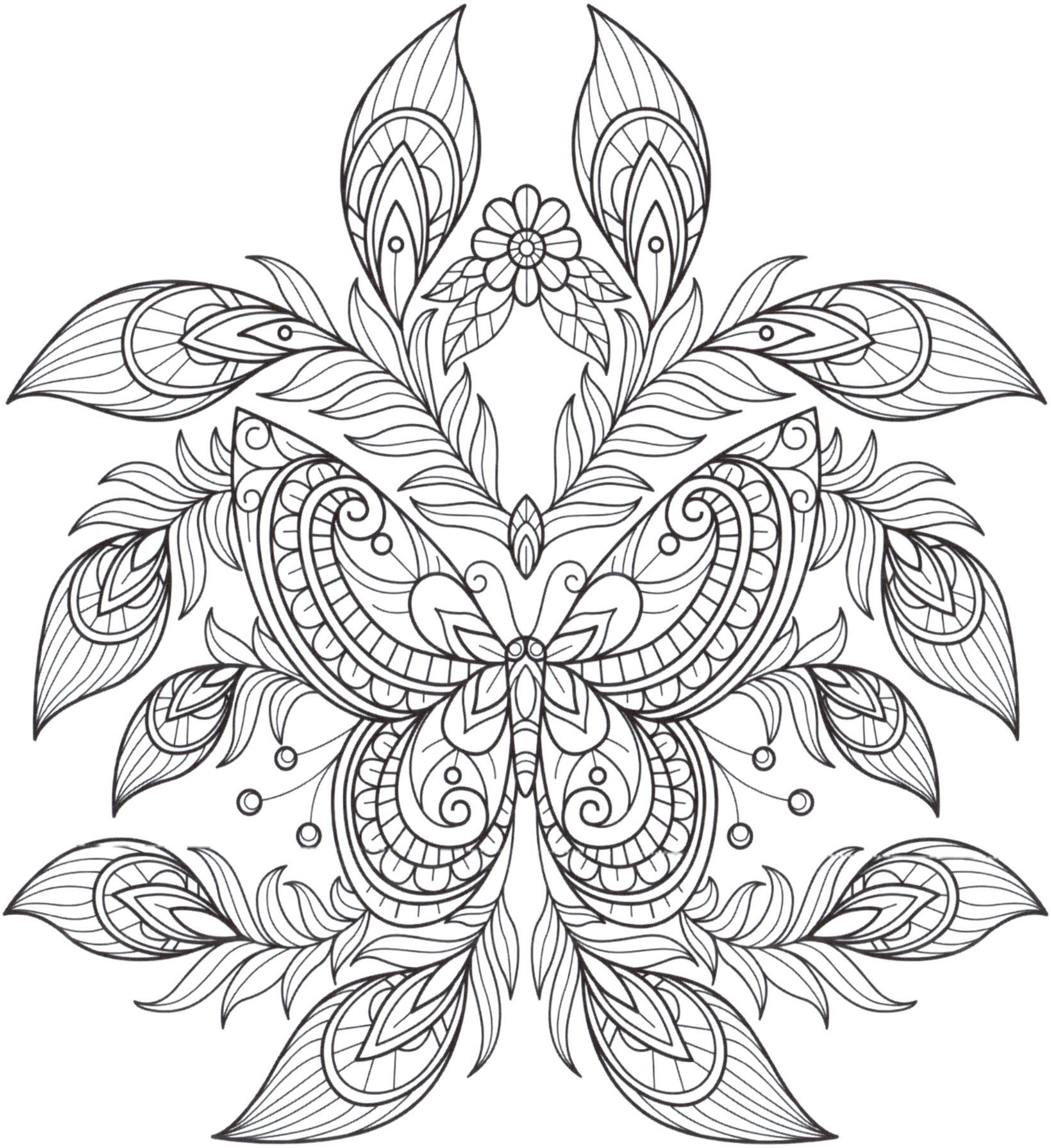

La vida es muy corta para aburrirse.

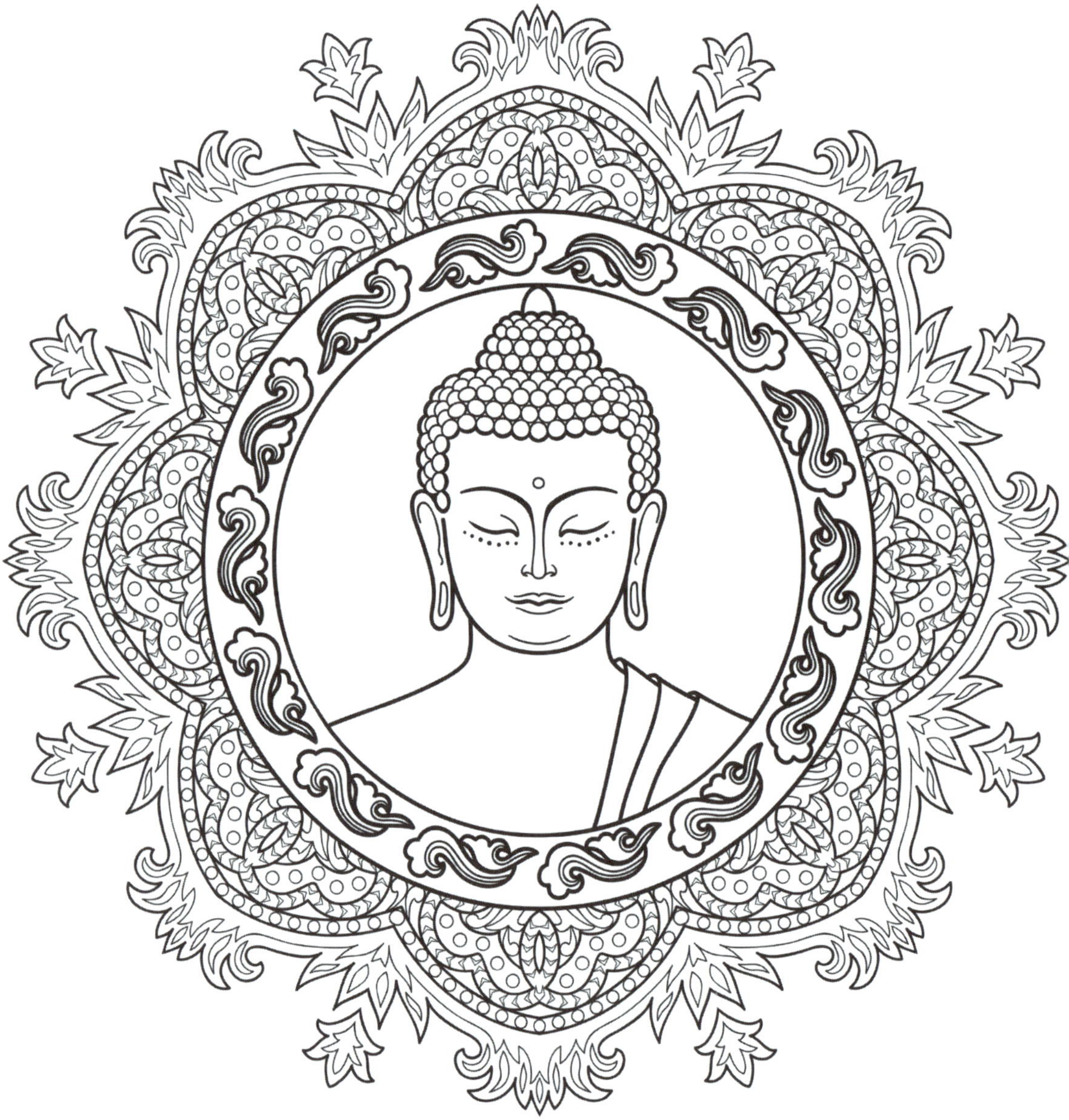

La simplicidad aporta felicidad.

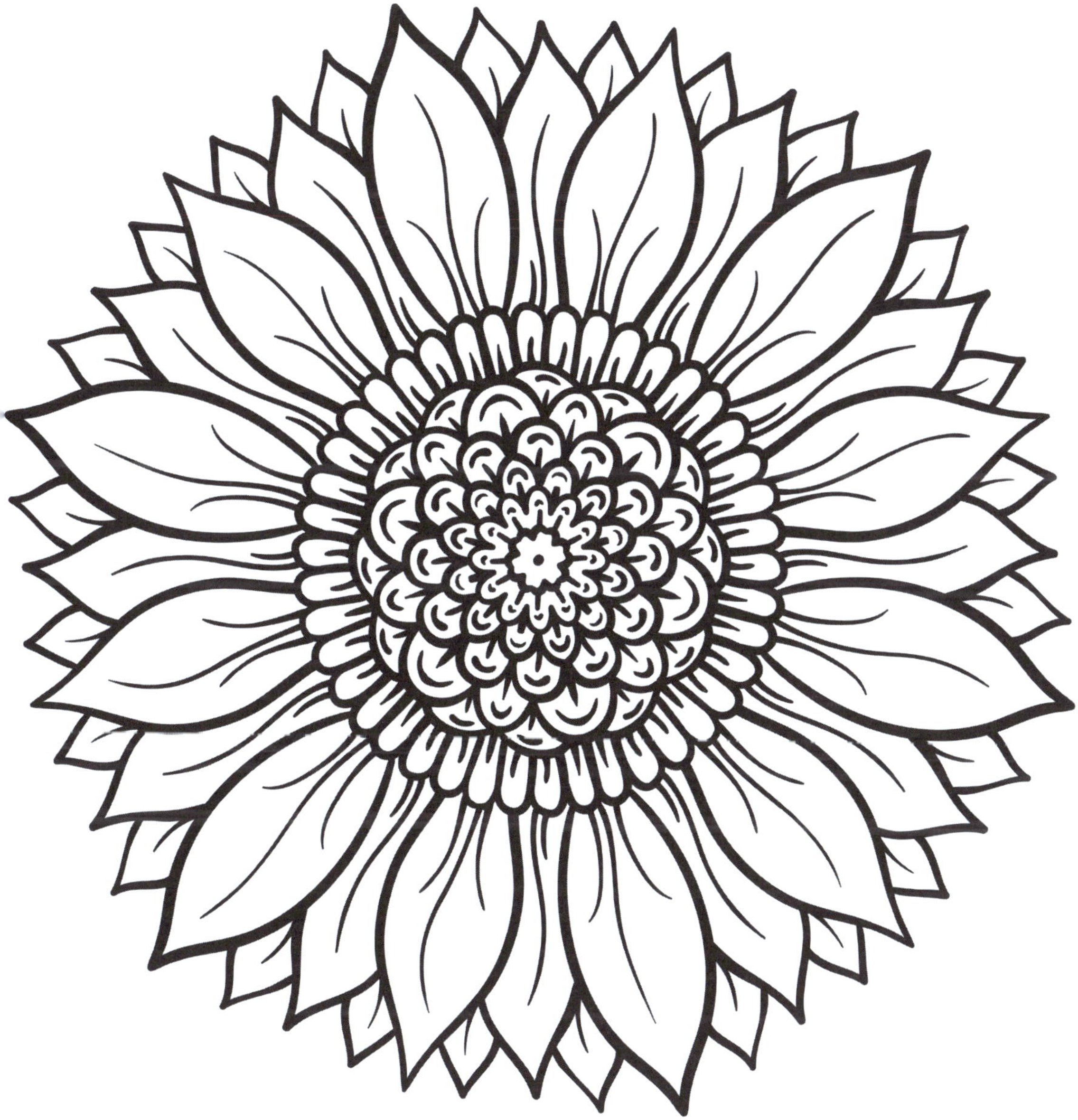

Cada momento cuenta.

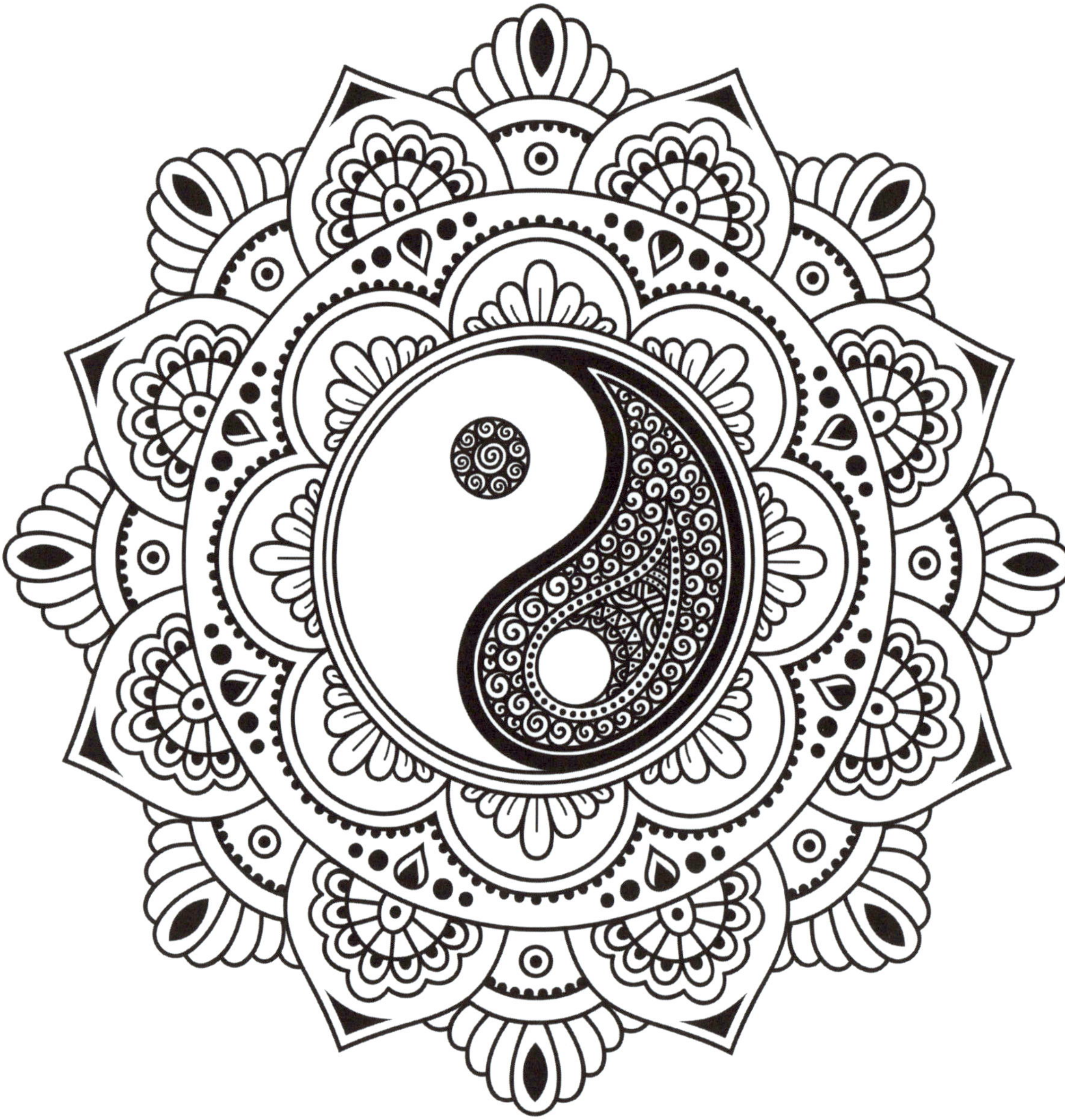

La felicidad es el mejor maquillaje.

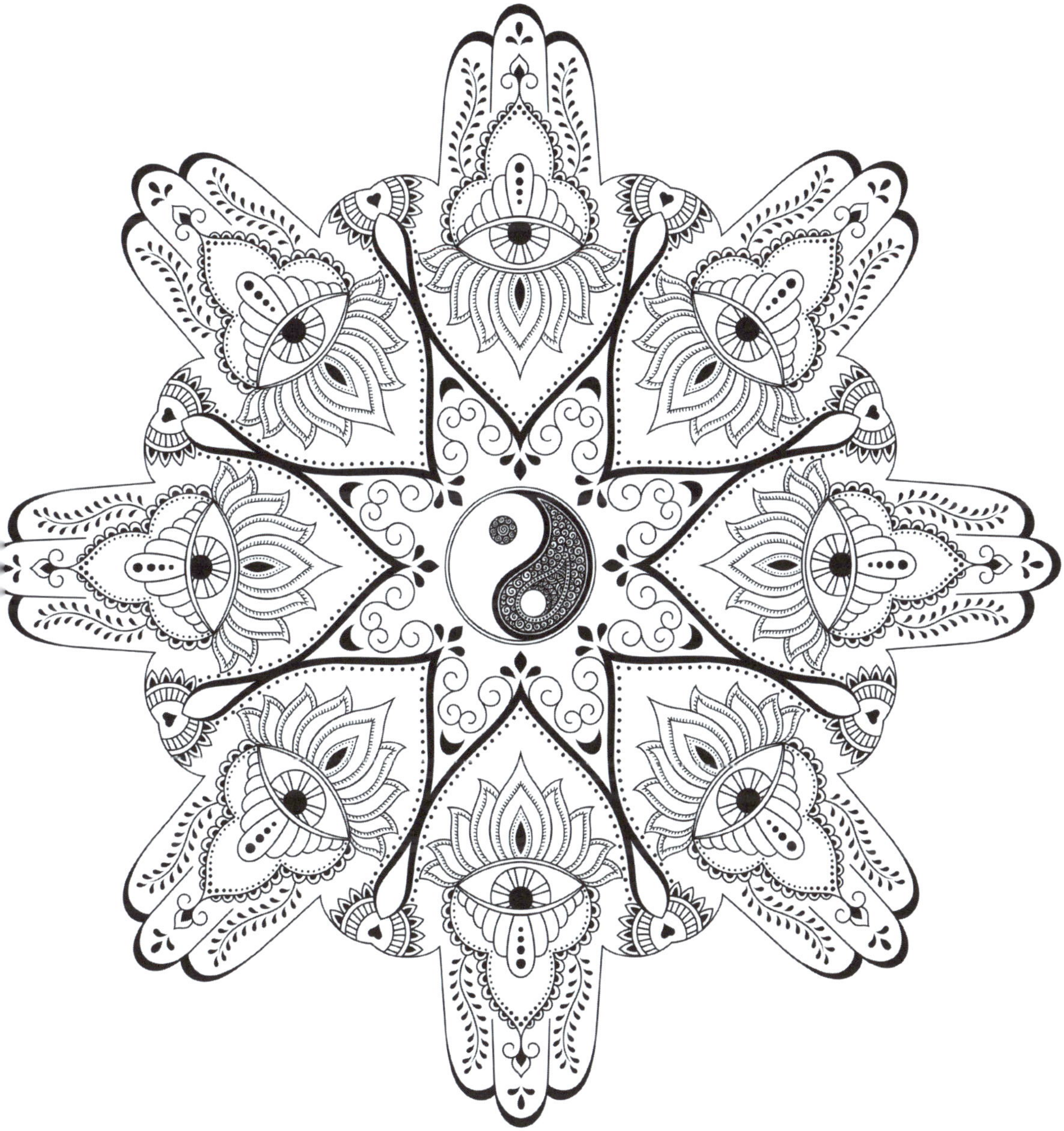

La felicidad está hecha para ser compartida.

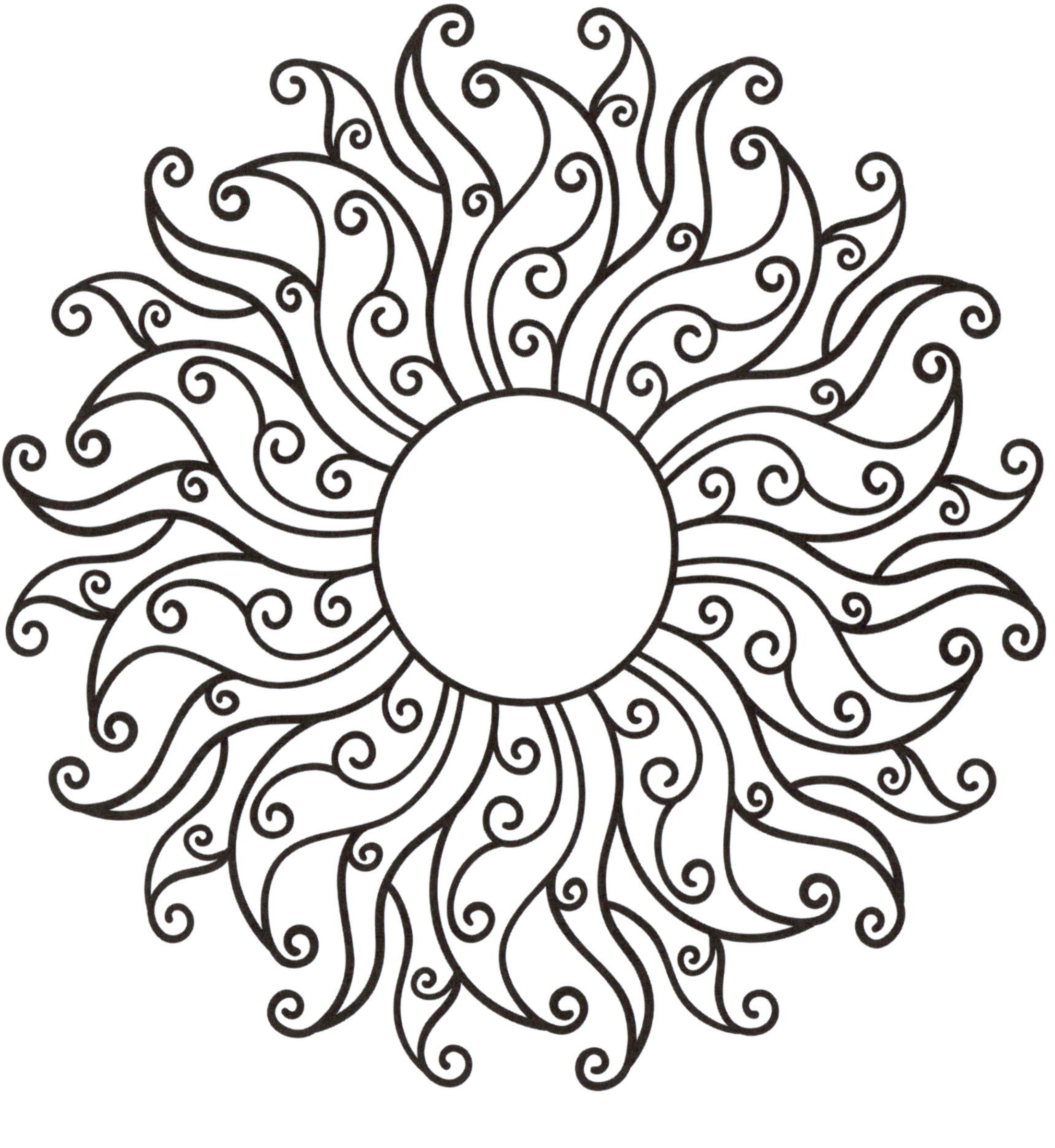

Lo que debería ser, puede ser.

El pesimismo conduce a la debilidad, el optimismo al poder.

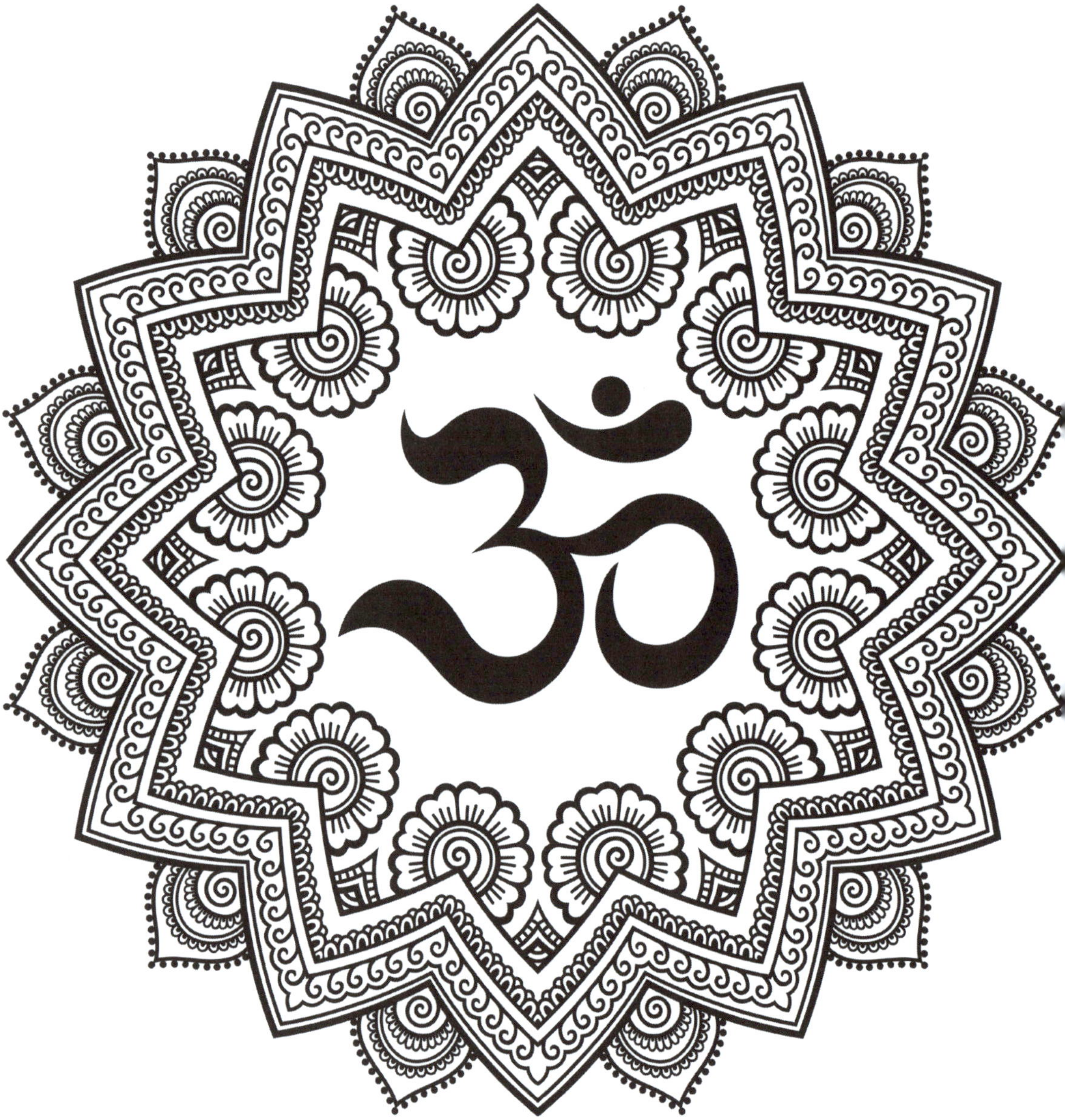

El entusiasmo mueve el mundo.

Sin lluvia no habría arcoíris.

Sonríe, que la vida vuela.

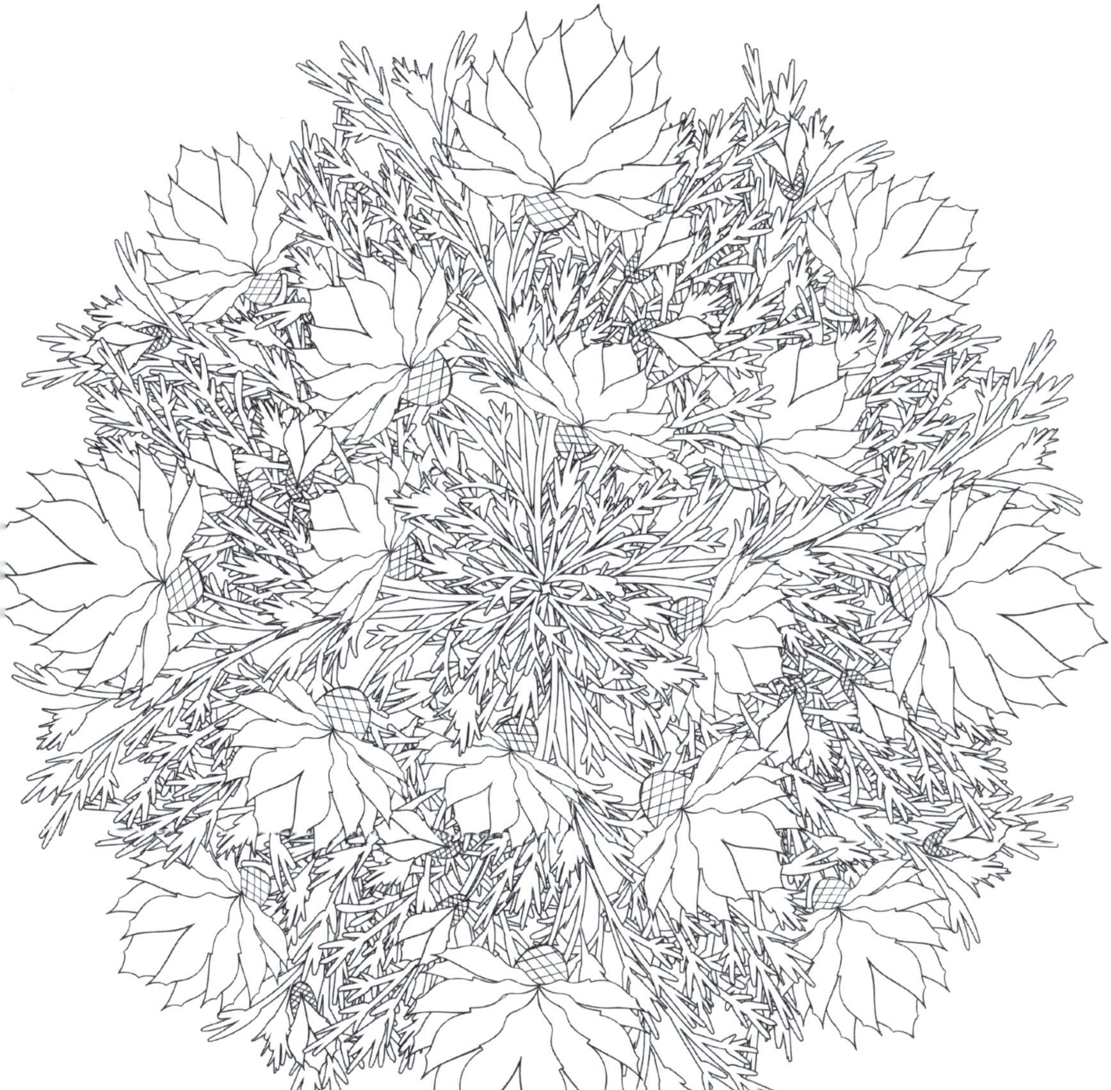

La felicidad no es una meta sino un estilo de vida.

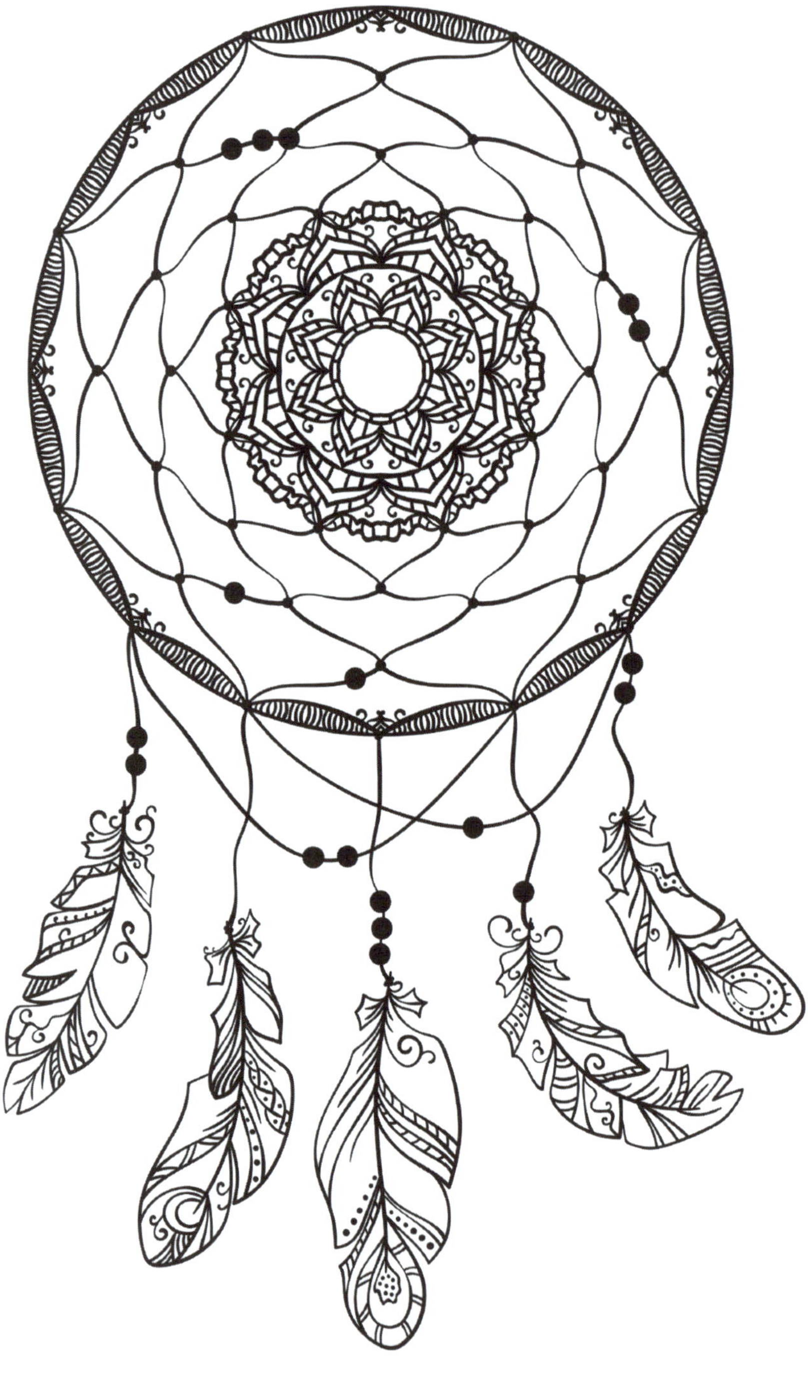

Cuando menos lo esperas, todo sale bien.

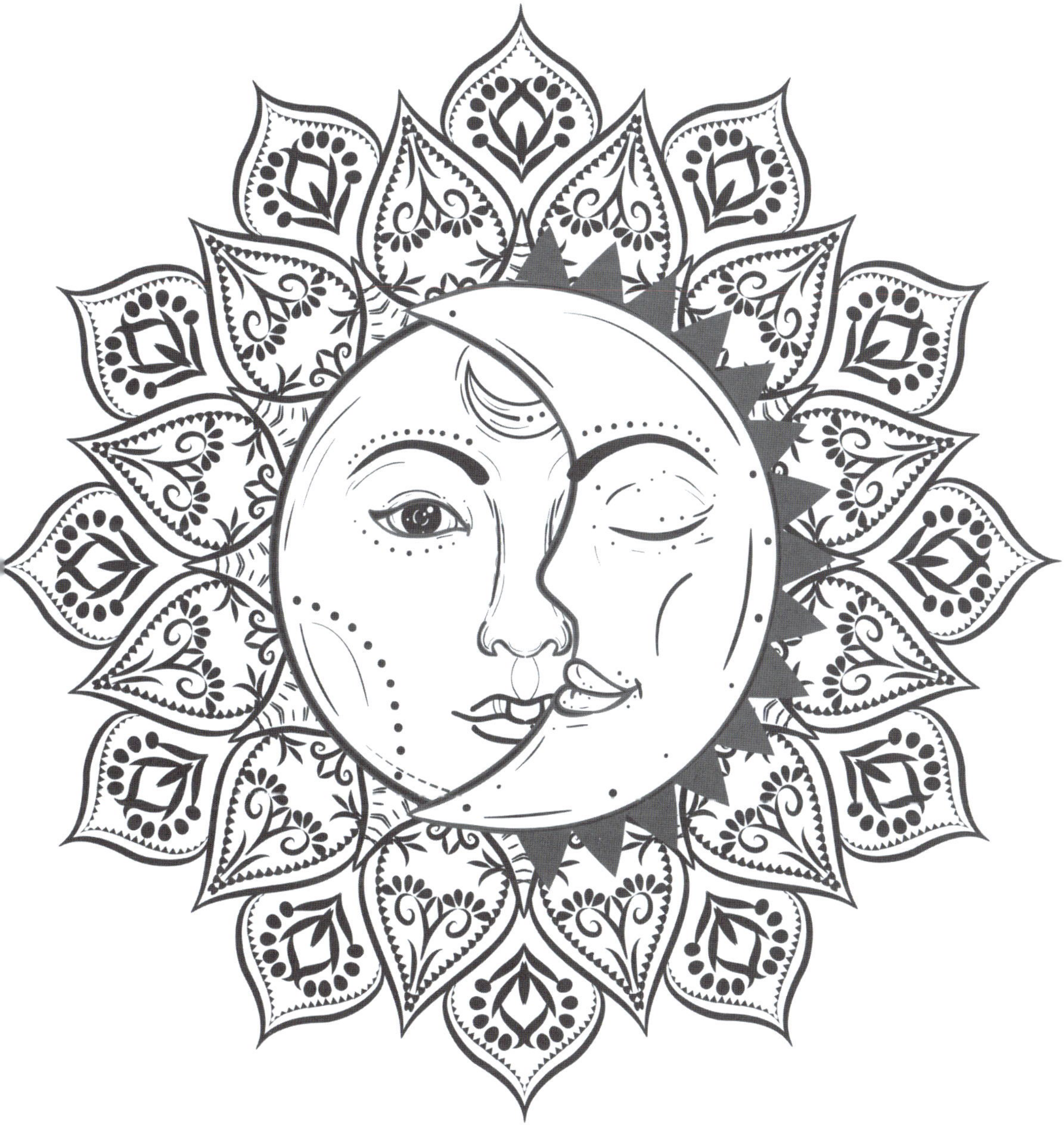

Sonríe, es una terapia gratuita.

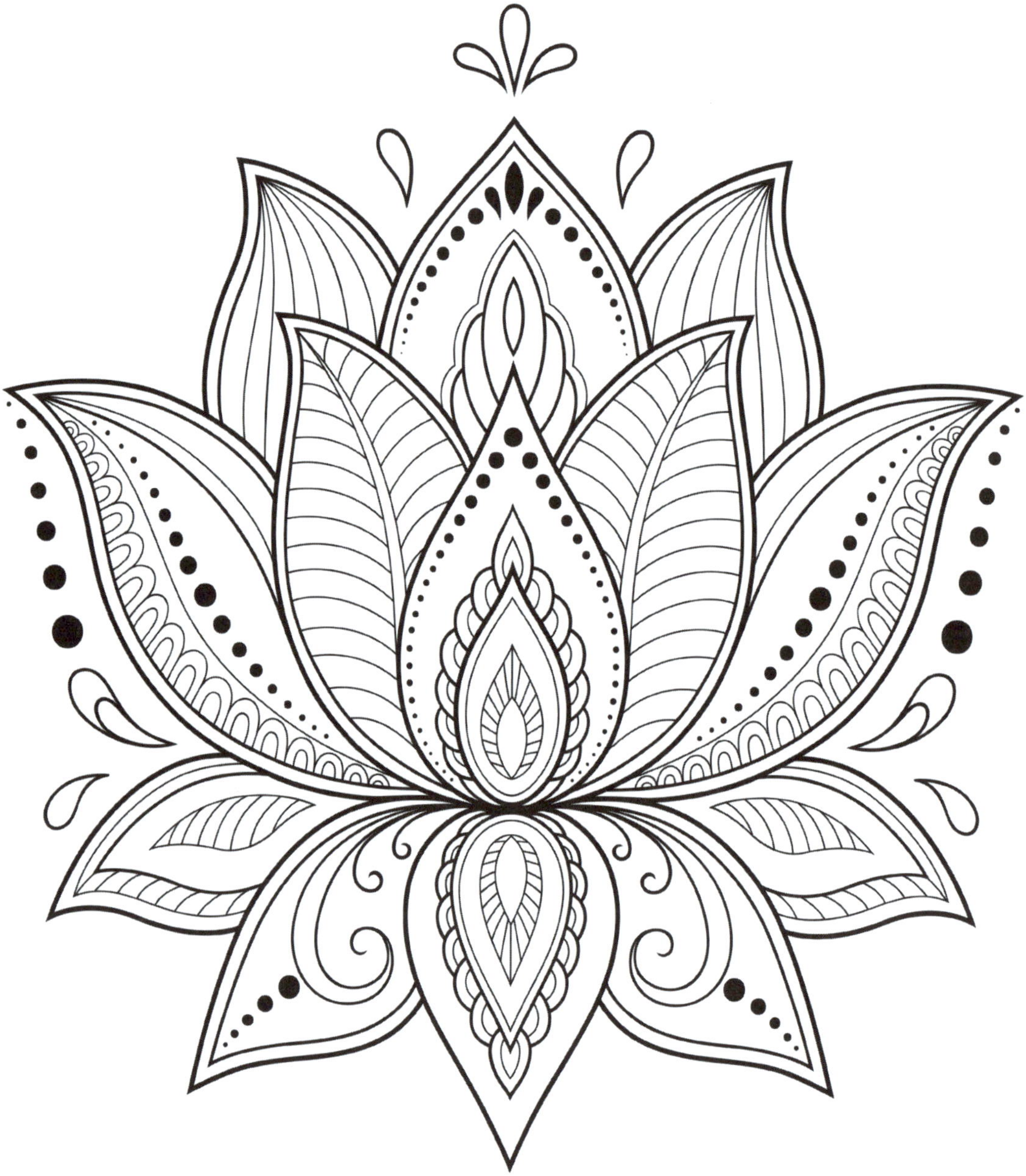

El optimismo perpetuo es un multiplicador de fuerzas.

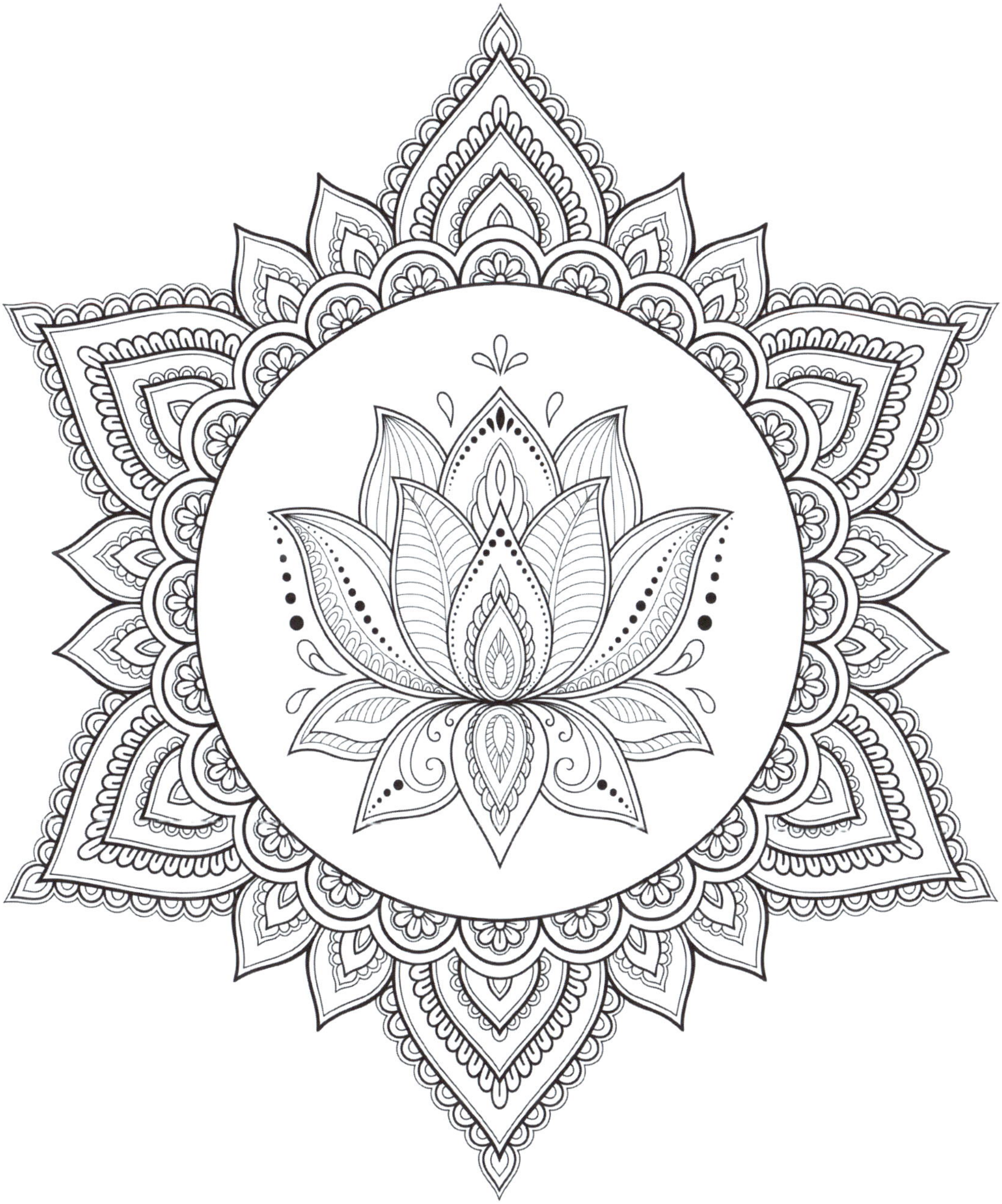

La paz empieza con una sonrisa.

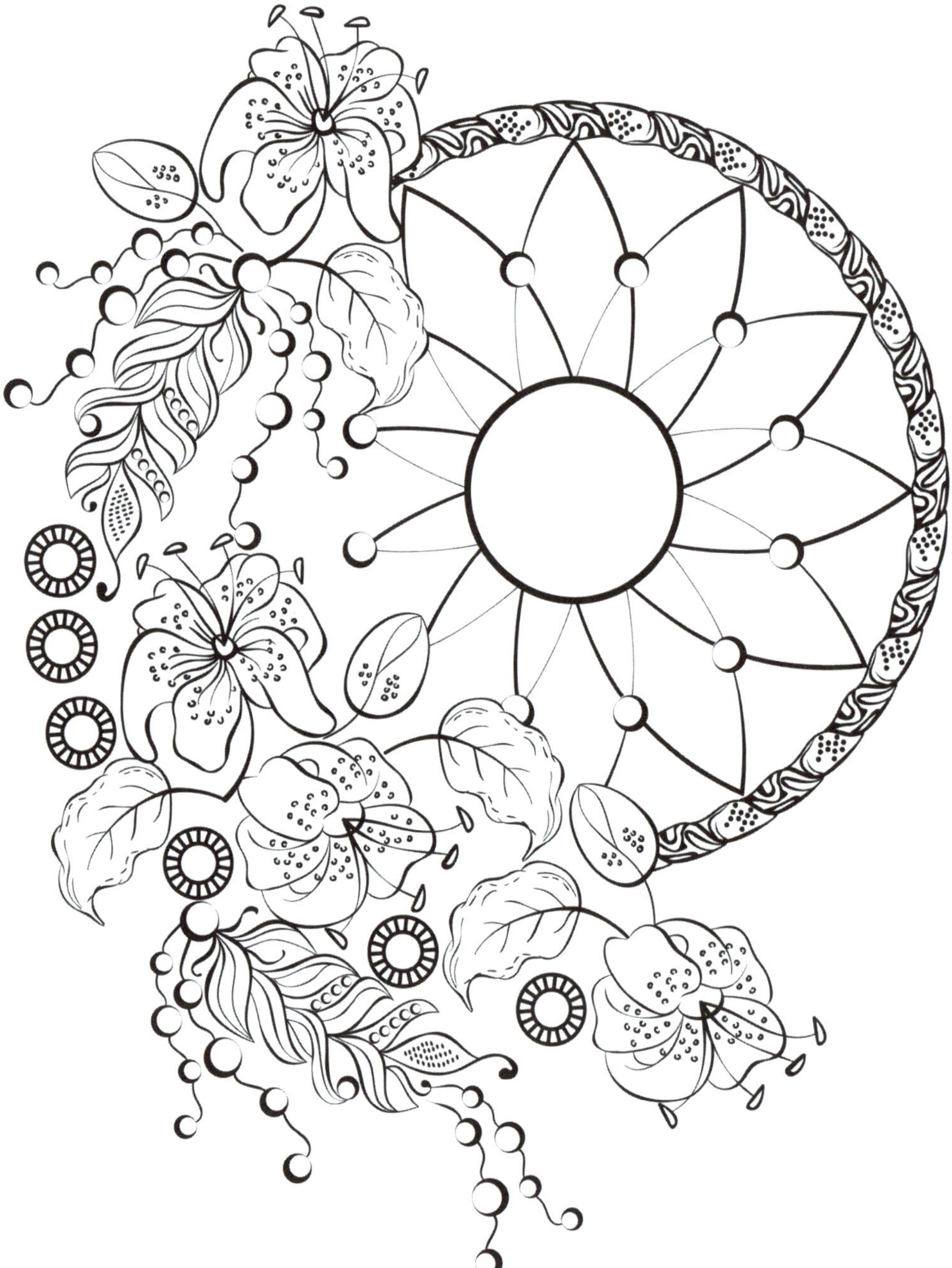

No llores porque se terminó, sonríe porque llegó a pasar.

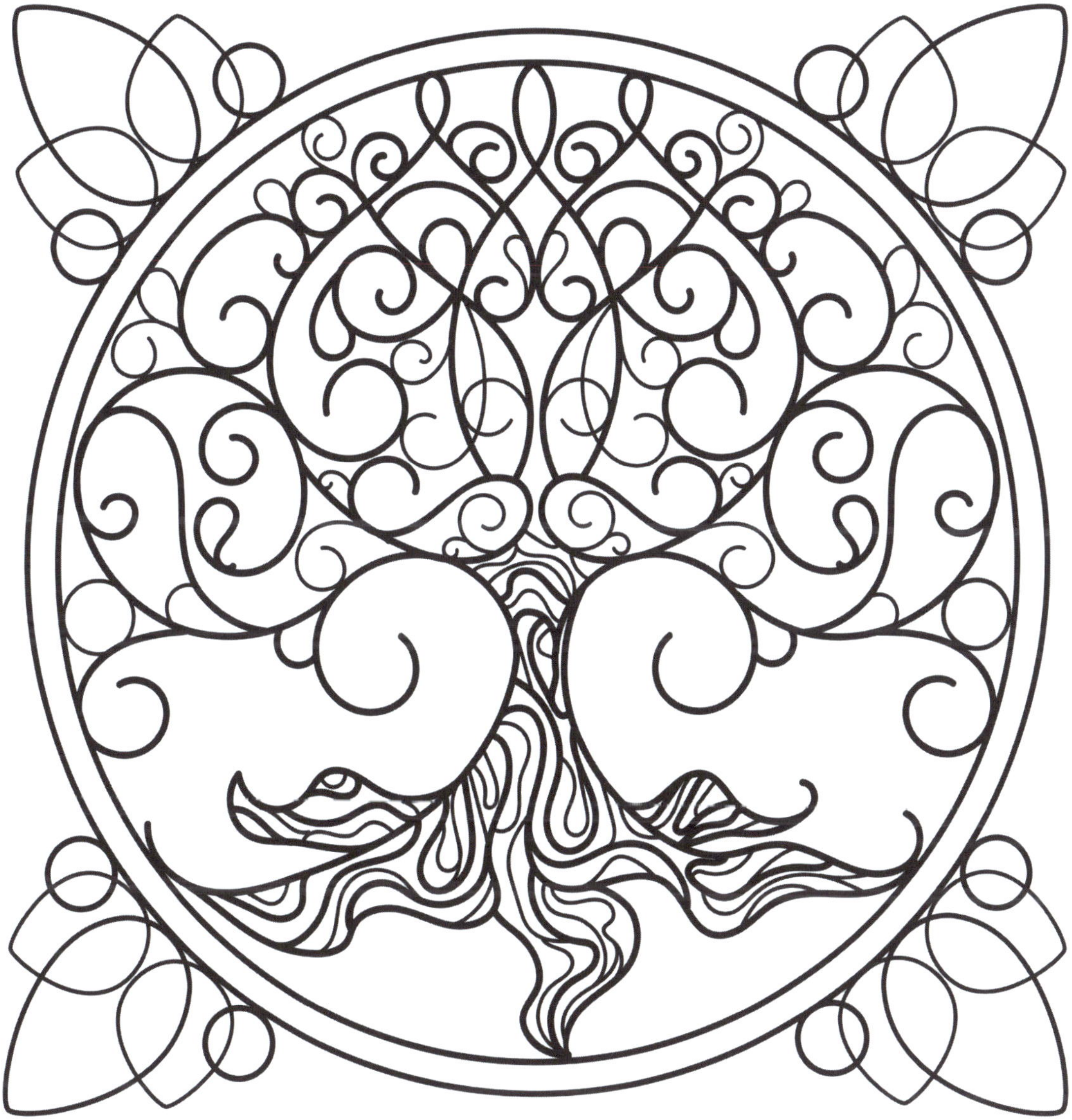

Llegar a ser es mejor que ser.

Un día sin sonreír es un día perdido.

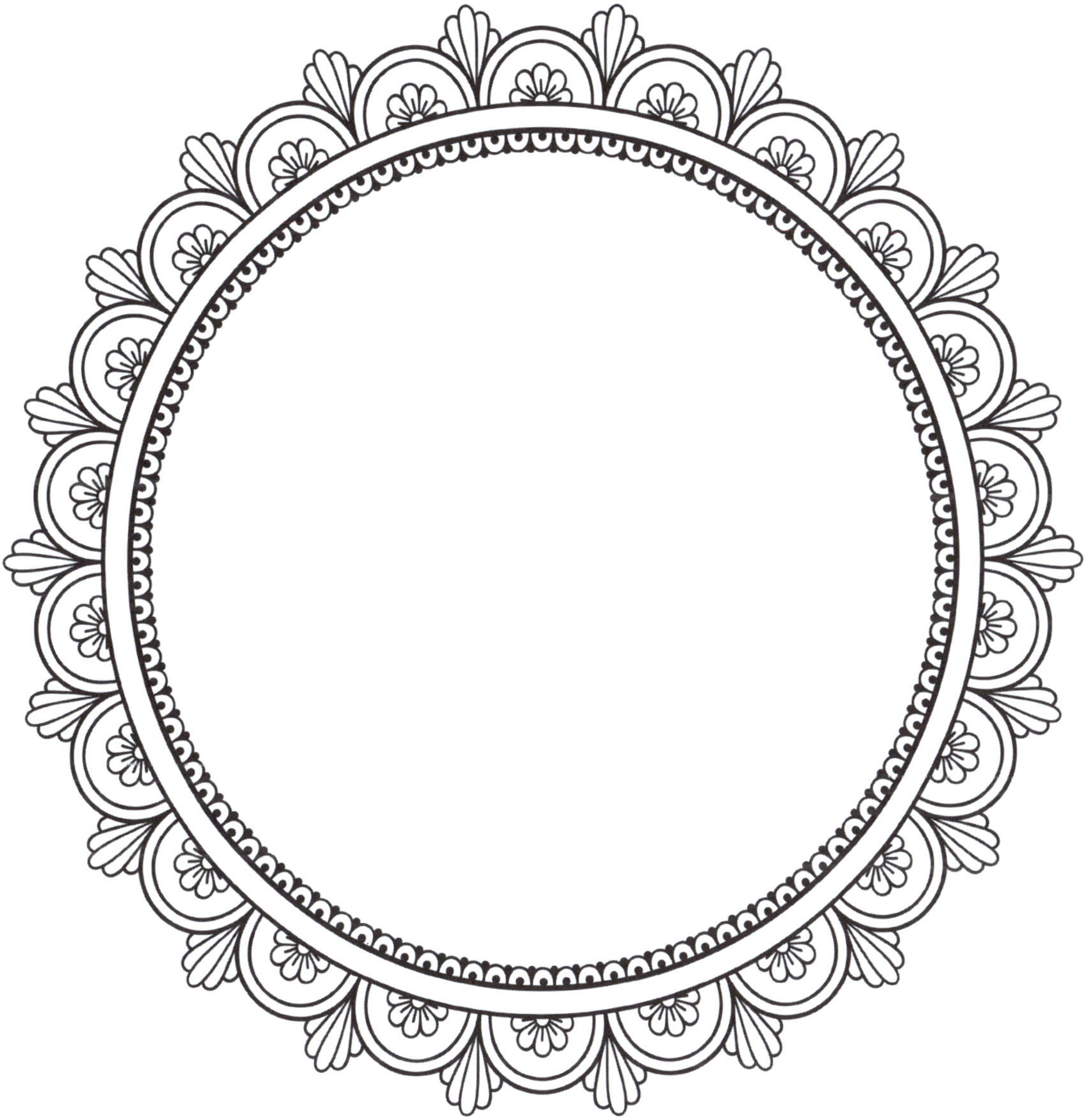

Haz de la felicidad un hábito.

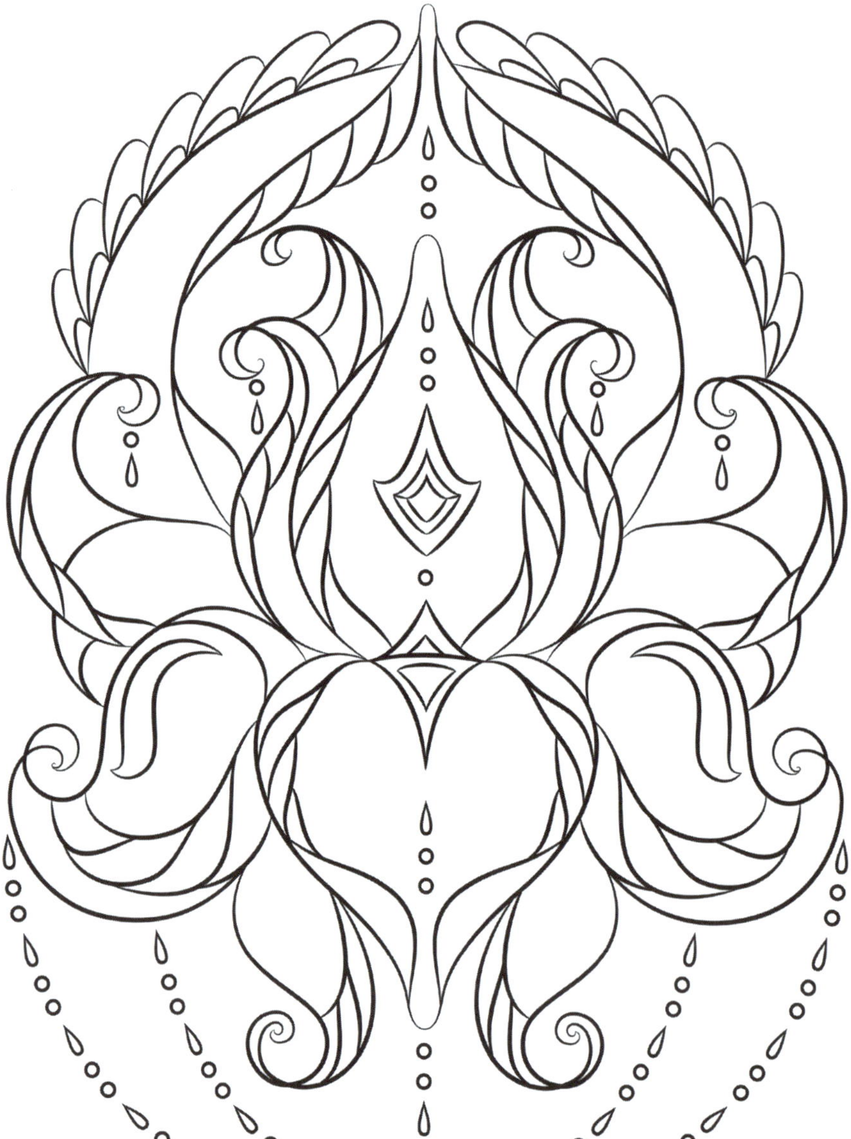

Solo tu escribes el libro de tu vida.

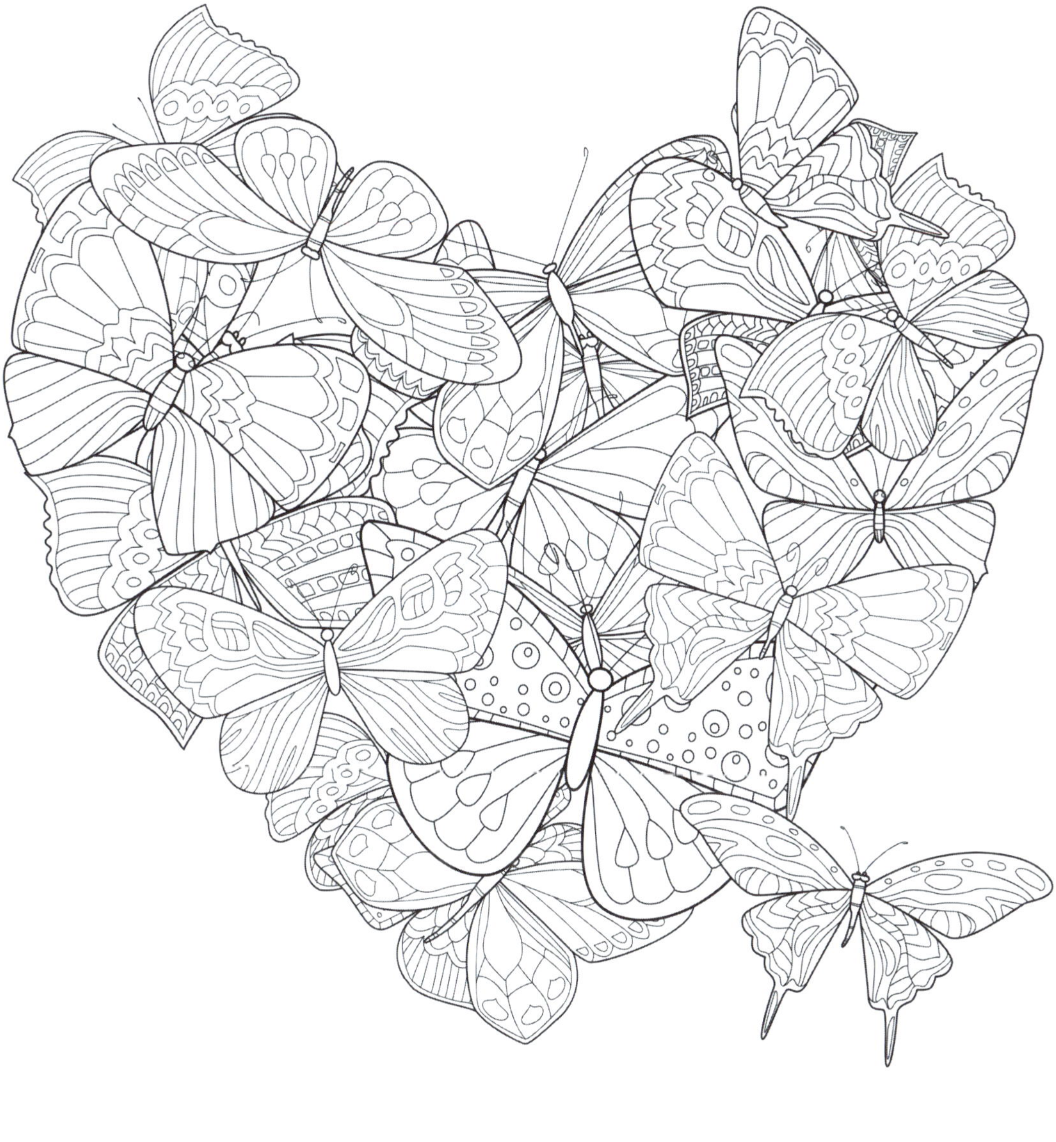

El cielo es el límite.

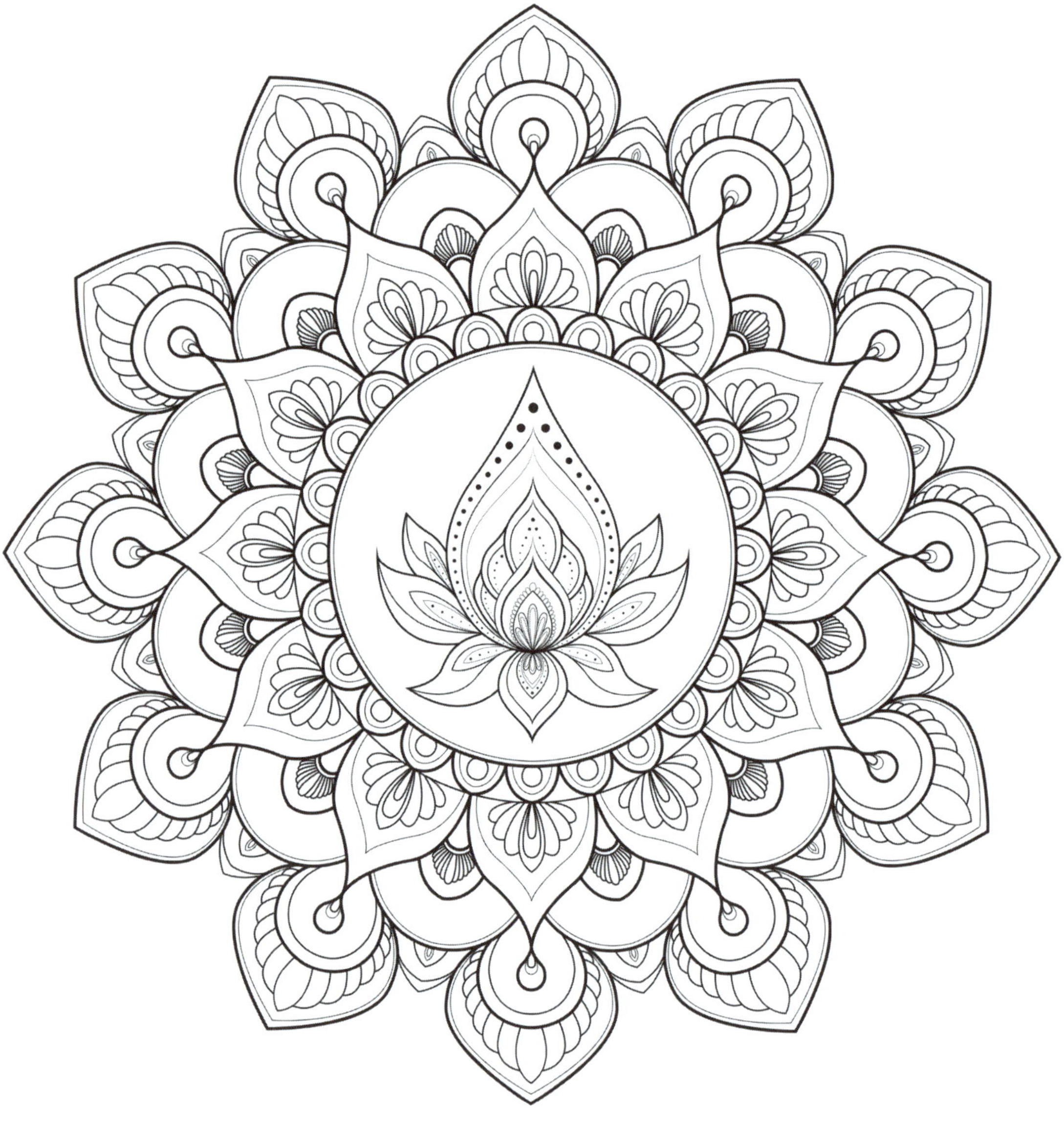

P.D.: No te olvides de divertirte.

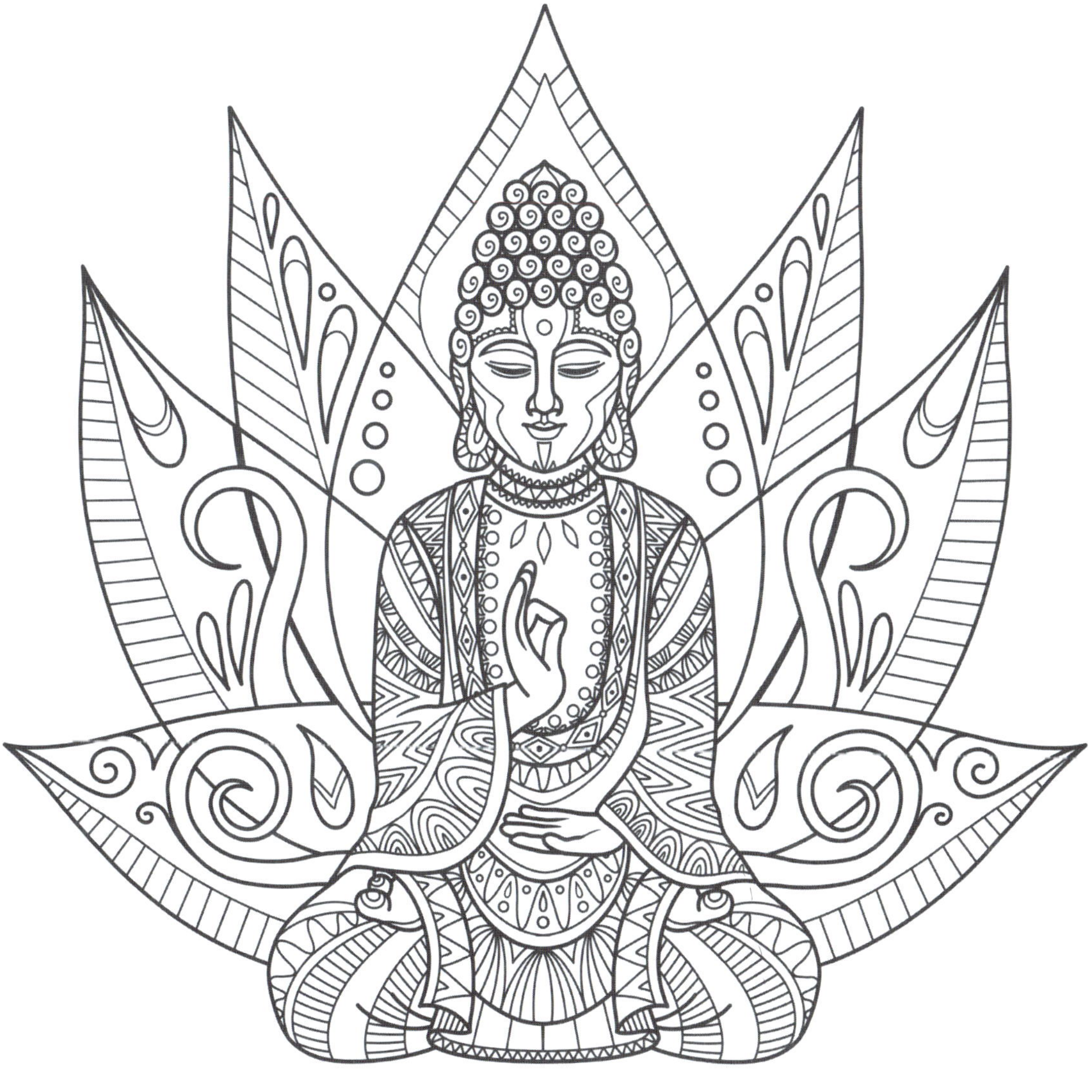

Elige tu felicidad.

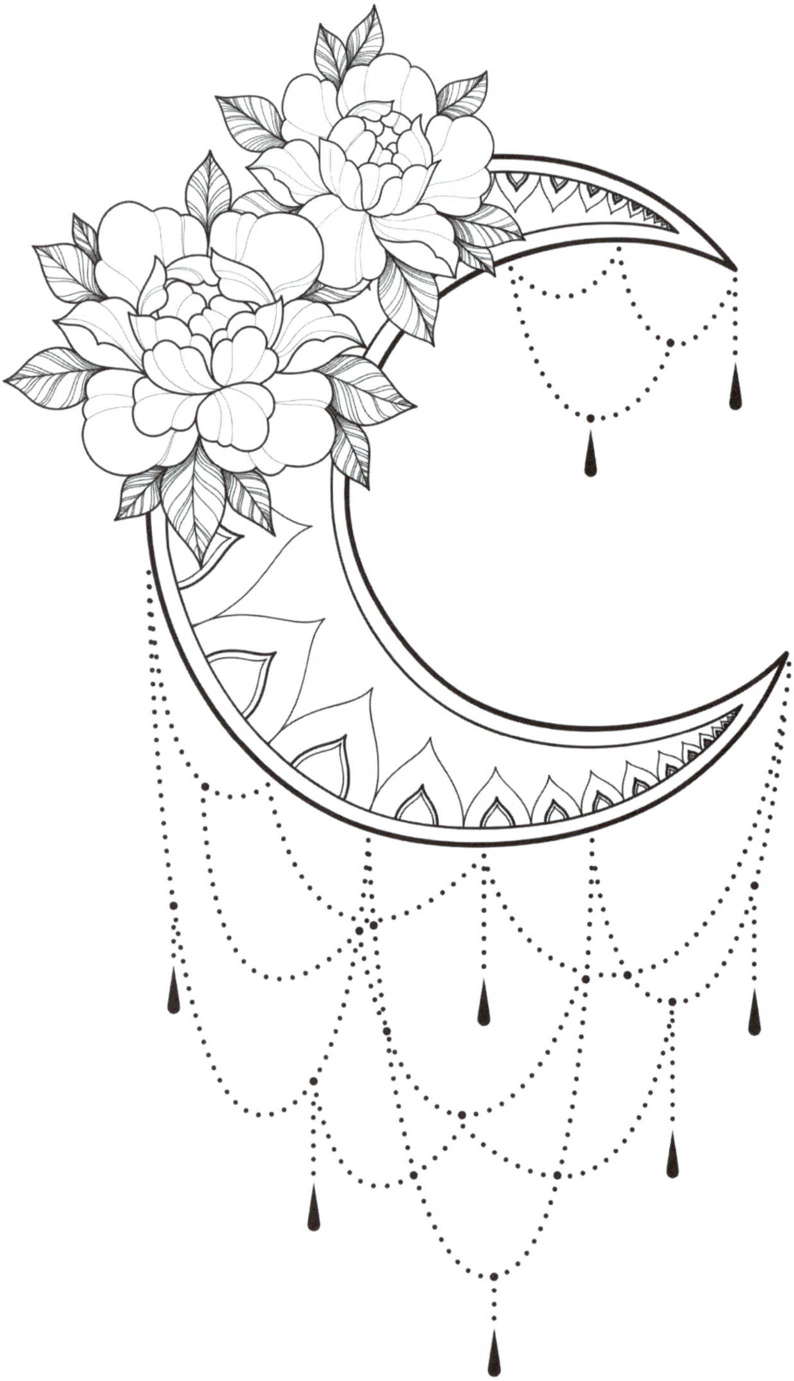

Mi optimismo lleva botas pesadas y es ruidoso.

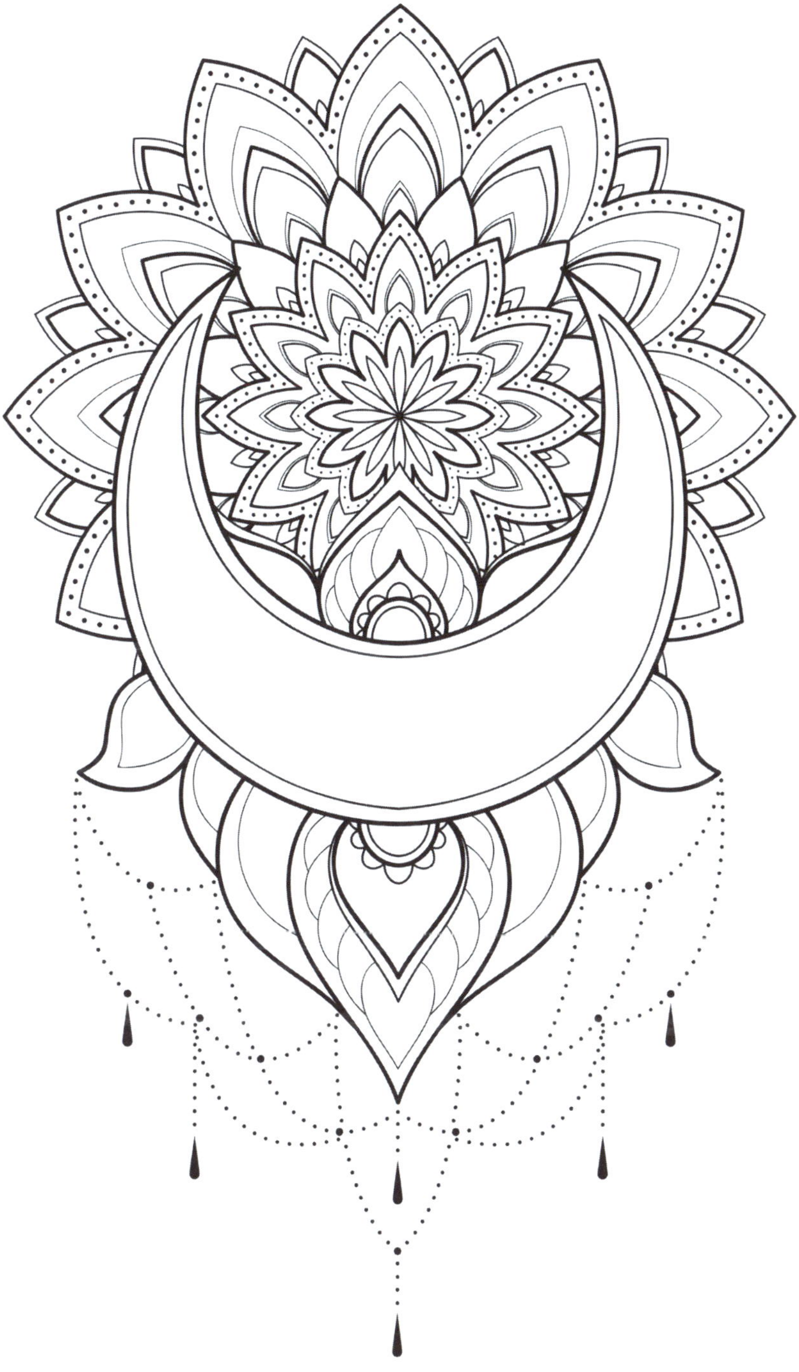

Acepta el glorioso desastre que eres.

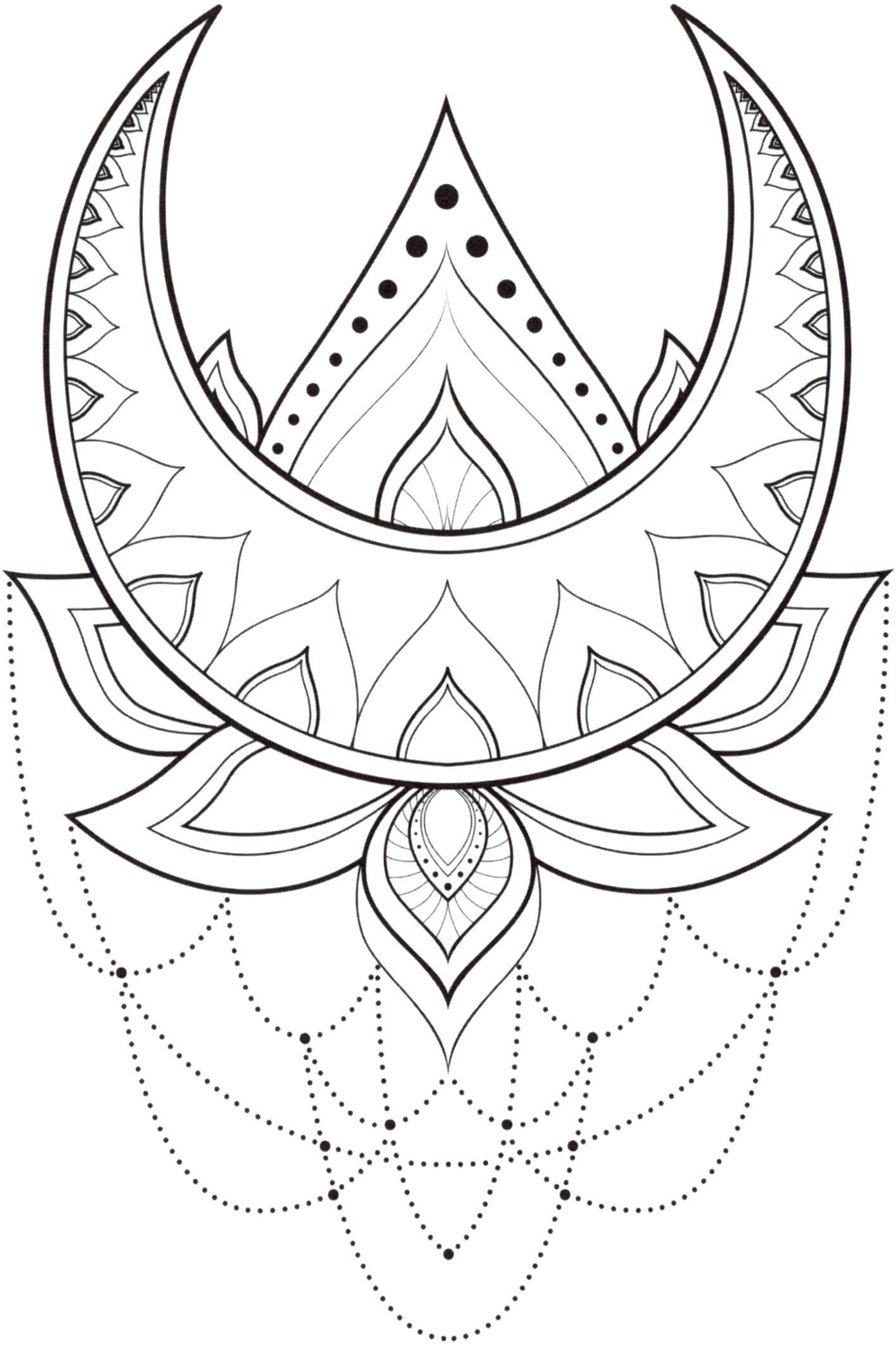

Toda persona tiene capacidad para cambiarse a sí misma.

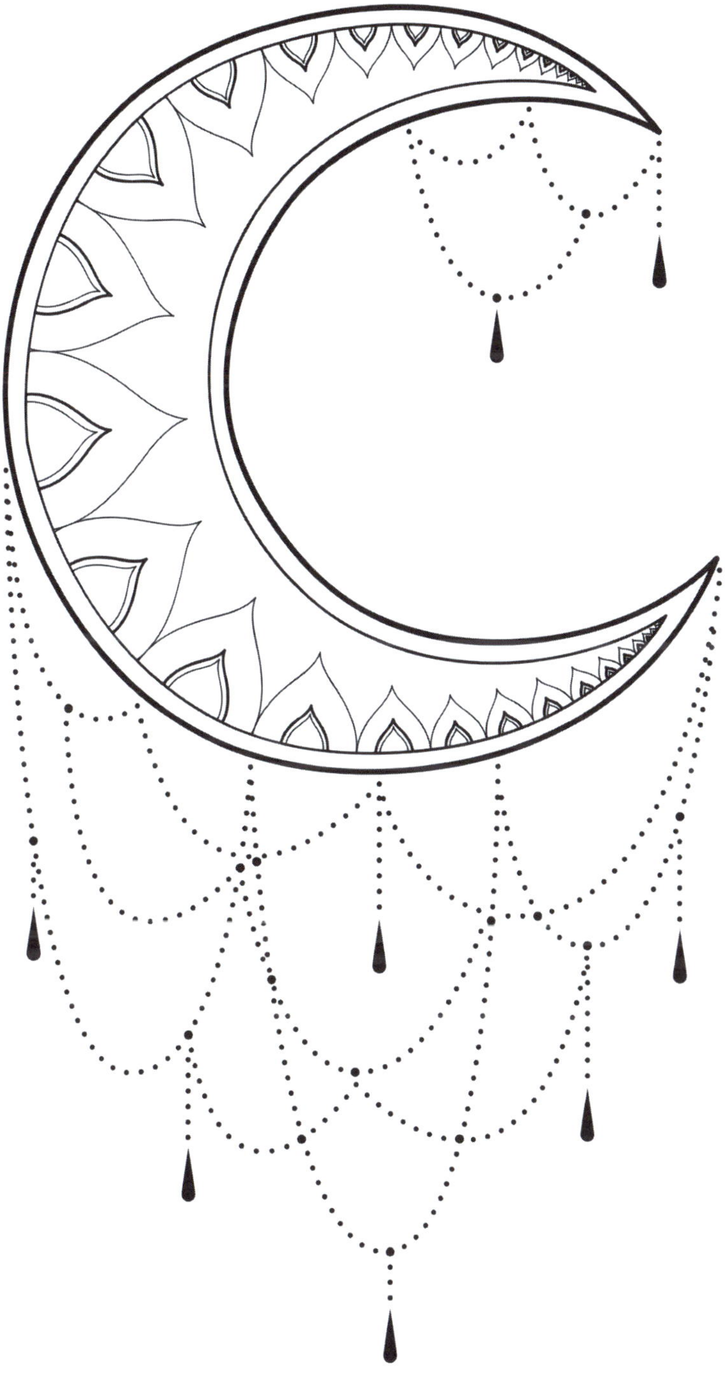

No hay medicina que cure lo que la felicidad no puede.

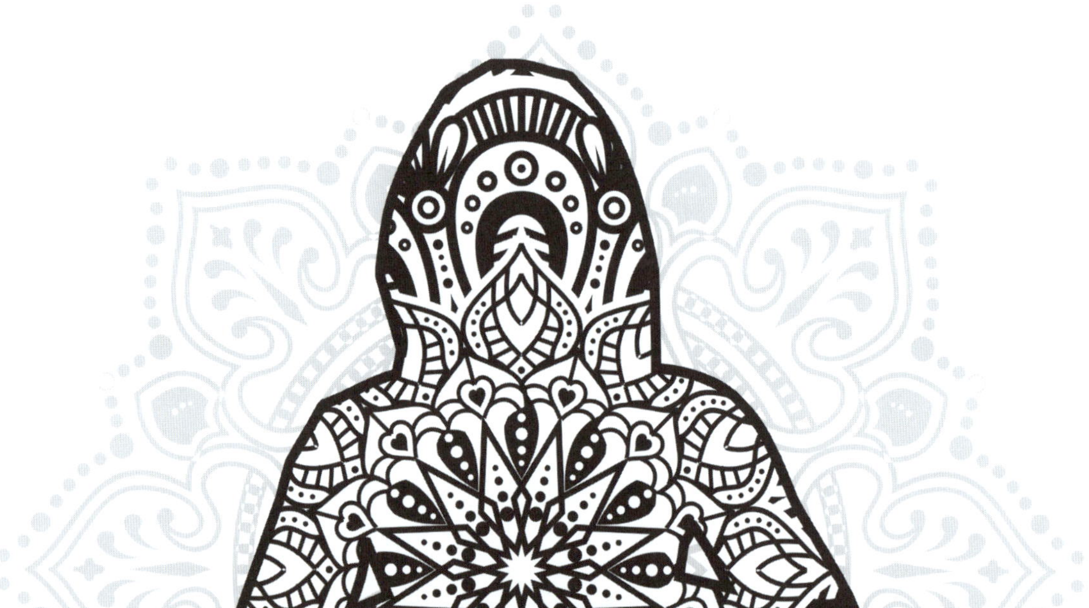

A esta vida hemos venido a disfrutar.

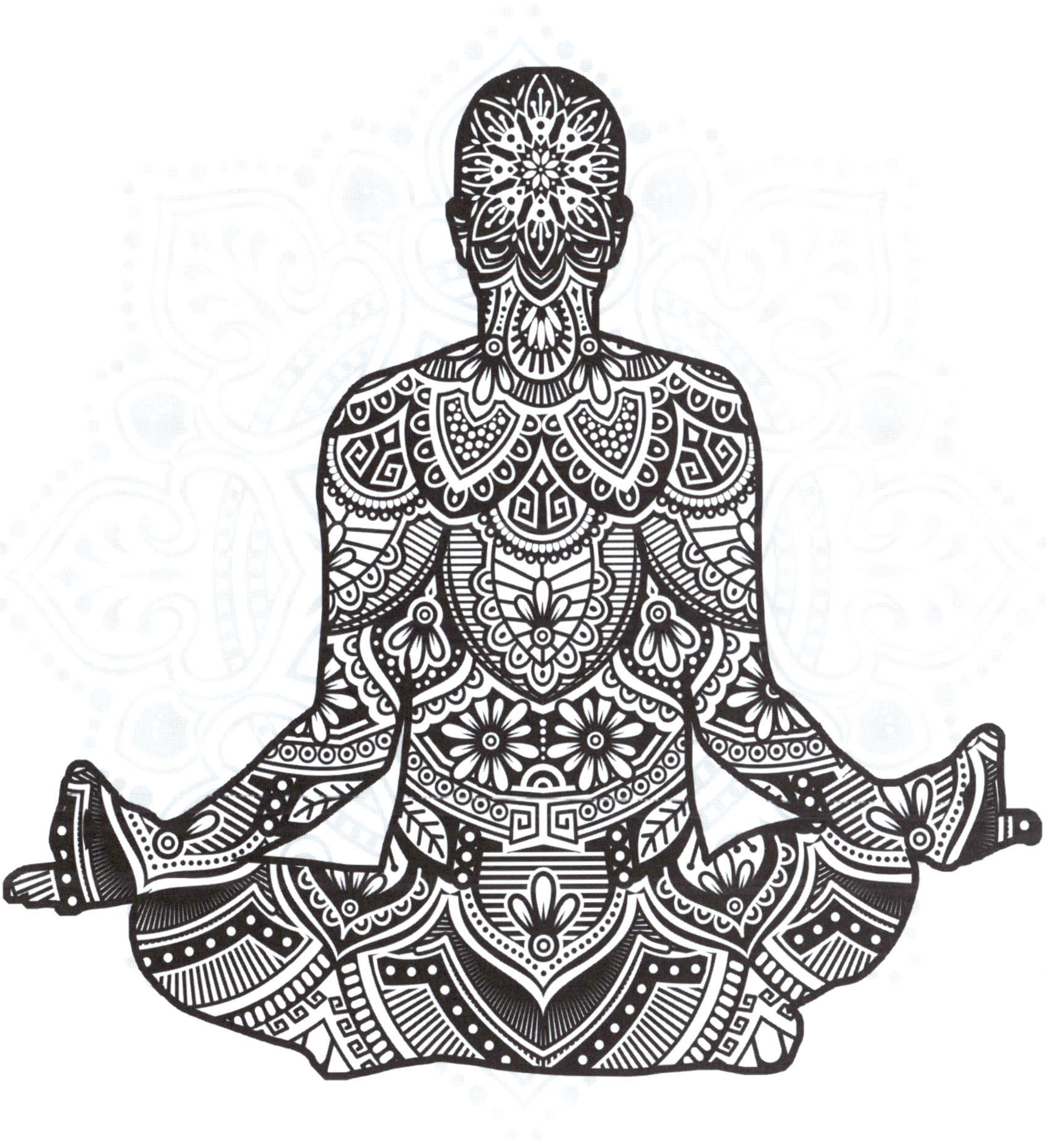

La vida son dos días, dalo todo.

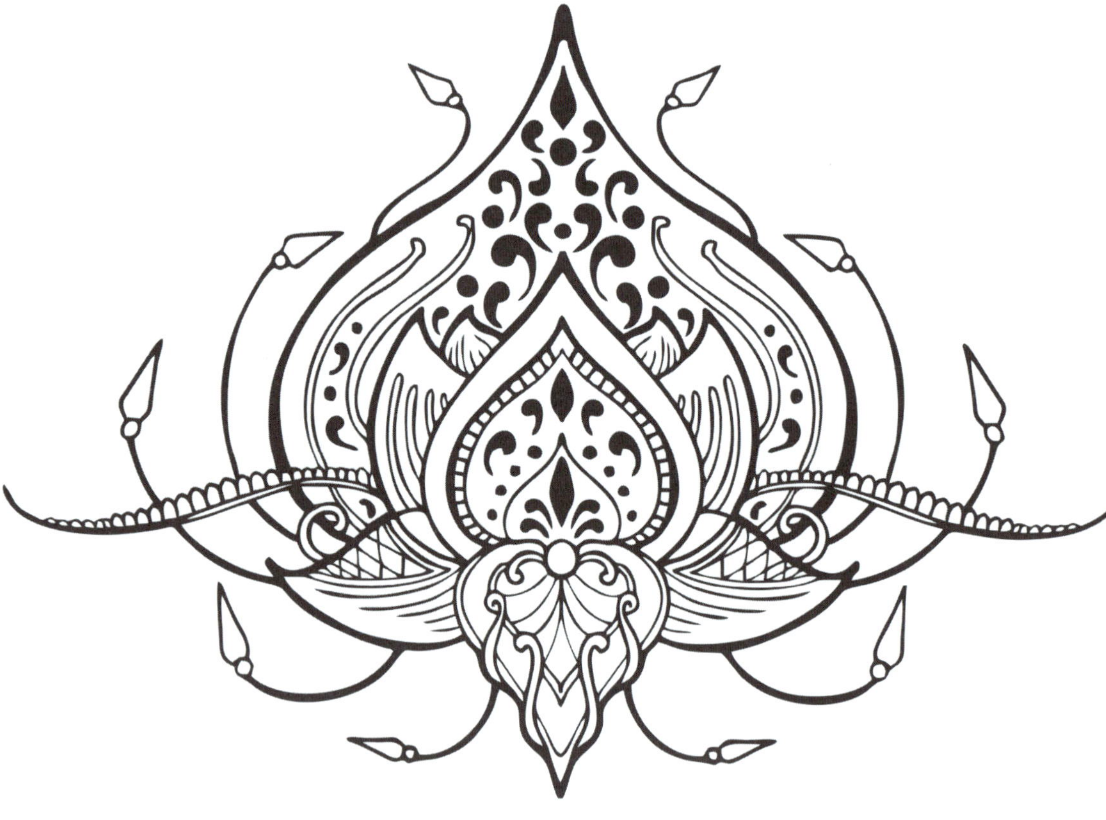

Las mejores cosas de la vida suelen ocurrir cuando no esperamos nada.

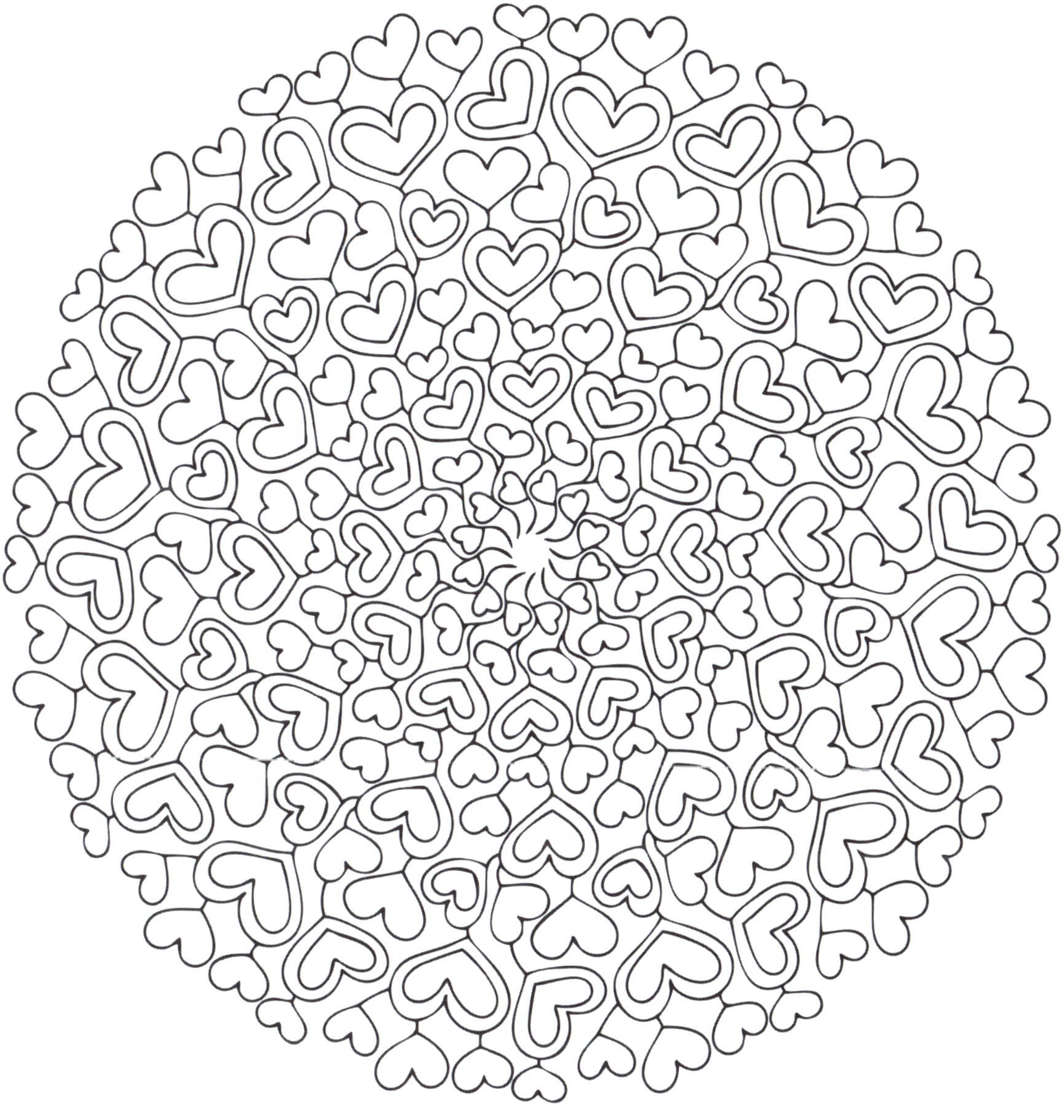

Cuando la vida se vuelva borrosa, ajusta tu enfoque.

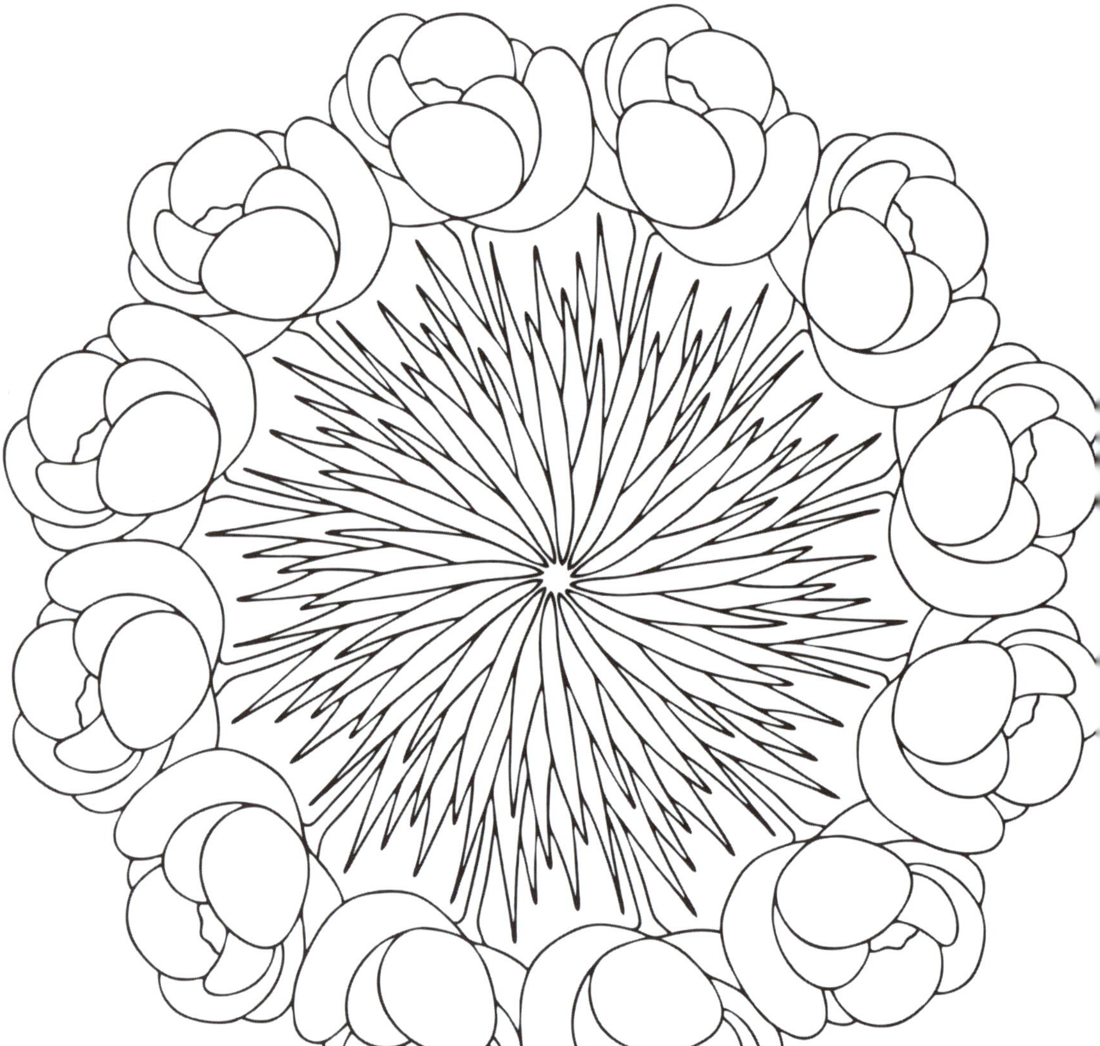

La vida es un reto. Vívela, siente, ama,
ríe, llora, juega, gana y pierde.

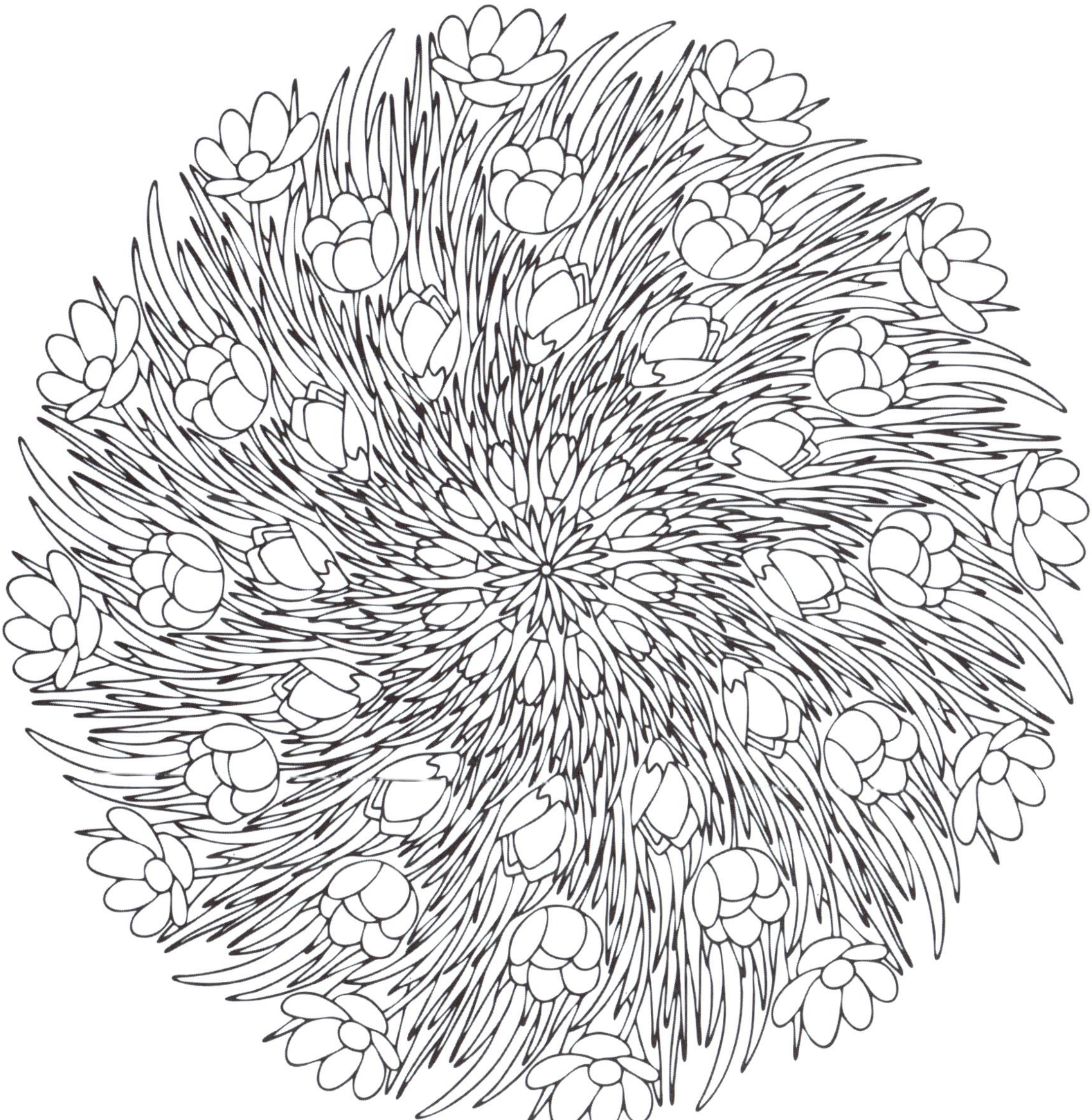

Ama la vida, porque es el único regalo
que no se da dos veces.

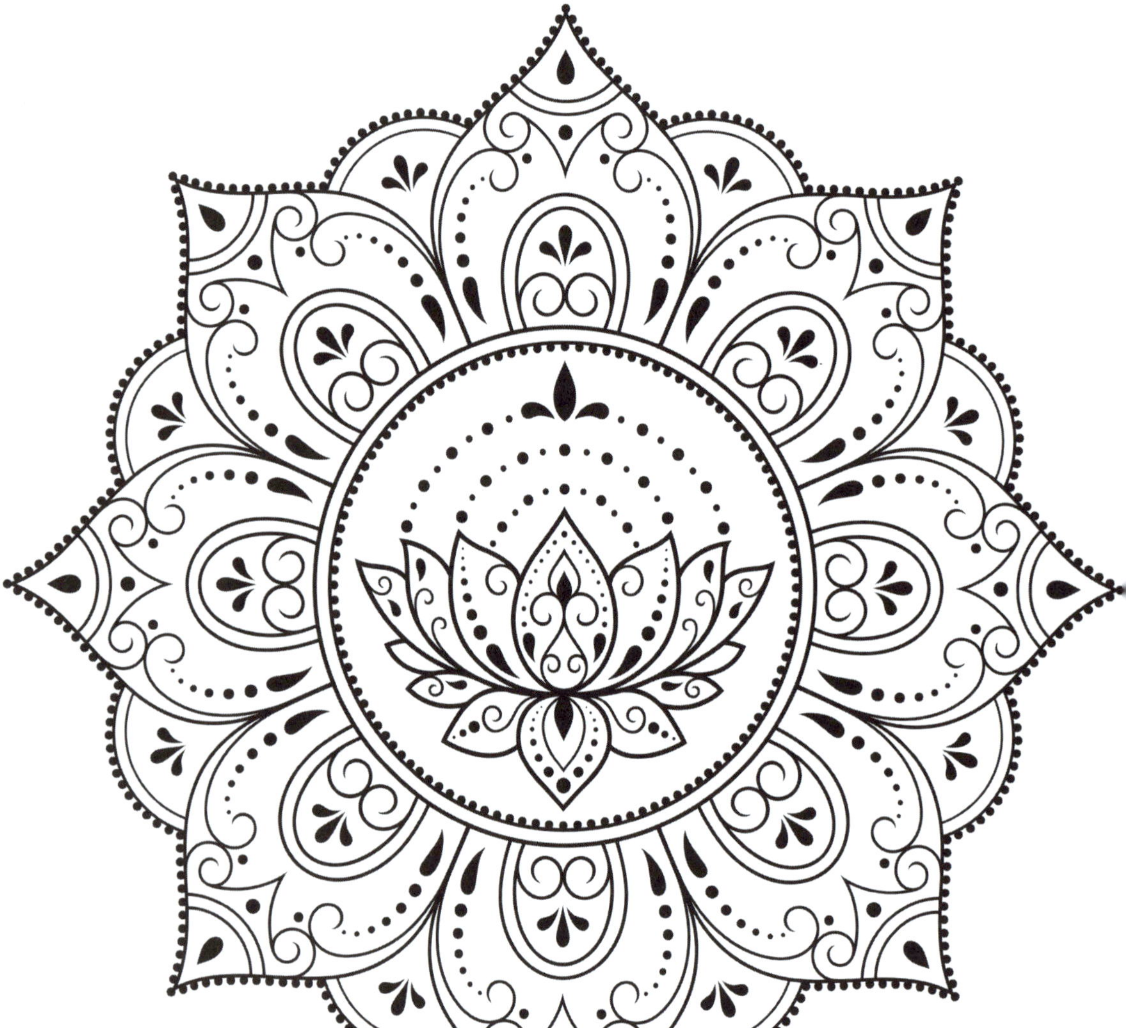

La alegría suele entrar por esa
puerta que se te había olvidado cerrar.

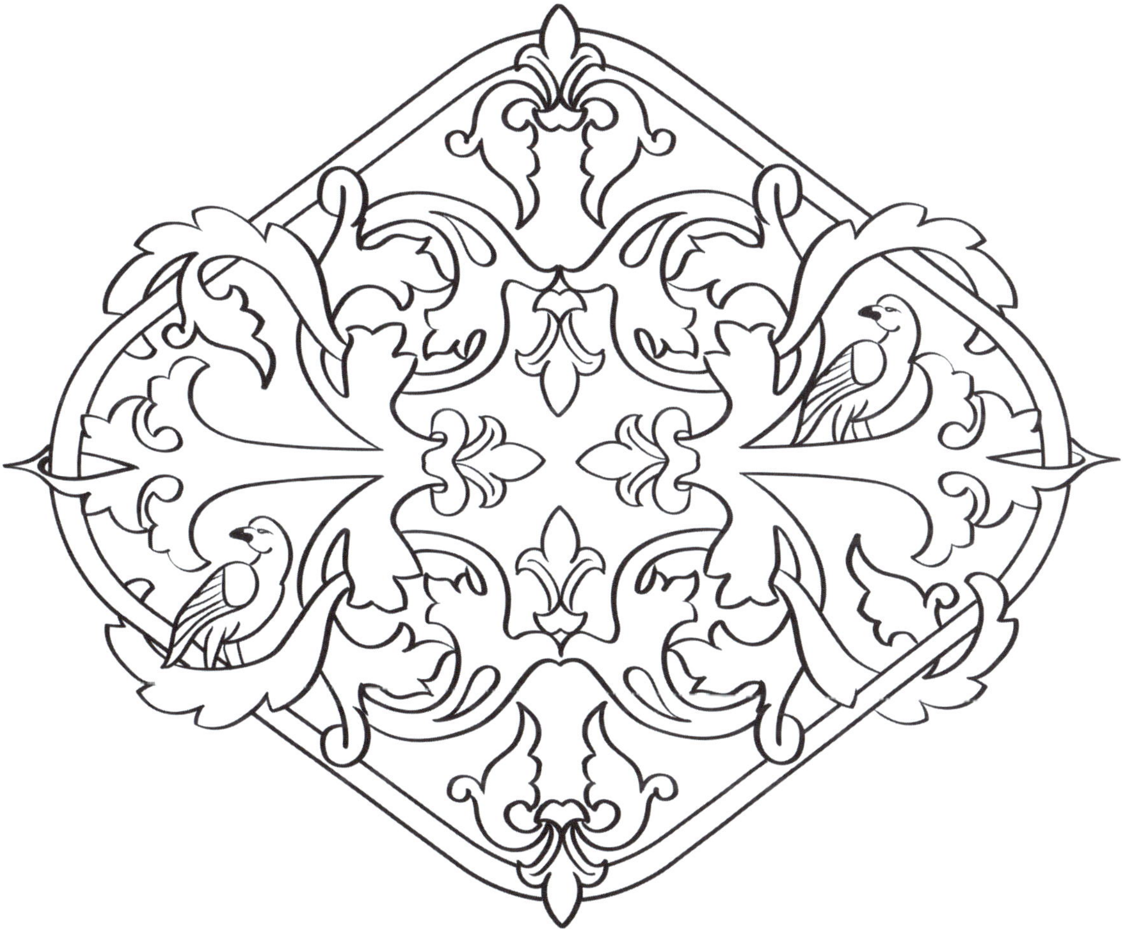

La puerta de la felicidad se abre hacia dentro, hay que retirarse un poco para abrirla: si uno la empuja, la cierra cada vez más.

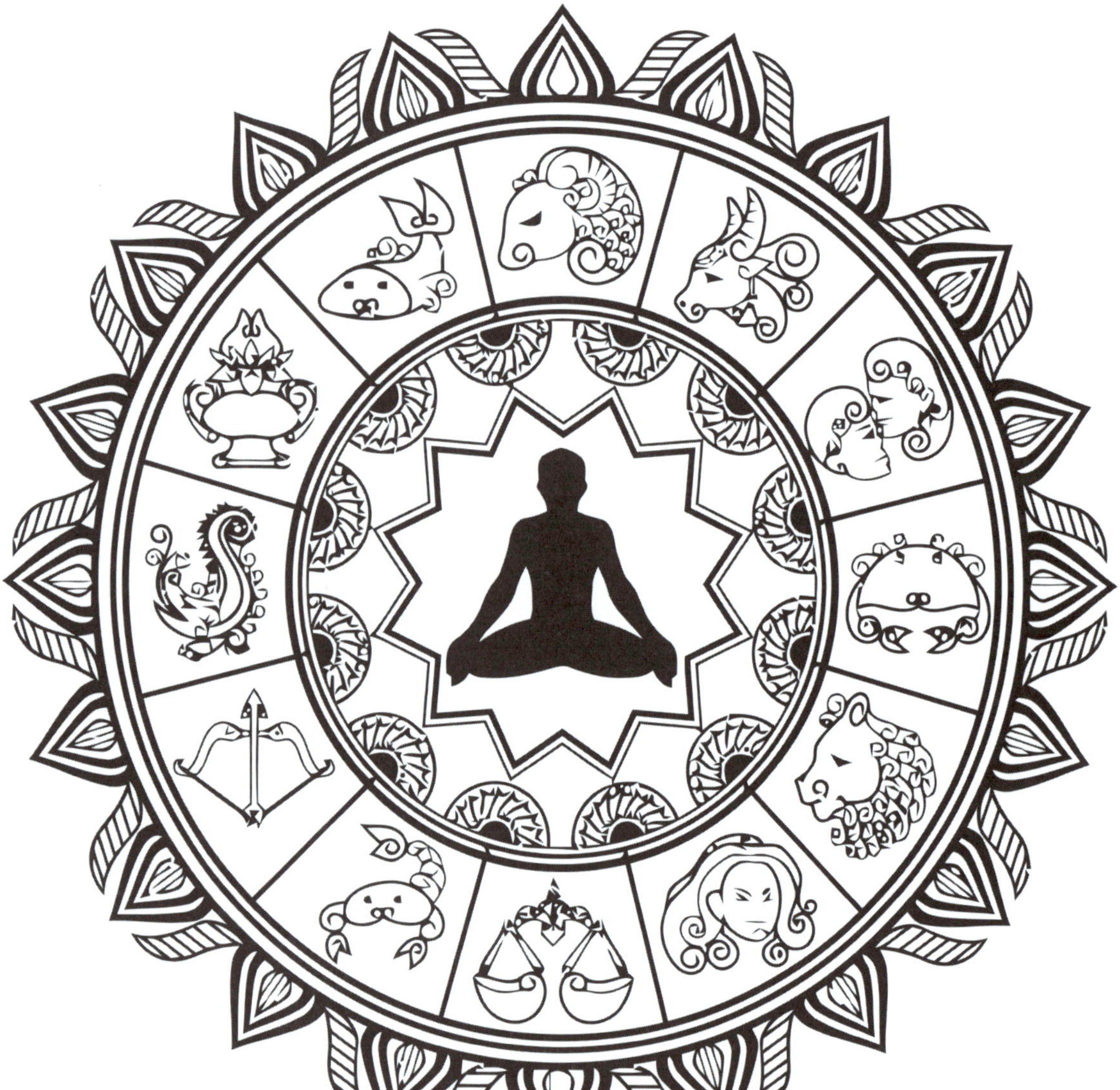

Siempre somos la misma edad en nuestras almas.

La vida se prepara con amor, se condimenta con fe y se vive con agradecimiento.

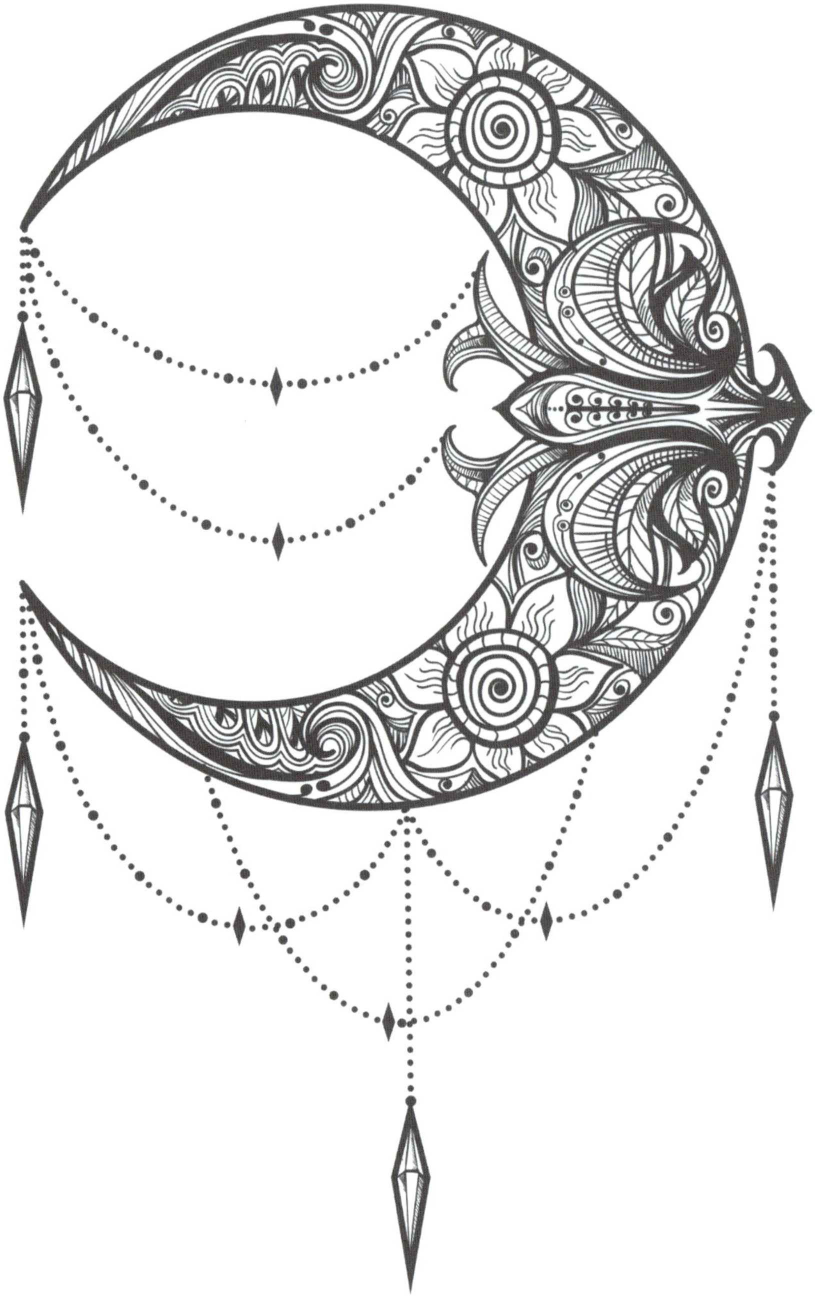

La felicidad no es resultado
de lo que tenemos, sino de lo que damos.

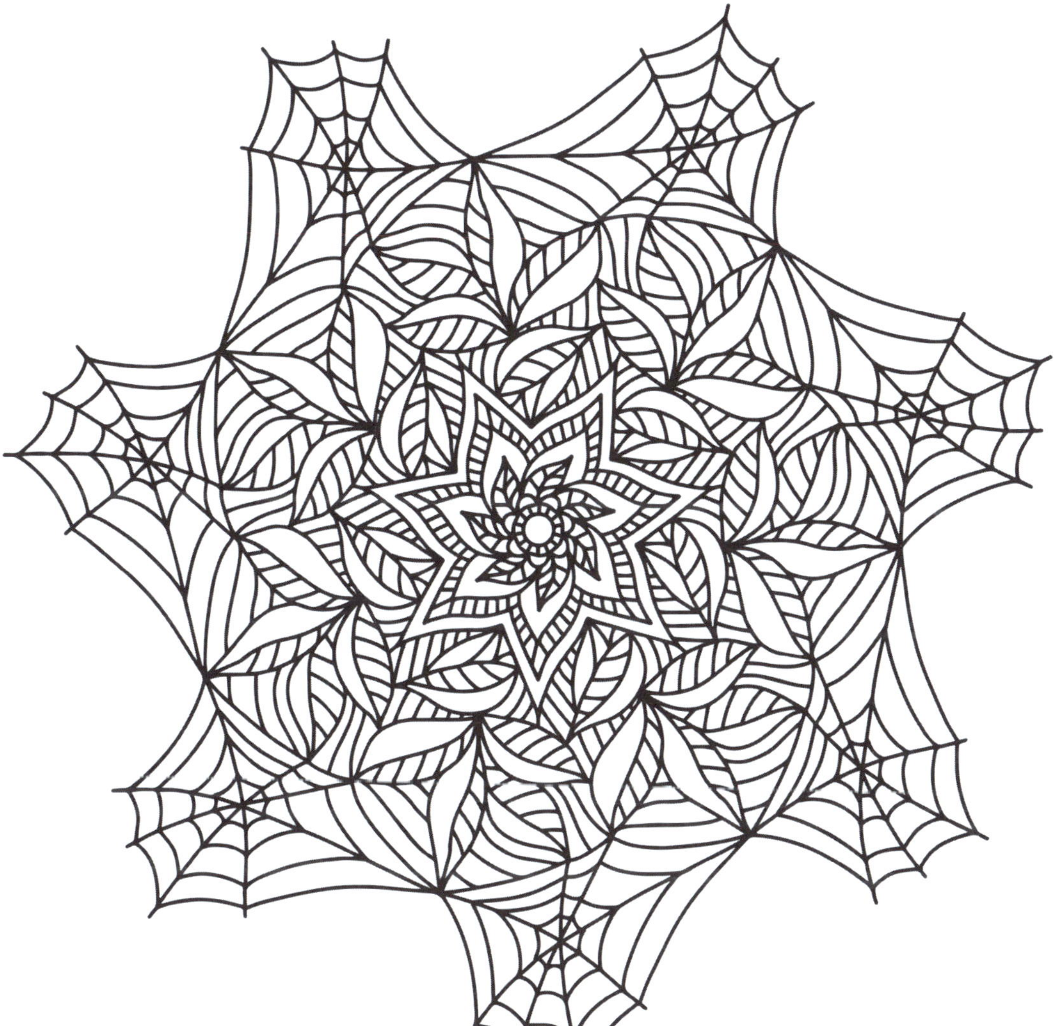

Solo se vive una vez.
Pero si lo haces bien, una vez basta.

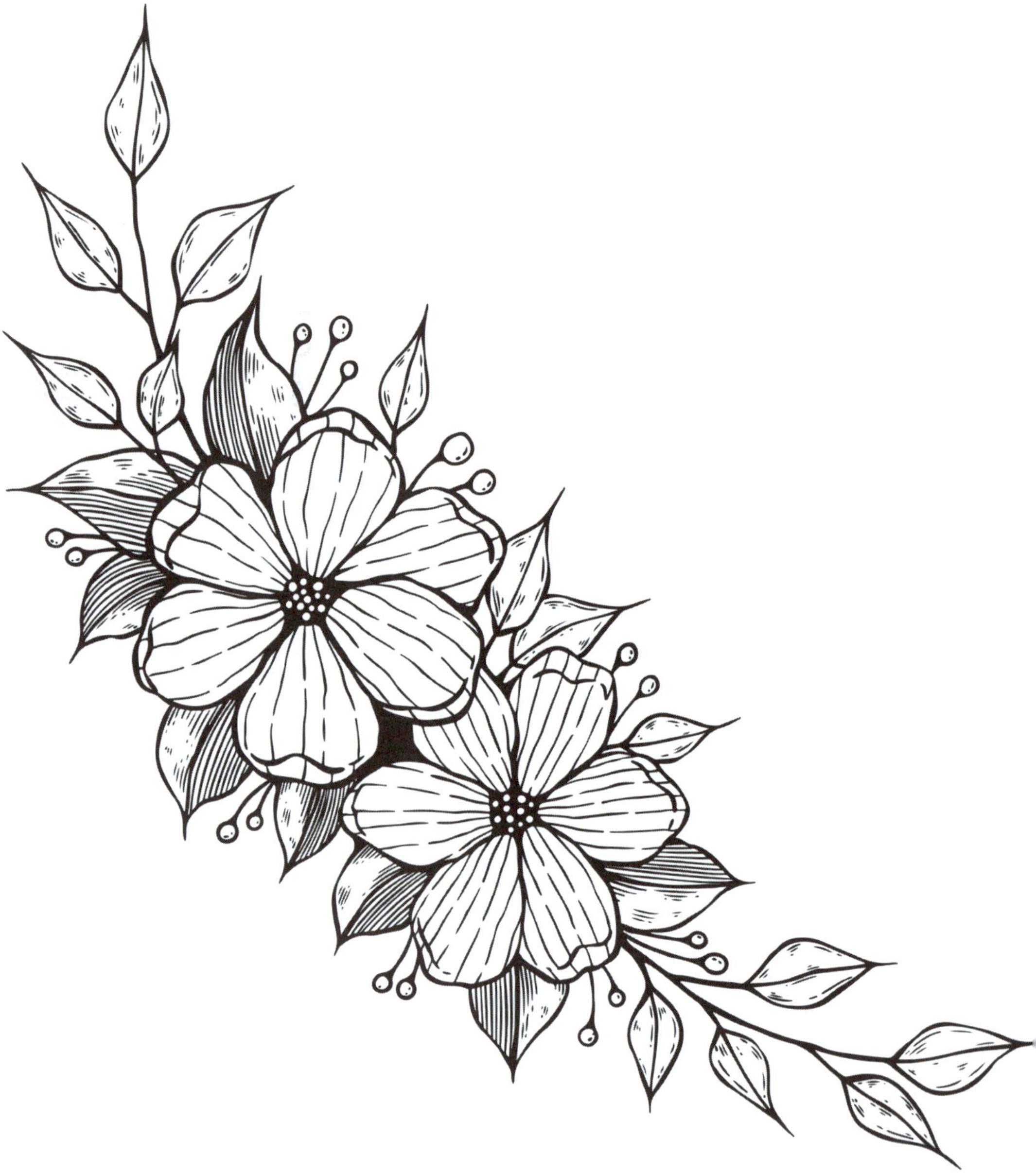

No hay camino a la felicidad. La felicidad es el camino.

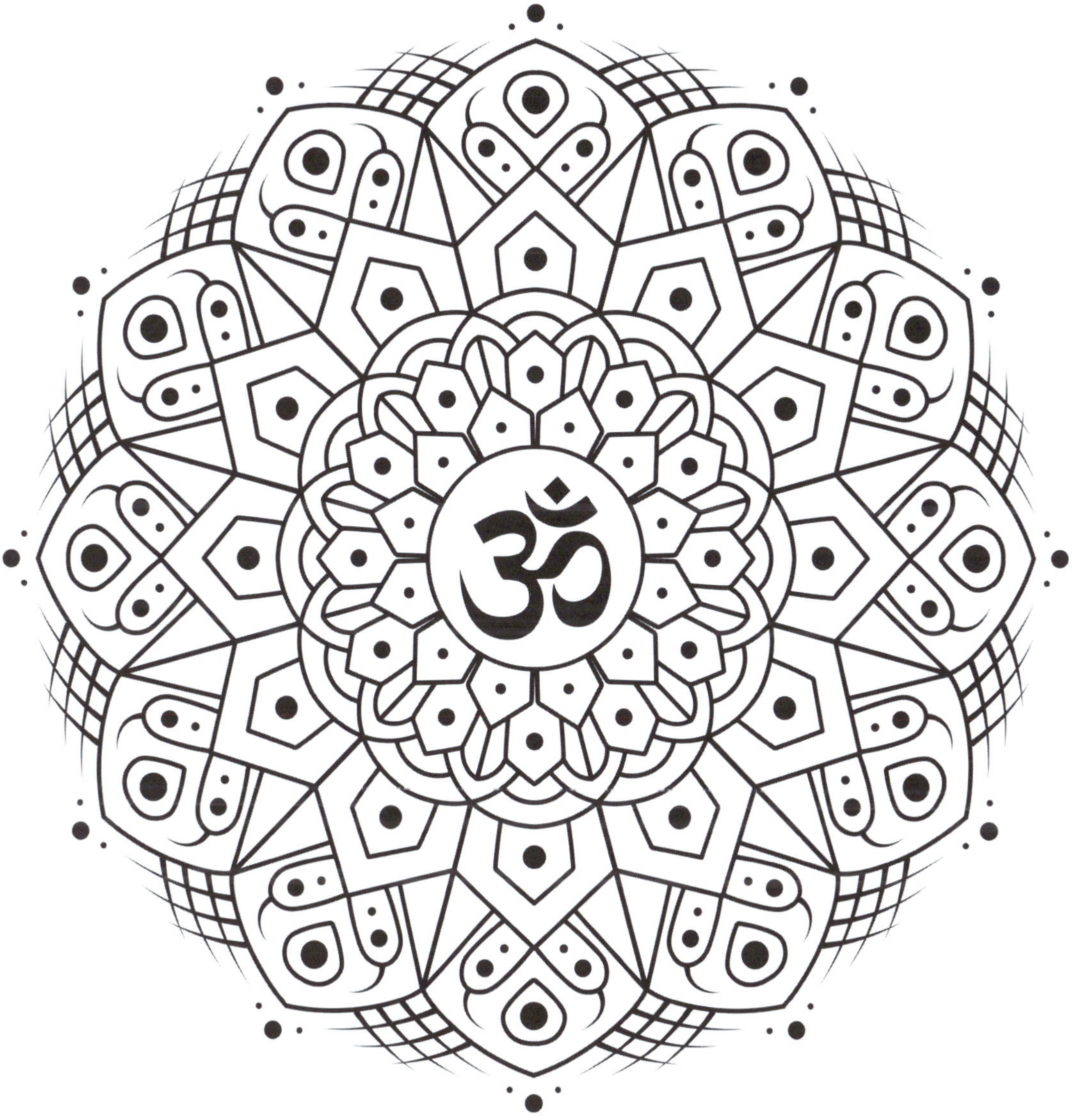

La felicidad es como las olas. Volverá a llegar.

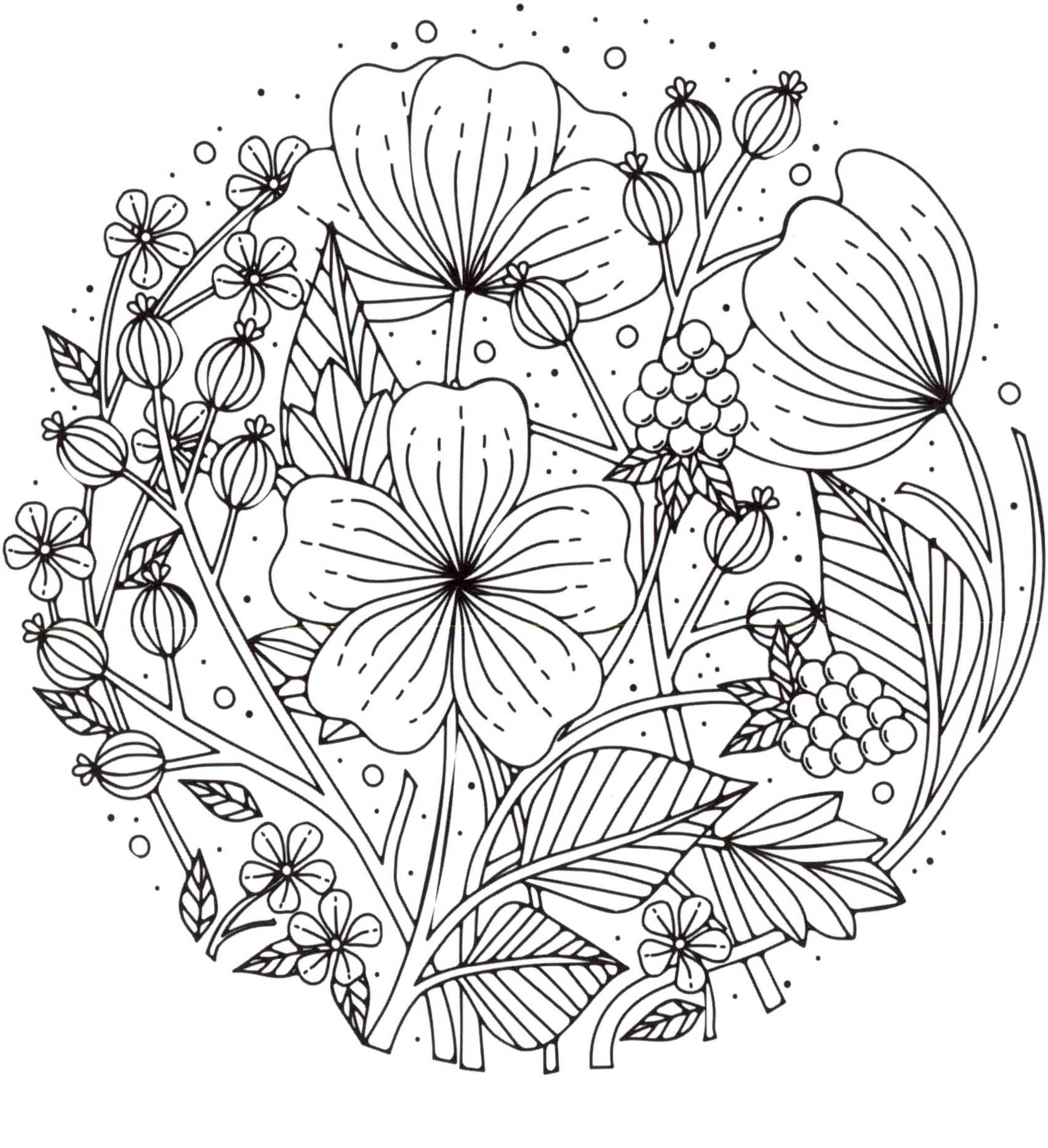

La verdadera felicidad no es tener todo lo que quieres,
es disfrutar de lo que ya tienes.

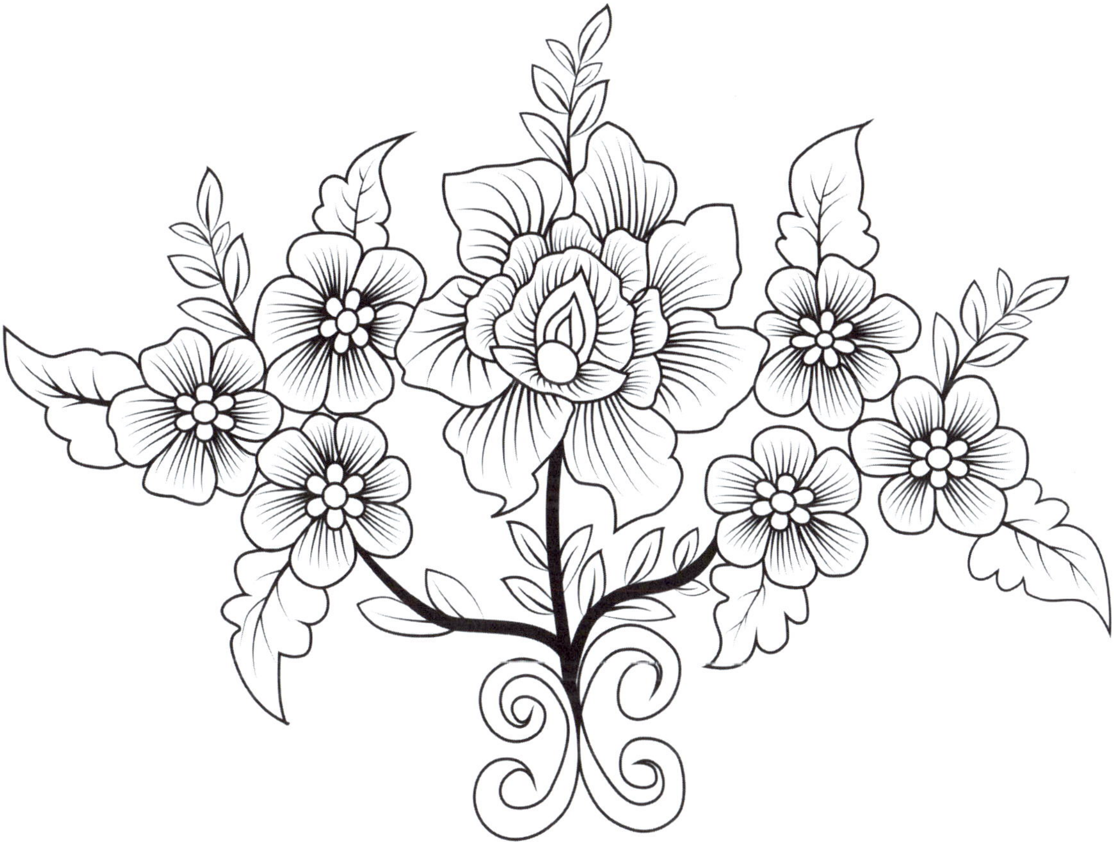

El éxito no es la clave de la felicidad,
la felicidad es la clave del éxito.

DIVERSIÓN

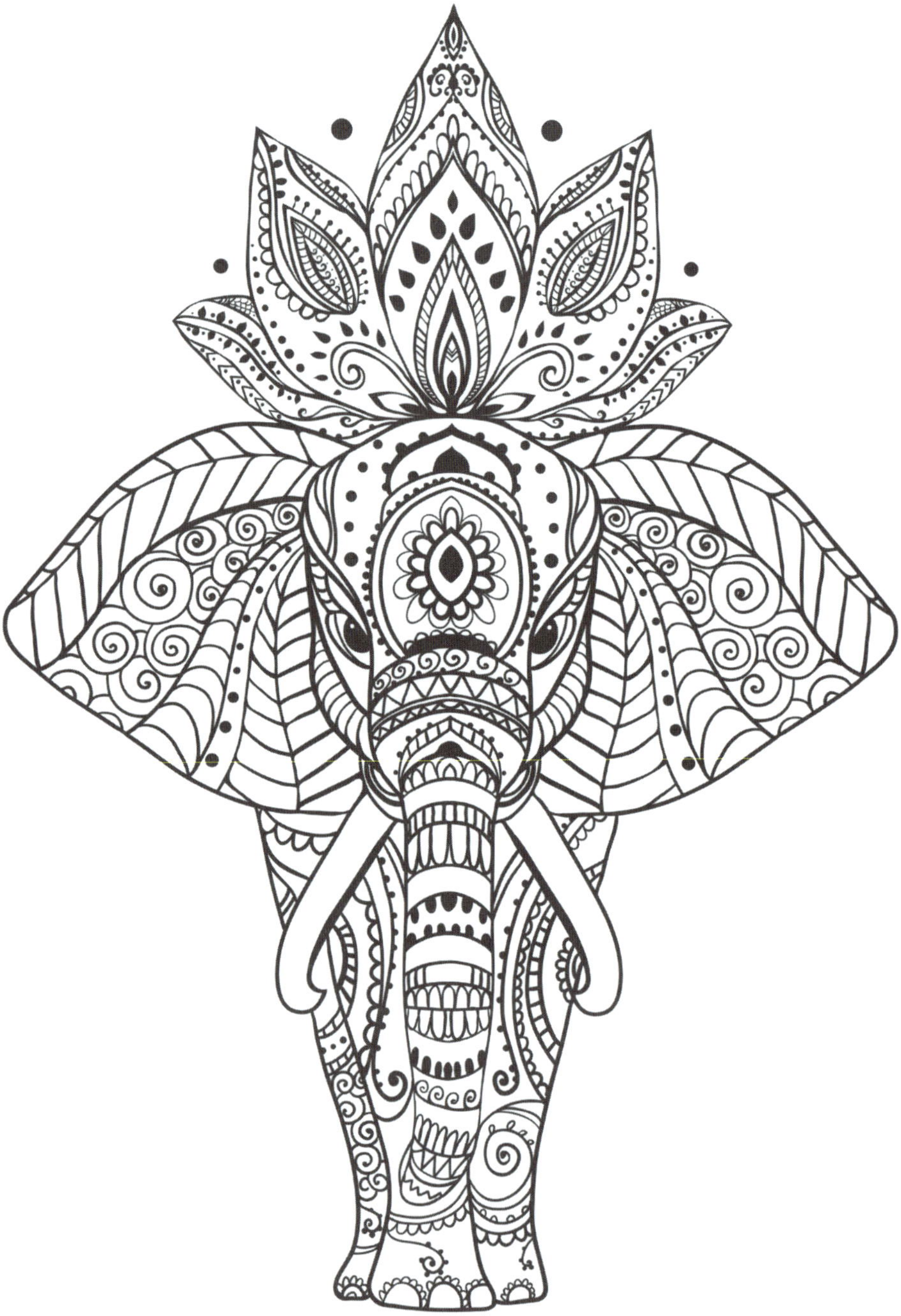

Lo mejor de la vida es gratis.

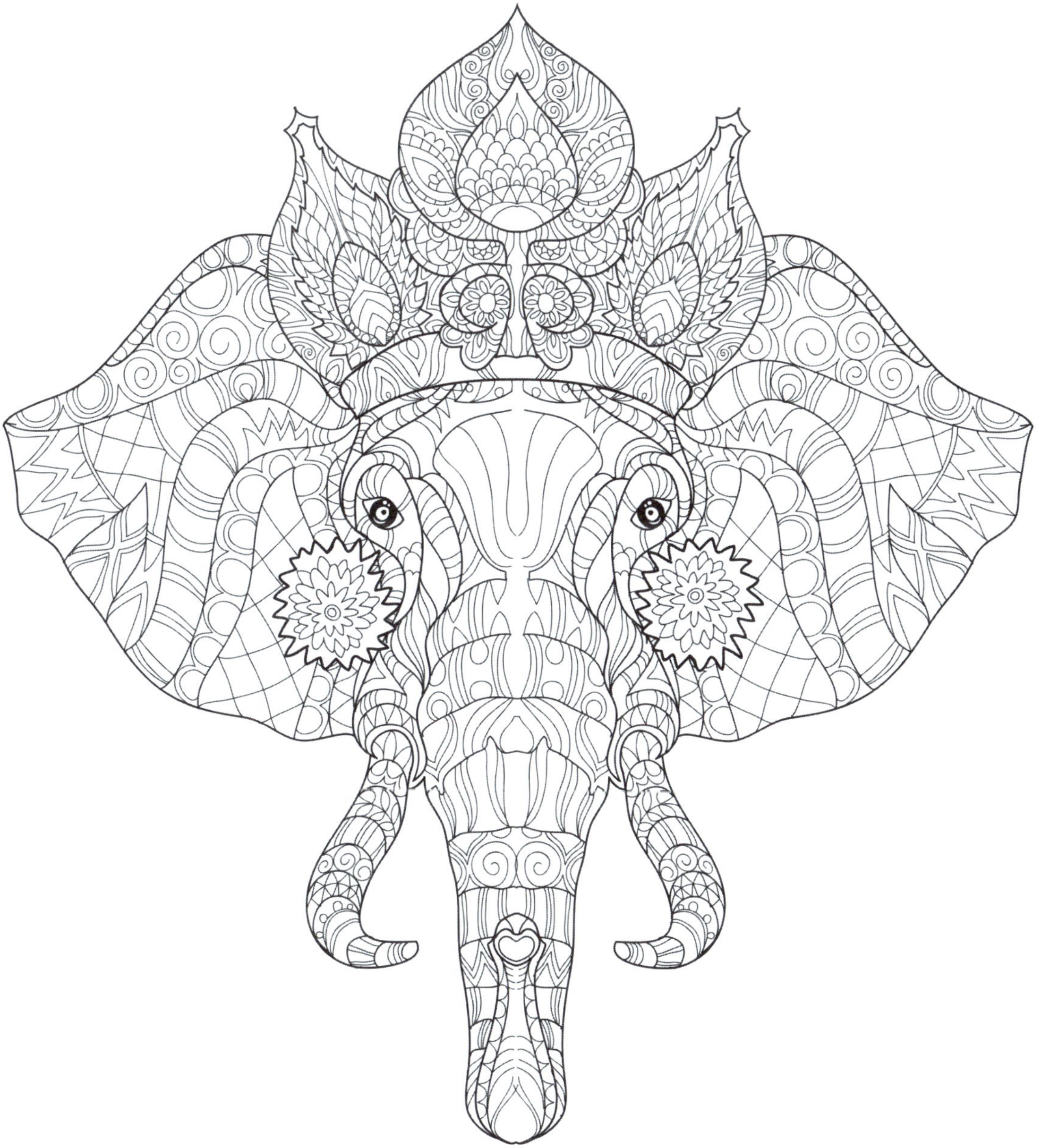

No importan los años de vida, sino la vida de los años.

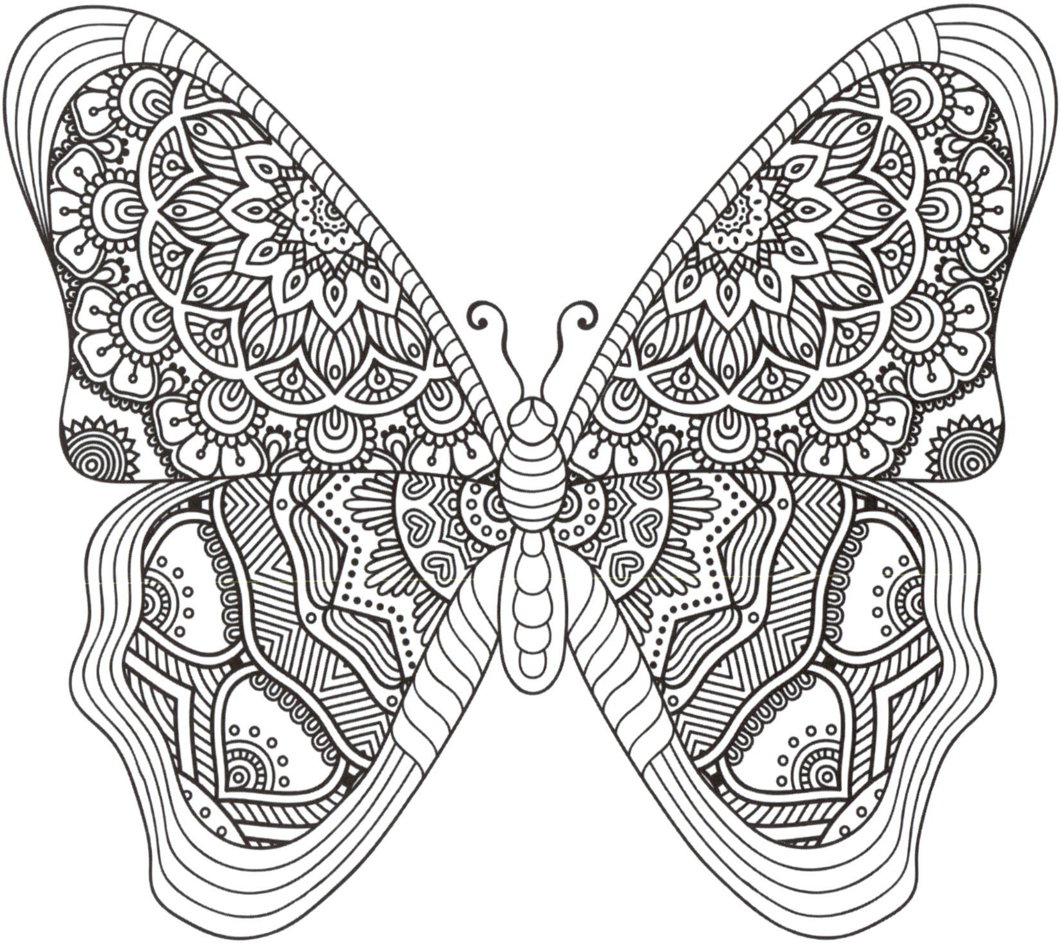

No cuentes los días, haz que los días cuenten.

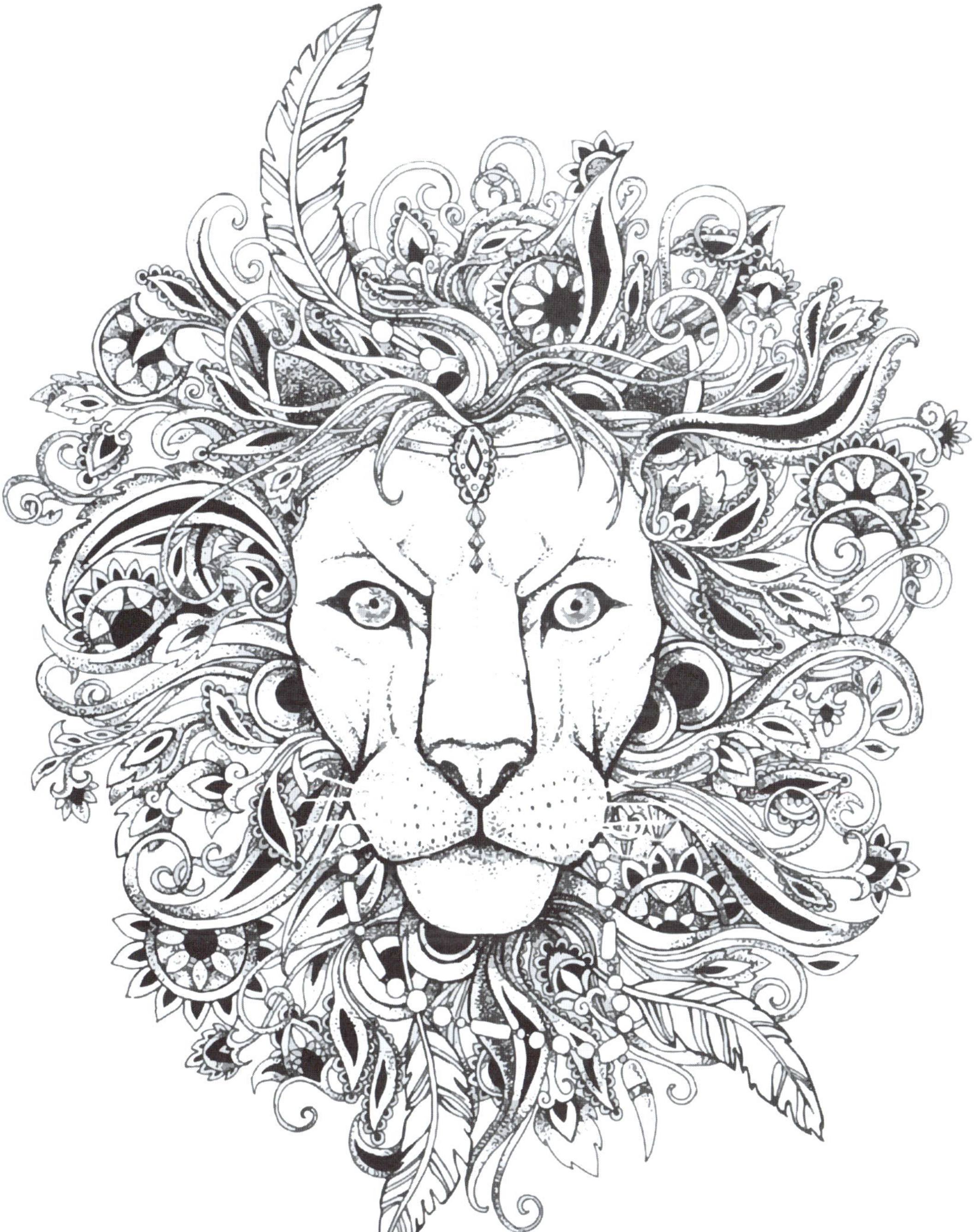

Vive como si fueras a morir mañana.

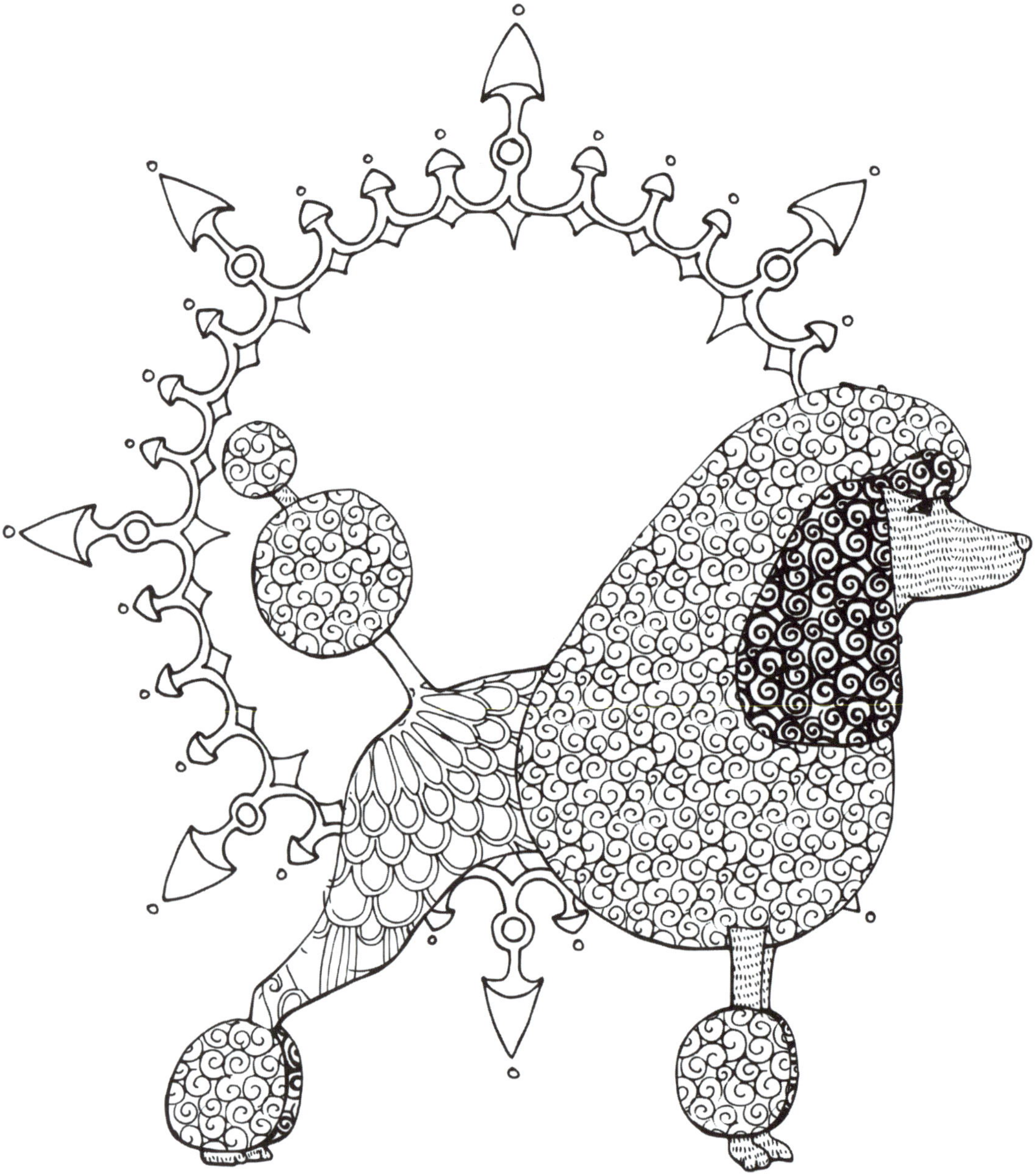

La vida es un juego y hay que apostar.

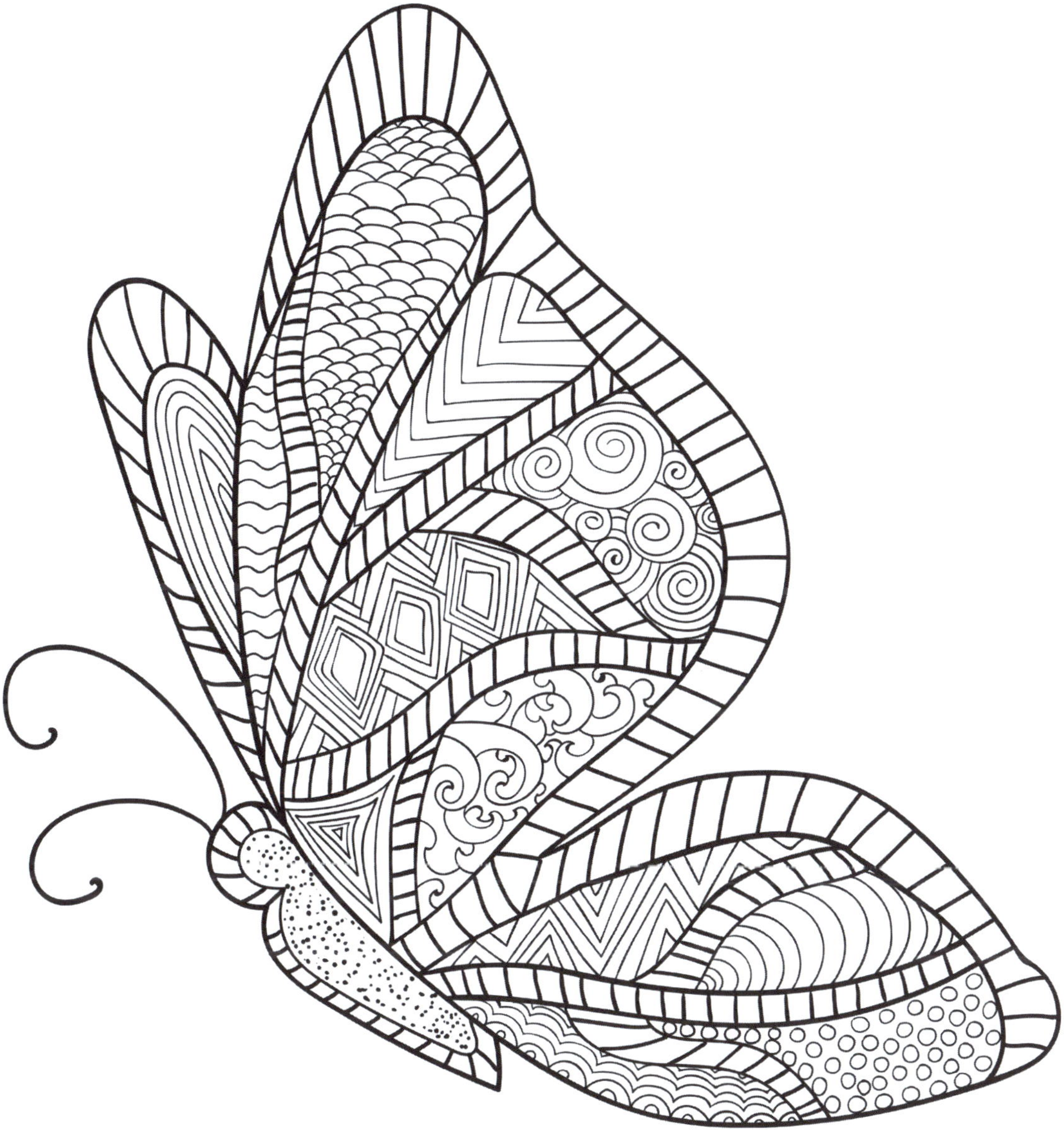

La vida es o una gran aventura o nada.

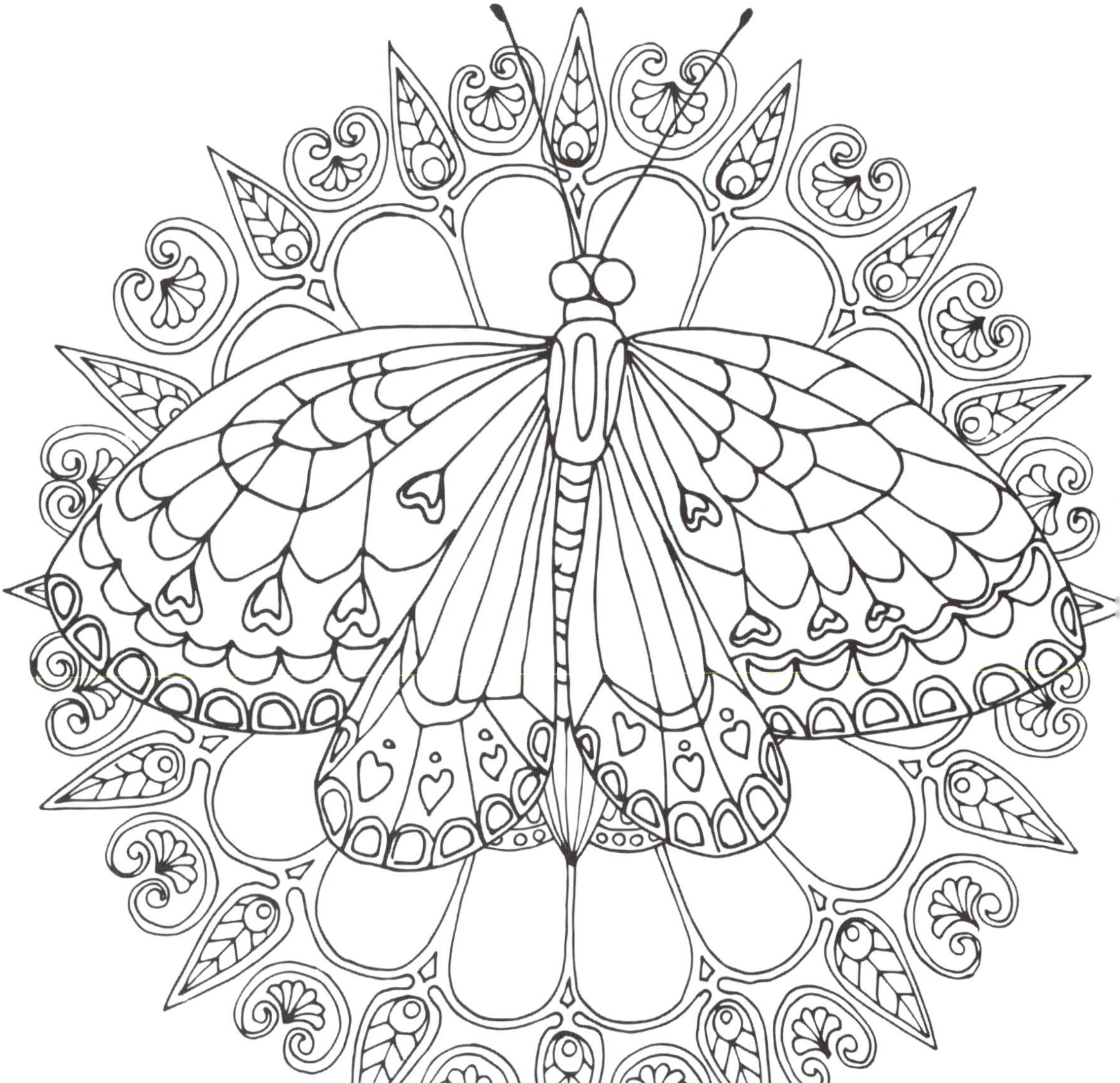

La vida no se ha hecho para comprenderla, sino para vivirla.

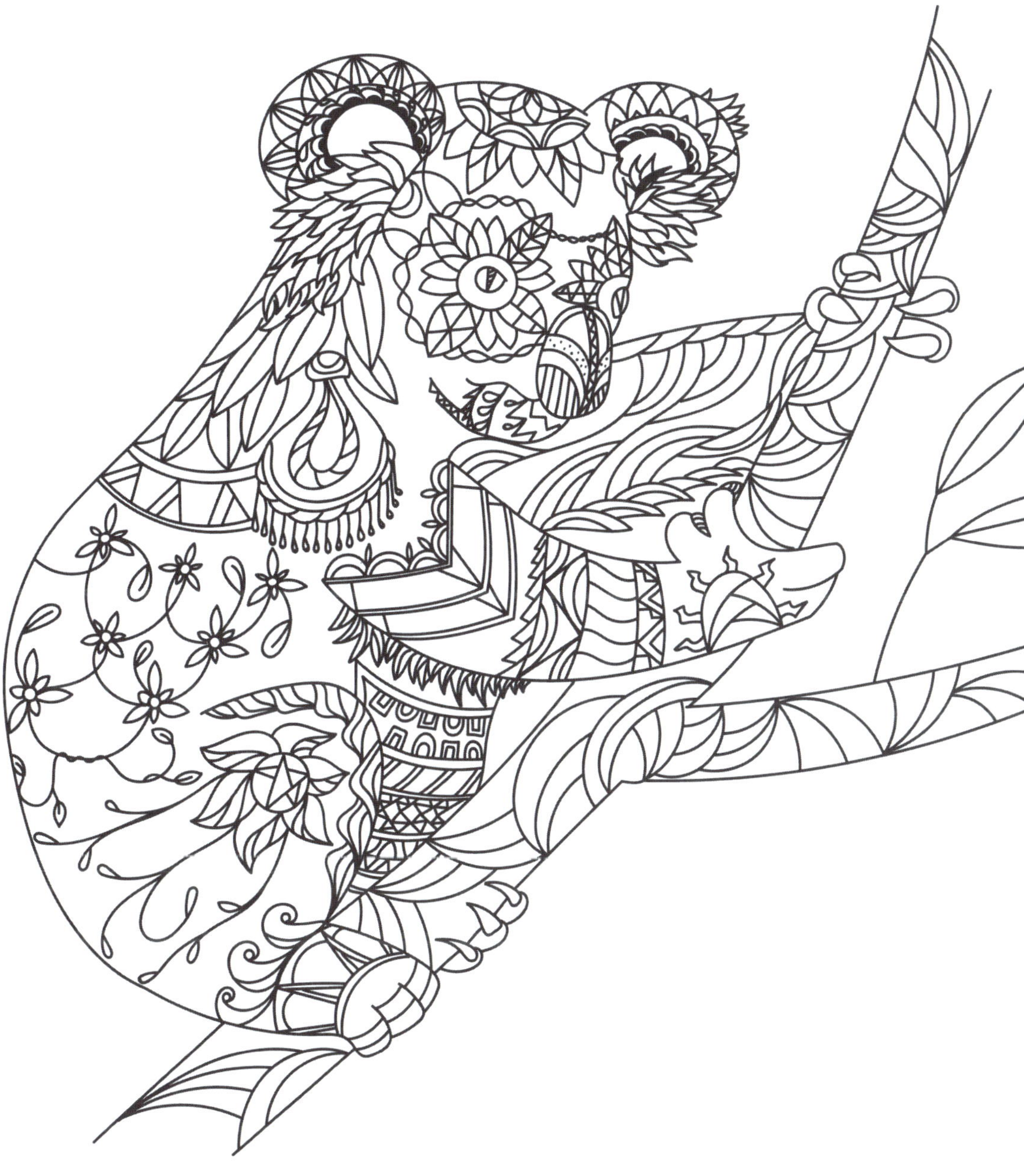

La vida se vuelve más fácil cuando aprendes
a aceptar las disculpas que nunca recibiste.

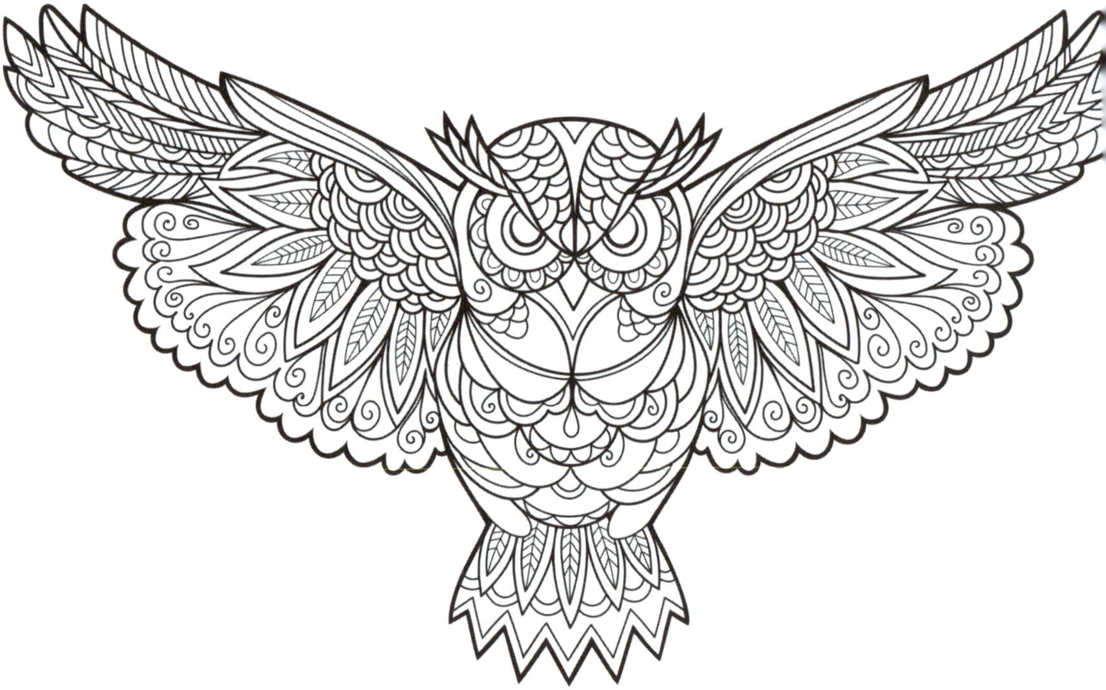

Vive la vida que amas. Ama la vida que vives.

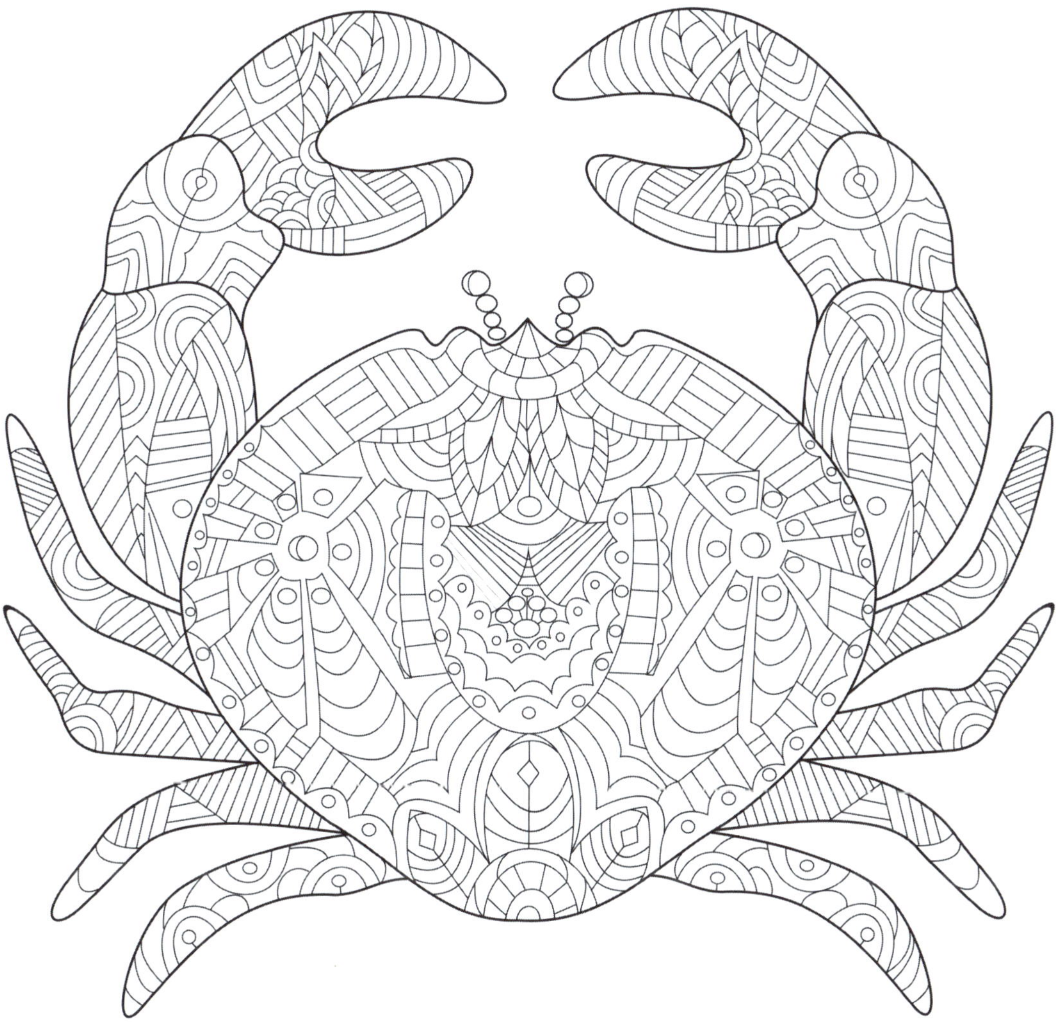

No sueñes tu vida, vive tu sueño.

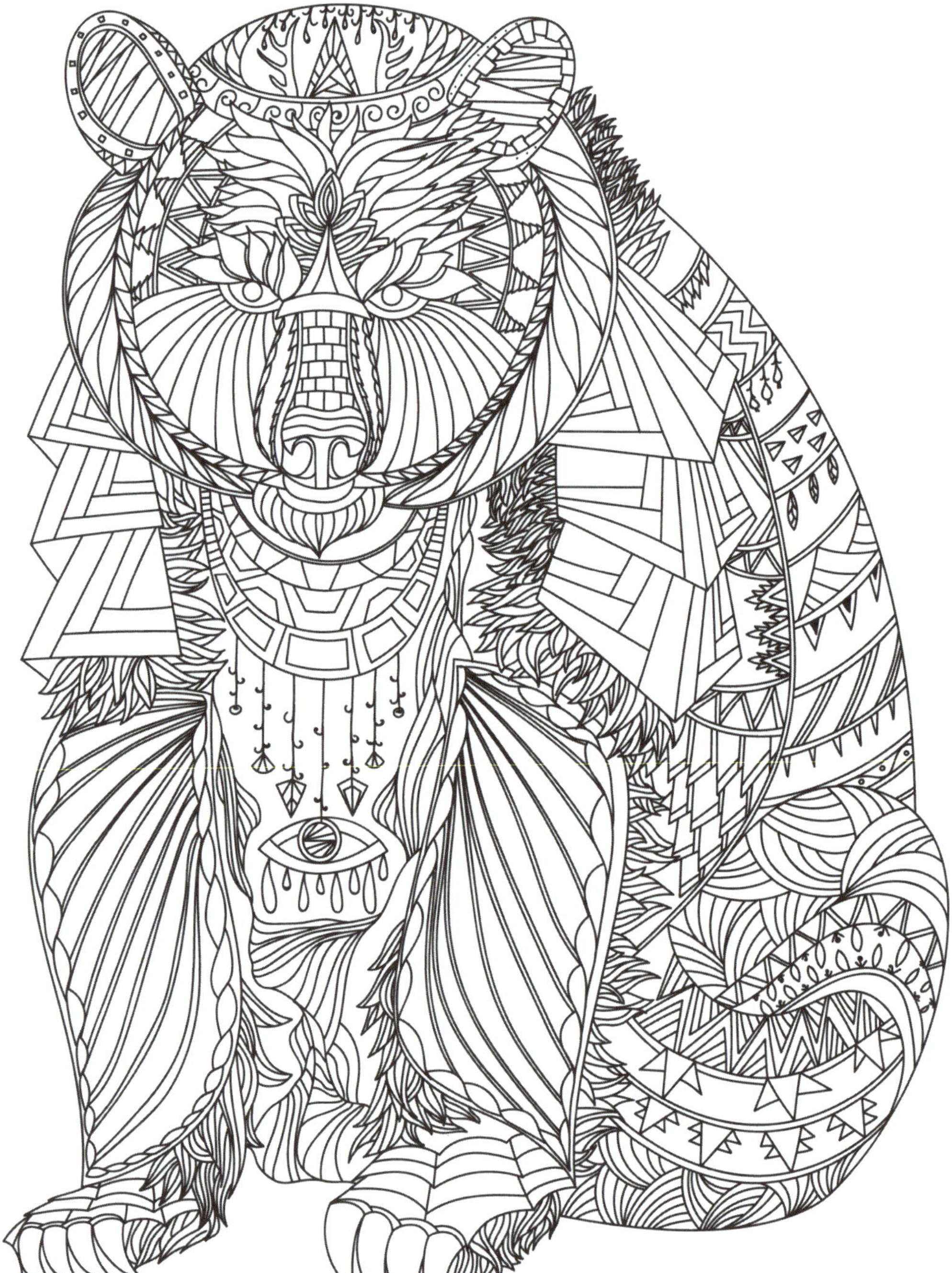

La vida es una colección de momentos.

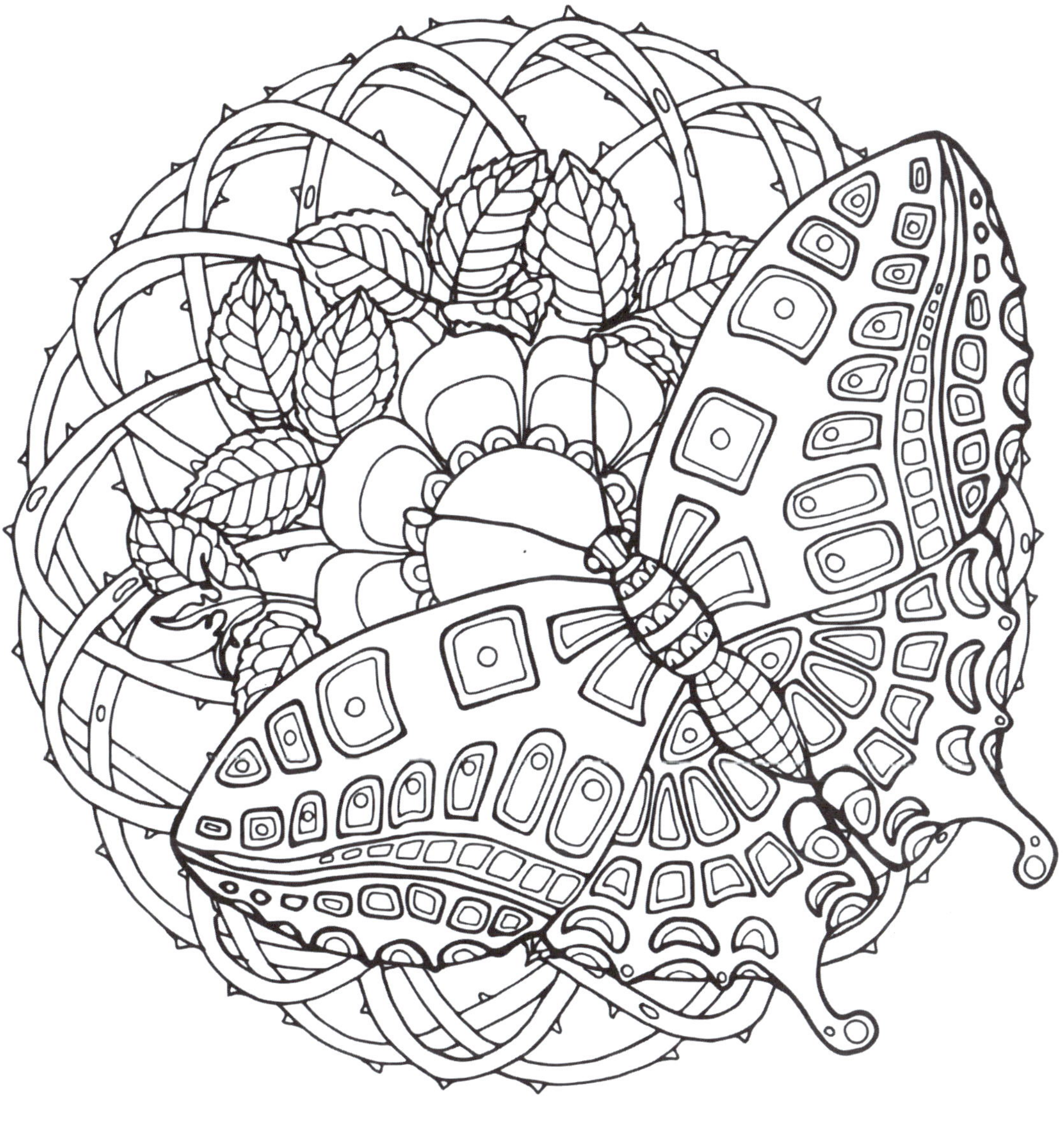

Si la vida te cambia el guion, corrígele los acentos.

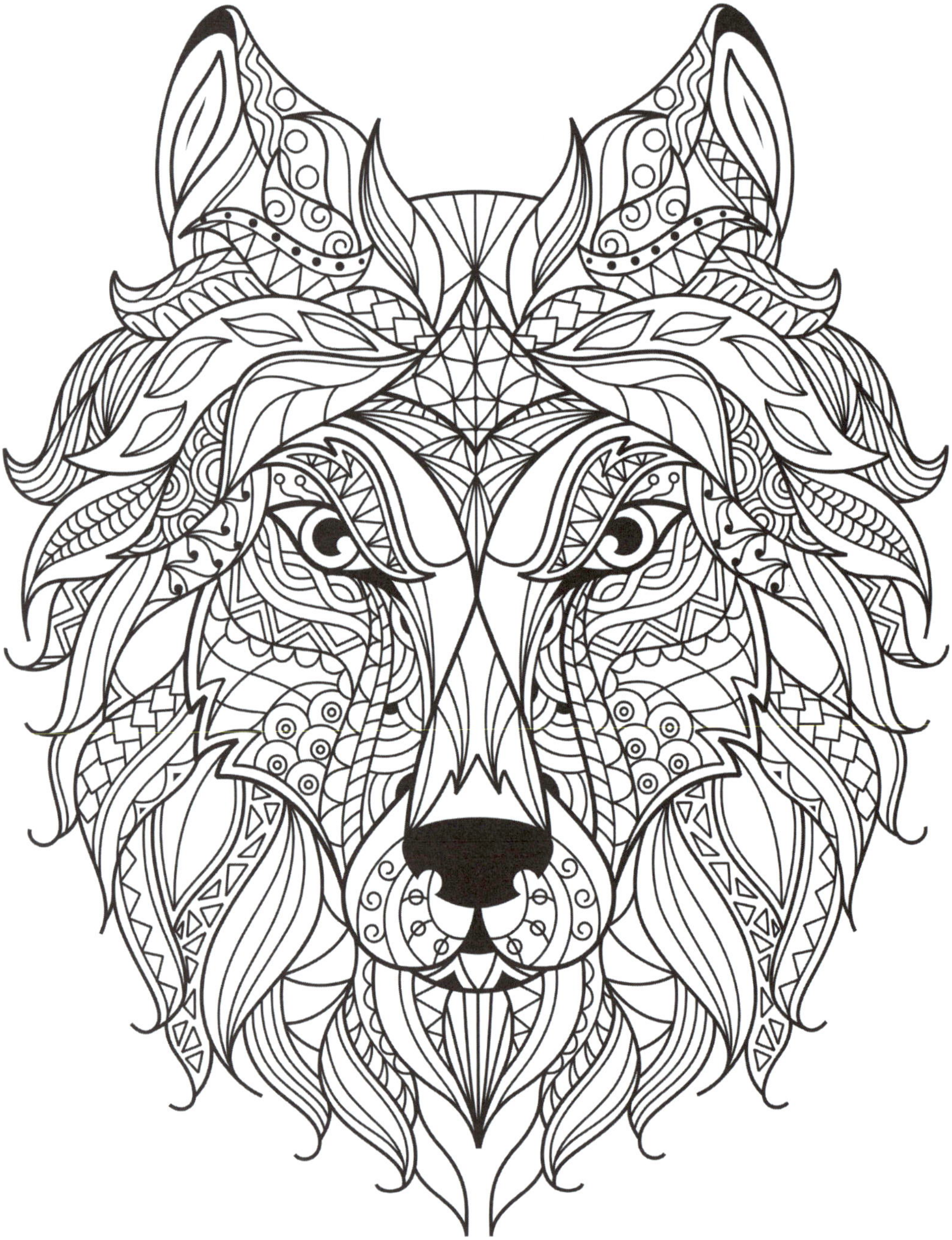

Ha llegado el momento de vivir la vida que imaginaste.

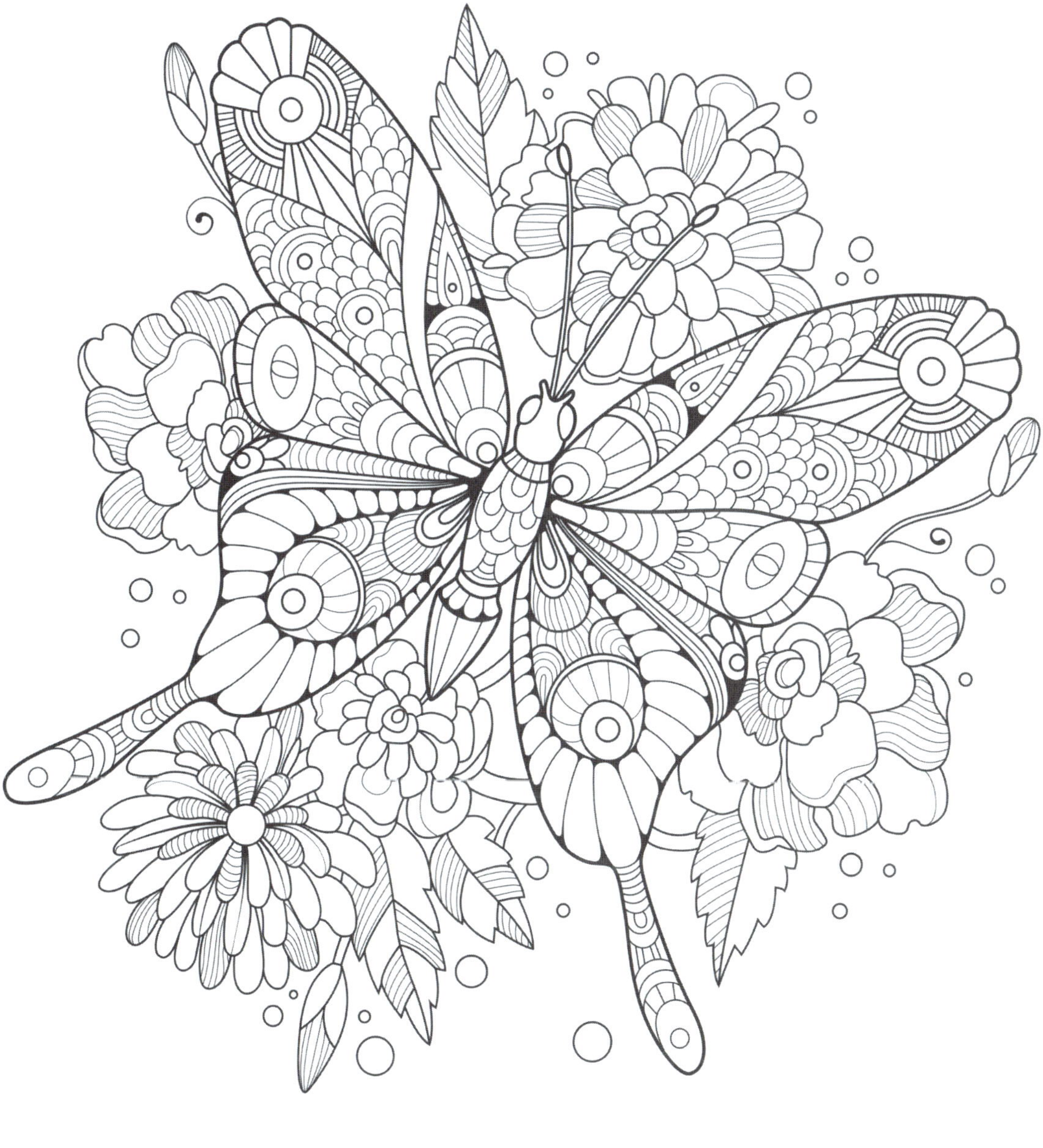

La vida puede ser maravillosa si no le tienes miedo.

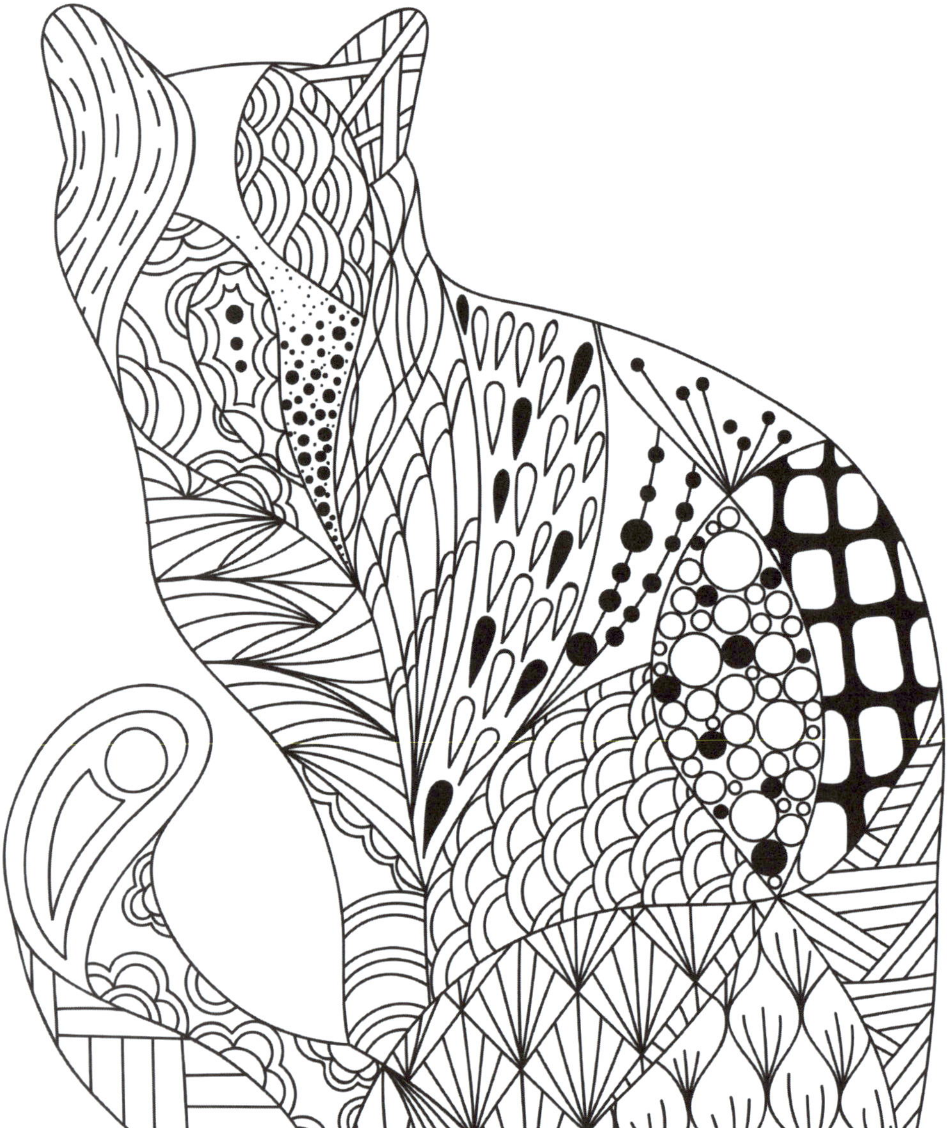

Concéntrate en el viaje, no en el destino.

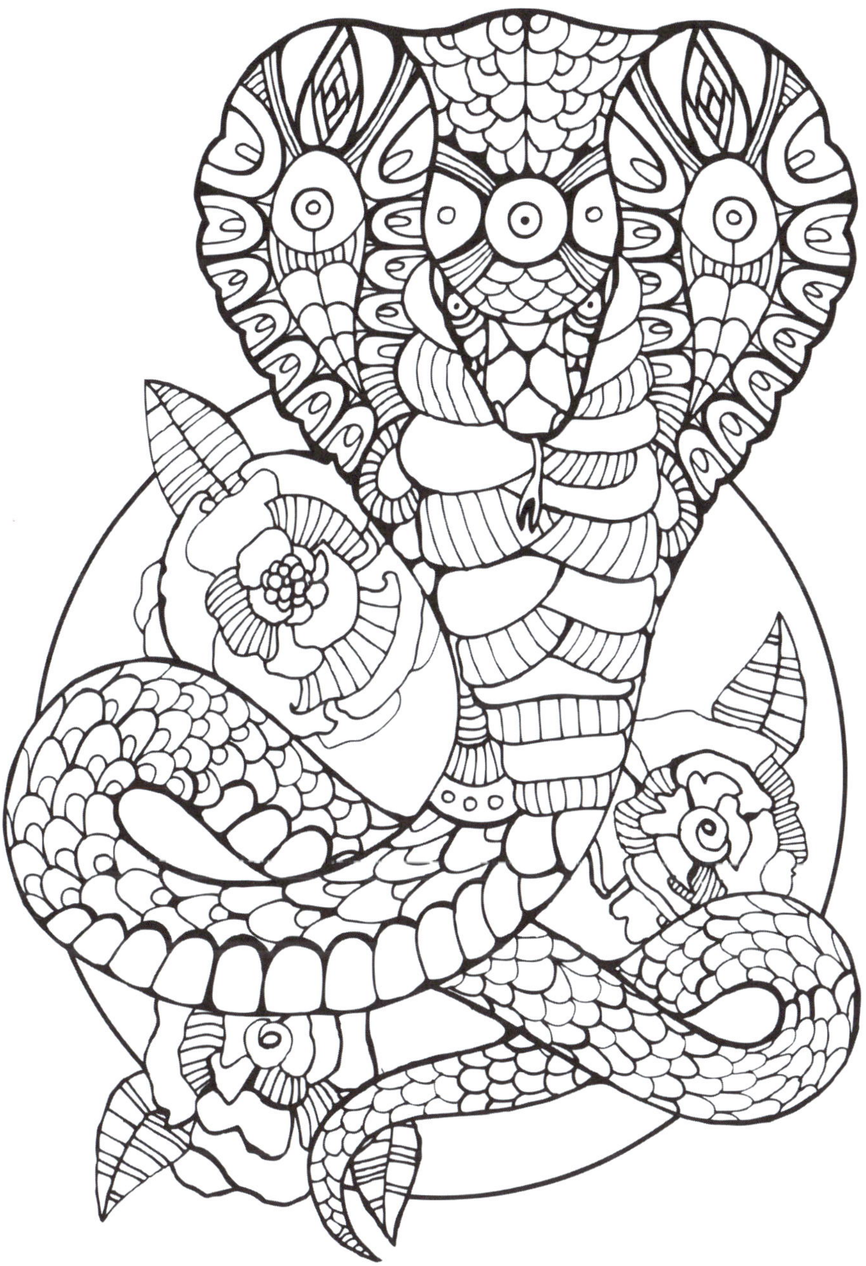

La vida es muy simple, pero insisten en que sea complicada.

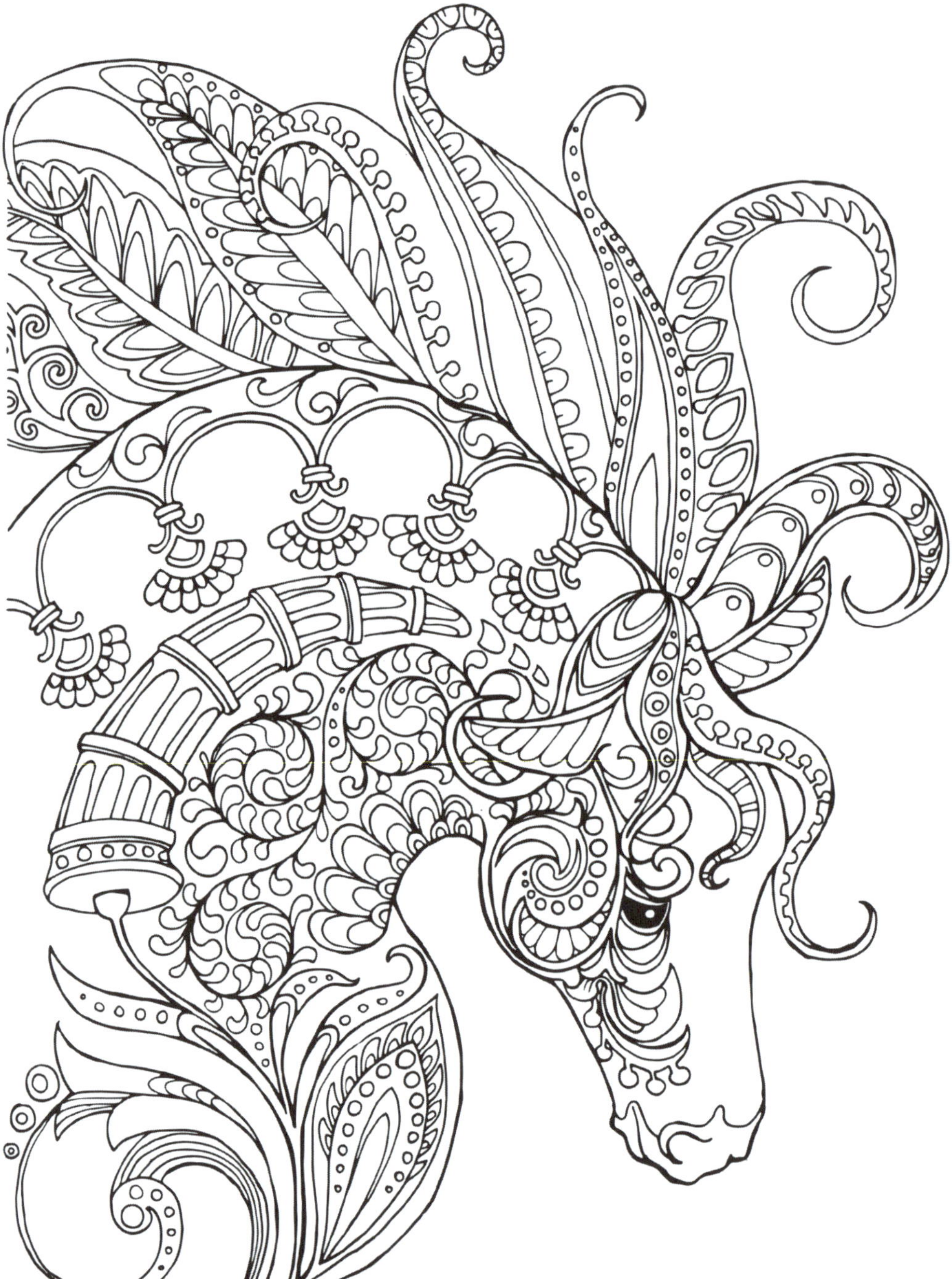

Aunque haya piedras en el camino, seguiré avanzando.

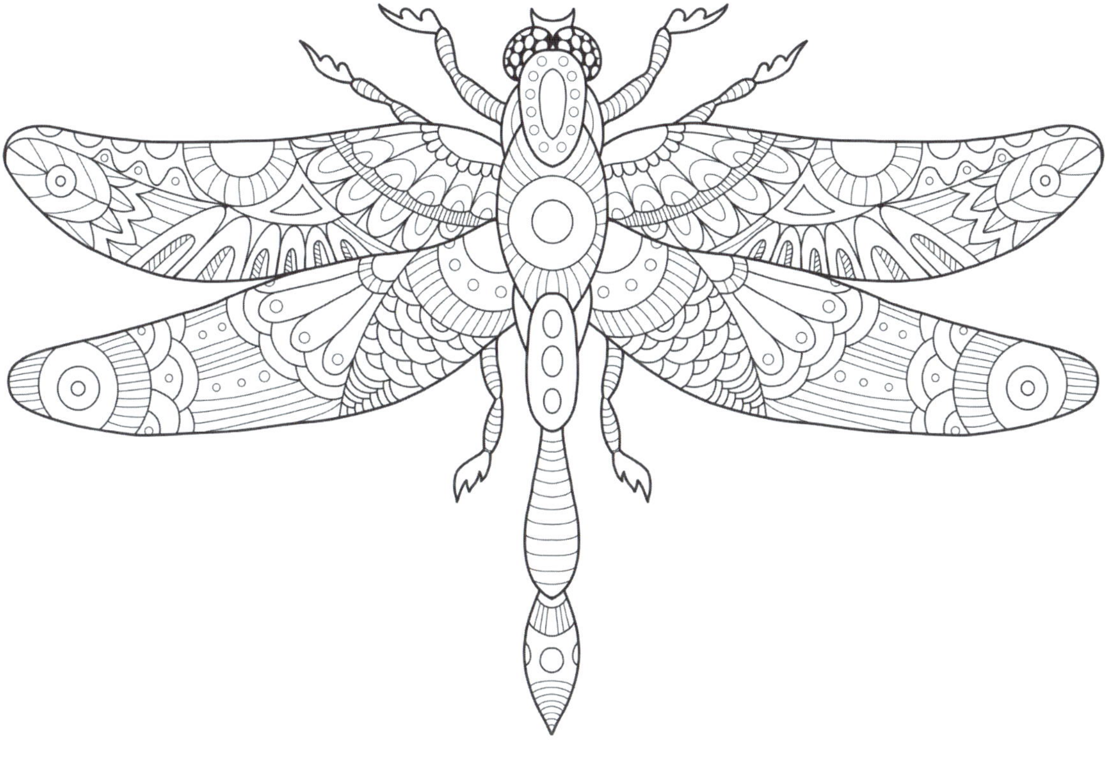

La vida se vuelve más fácil cuando aprendes
a aceptar las disculpas que nunca recibiste.

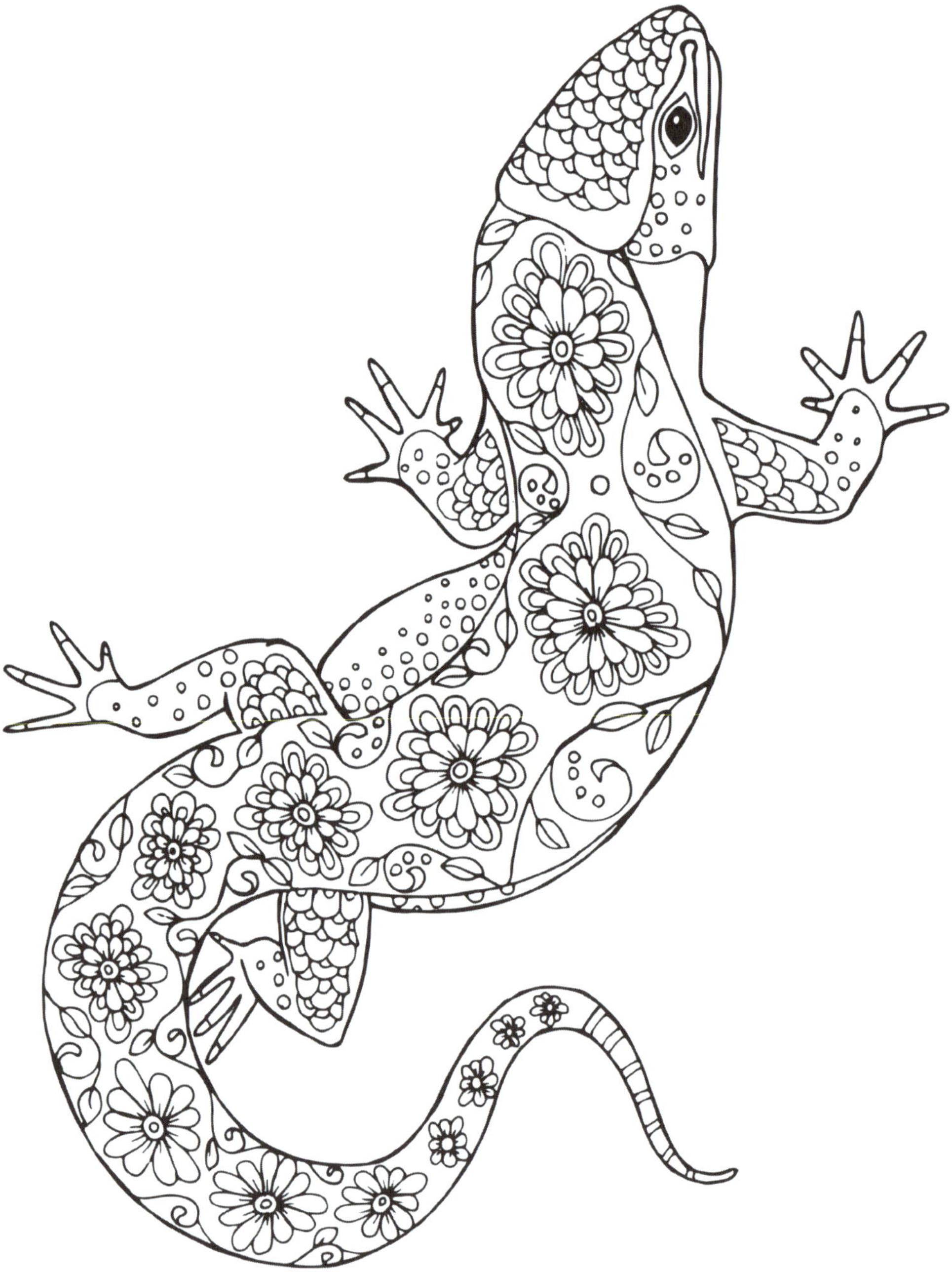

Vive al máximo, no de forma alocada sino sintiéndote vivo cada día.

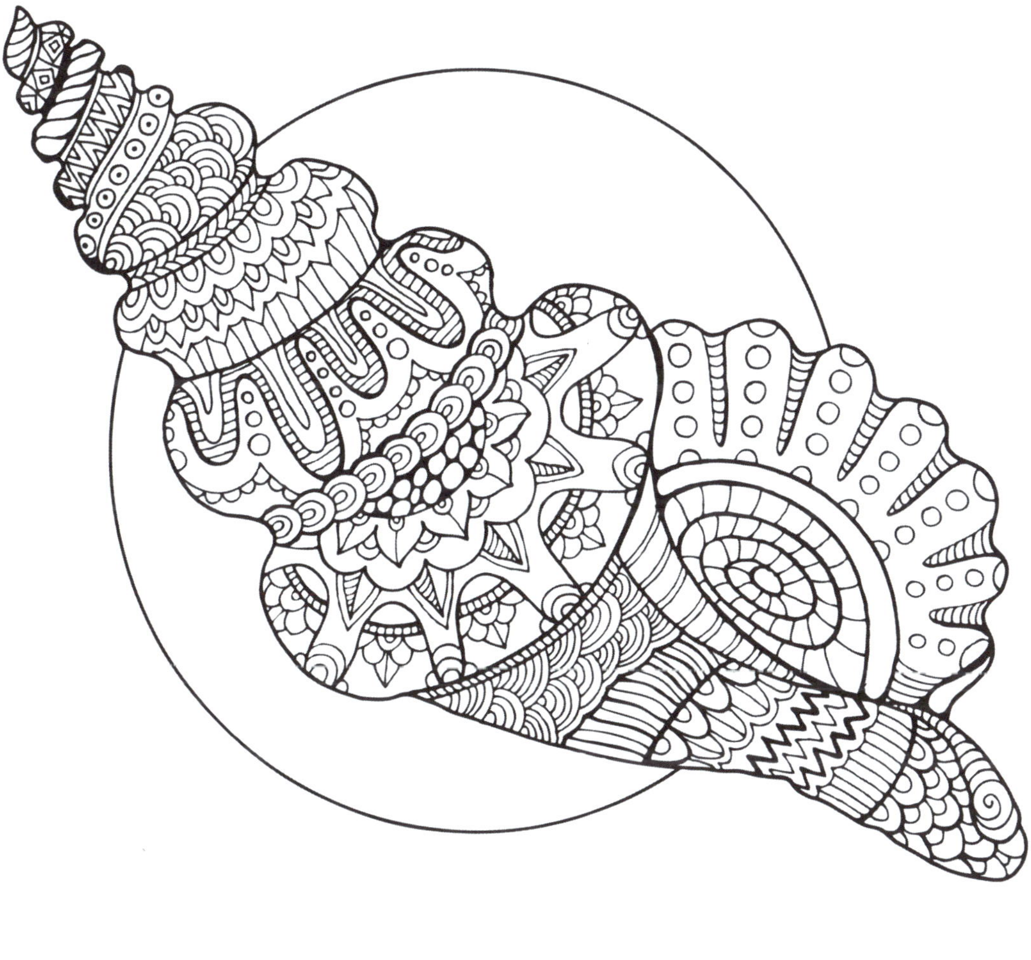

¿Amas la vida? Pues no desperdicies el tiempo, porque es la sustancia de la que está hecha.

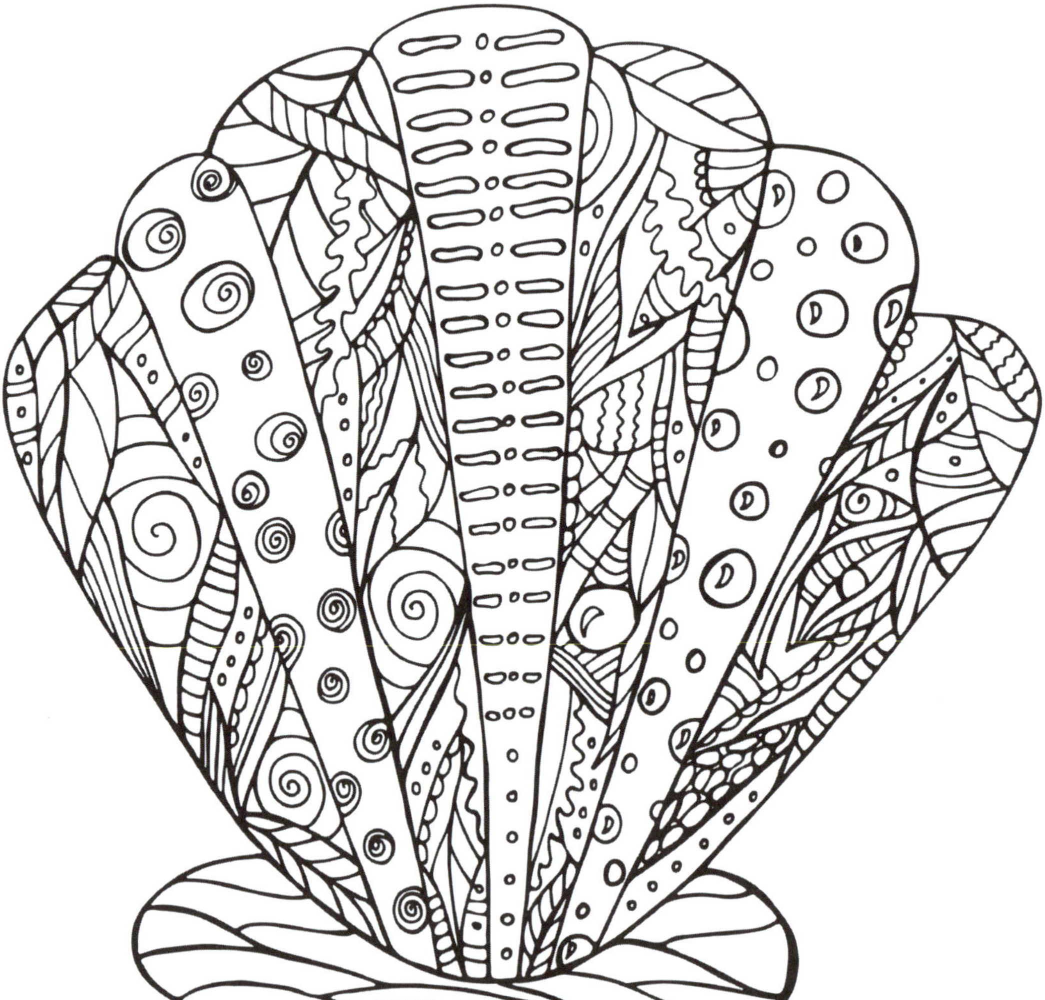

El optimismo es la fe que conduce al logro;
nada puede realizarse sin esperanza.

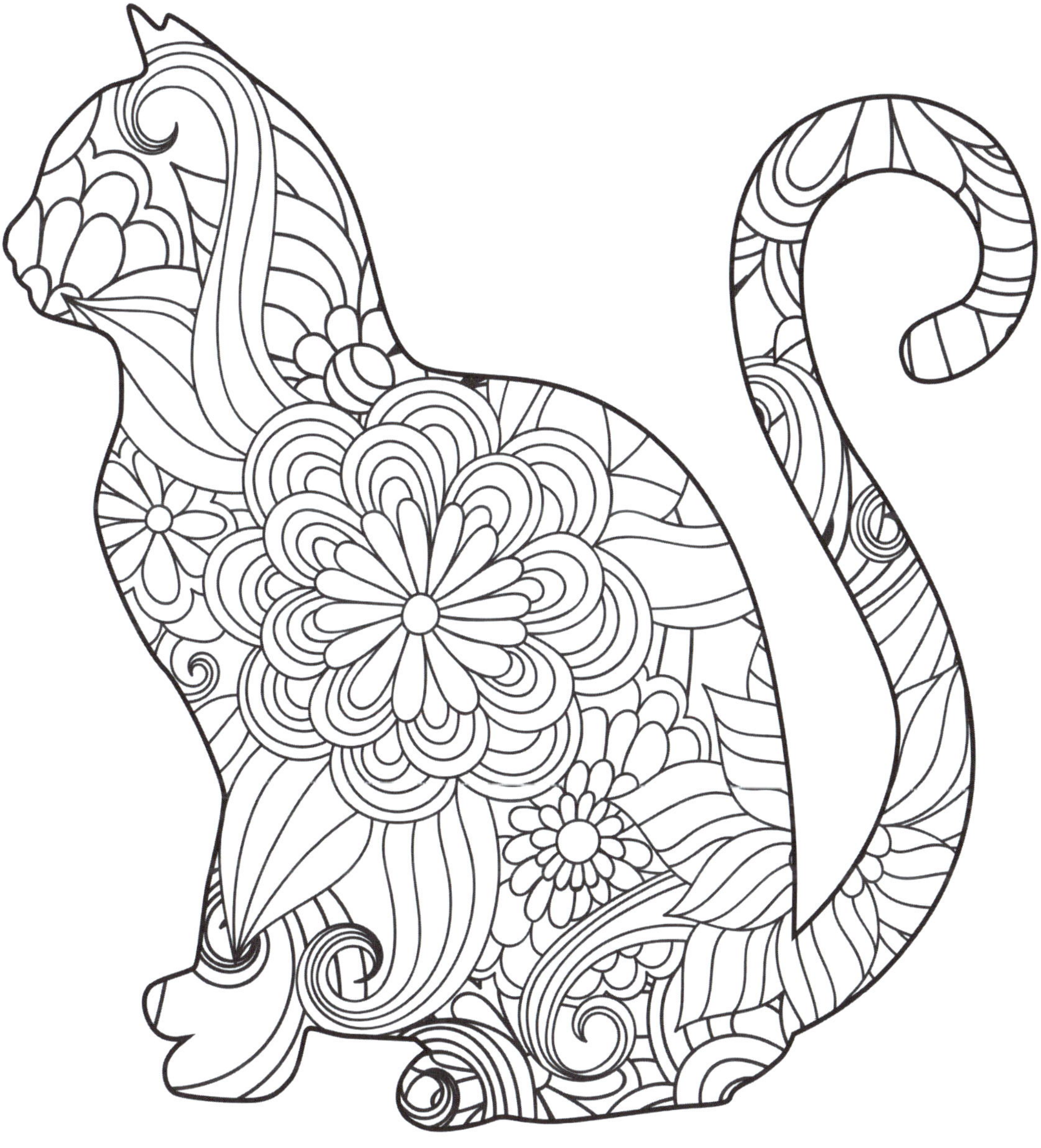

Todo esfuerzo tiene su recompensa.

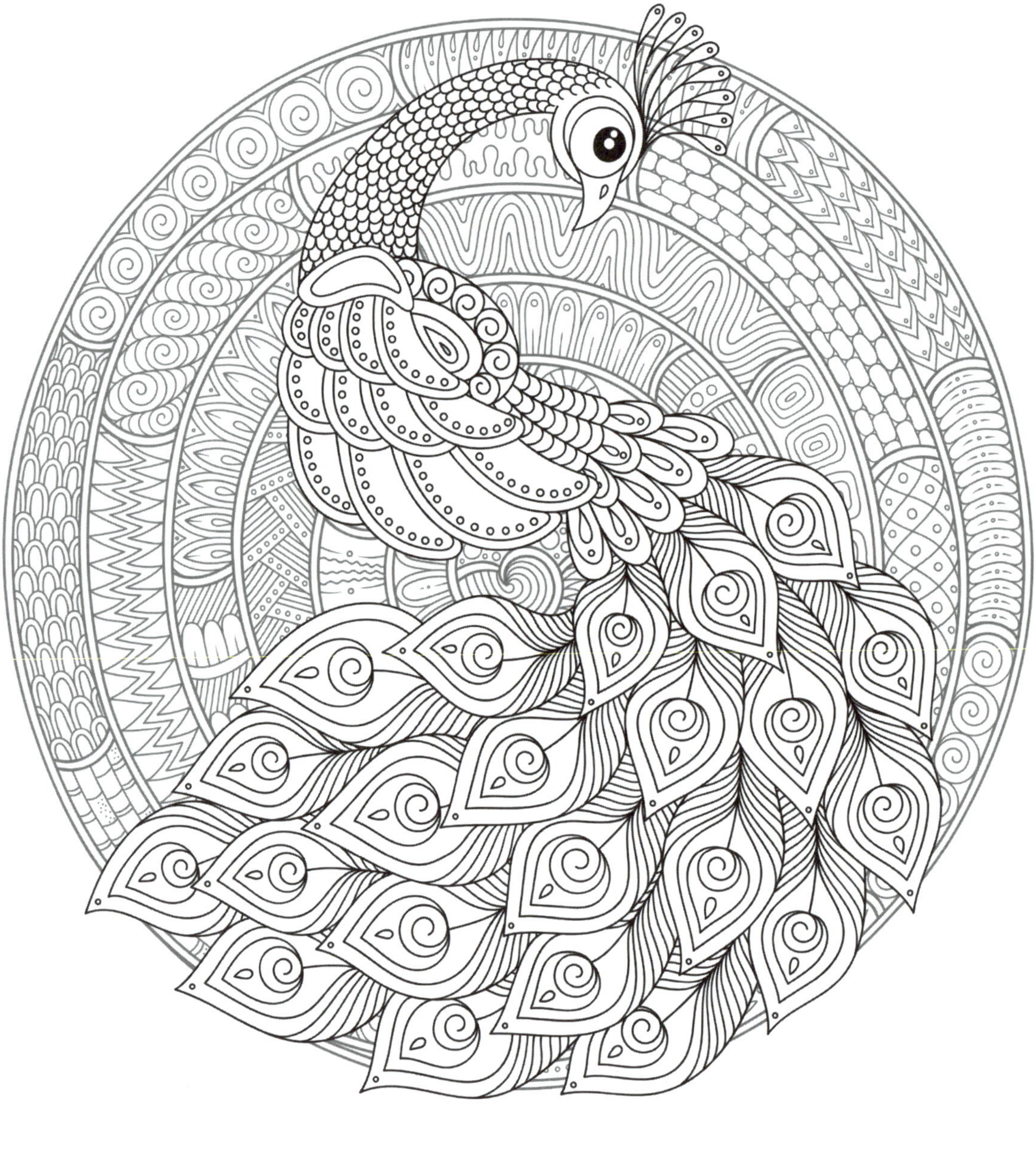

El futuro no existe, constrúyelo.

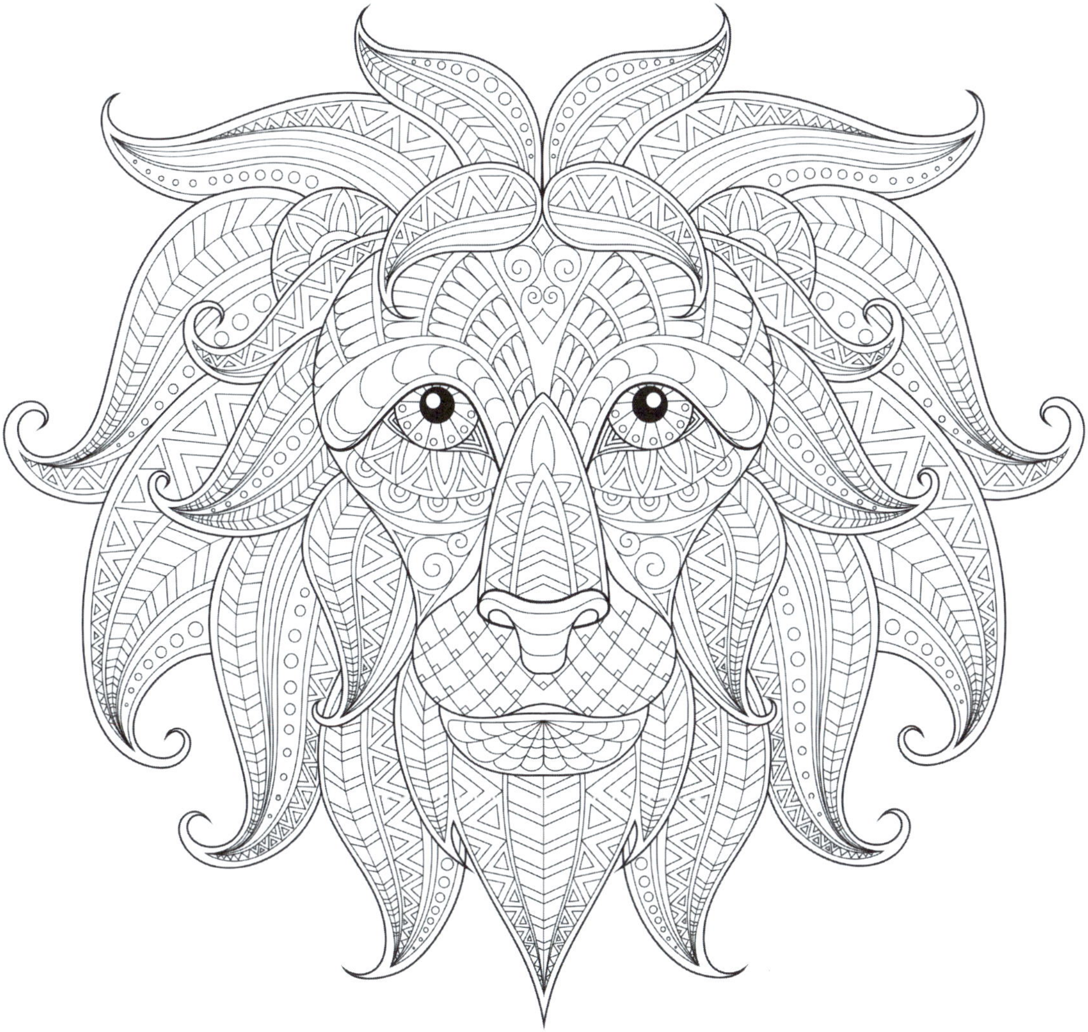

Convierte los muros que aparecen en tu vida
en peldaños hacia tus objetivos.

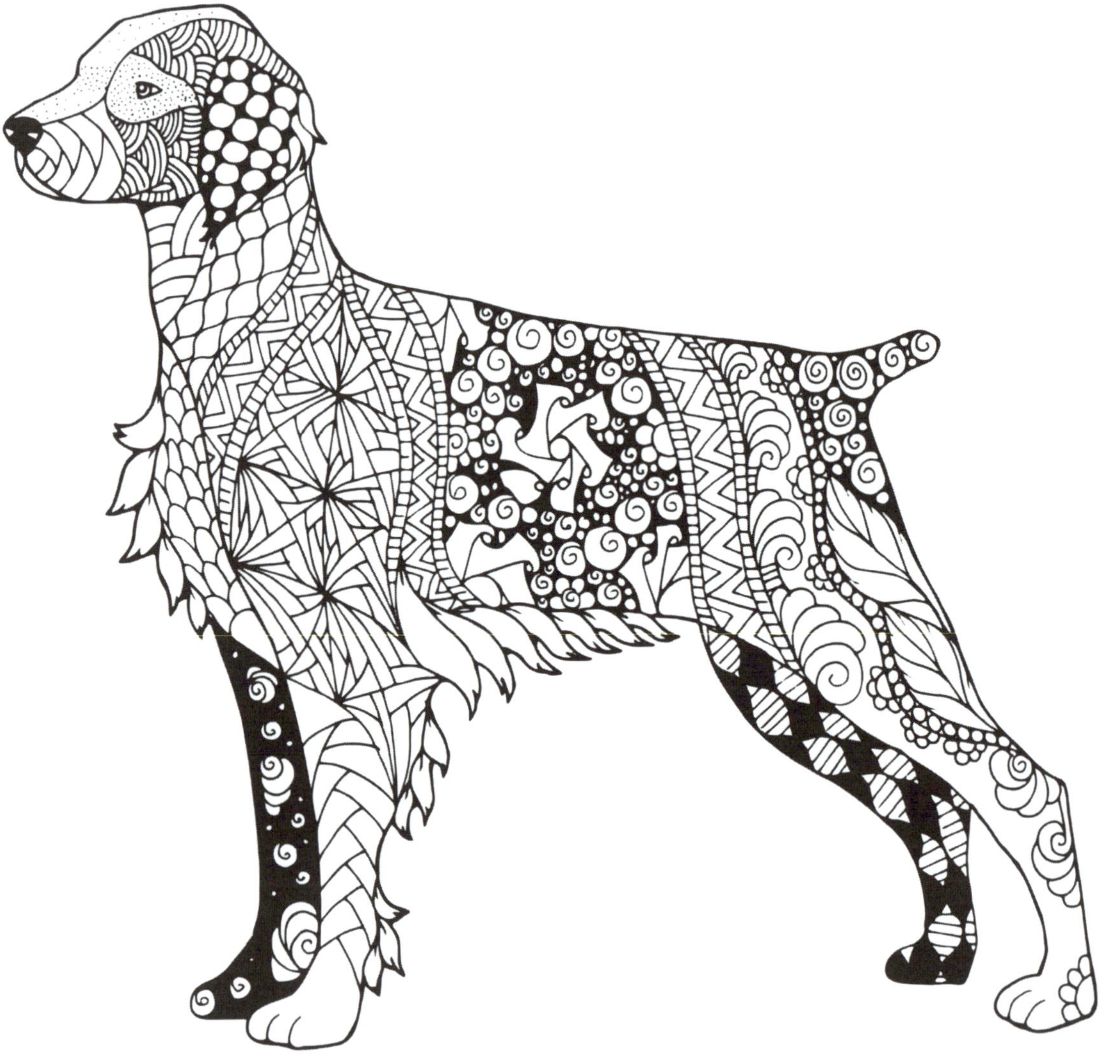

Deja que la belleza de lo que amas sea lo que haces.

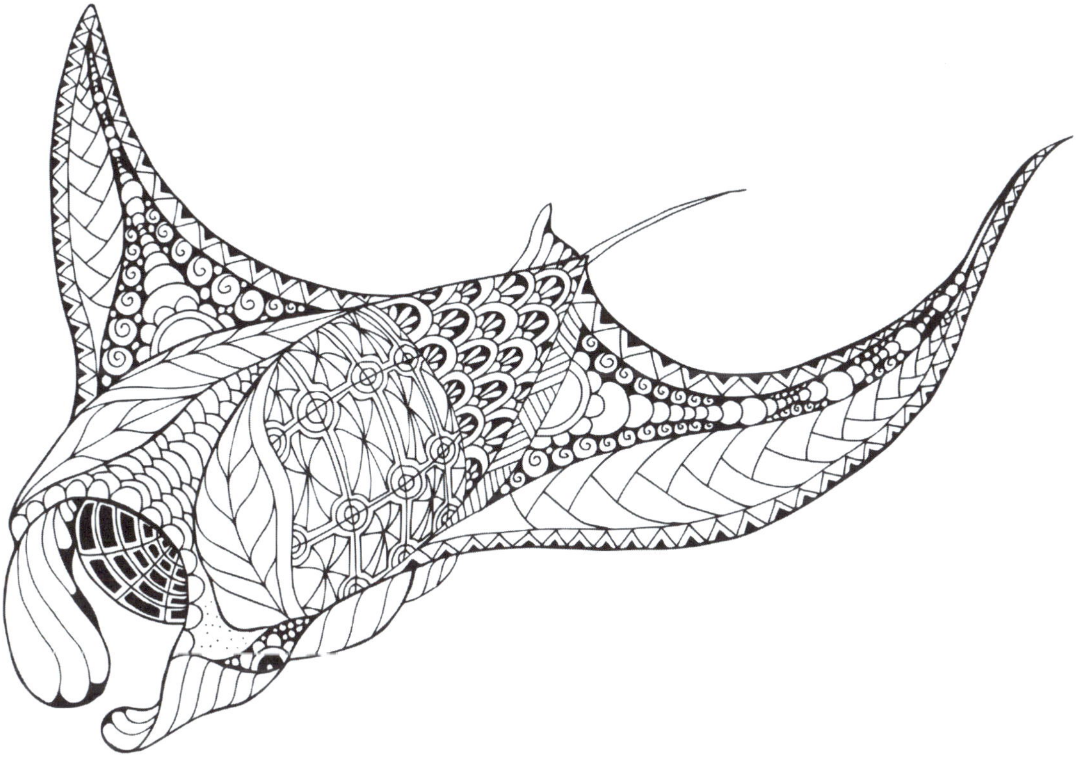

Cada momento es un nuevo comienzo.

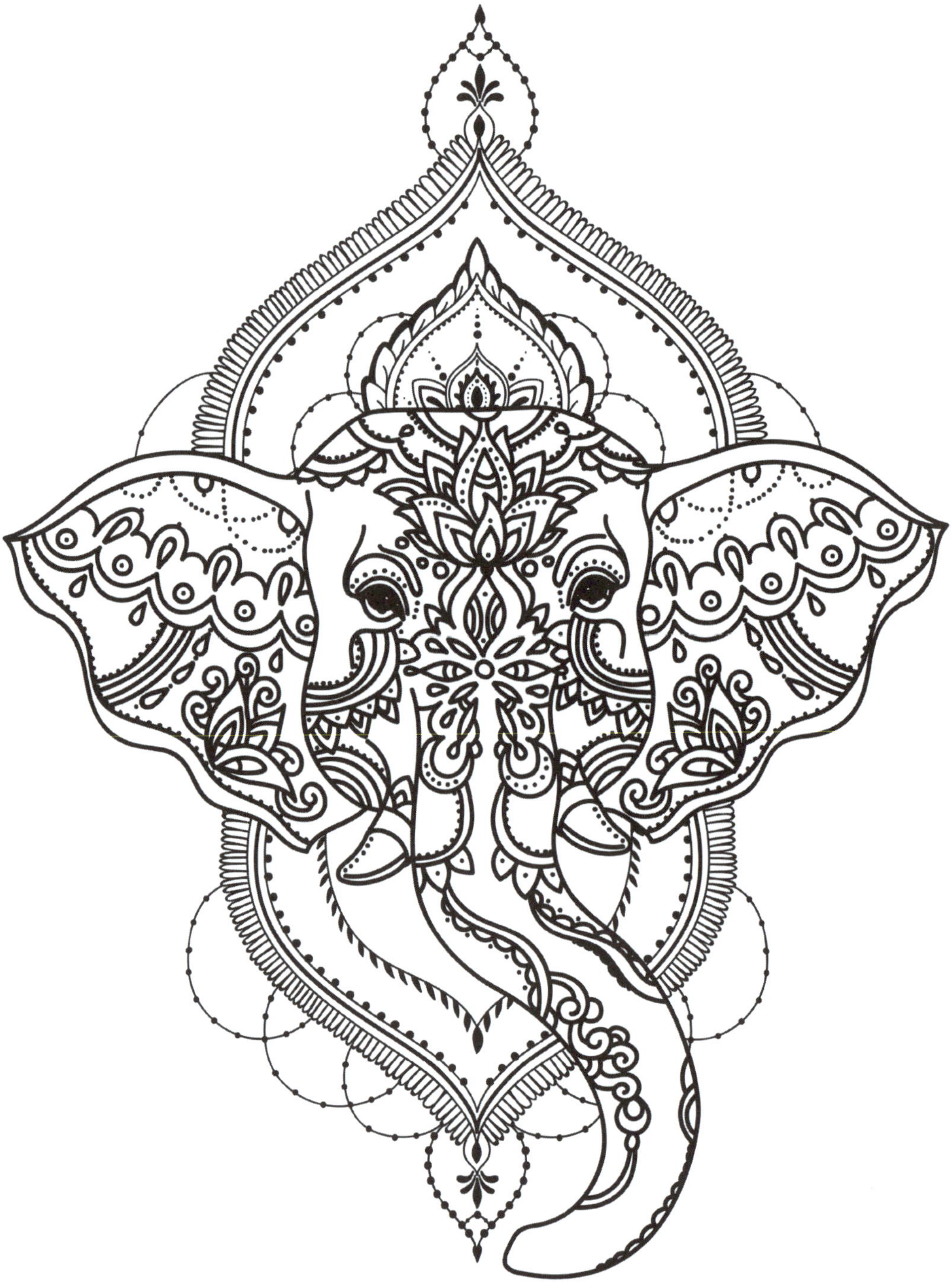

Haz de cada día tu obra maestra.

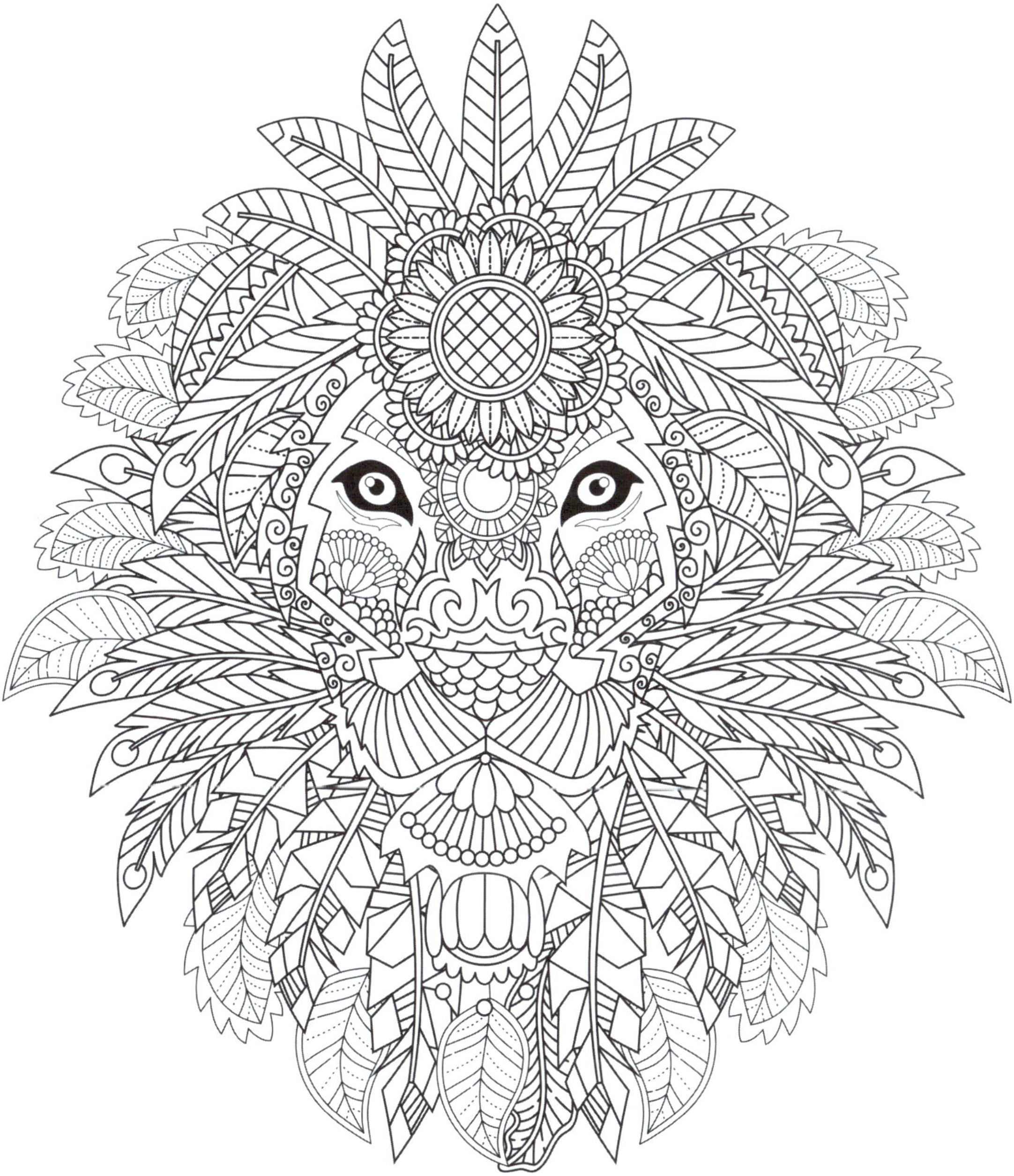

El cuerpo logra lo que la mente cree.

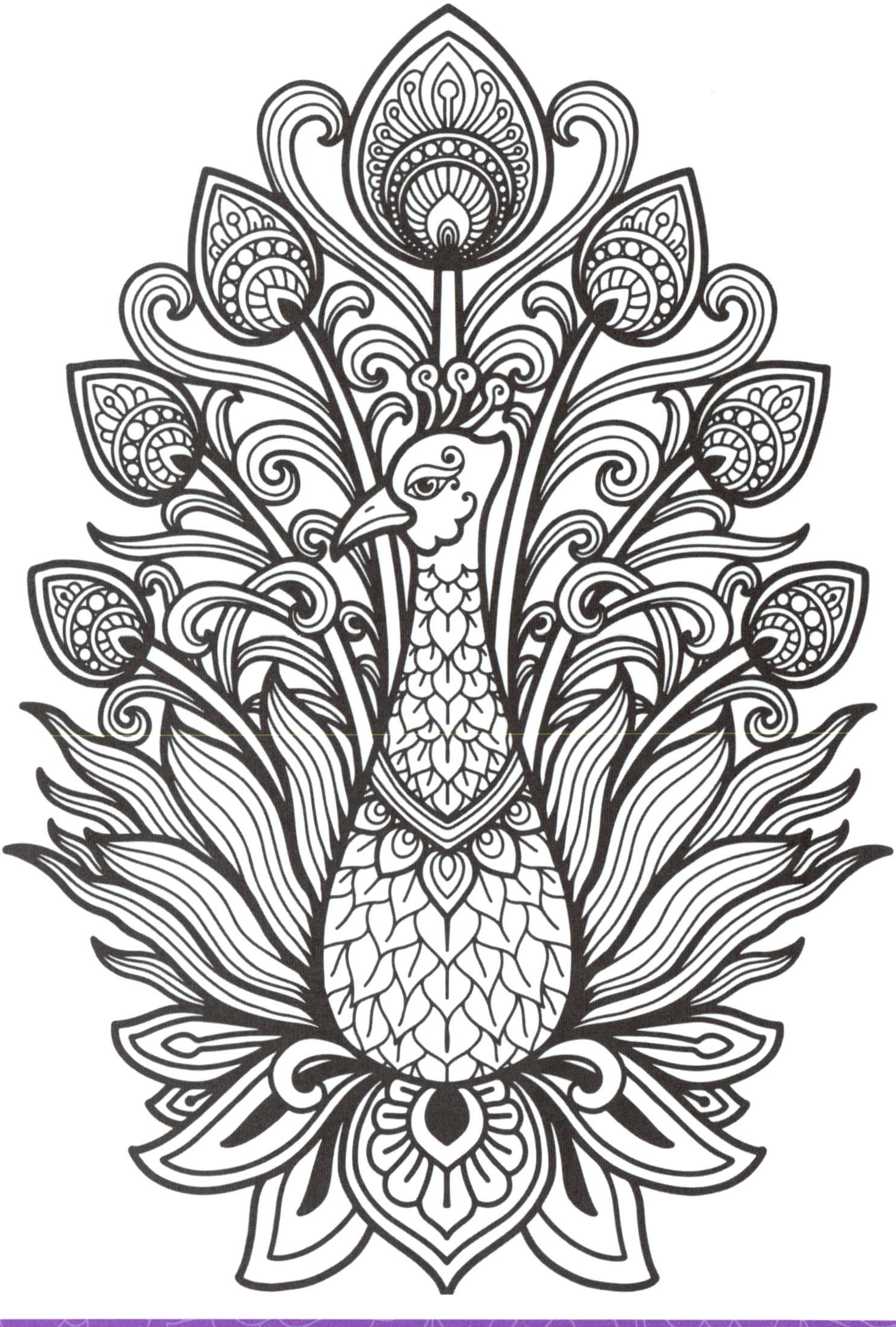

Ayer dijiste mañana. Simplemente hazlo.

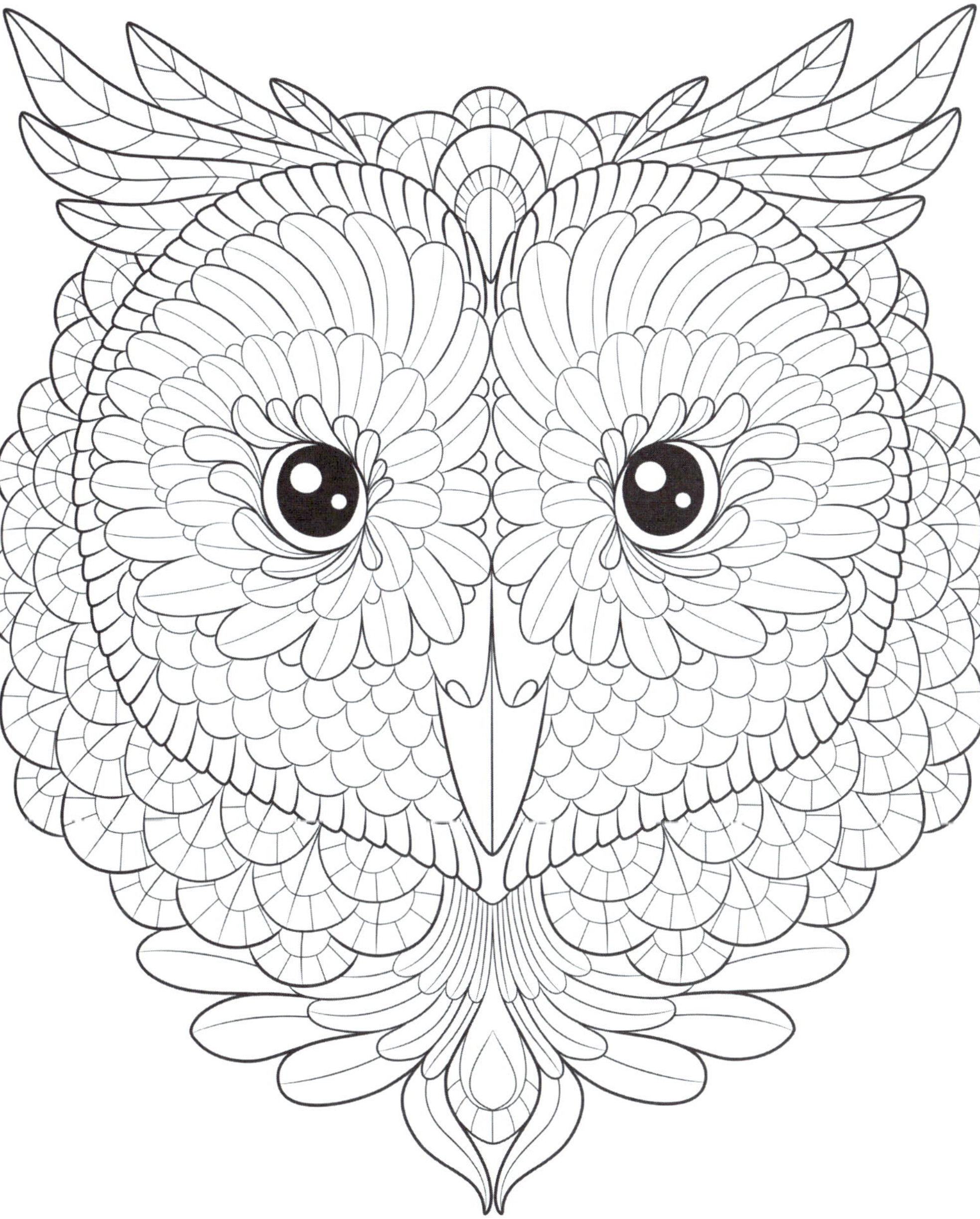

No tengo nada que perder, pero algo que ganar.

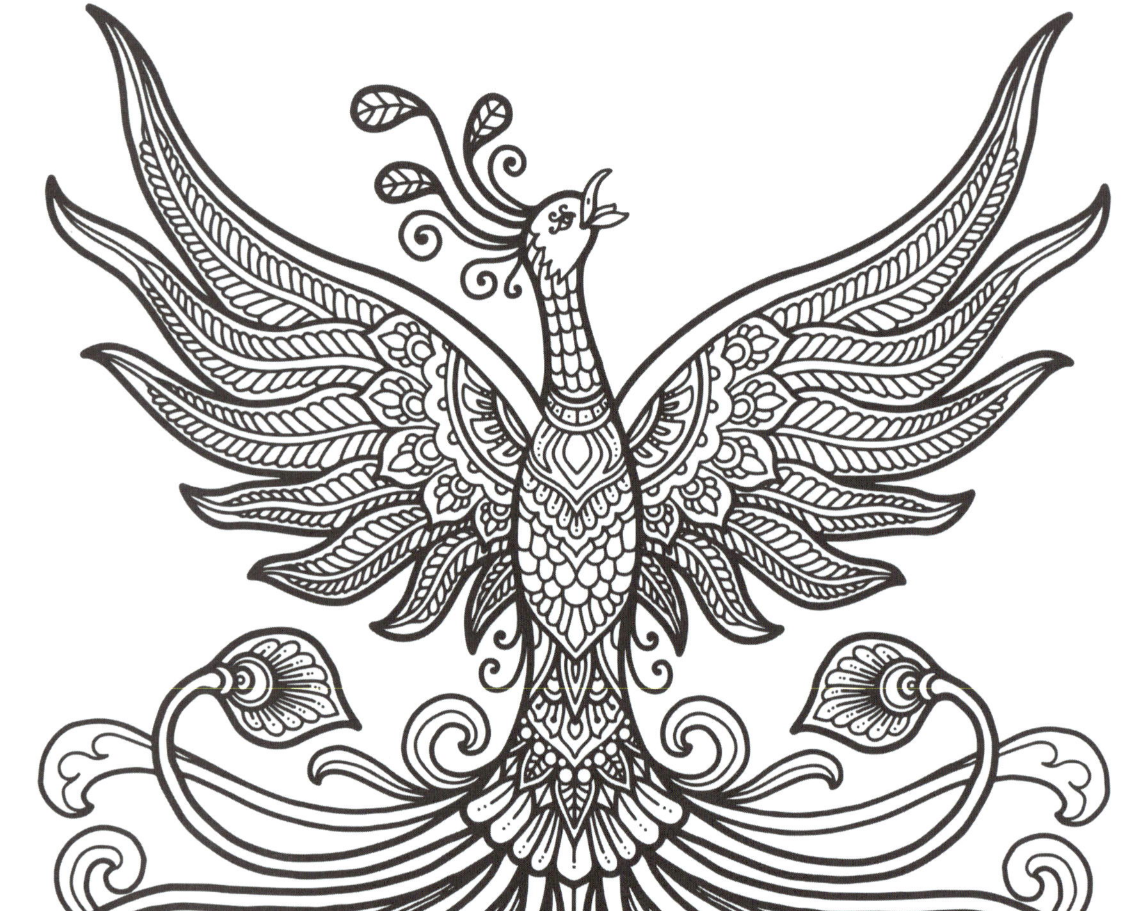

Si nunca lo intentas, nunca lo conseguirás.

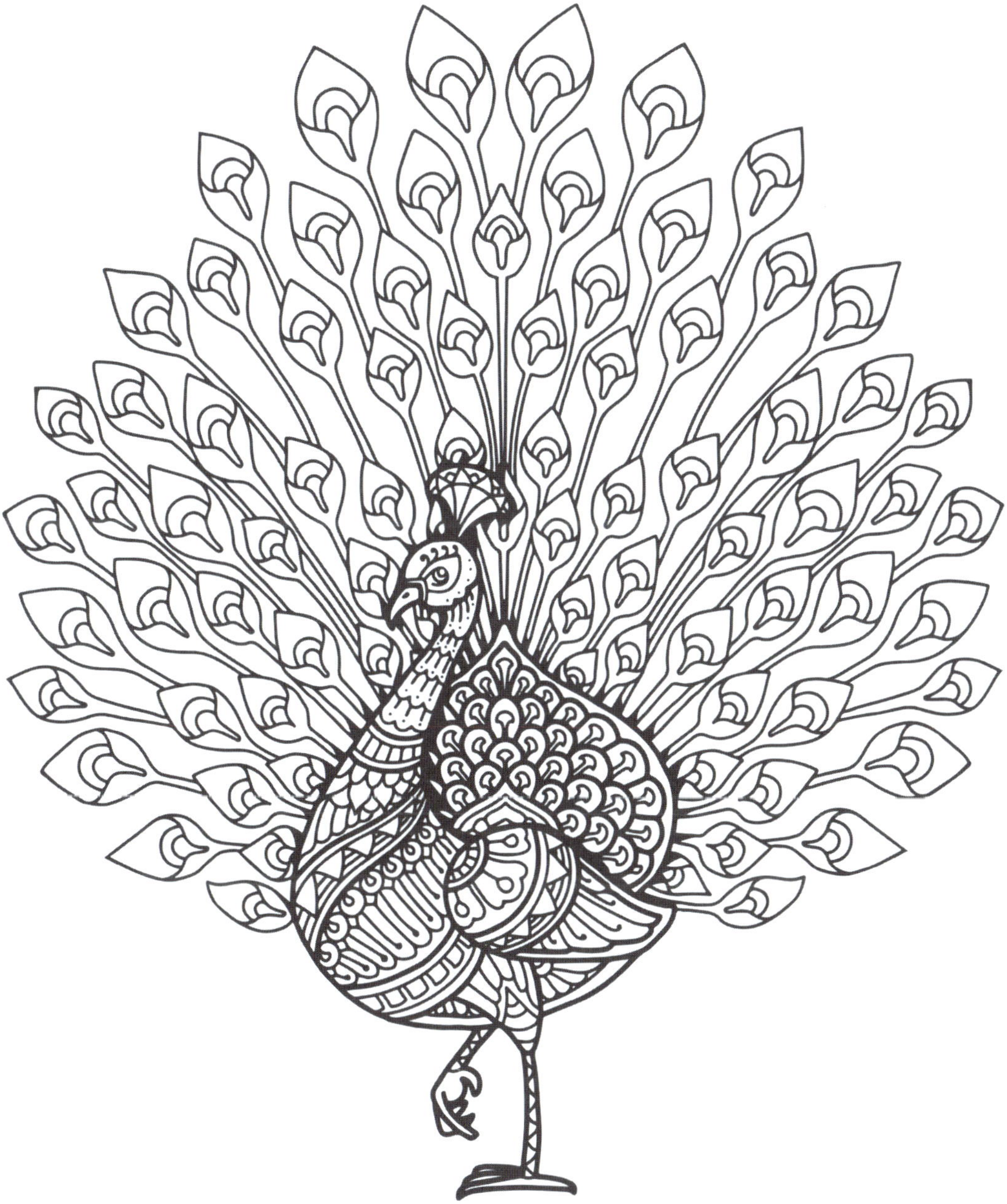

Las cometas se elevan contra y no a favor del viento.

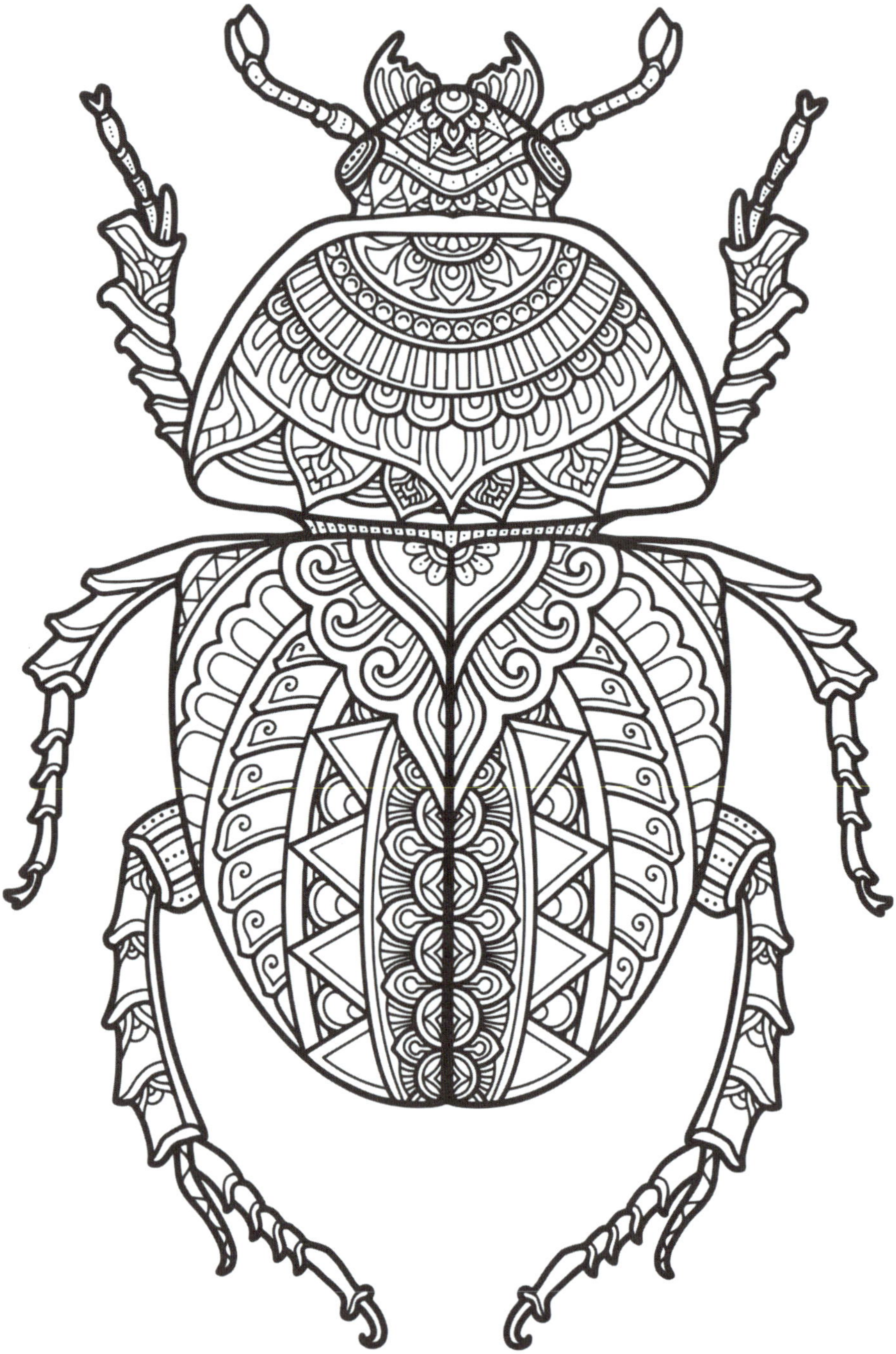

¿Tomas algo para ser feliz? Sí, decisiones.

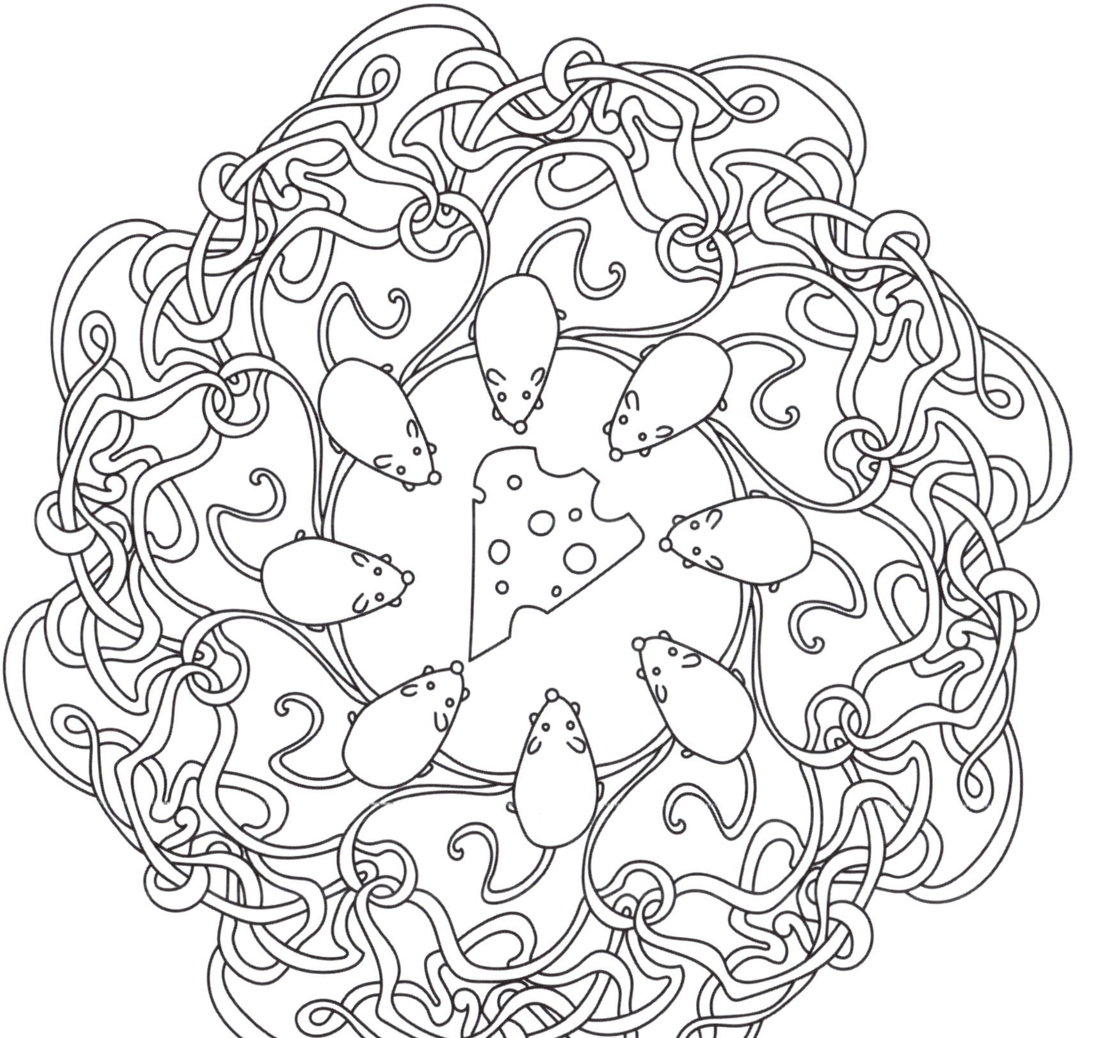

Hasta que no hagas las paces con lo que eres,
no estarás contento con lo que tienes.

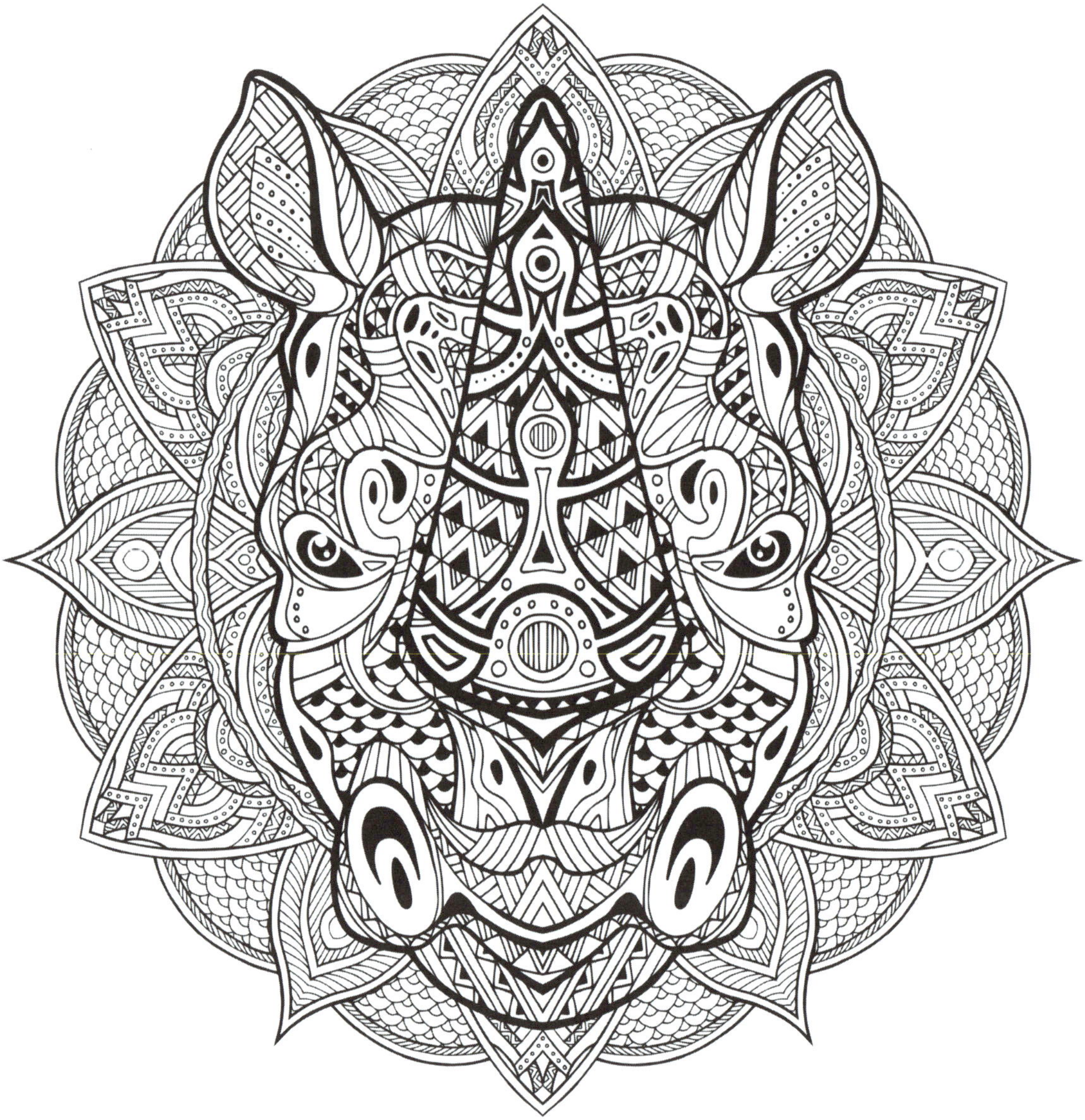

Deséalo, espéralo, sueñalo, pero por todos los medios... ¡Hazlo!

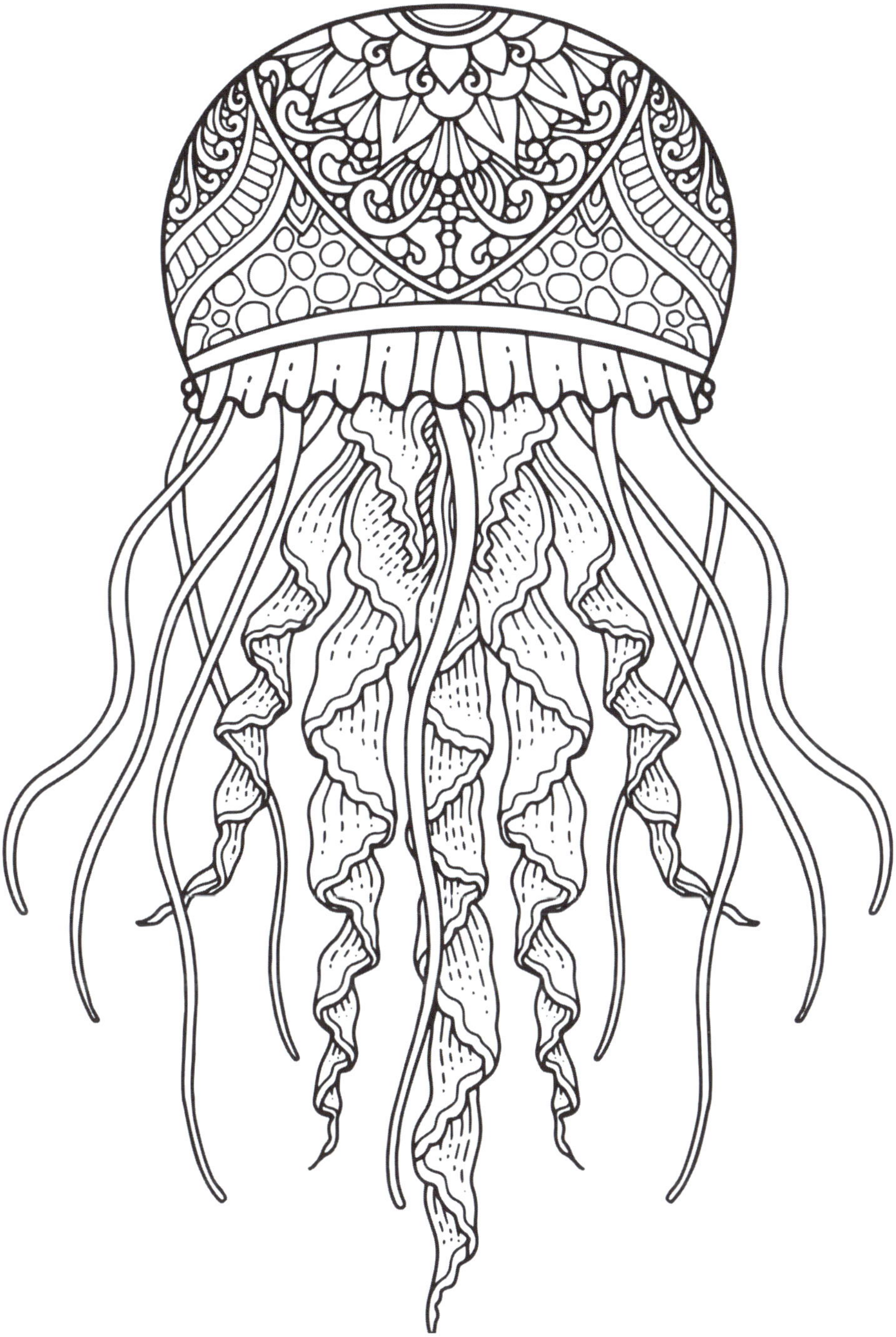

Si buscas resultados distintos, no hagas siempre lo mismo.

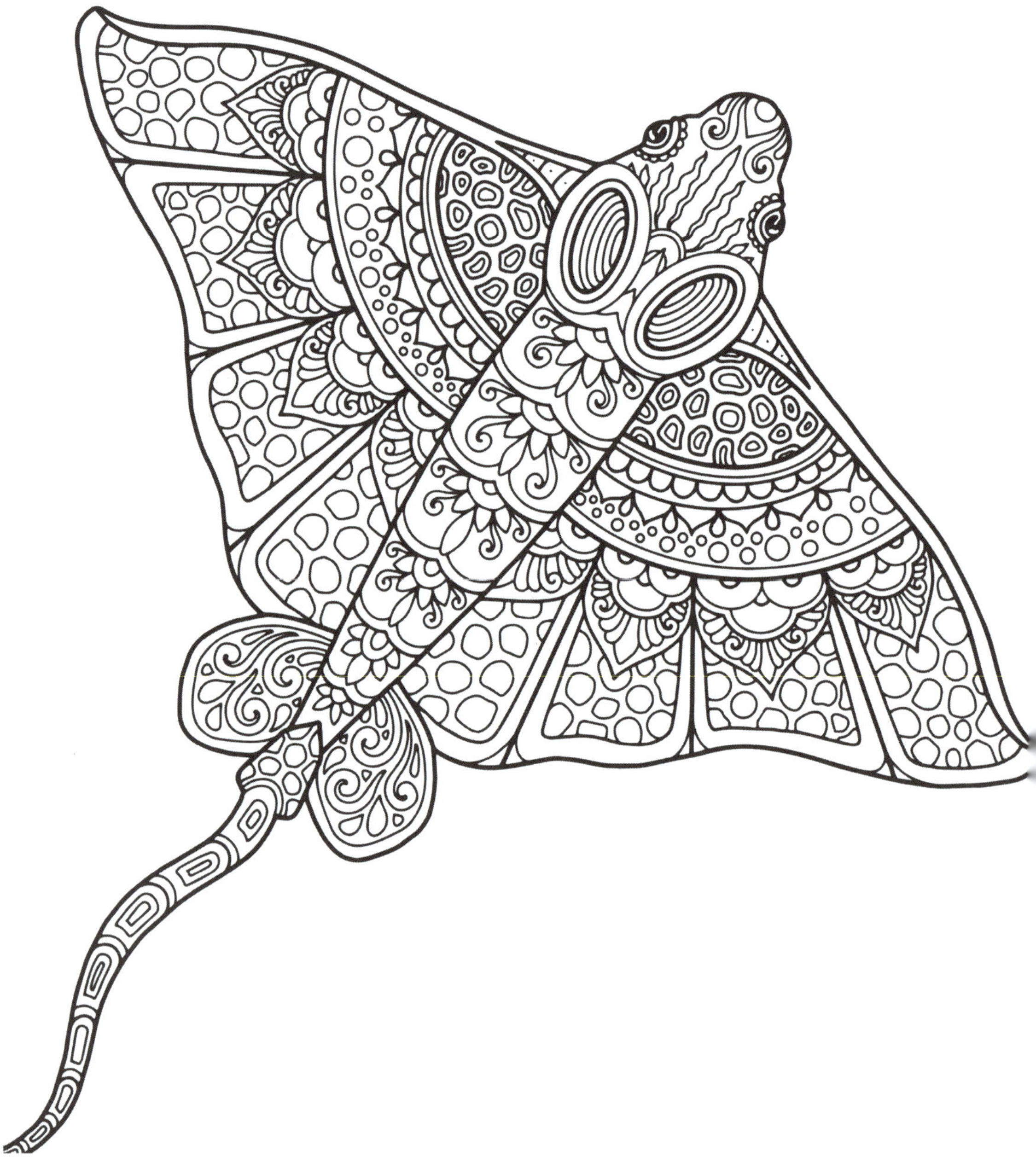

Un viaje de diez mil kilómetros empieza por un solo paso.

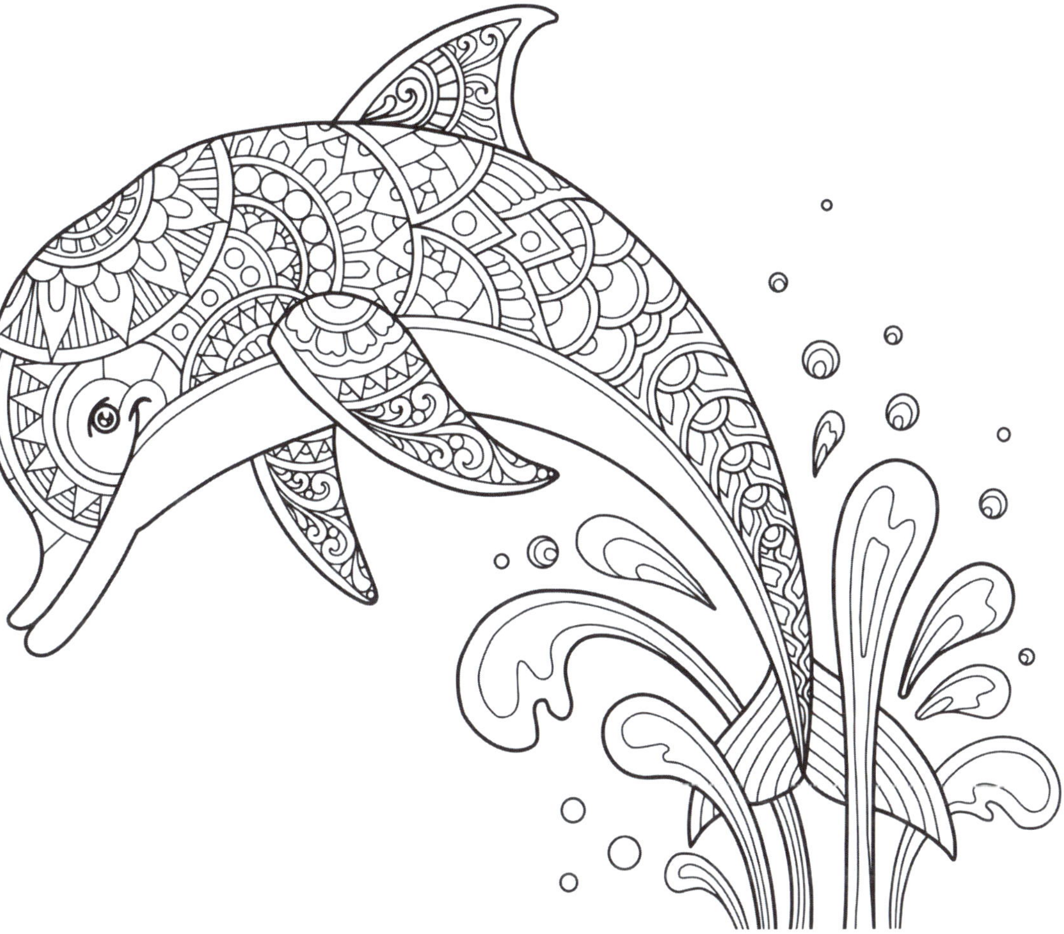

Si cambias el modo en que miras las cosas,
las cosas que miras cambian.

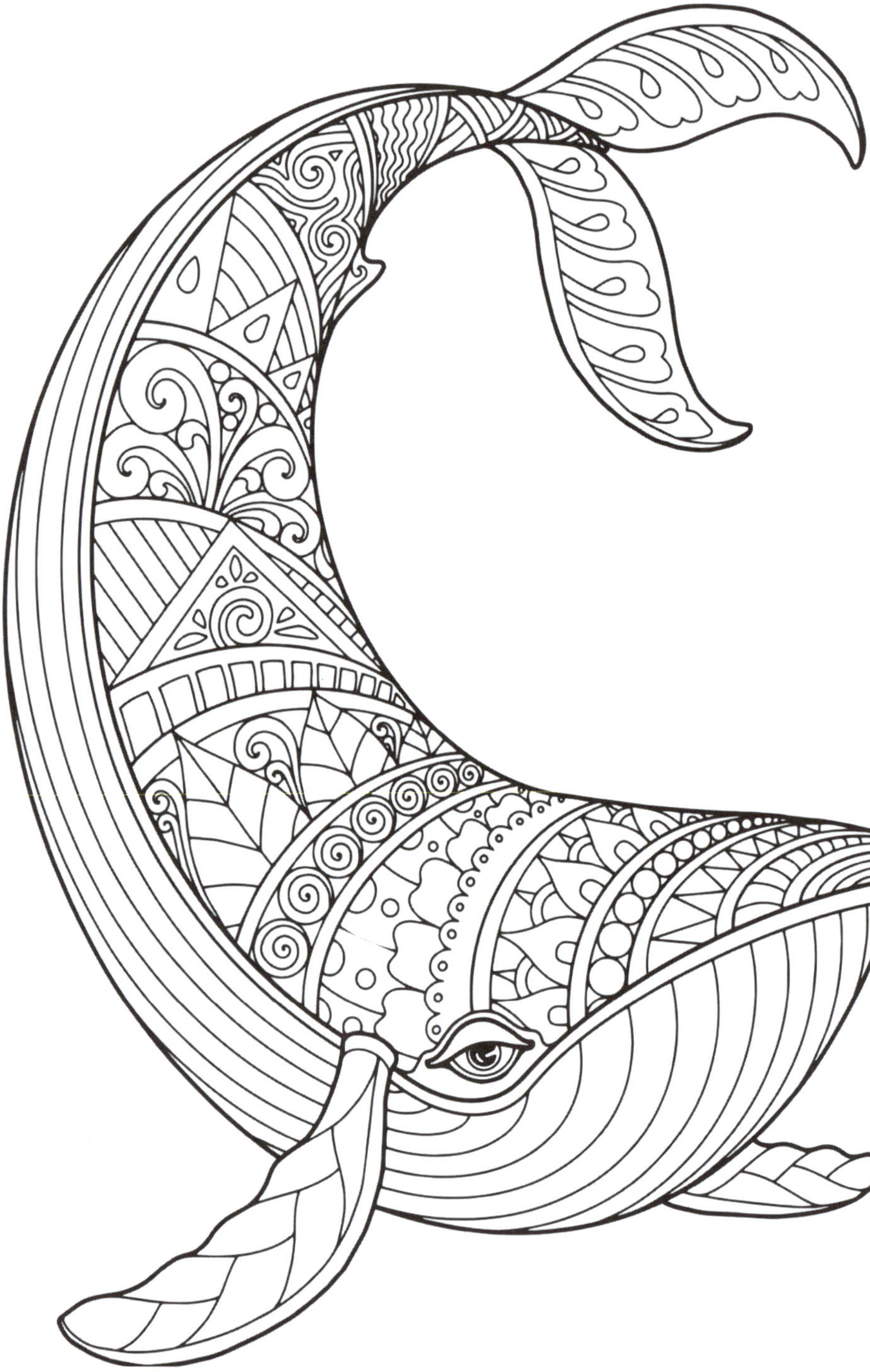

En toda historia de éxito encontrarás a alguien
que tomó una decisión valiente.

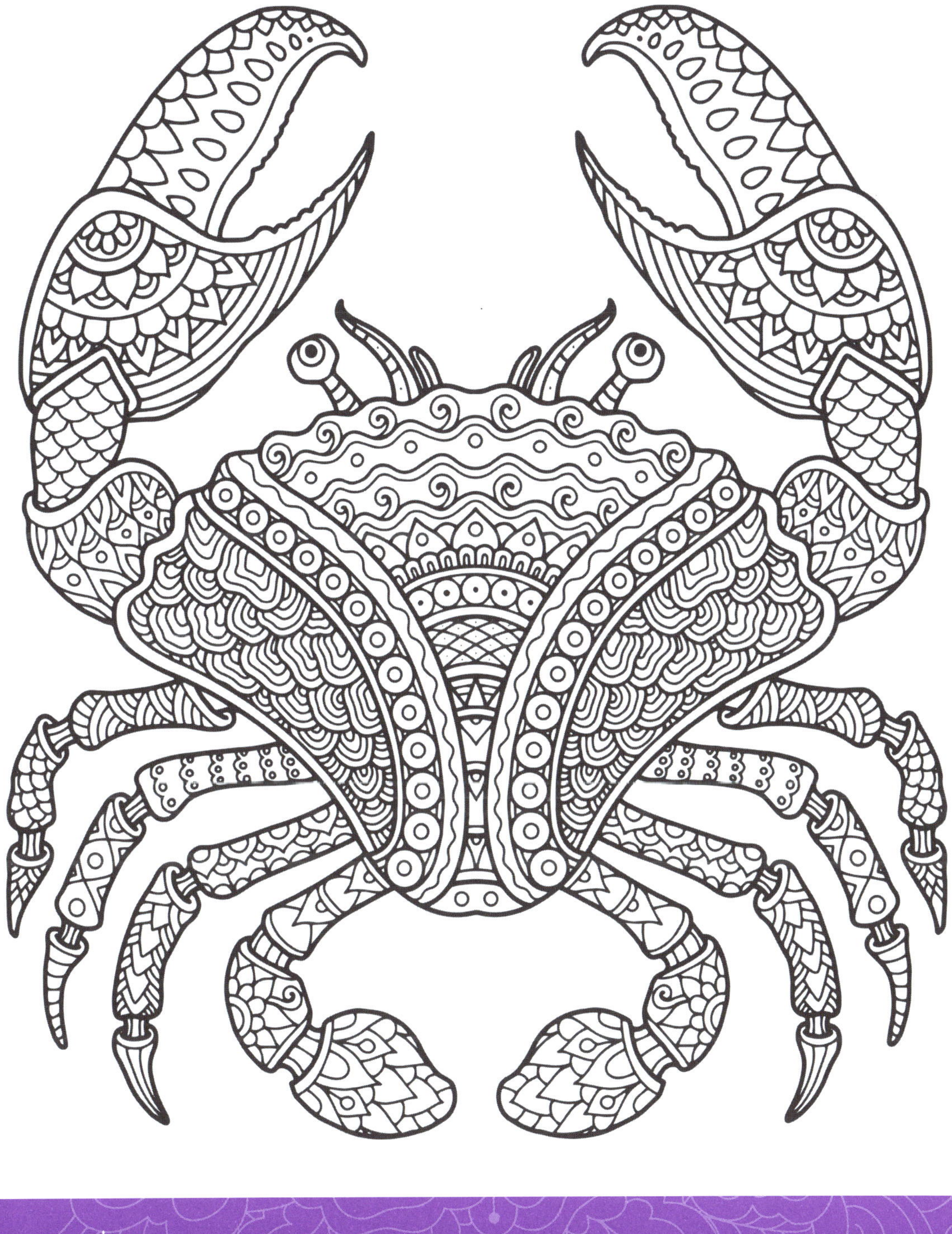

Hay algo en ti que el mundo necesita.

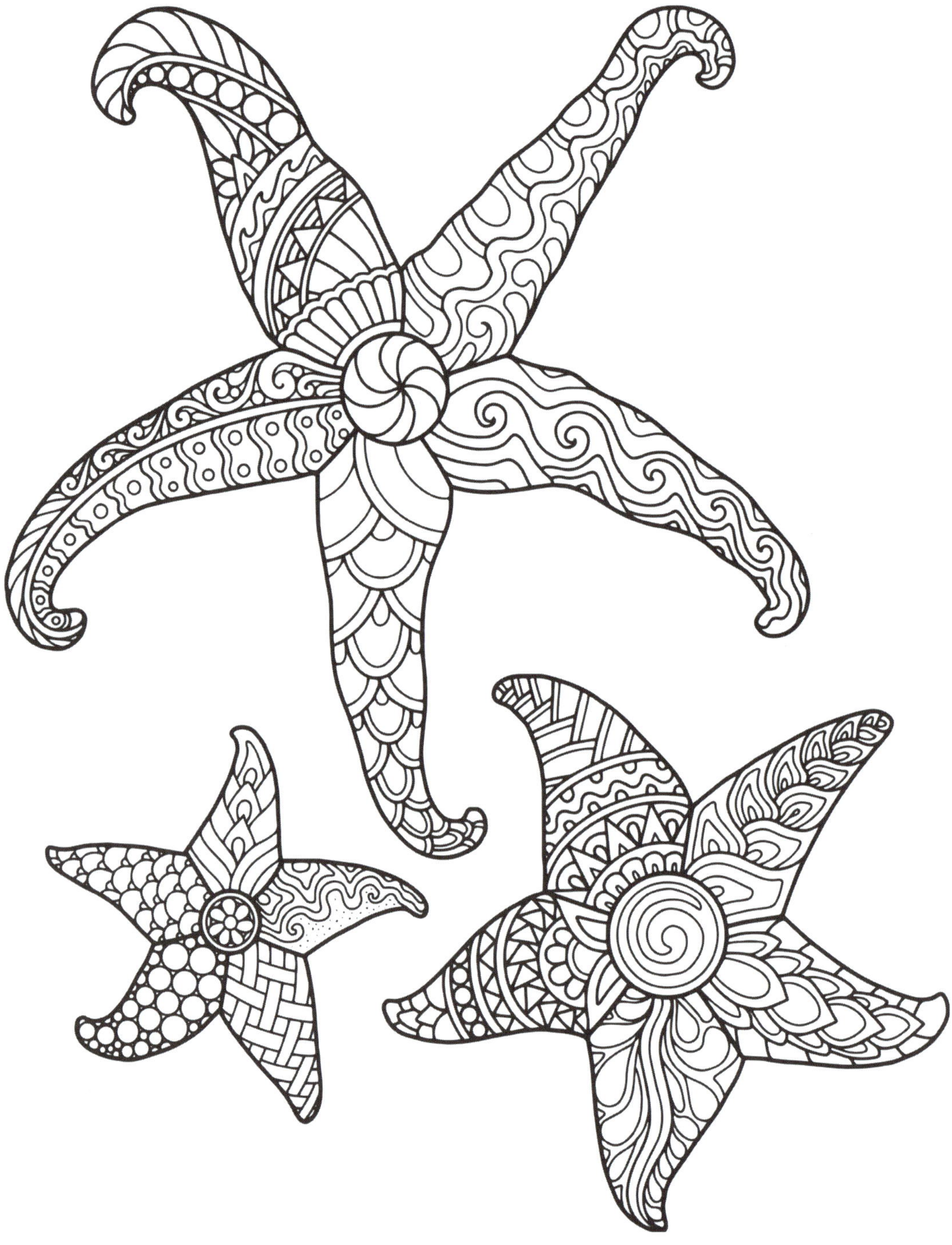

Apunta a la luna. Si fallas,
podrías dar a una estrella.

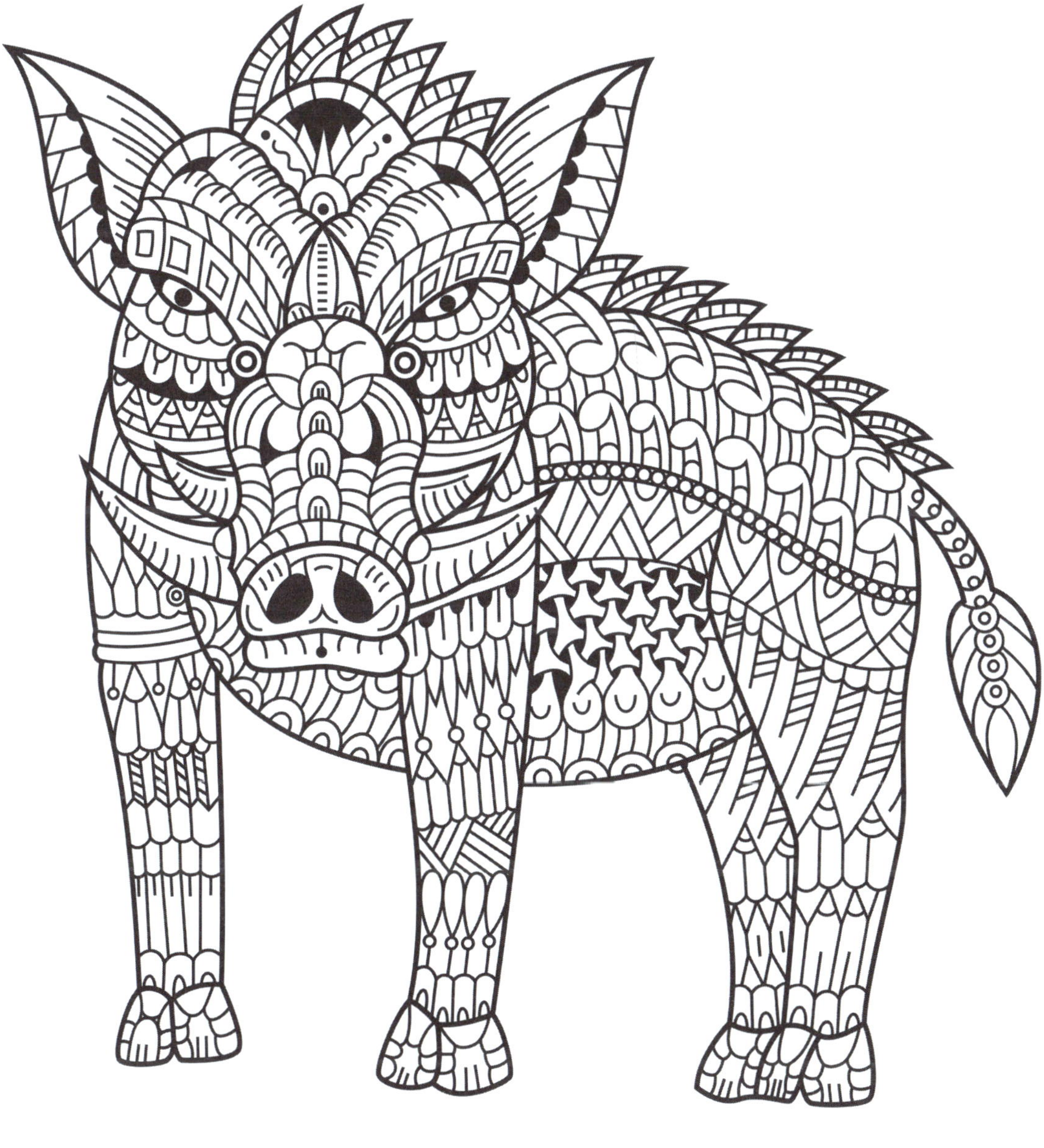

No dejes que el miedo te impida ser feliz.

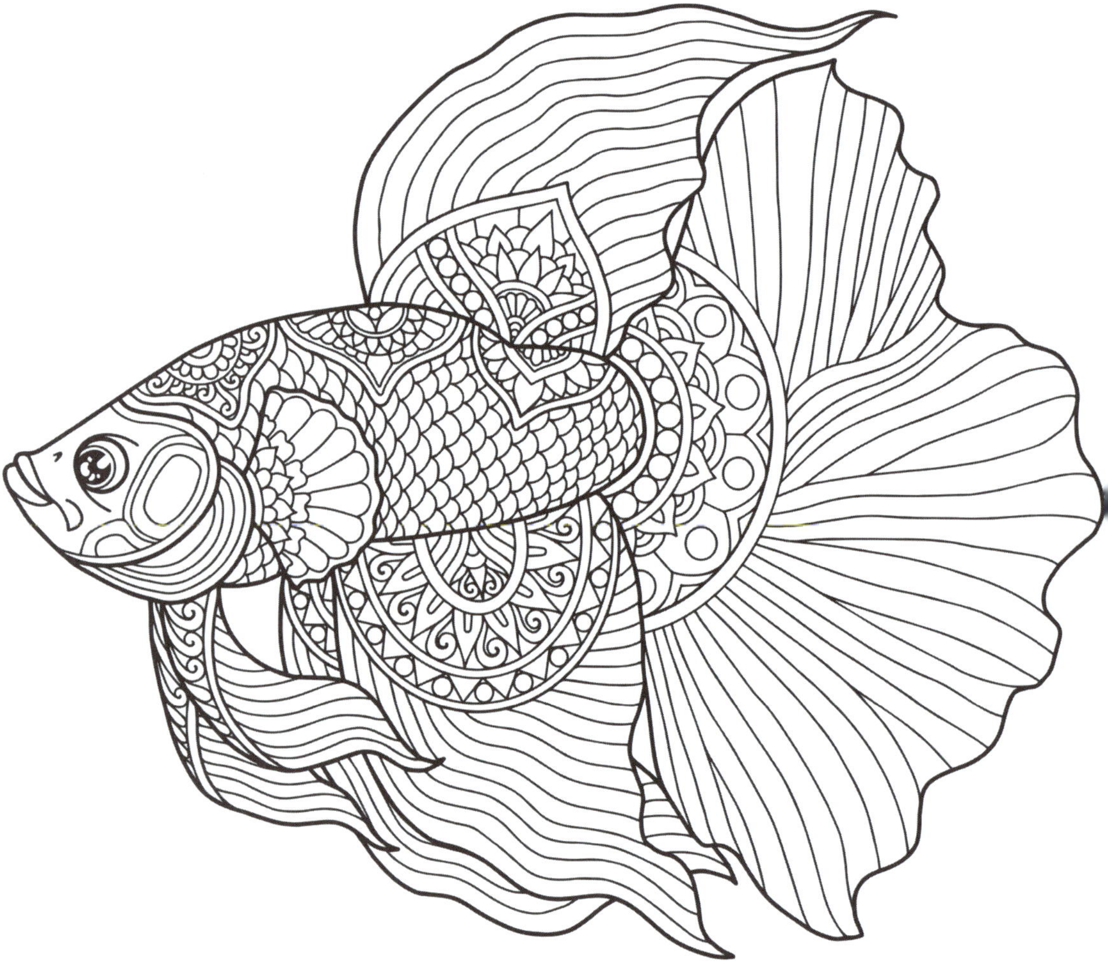

Avanza con confianza en la dirección de tus sueños.

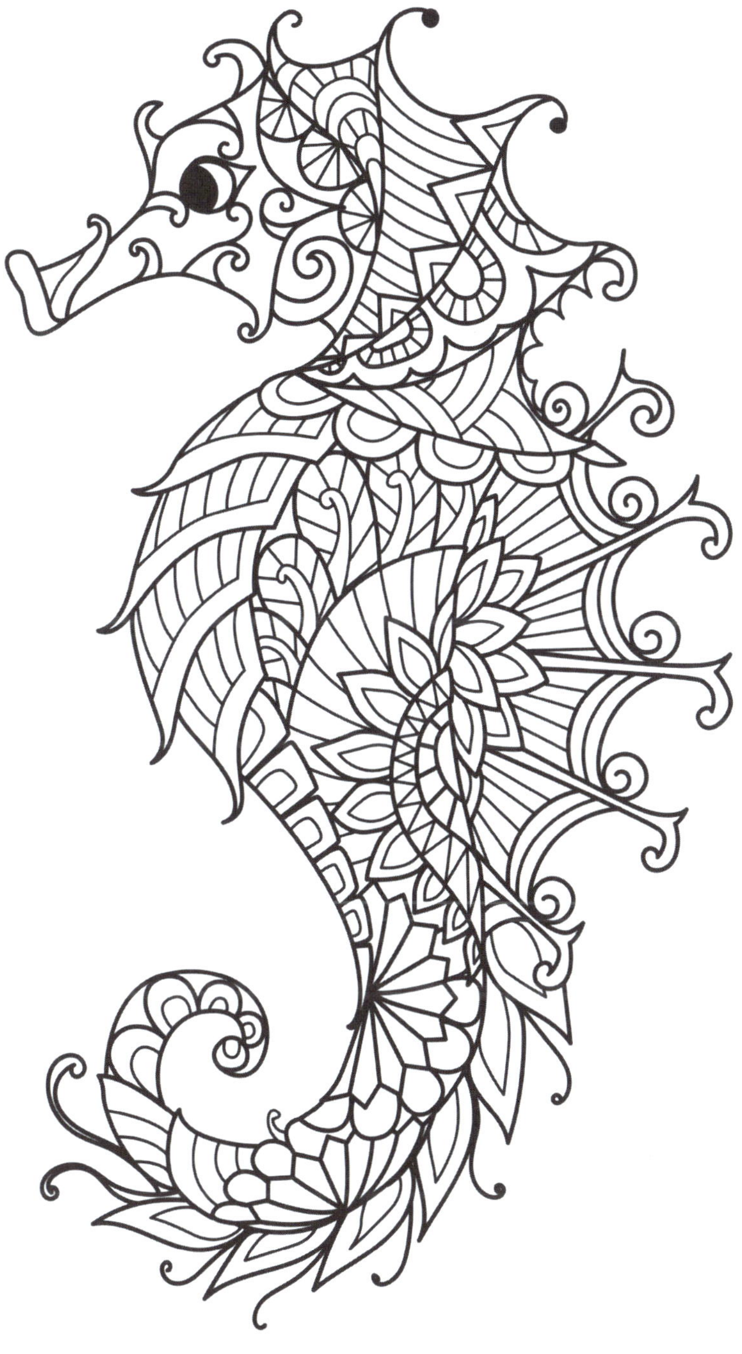

La buena fortuna favorece a los atrevidos.

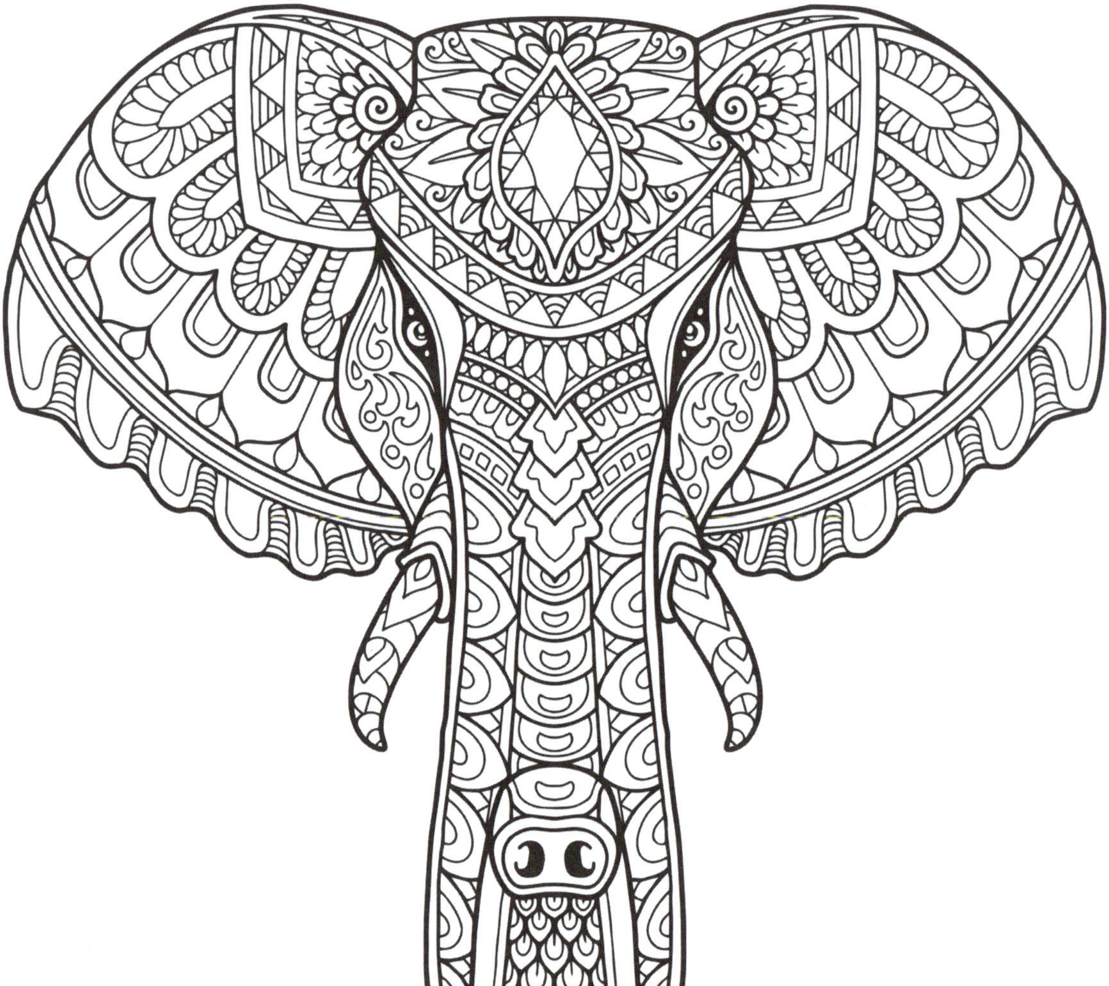

La felicidad no está en lo que tú tienes sino en tu actitud.

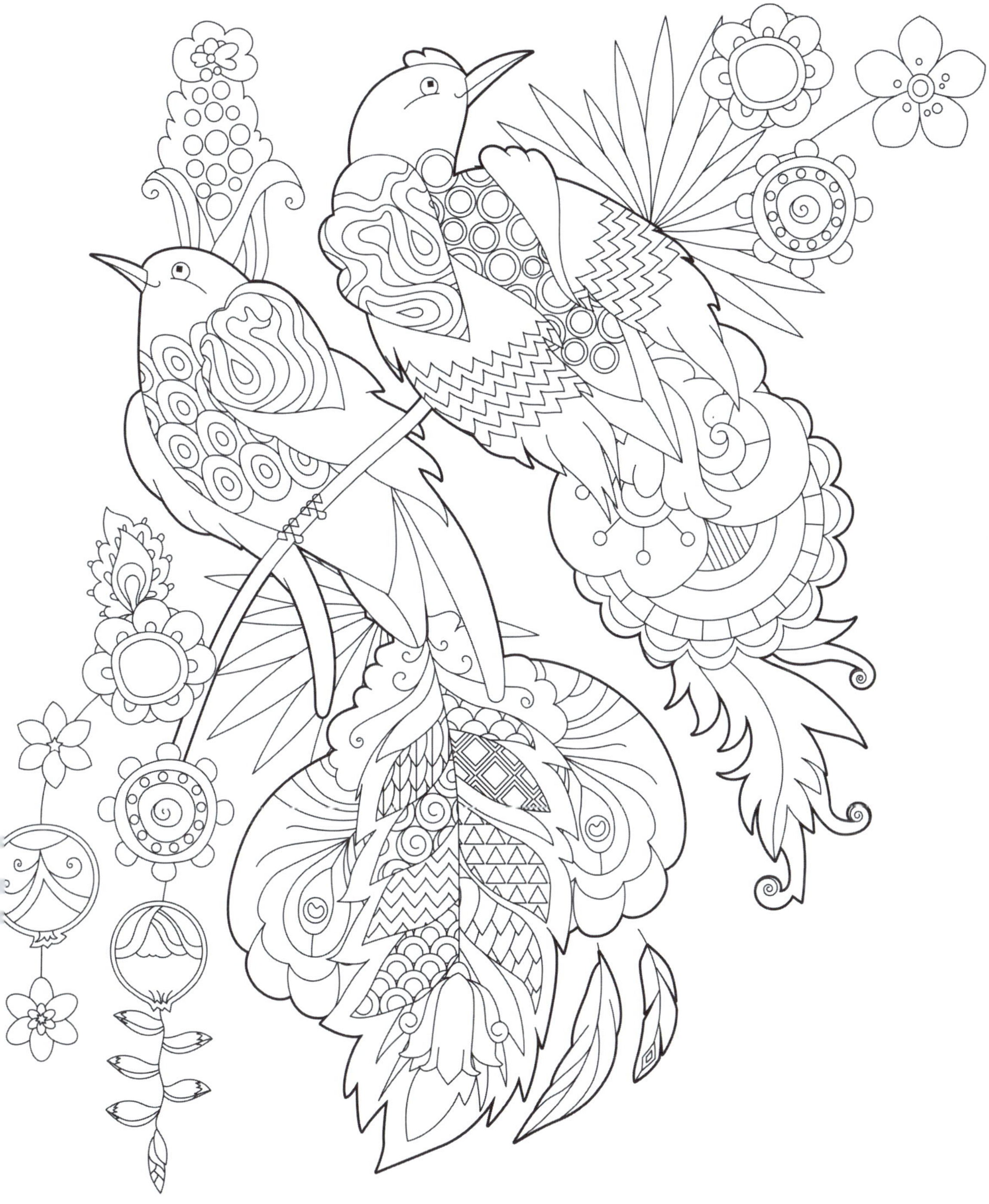

Todo lo que quieres está al otro lado del miedo.

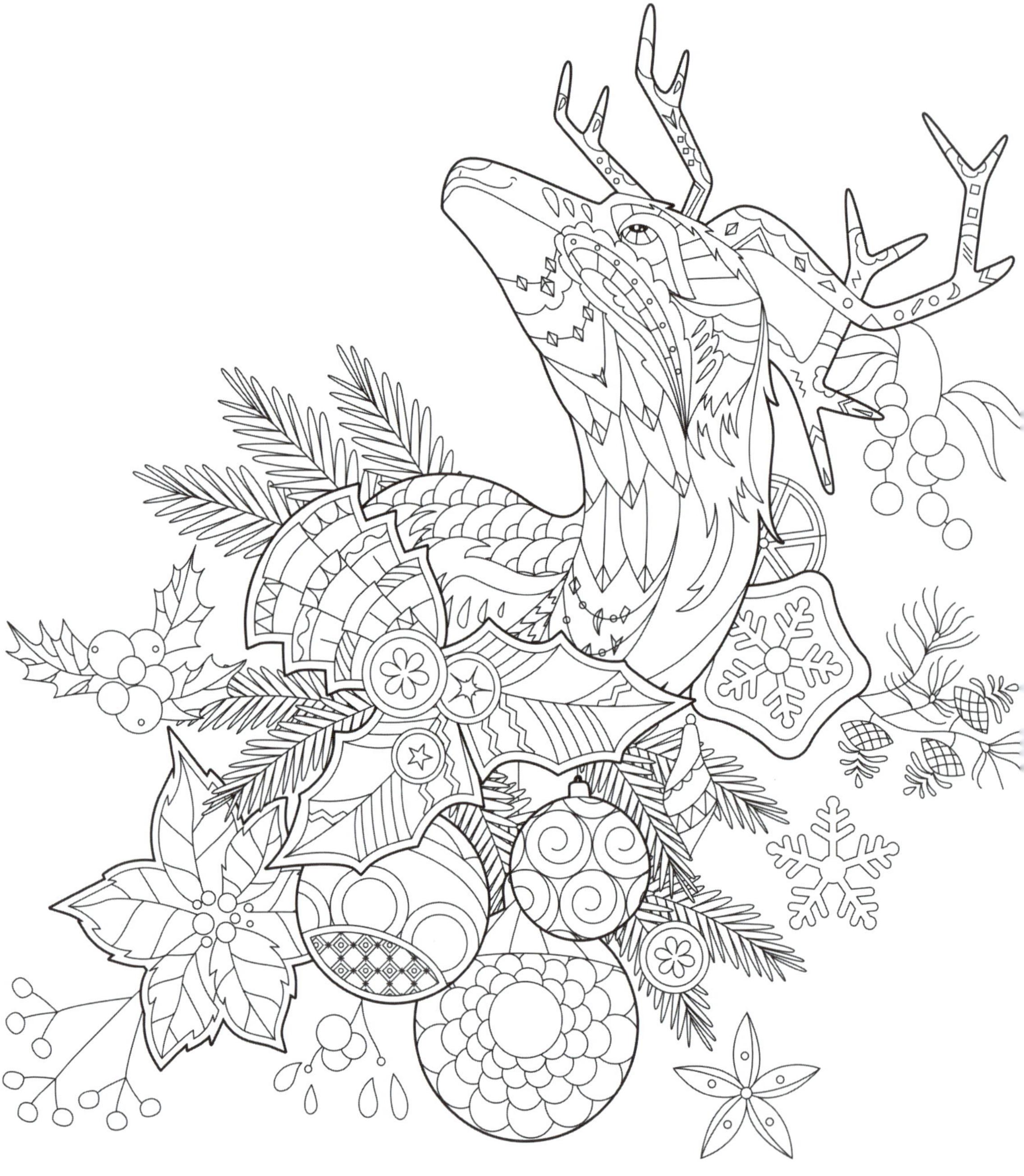

Las oportunidades no pasan. Las creas.

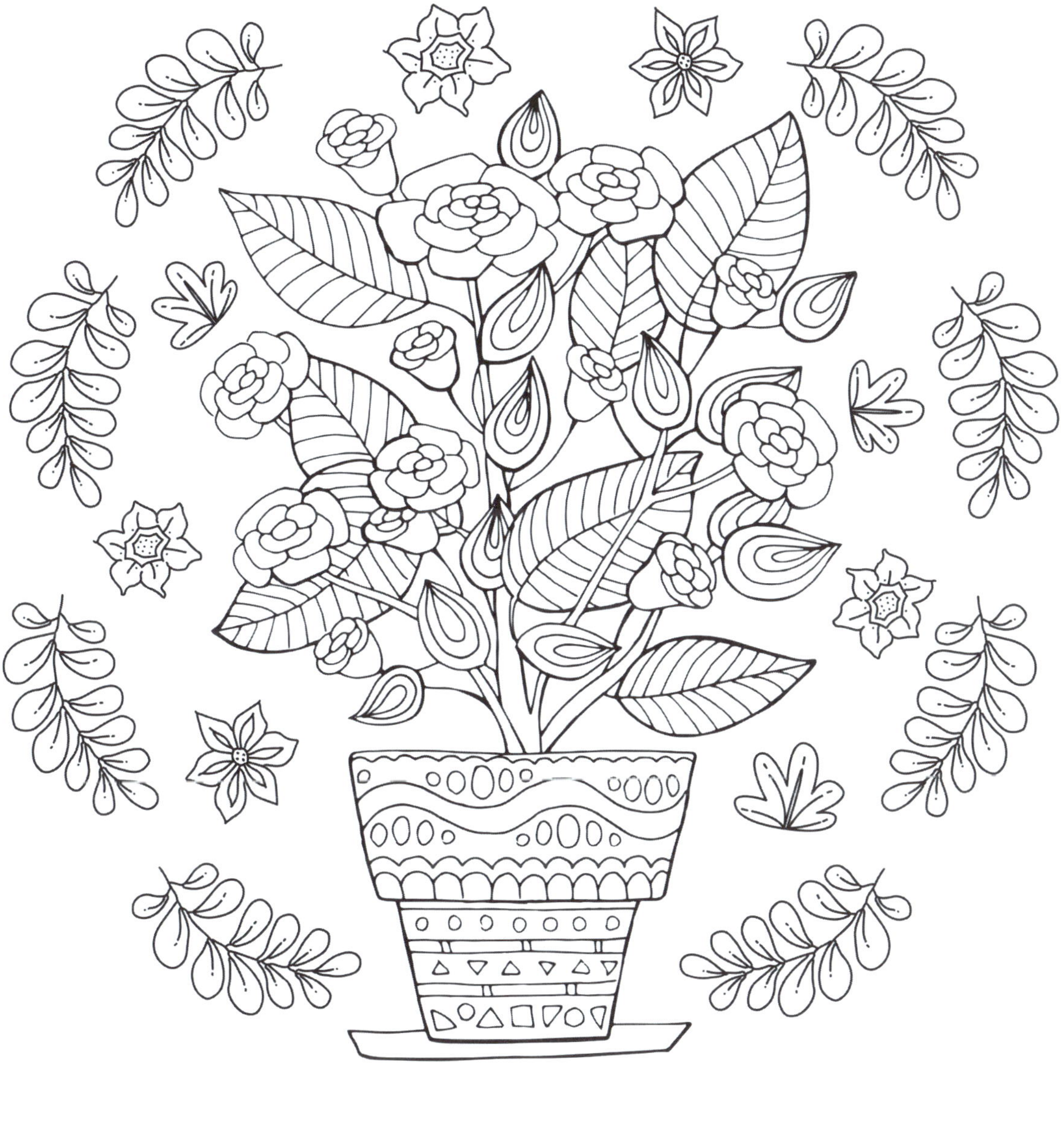

El hombre no sabe de lo que es capaz hasta que se le pregunta.

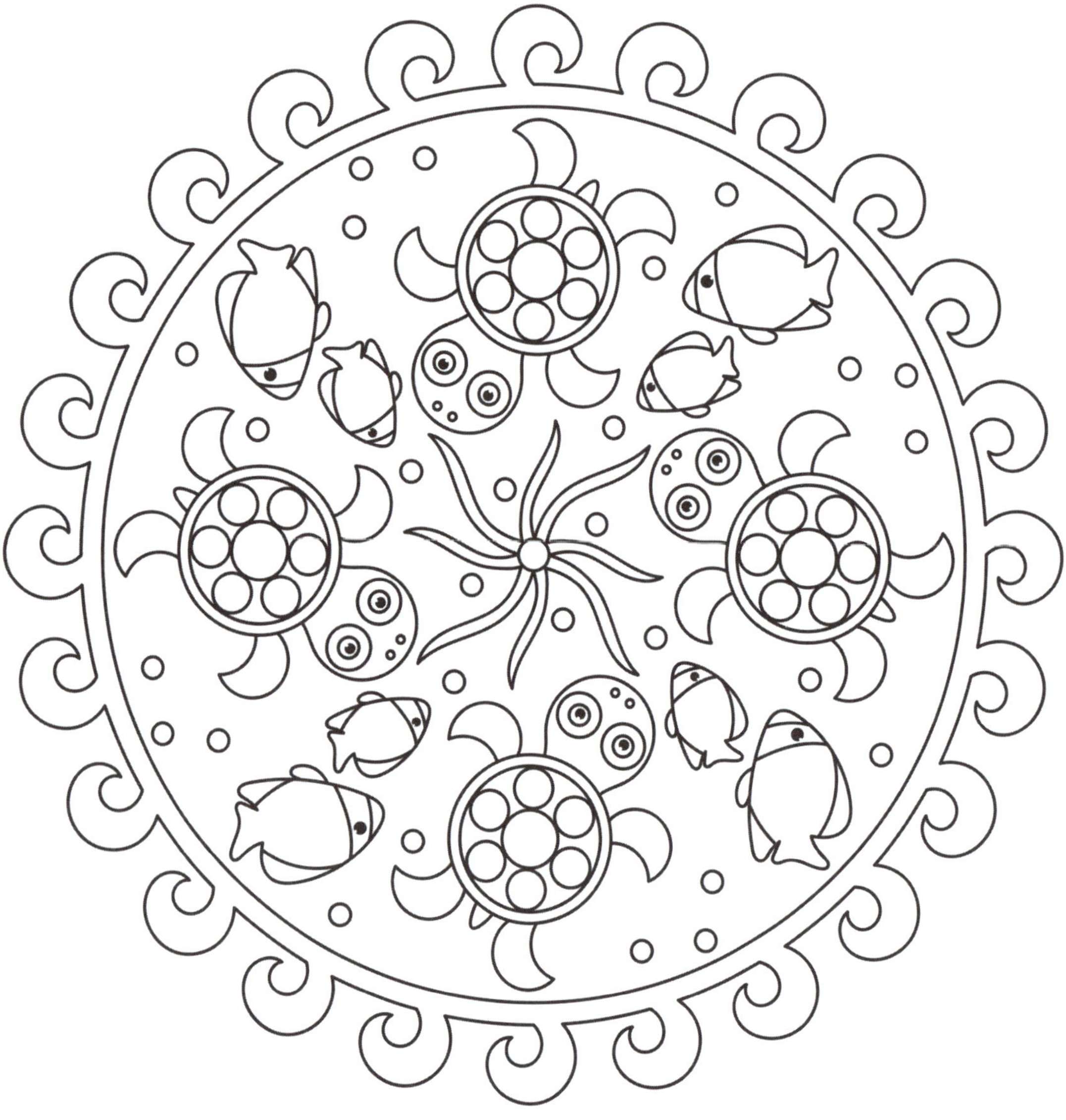

Cuanto más lejos pienses, más lejos llegarás.

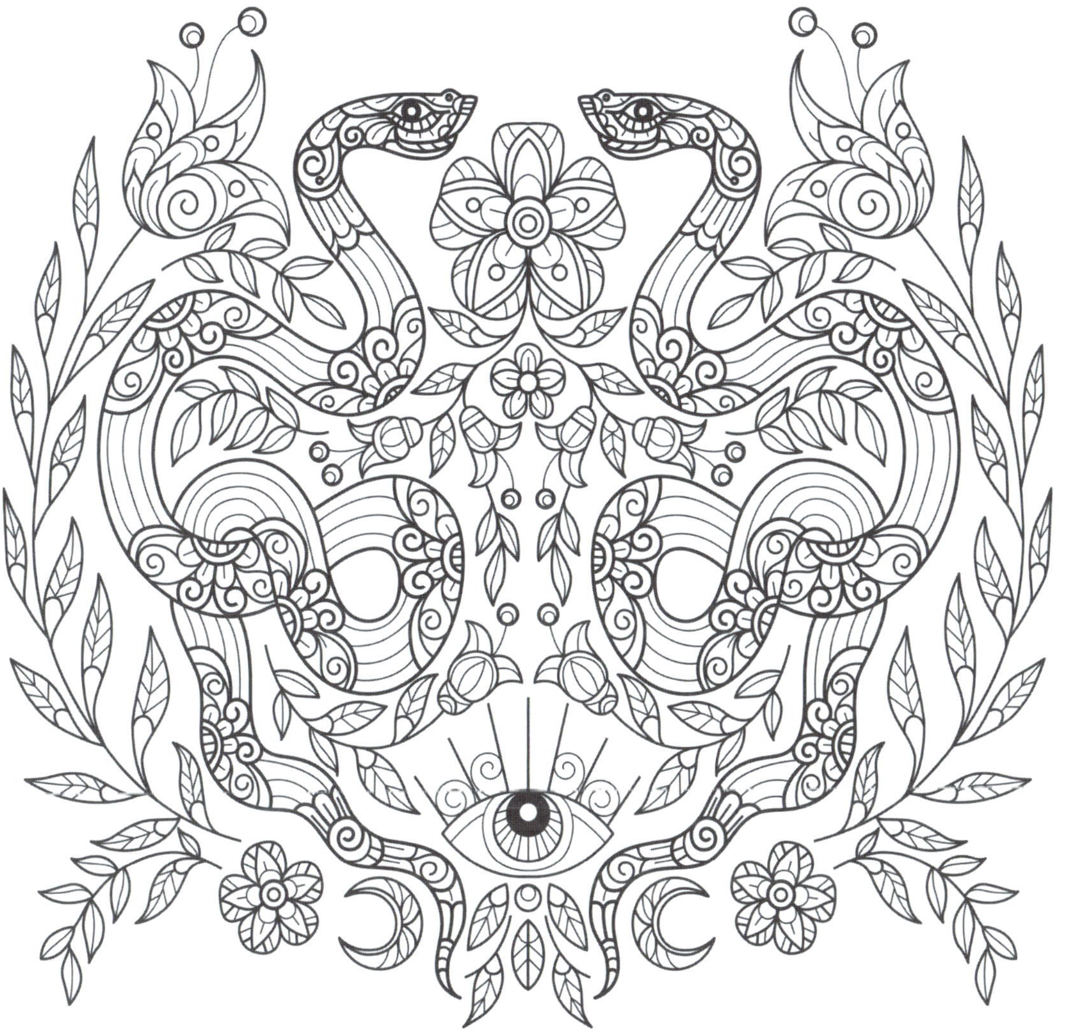

Siempre parece imposible hasta que se hace.

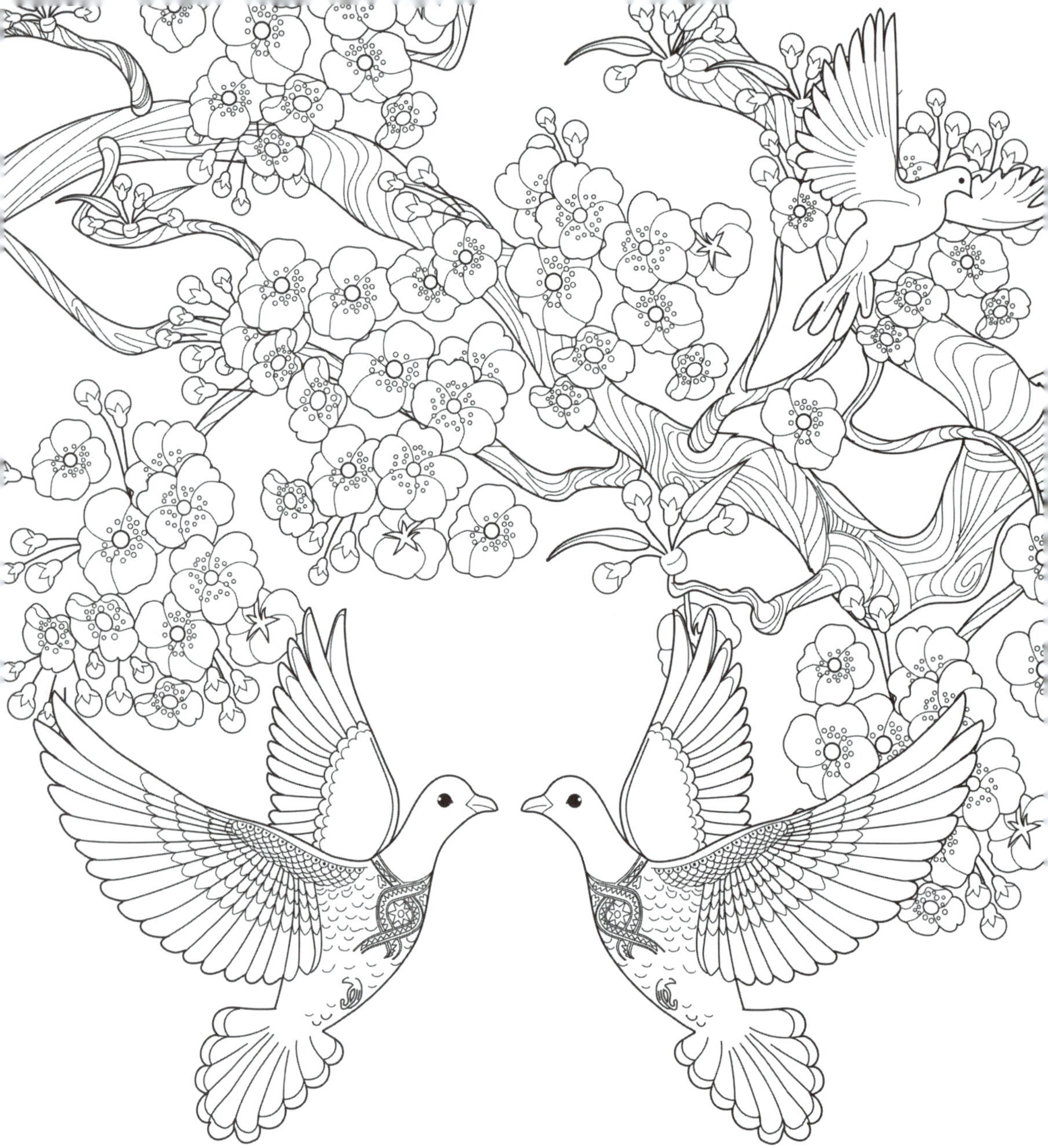

Si crees que puedes, ya estás a medio camino.

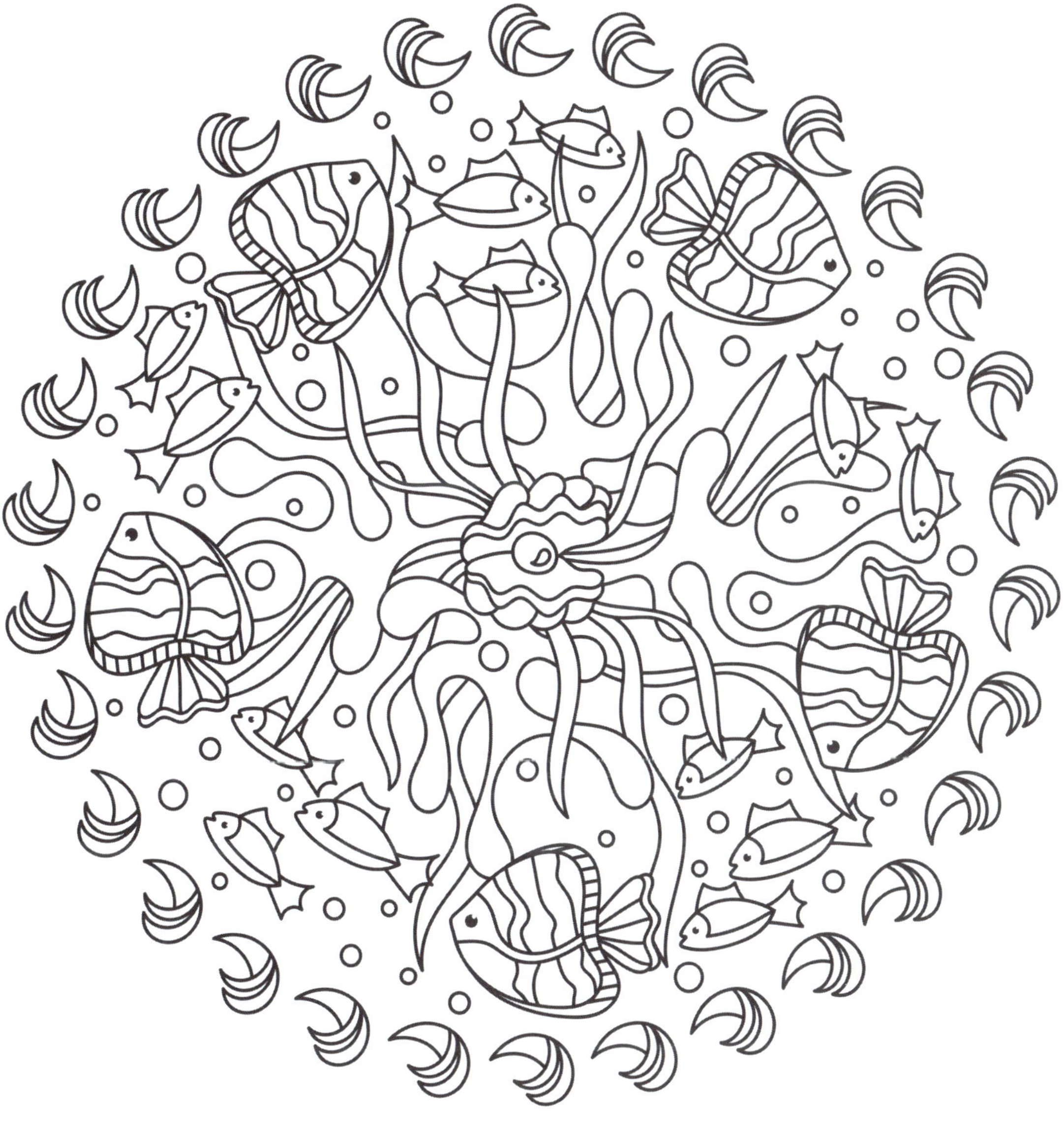

Trabaja duro, sé amable y ocurrirán cosas asombrosas.

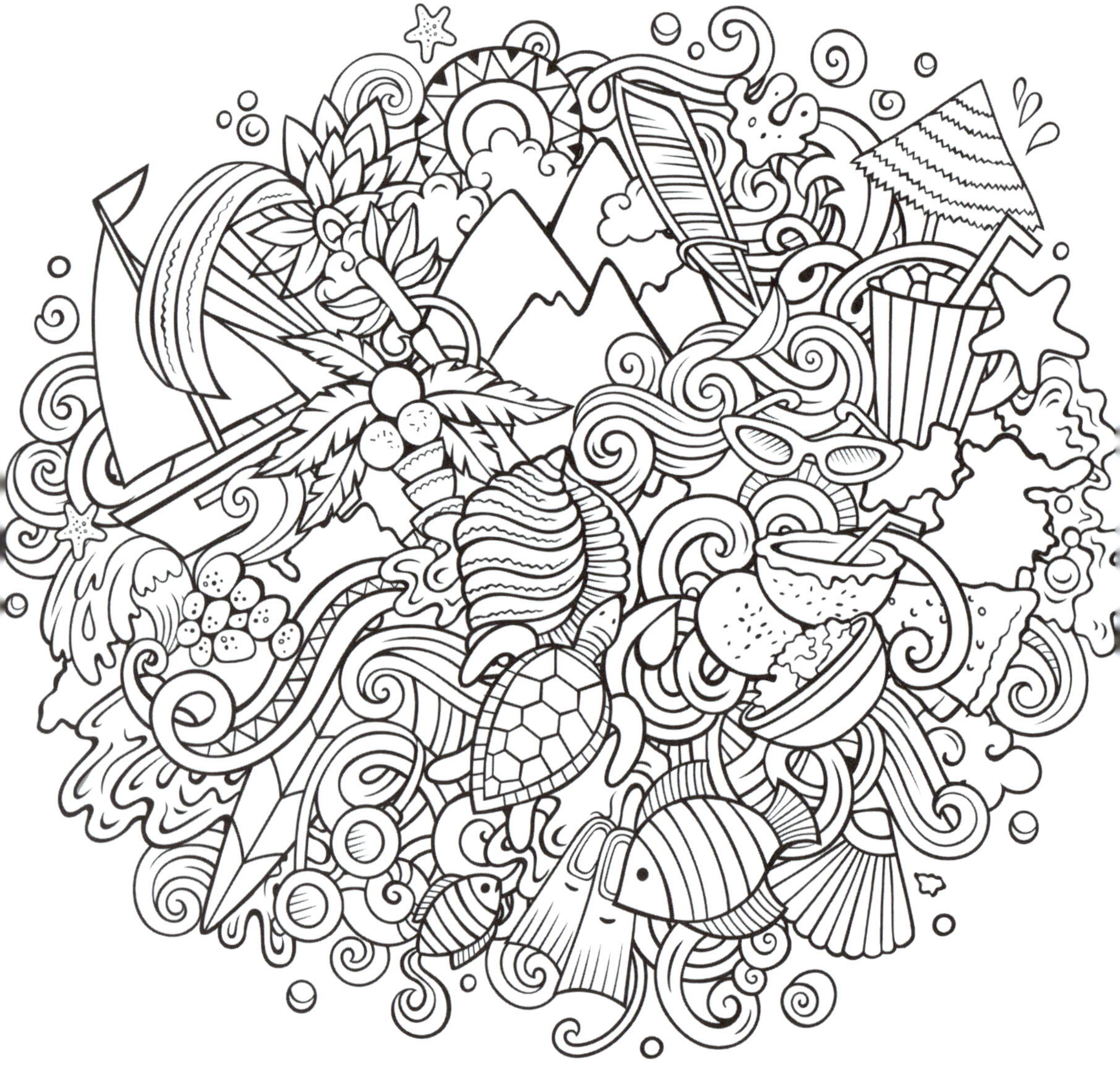

No importa la edad, siempre hay algo bueno que superar.

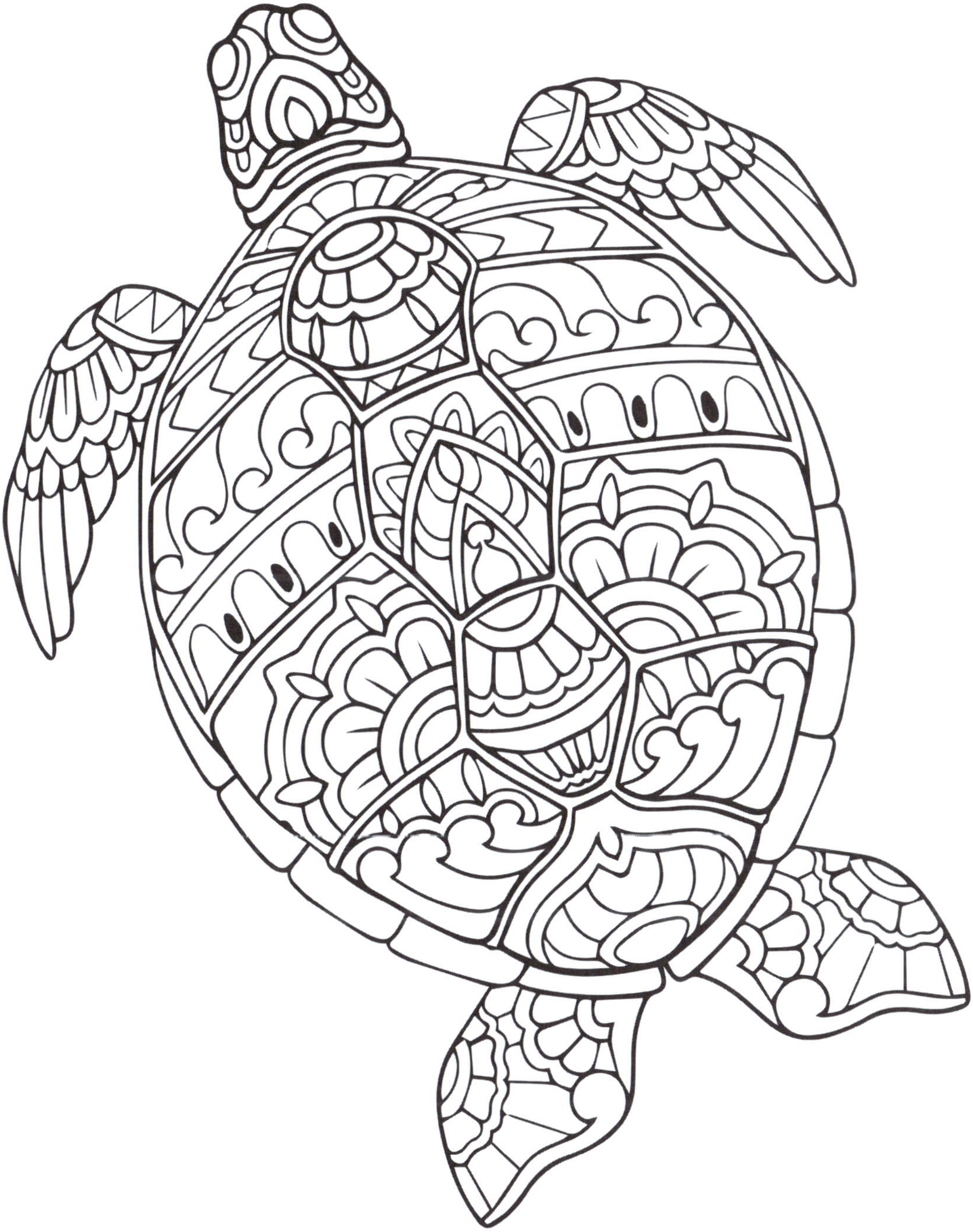

Disfruta de tu propia vida sin compararla con la de otro.

Cada vez que una puerta a la felicidad se cierra,
inmediatamente se abre otra.

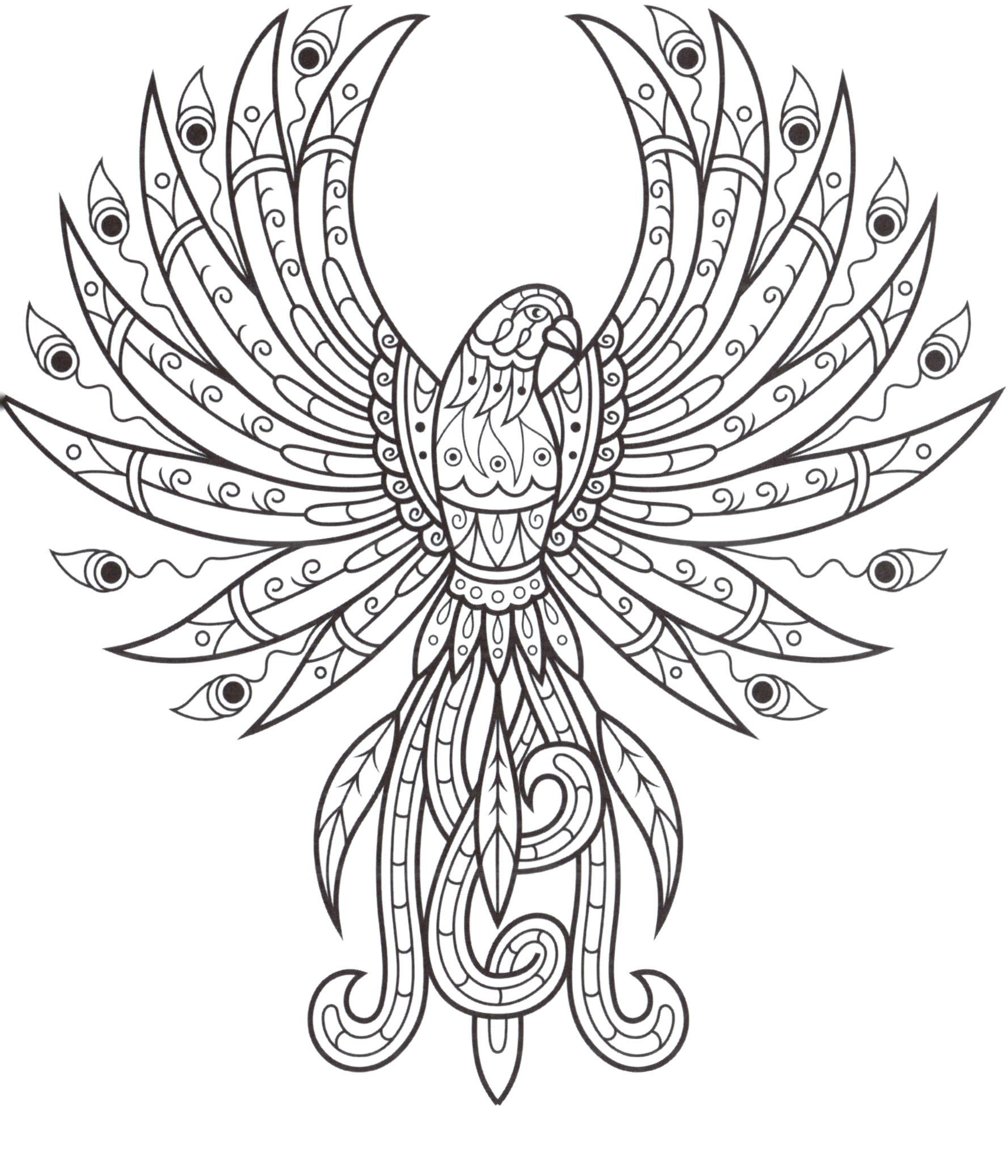

*Todos nuestros sueños se pueden hacer realidad
si tenemos el coraje de perseguirlos.*

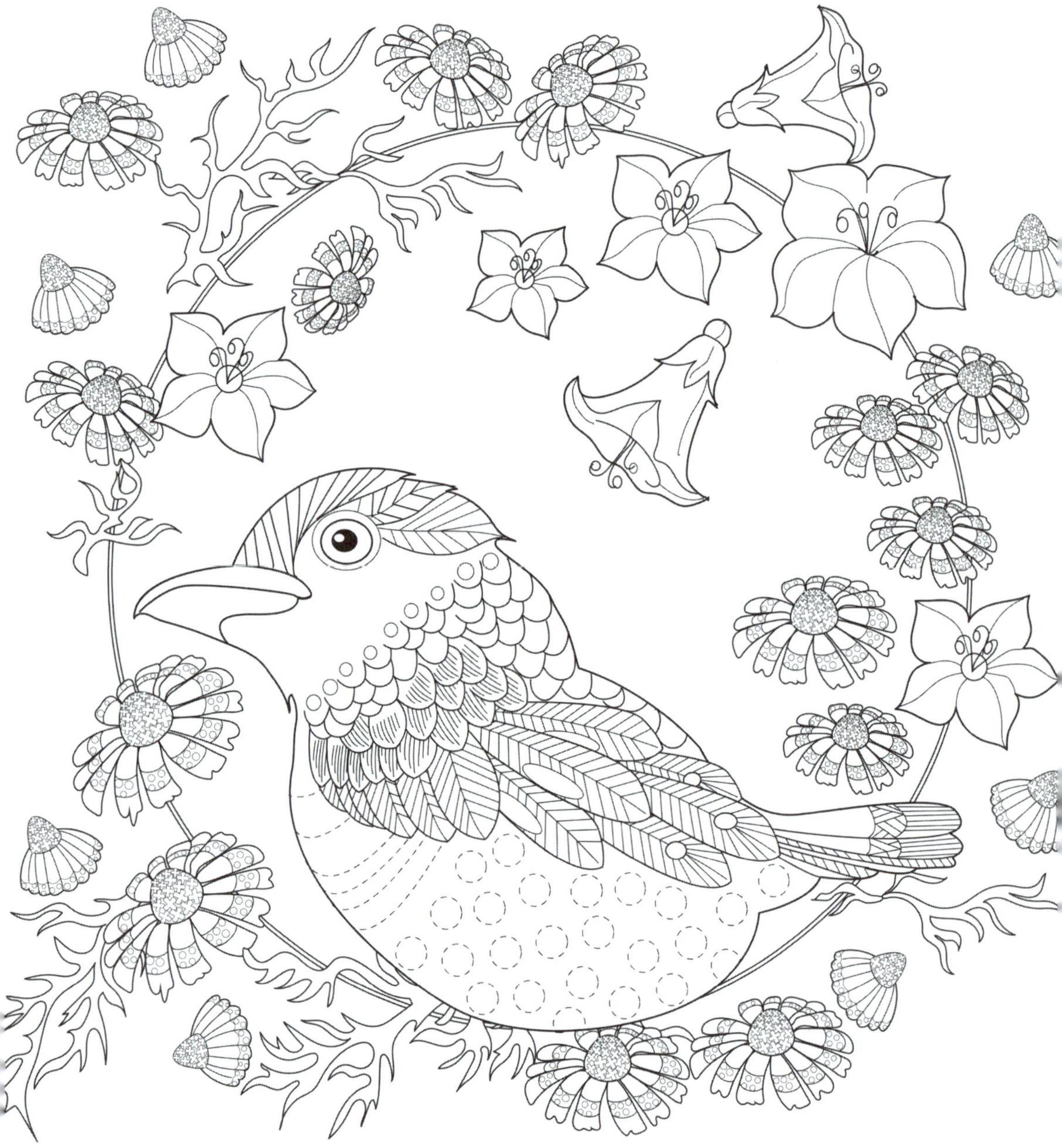

Si no puedes dejar de pensar en algo, no dejes de trabajar en ello.

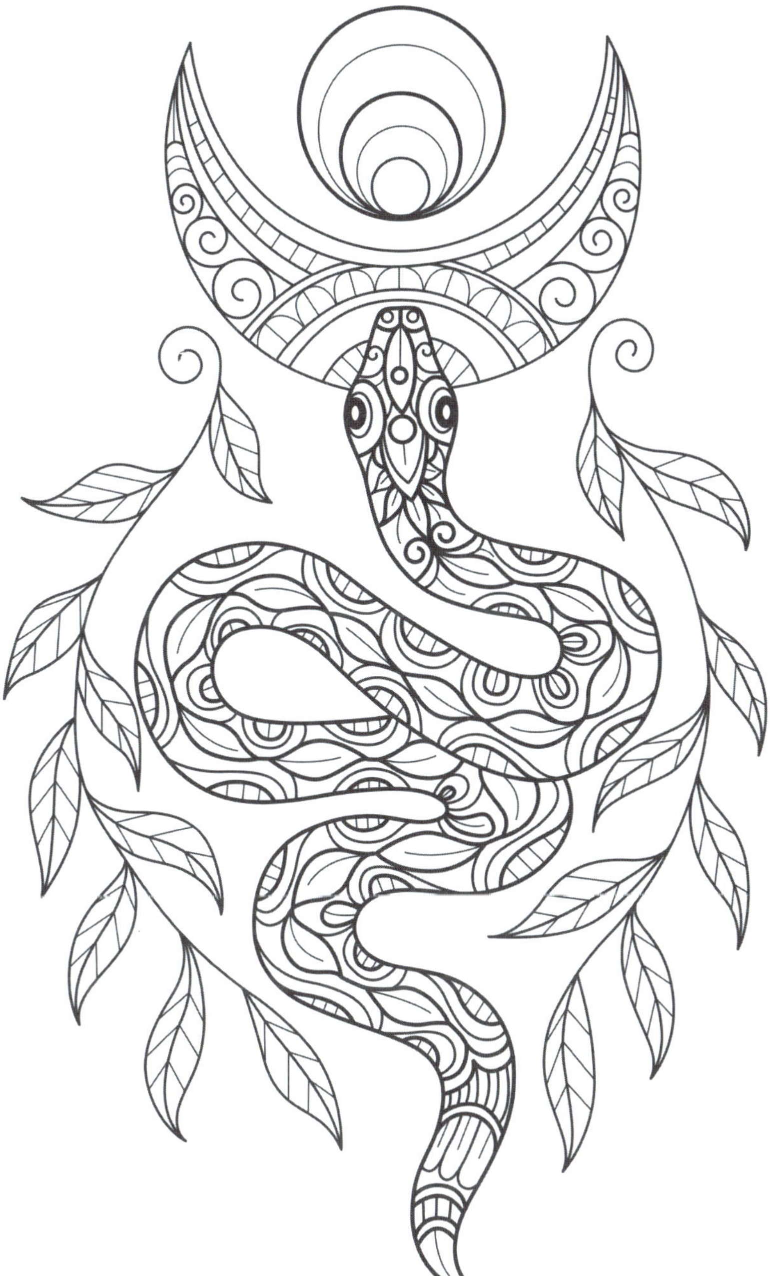

Pasas toda tu vida a tu lado así que aprovecha
y disfruta de tu compañía.

VISUALIZACIÓN

Siempre es el momento adecuado para hacer lo correcto.

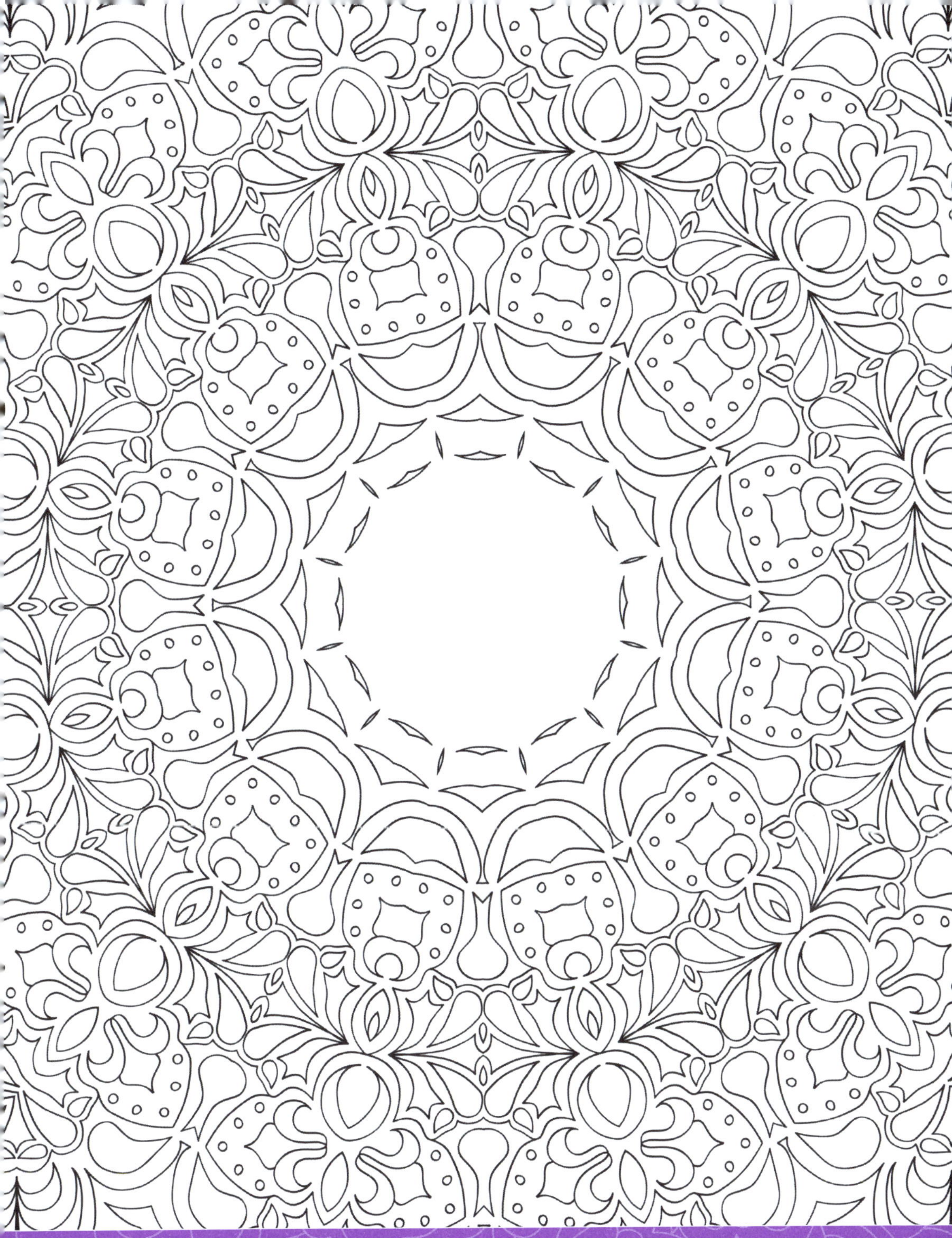

Mantén tu rostro siempre hacia la luz del sol,
y las sombras caerán detrás de ti.

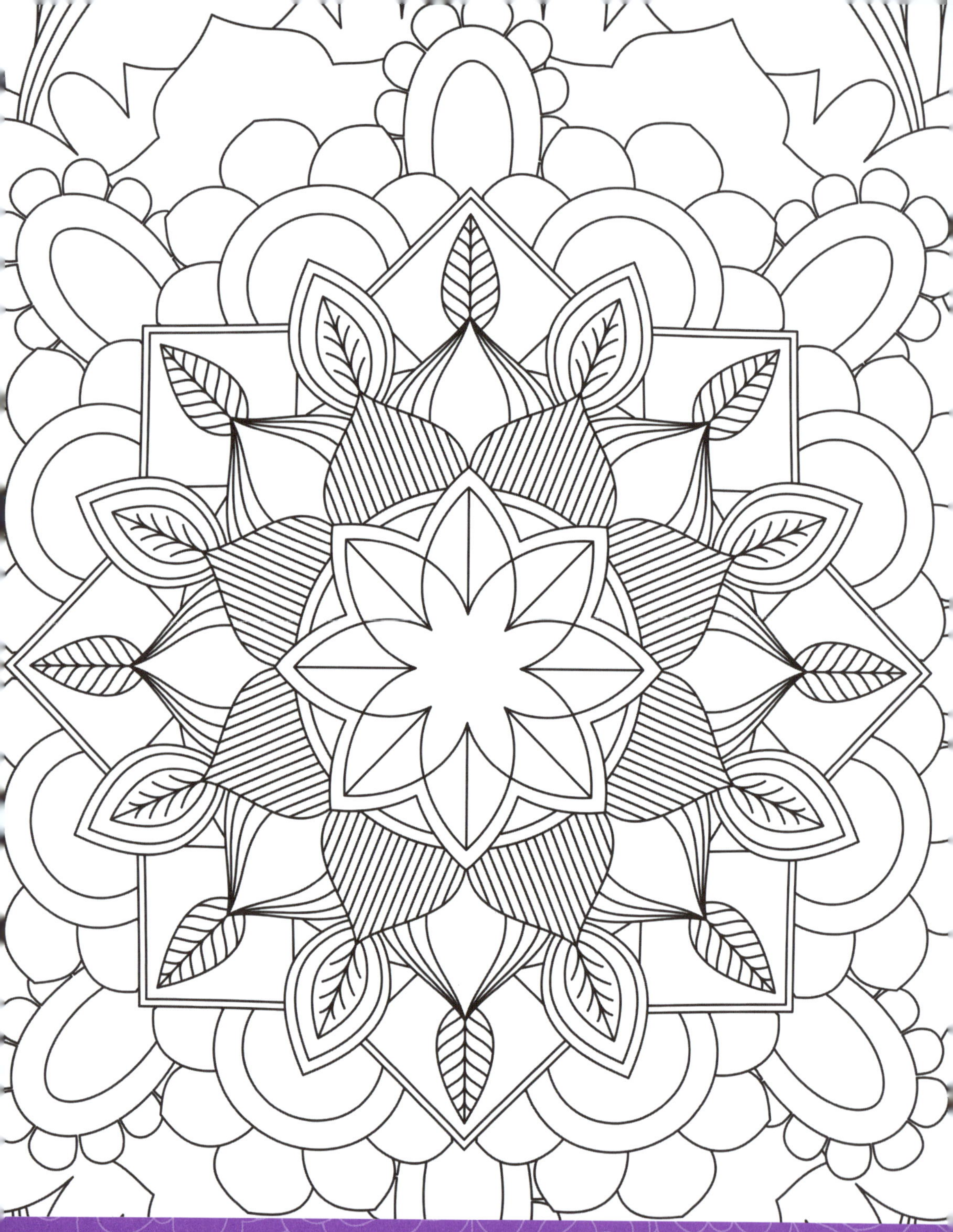

Nunca dobles la cabeza. Mantenla siempre alta para mirar al mundo directamente a los ojos.

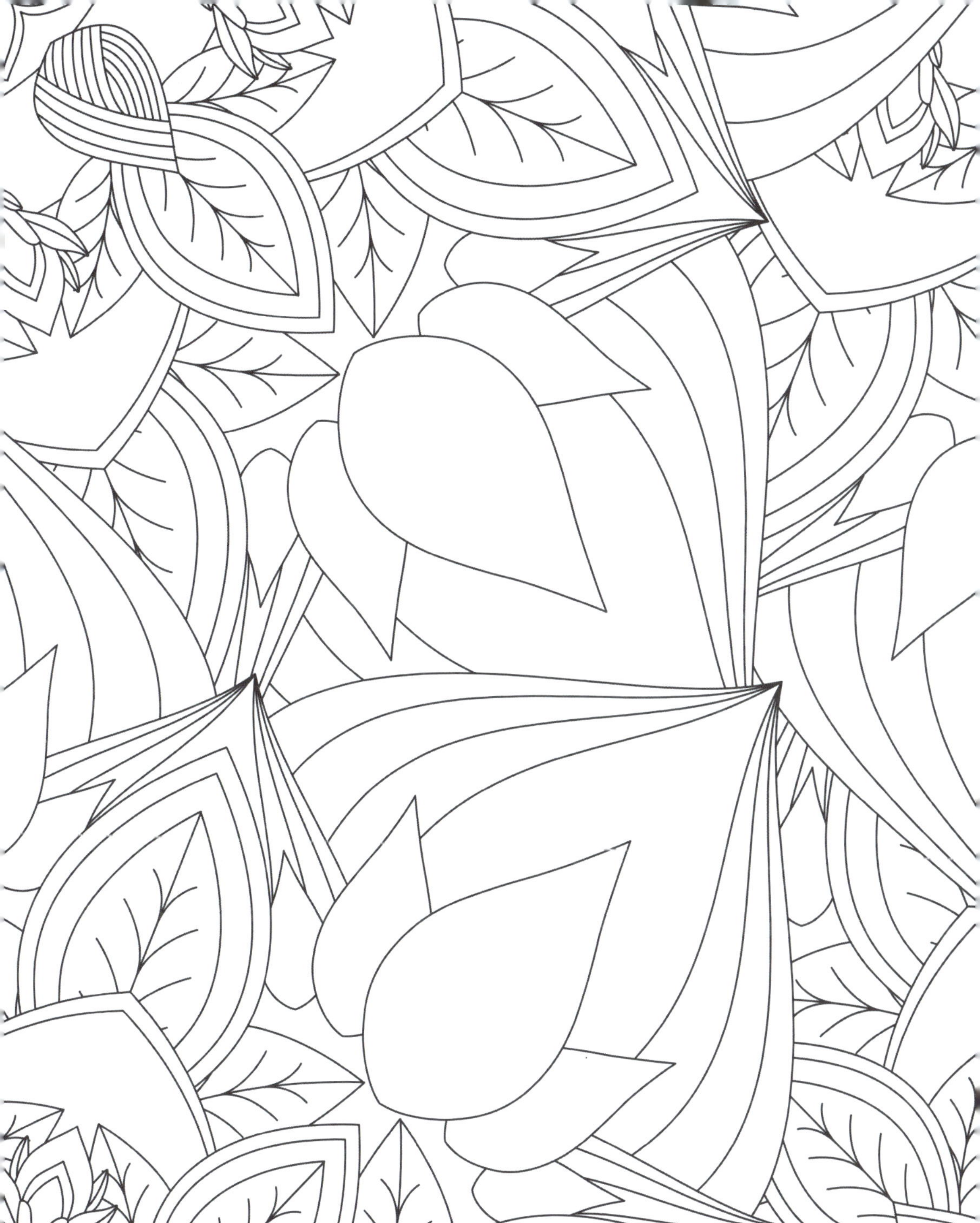

Encuentra un lugar en tu interior donde haya alegría,
y la alegría quemará el dolor.

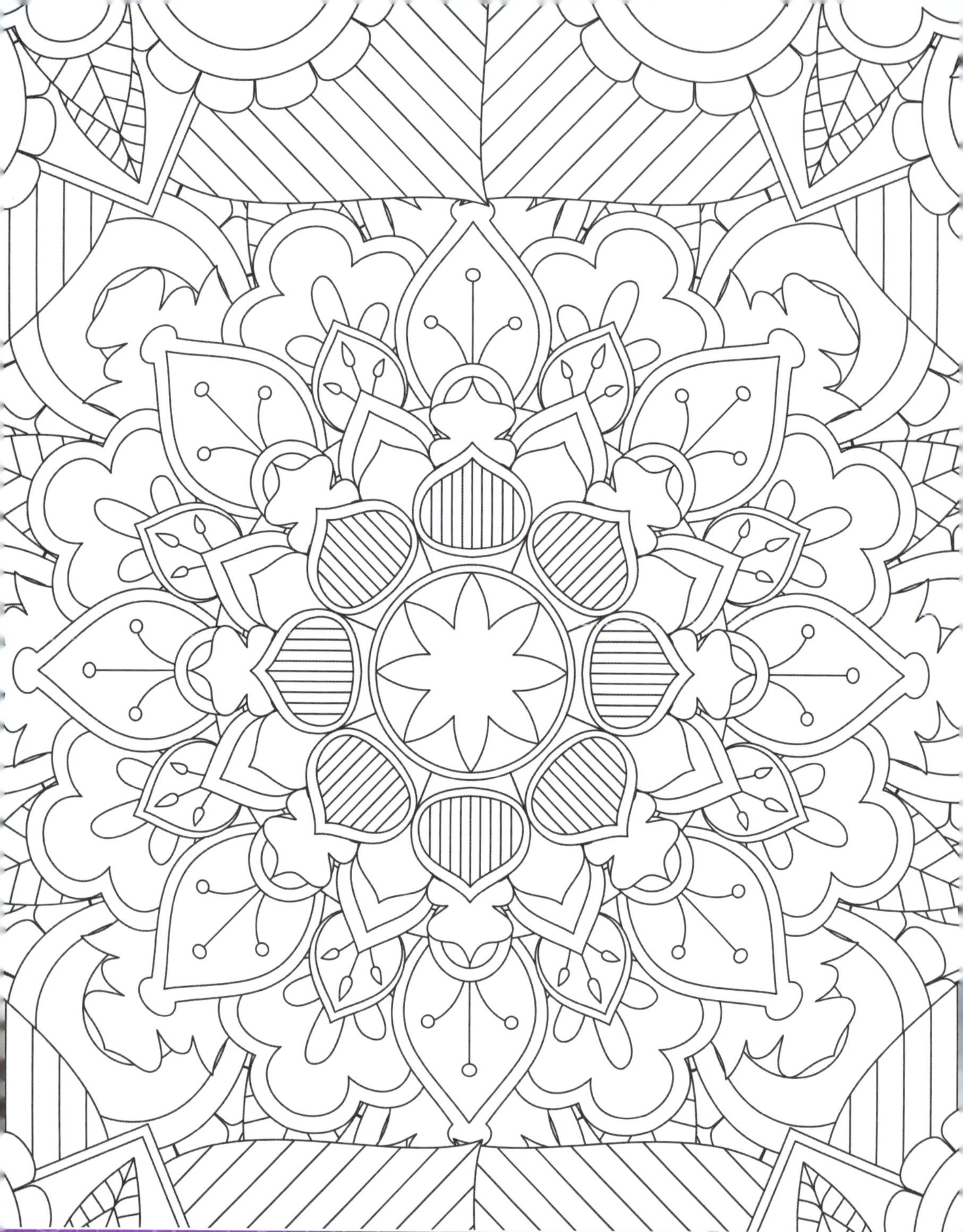

Una vez que reemplaces los pensamientos negativos por positivos, comenzarás a obtener los resultados positivos.

Ten suficiente coraje para empezar
y suficiente corazón para terminar.

Determina tus prioridades y céntrate en ellas.

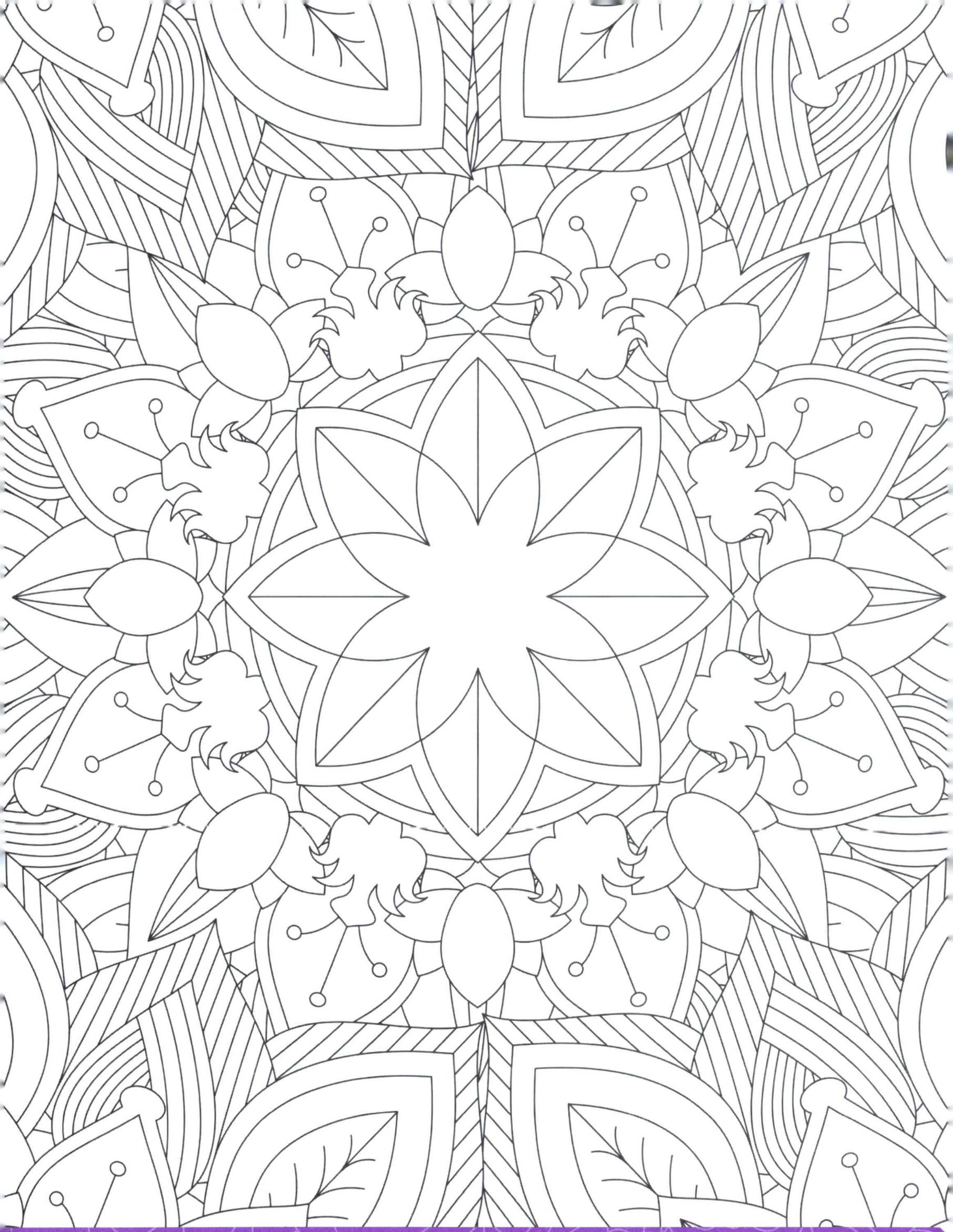

Encontraremos la manera, o la inventaremos.

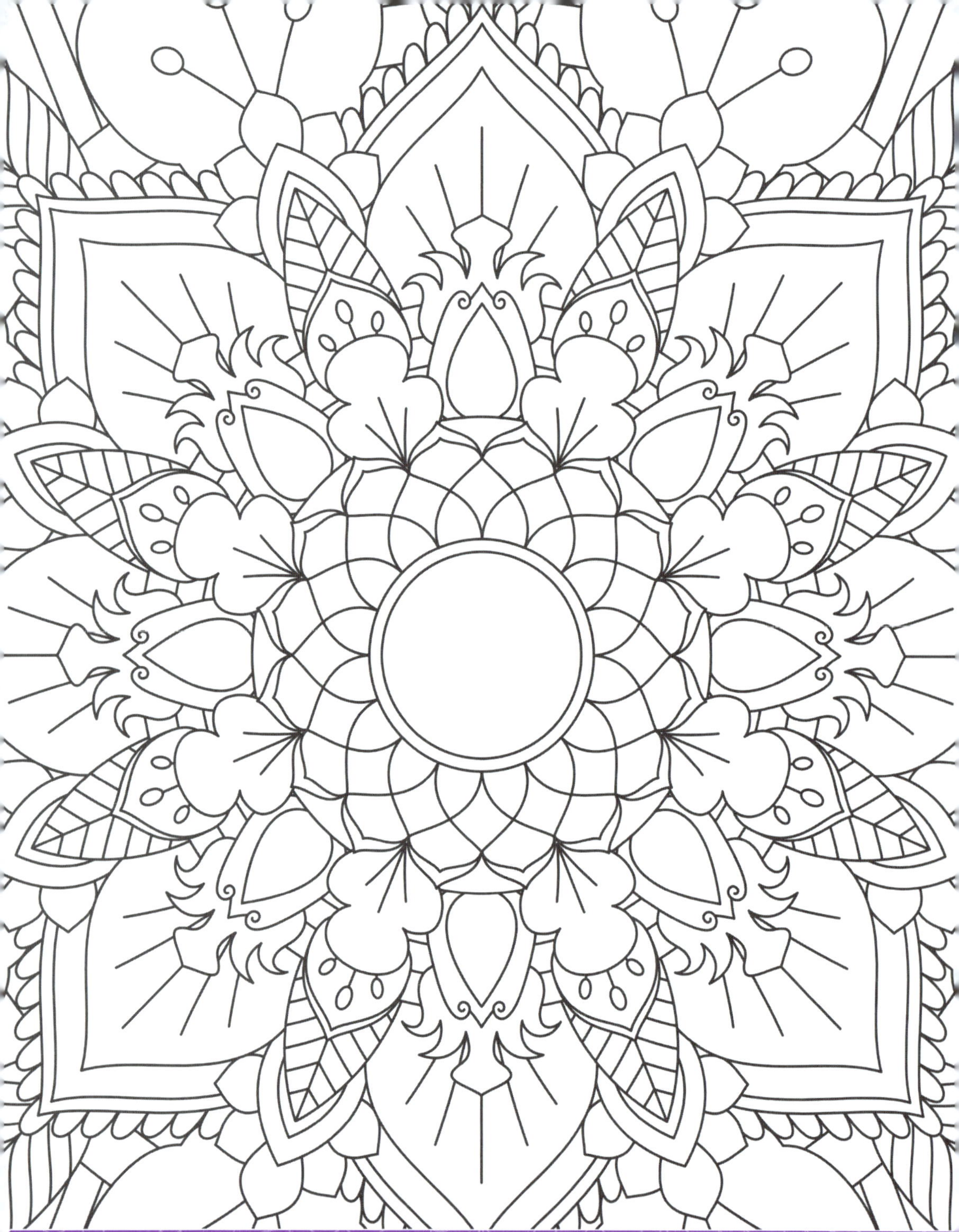

El aprendizaje es un regalo.
Incluso cuando el dolor es tu maestro.

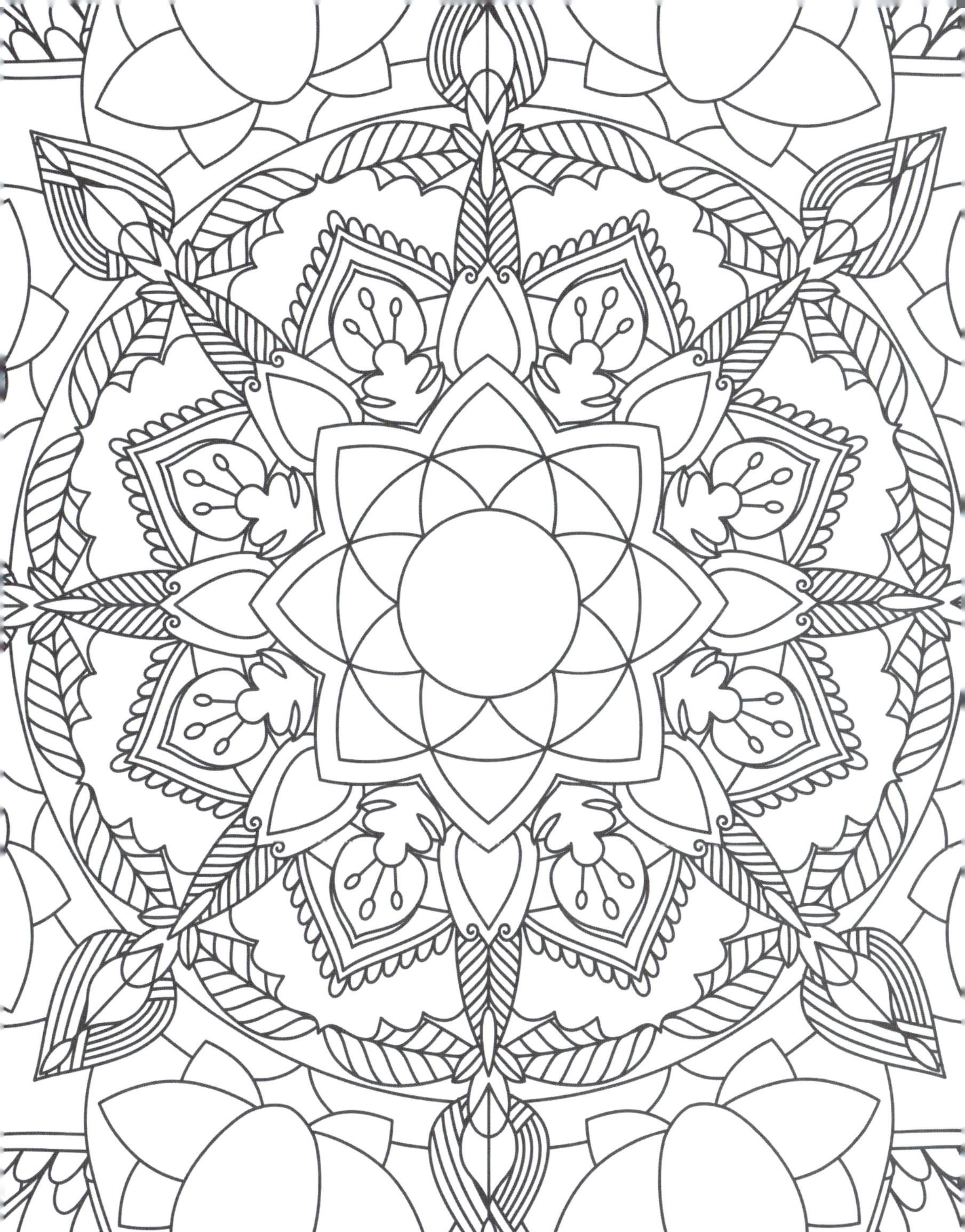

Si te rindes cuando las cosas se empiezan a poner difíciles, nunca conseguirás nada que valga la pena.

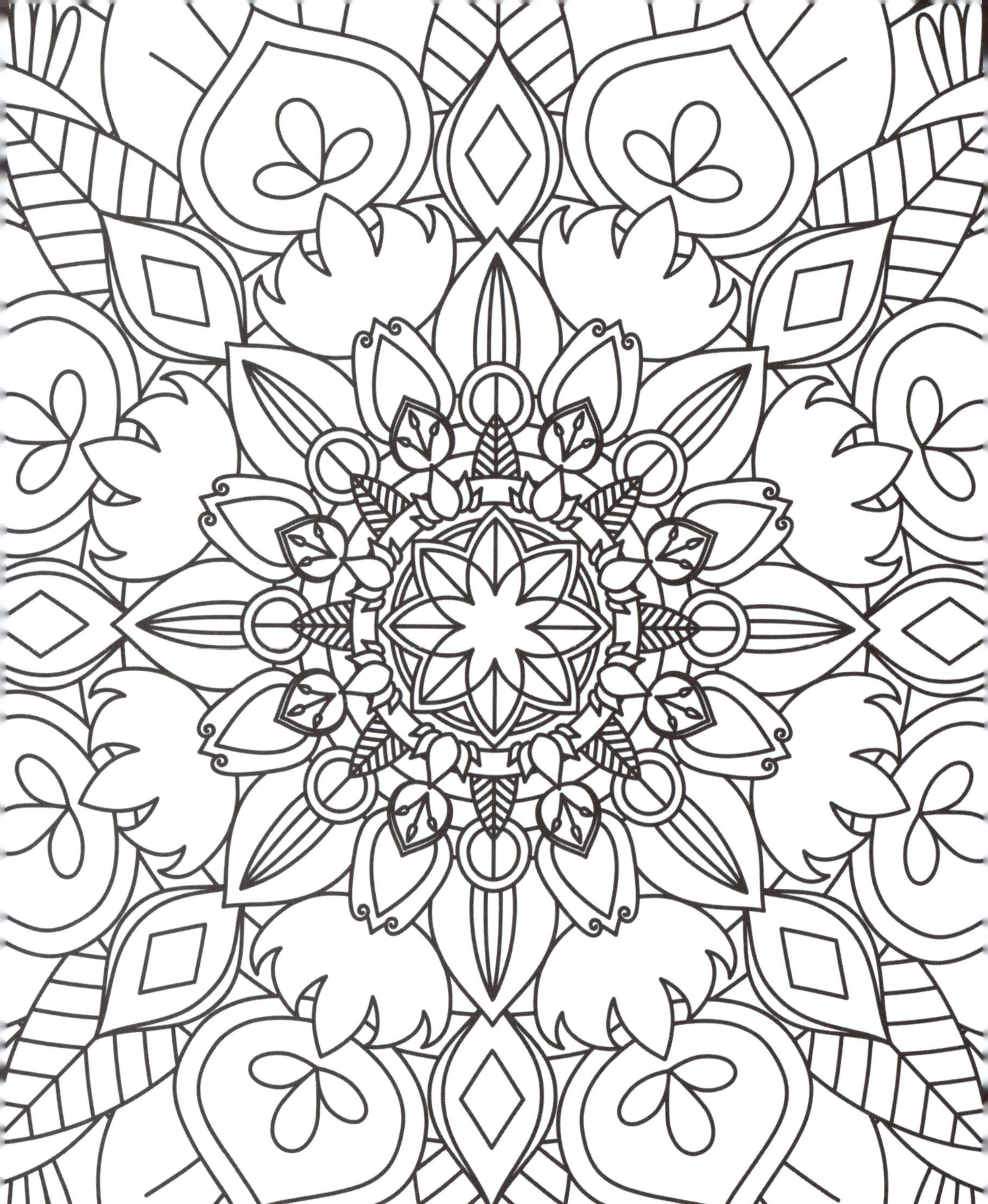

El fracaso es una buena oportunidad
para empezar de nuevo con más inteligencia.

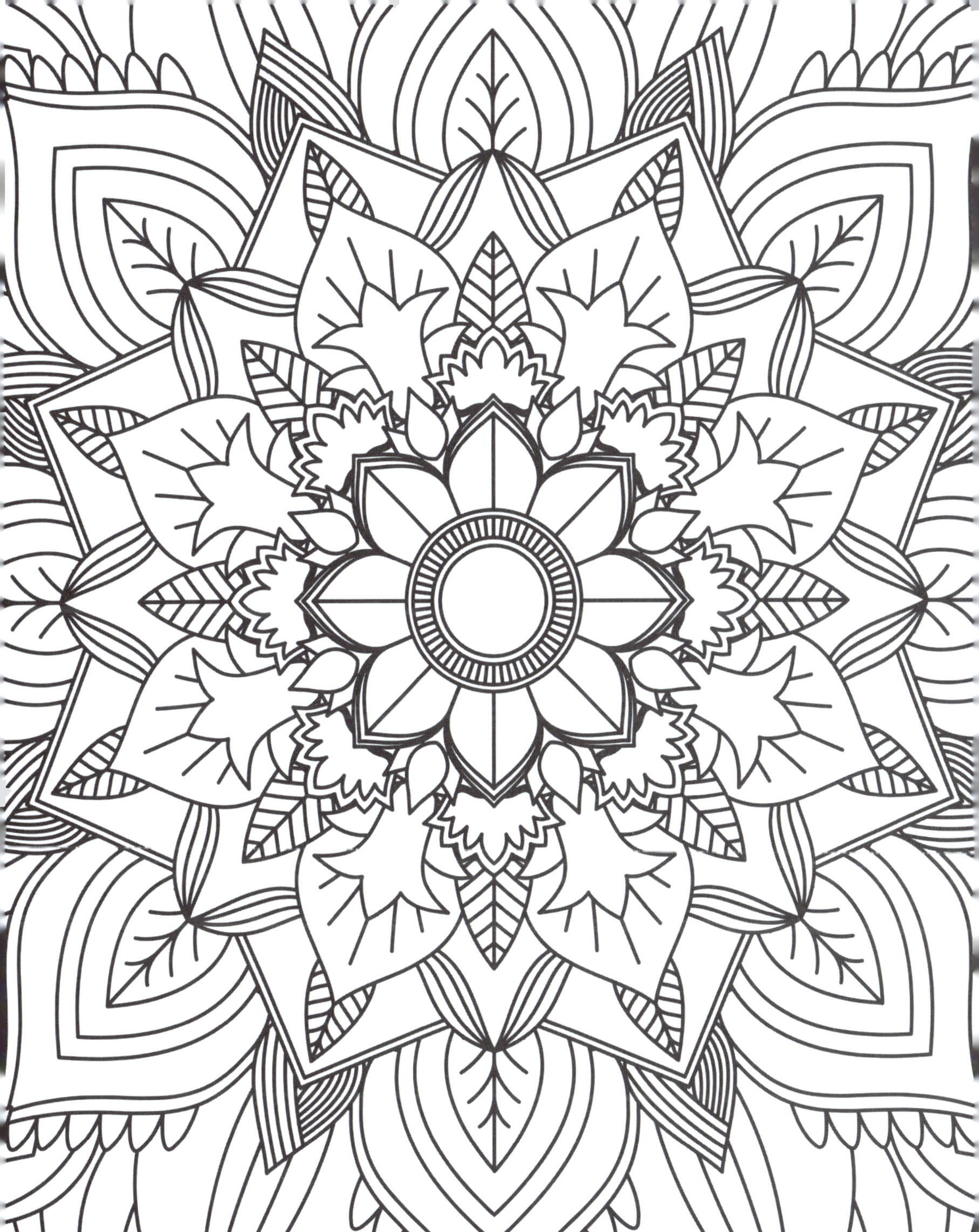

Todo tiene un fin y ese final es el principio de algo nuevo.

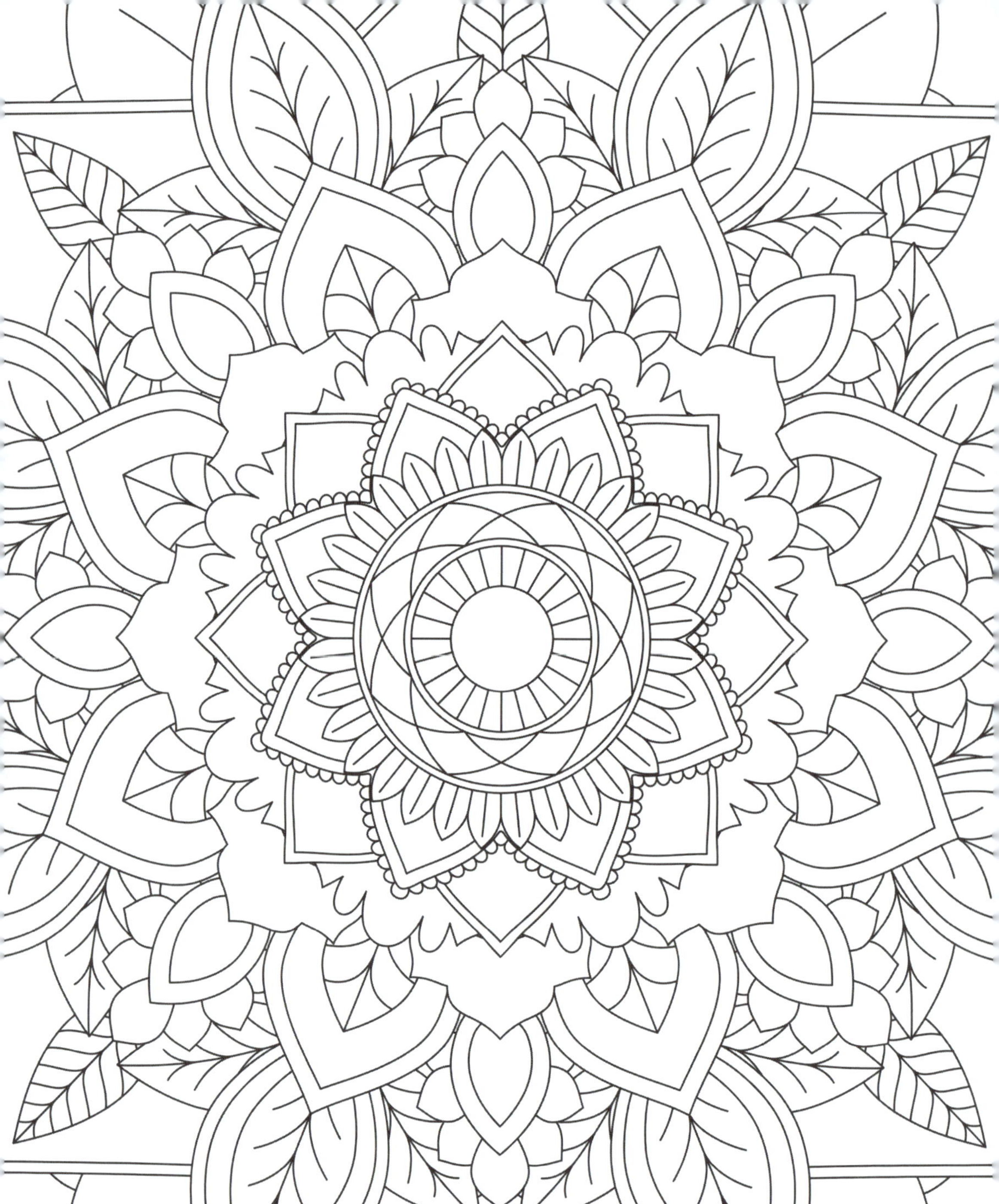

Sueña hasta que se cumpla.

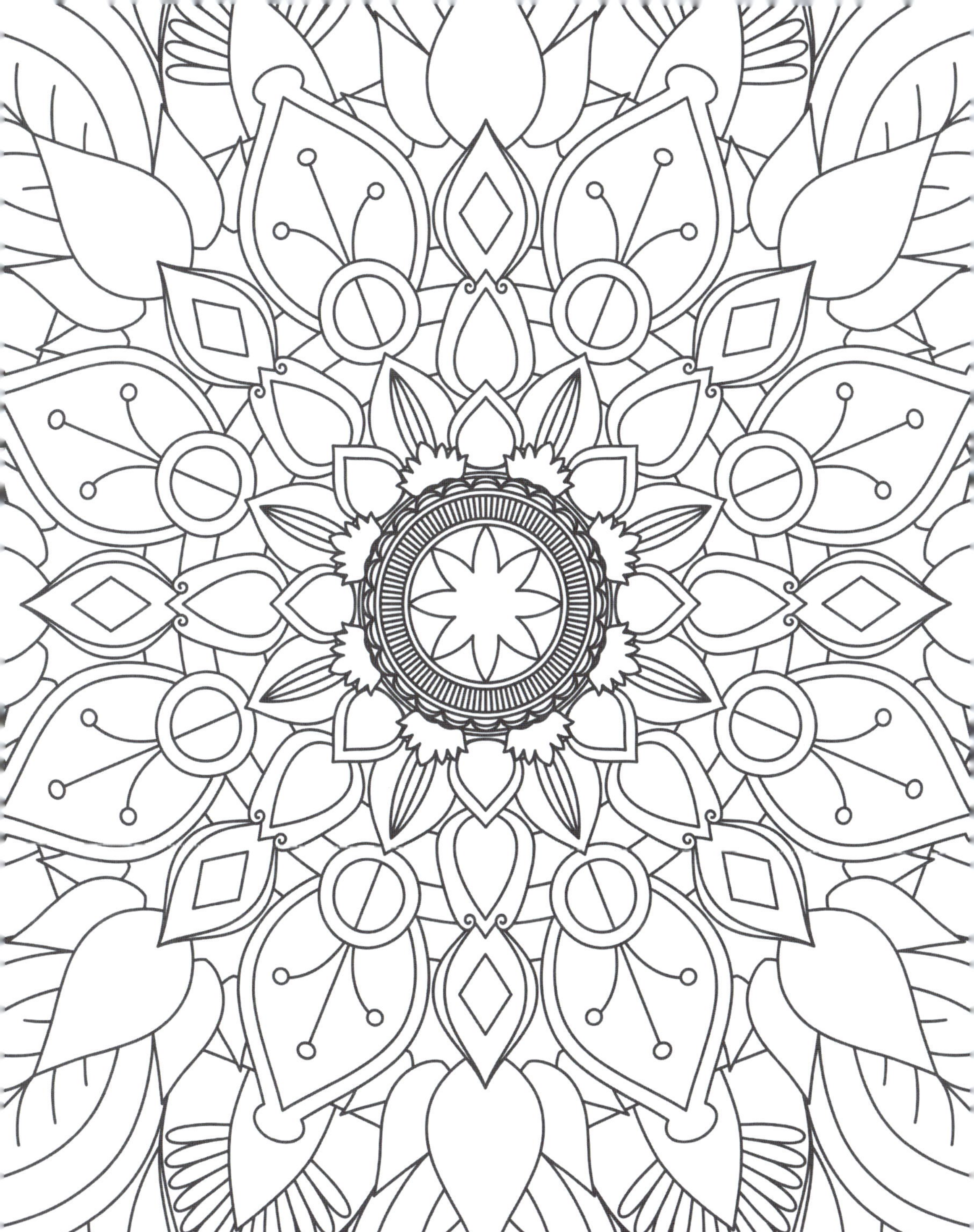

No necesito que sea fácil, necesito que valga la pena.

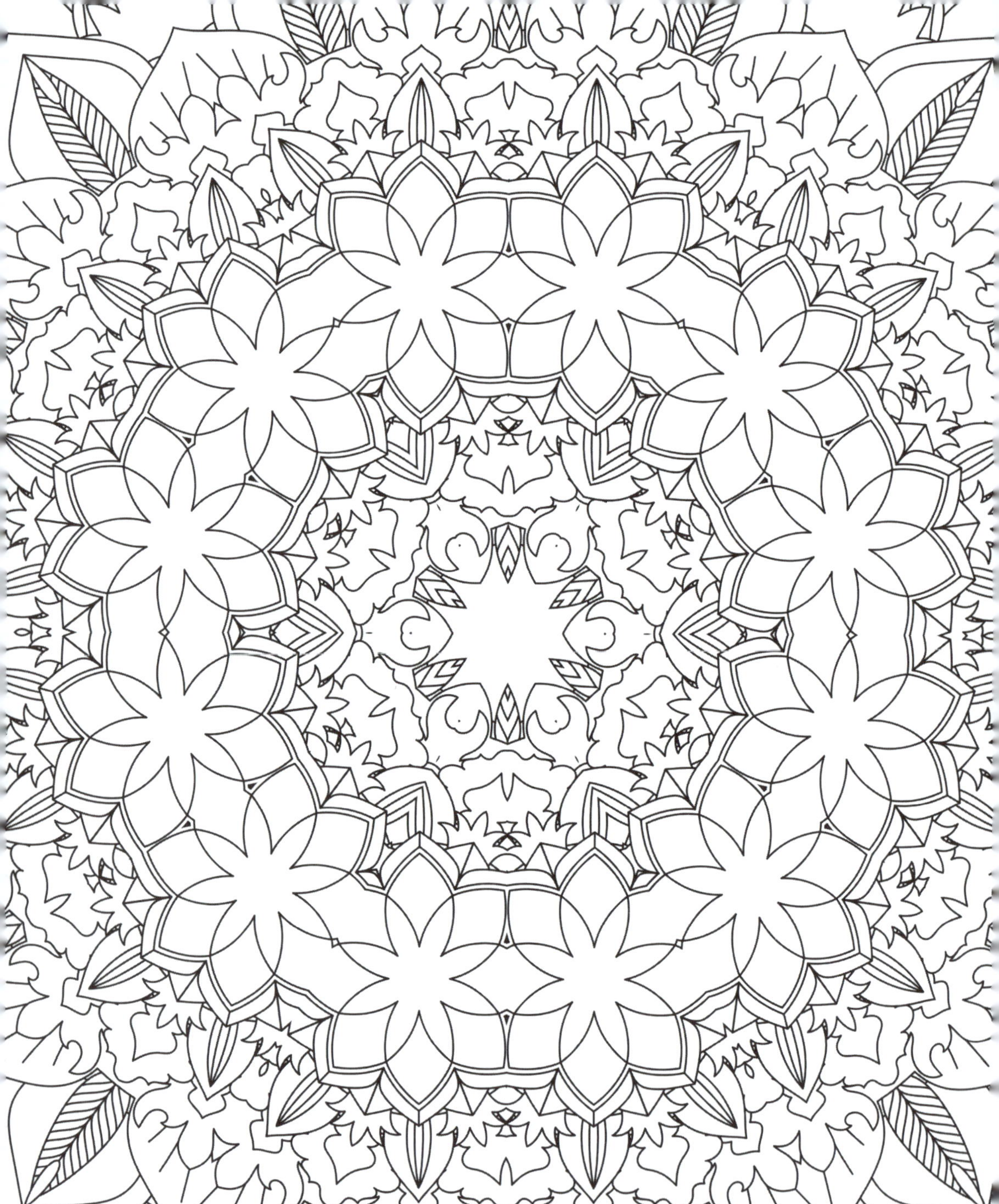

Nunca te arrepientas de nada que te hizo sonreír.

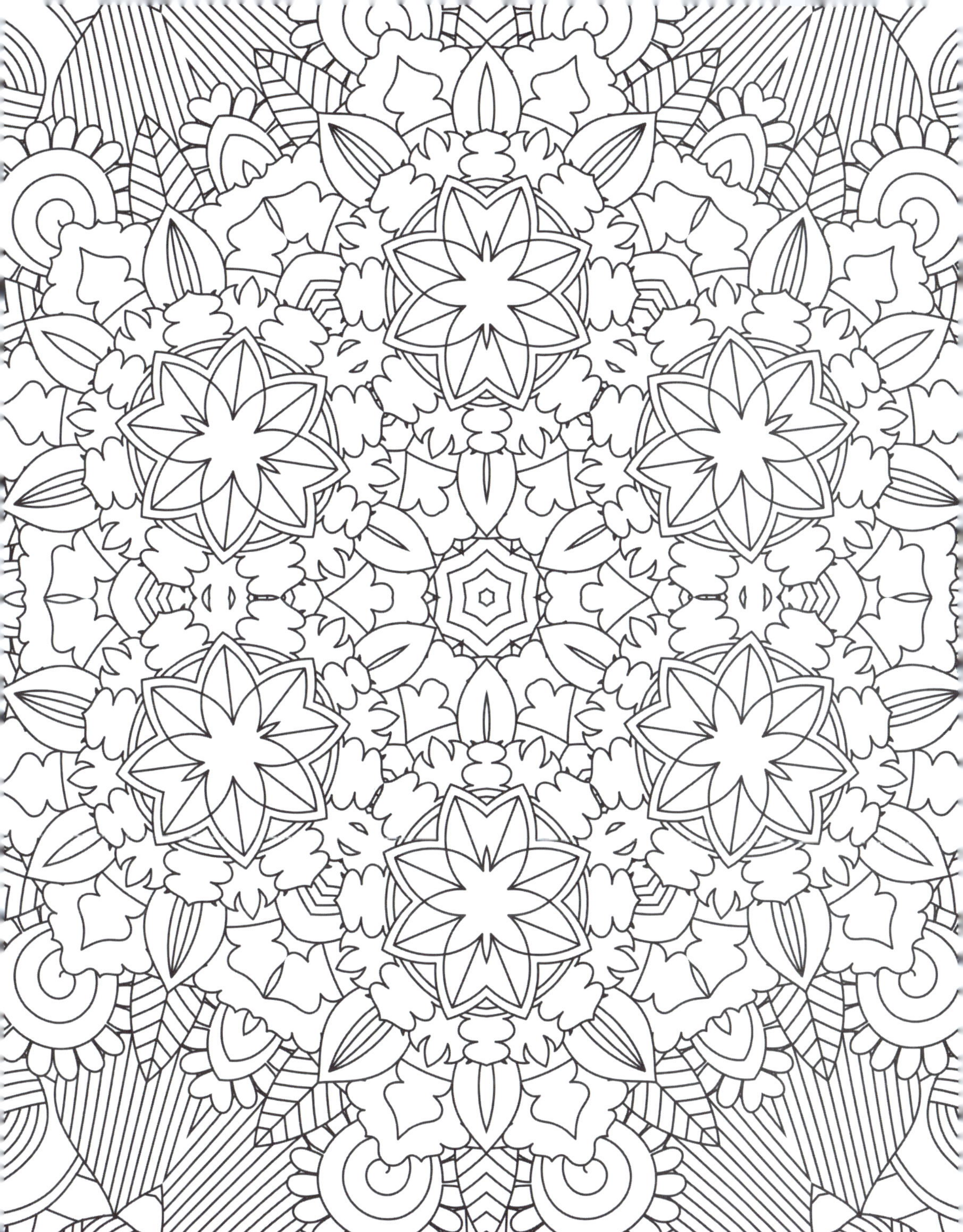

Tarea de hoy: tener un excelente día.

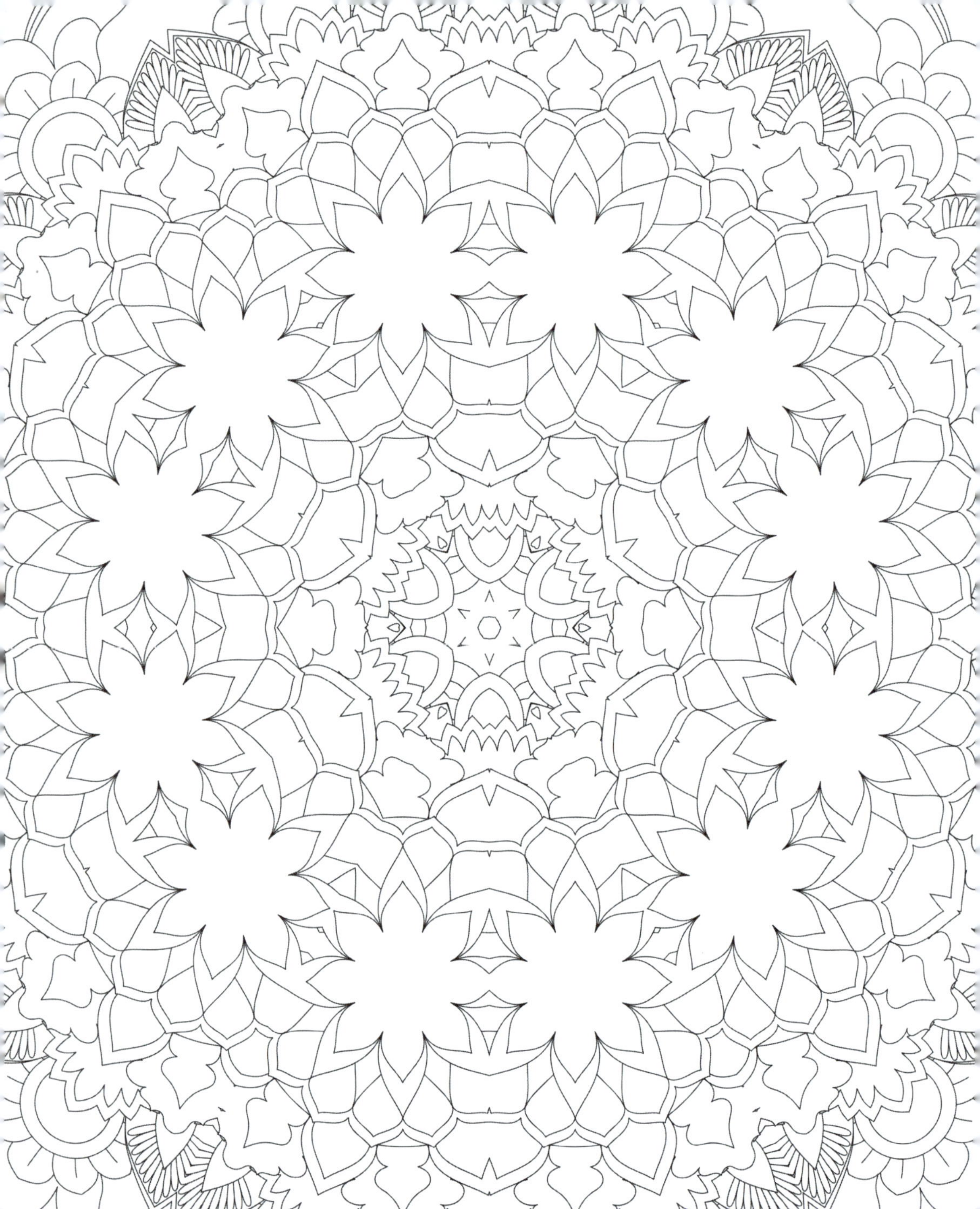

Te deseo que estés vivo cada día de tu vida.

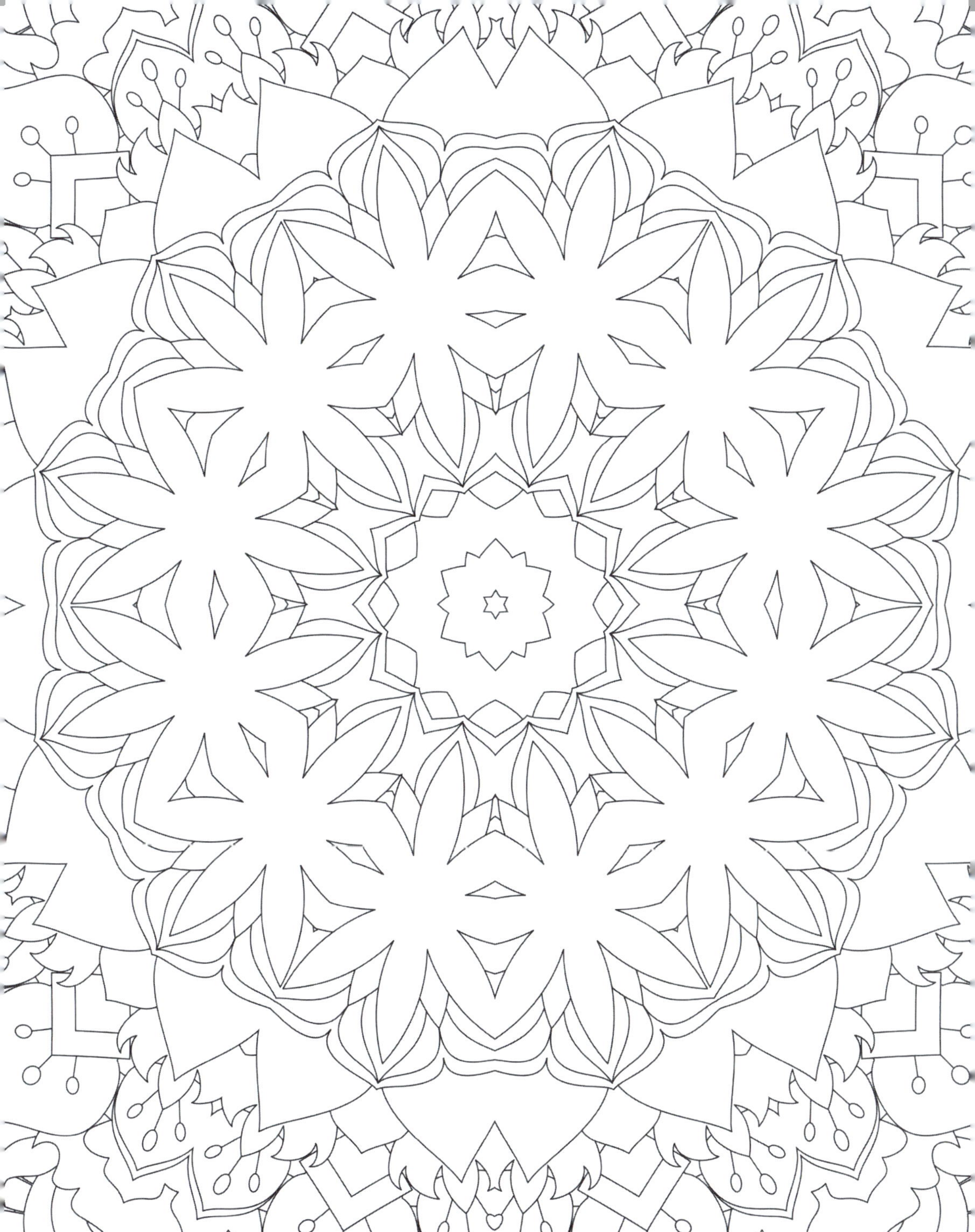

La sonrisa es la mejor respuesta para una mirada.

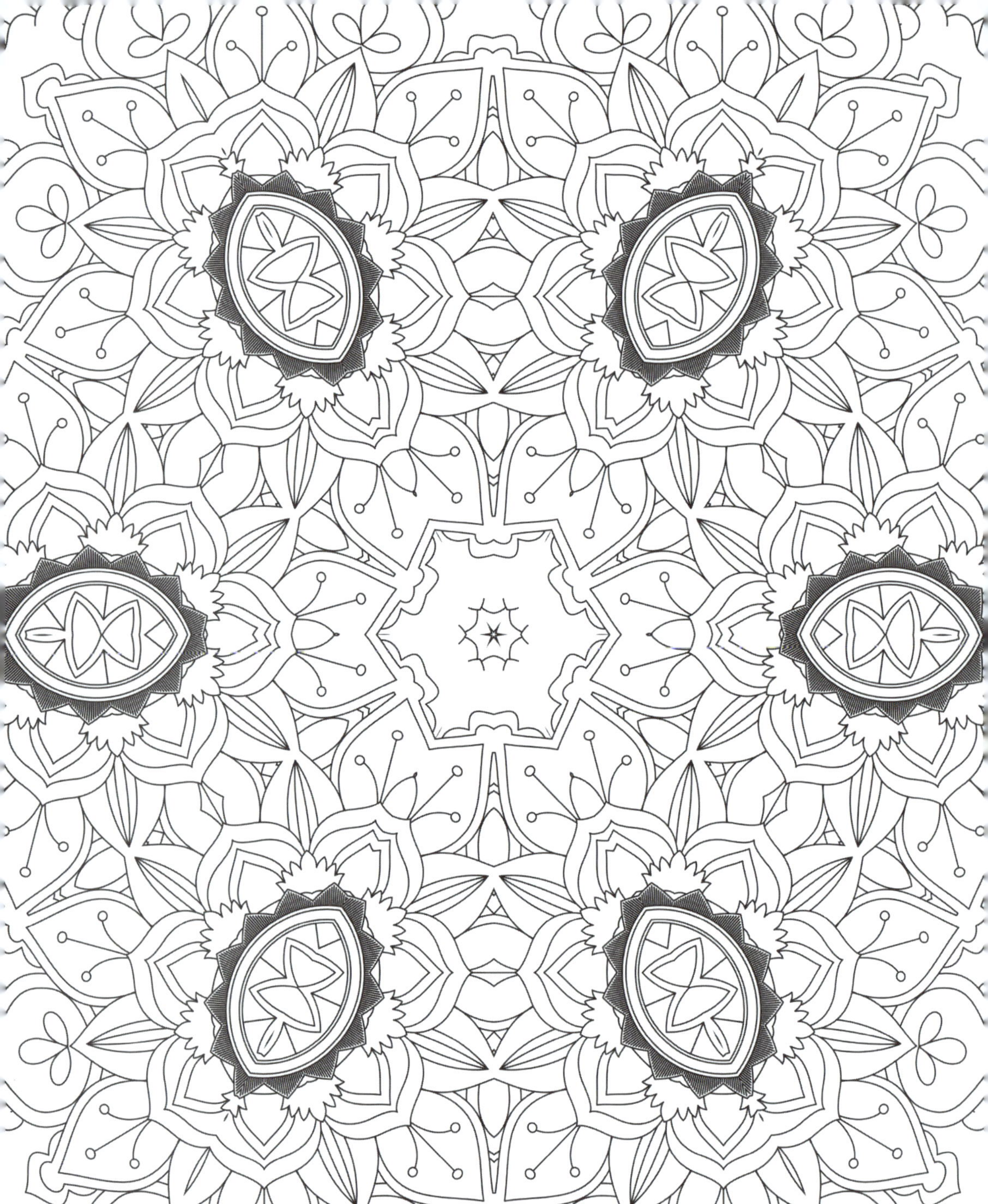

Si vas a llorar, que sea por reír demasiado.

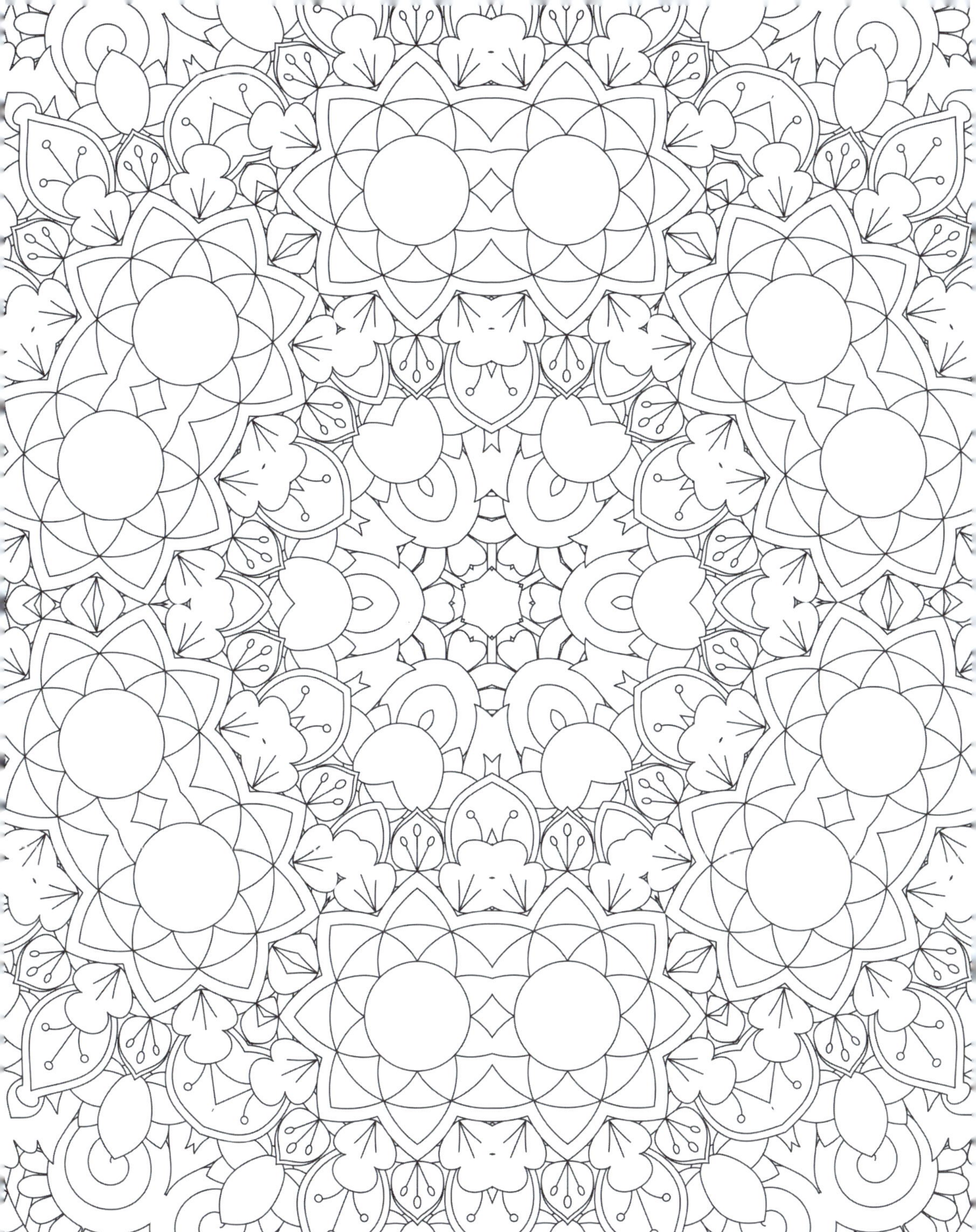

Conserva tus sueños, nunca sabes cuándo te harán falta.

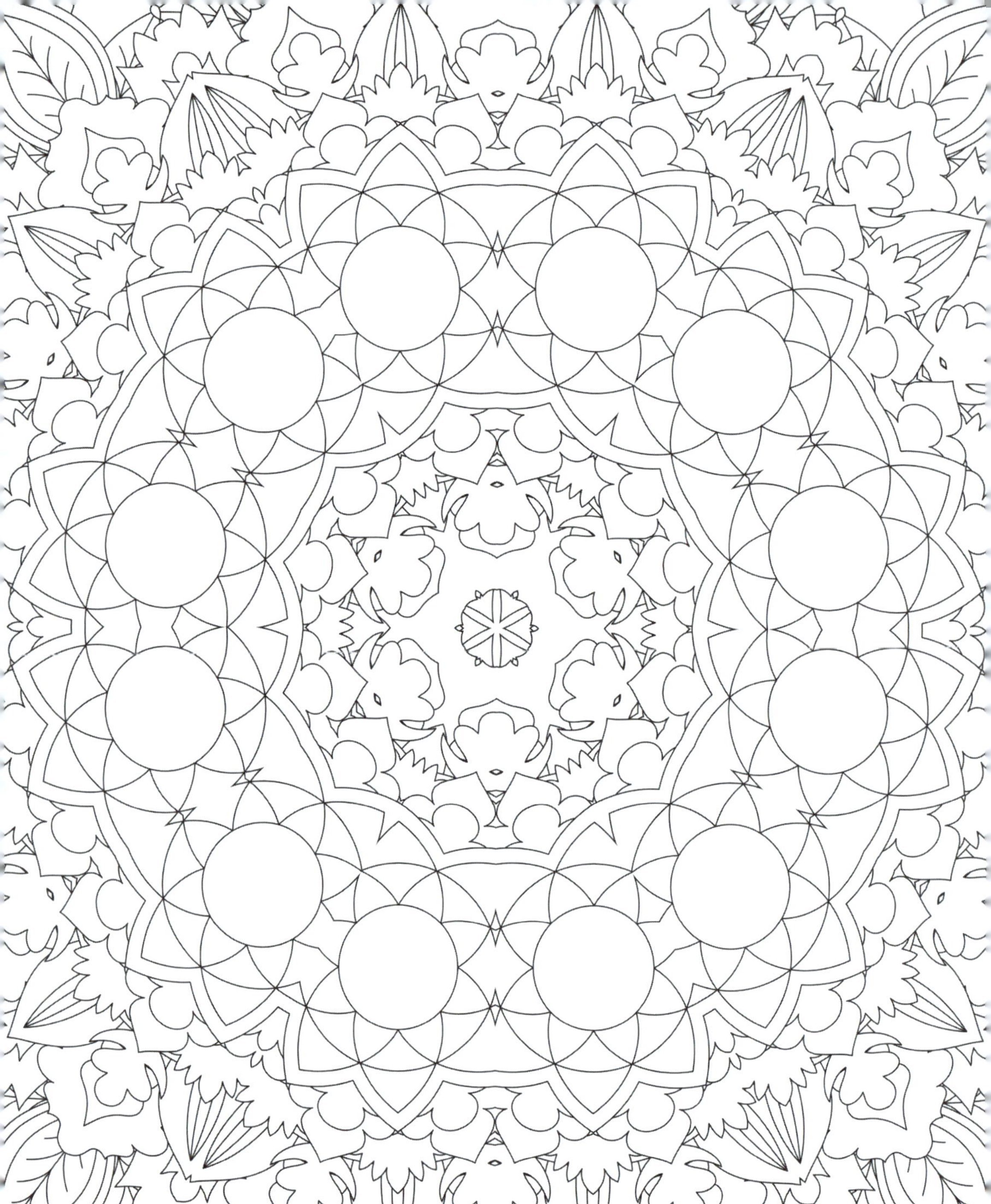

No te limites a seguir tus sueños, persíguelos, agárralos y no los dejes escapar.

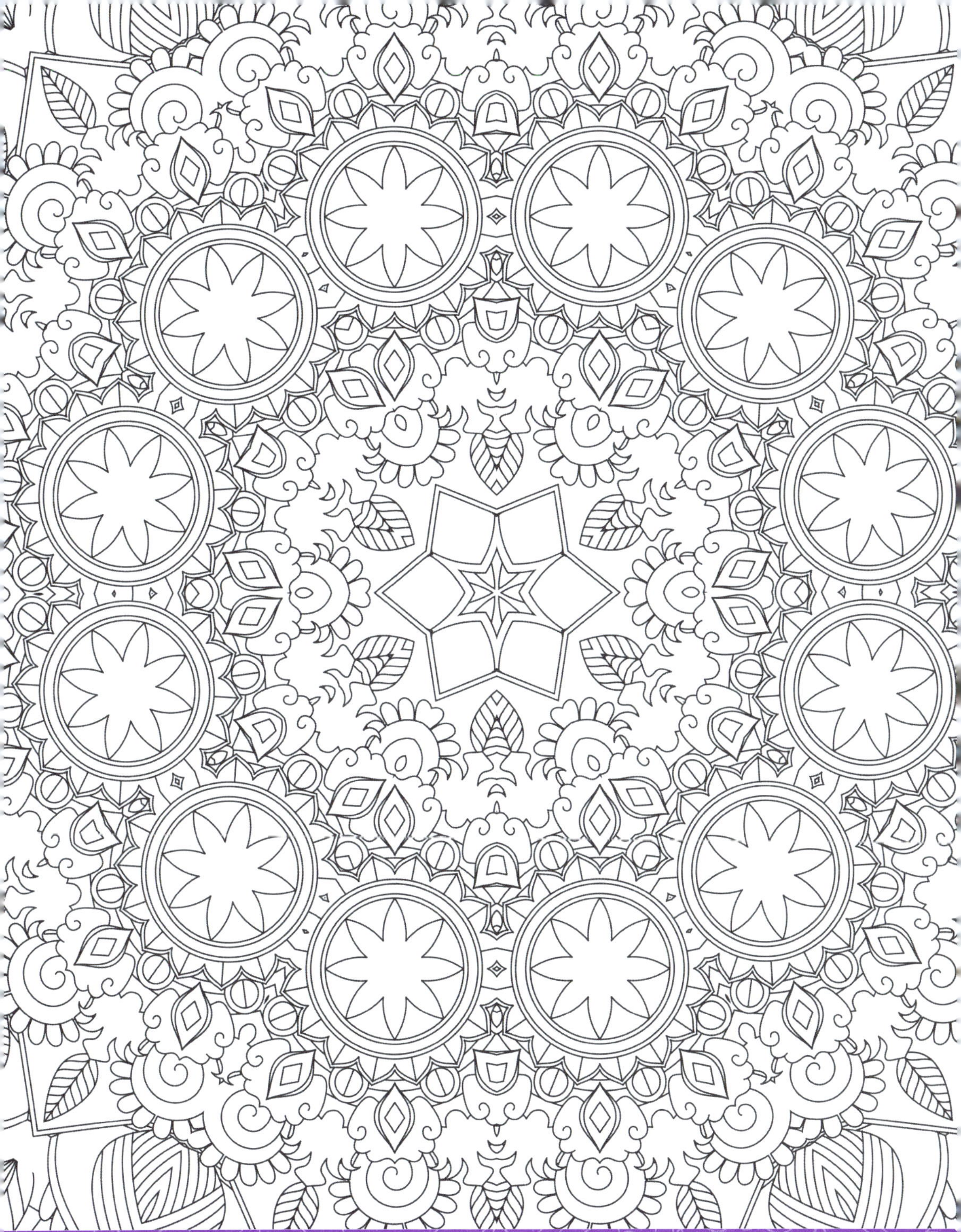

El valor del corazón es algo muy infrecuente. Deja que te guíe.

Intenta ser un arcoíris en la nube de alguien.

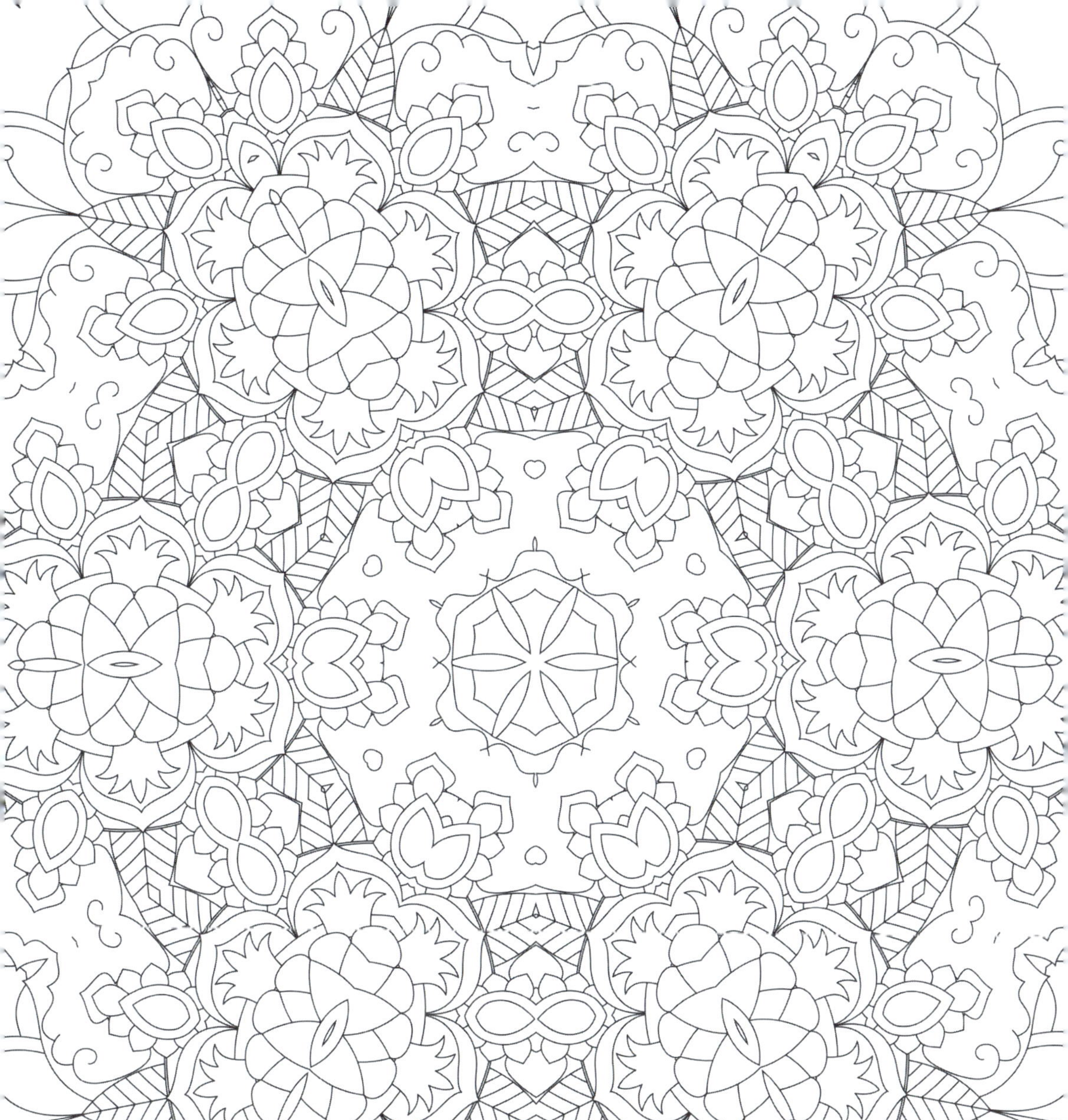

Brillas diferente cuando estás feliz.

Sonrie y deja que el resto del mundo se pregunte por qué.

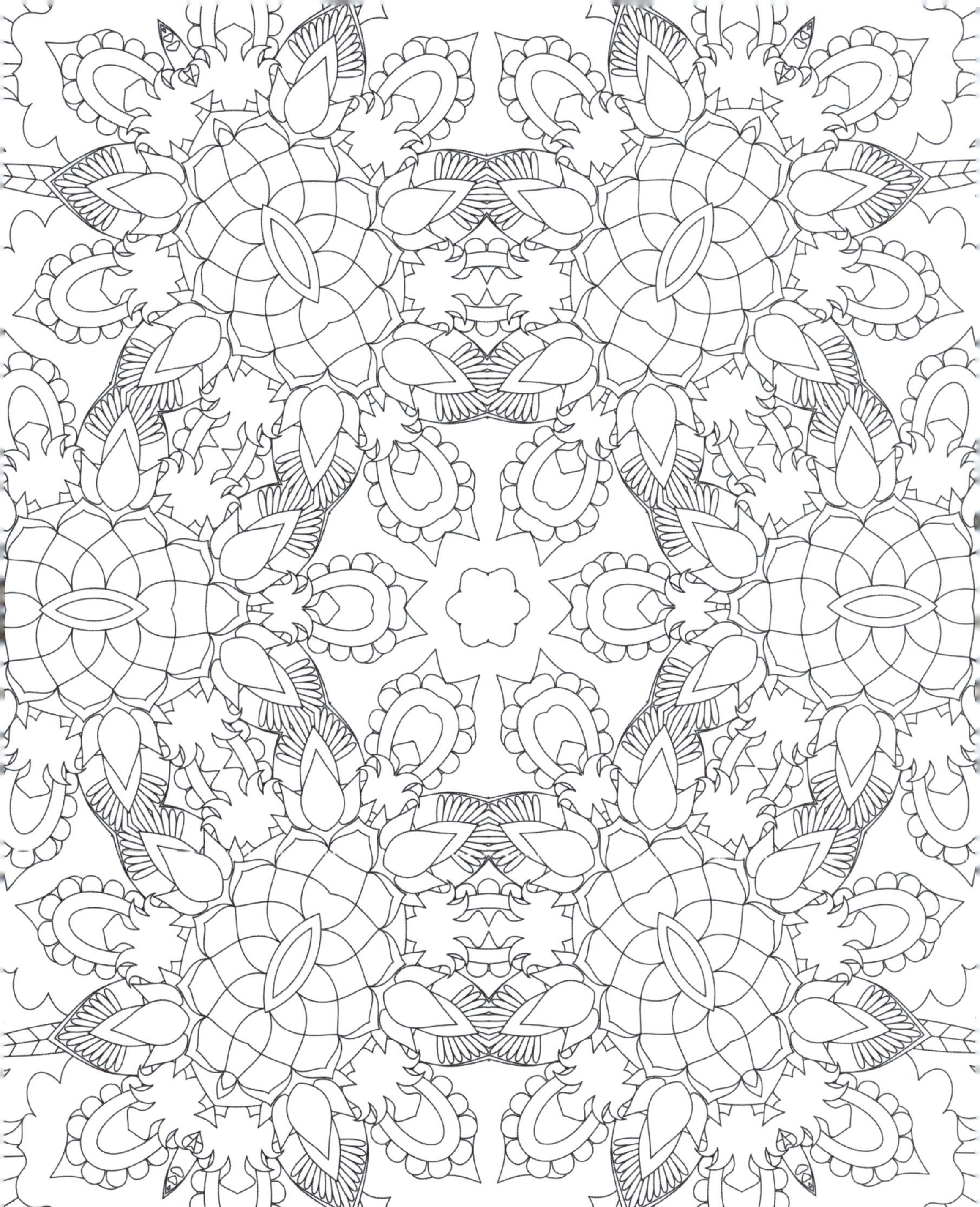

Que seas tan feliz que no sepas si vives o sueñas.

Tu único límite eres tú mismo.

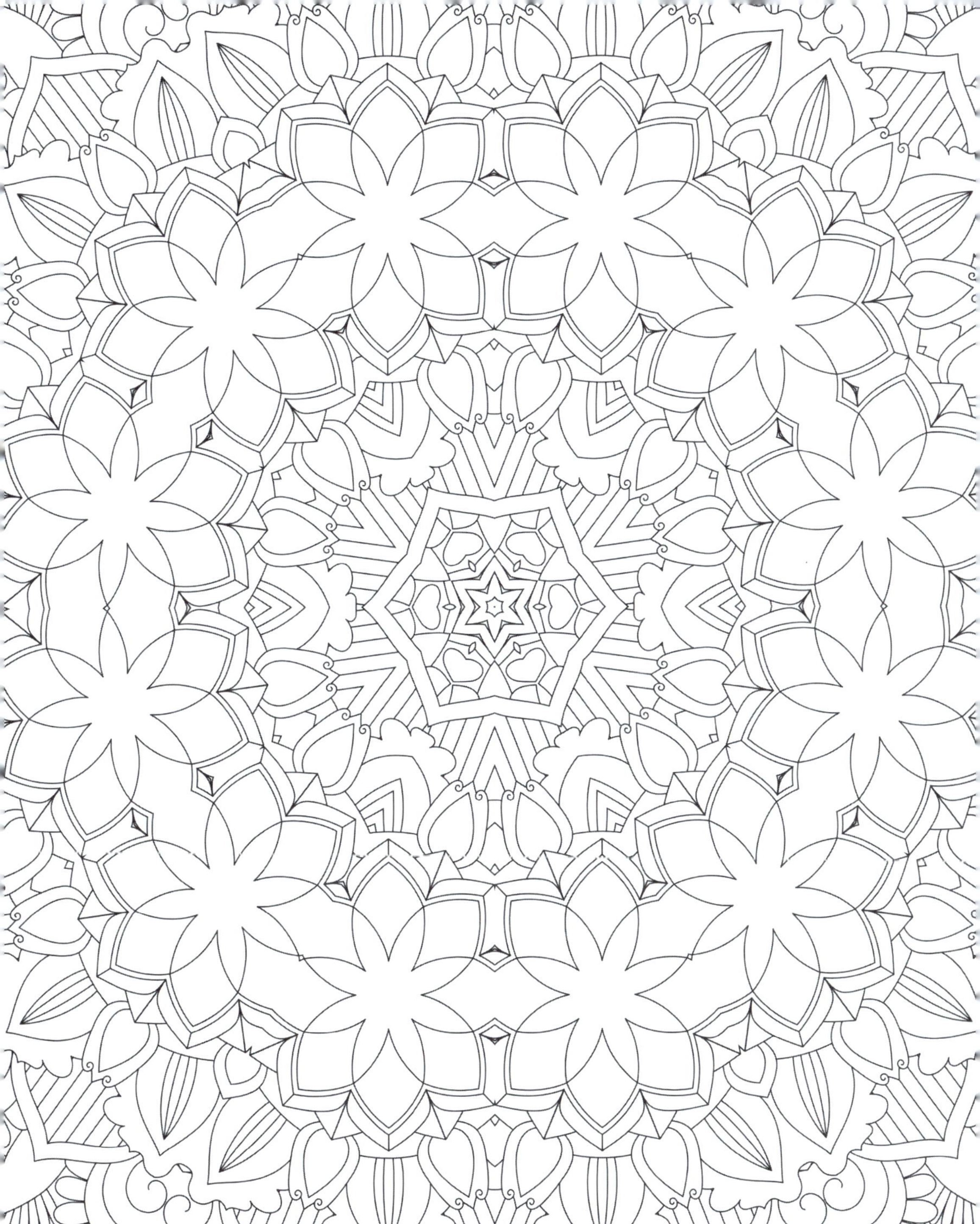

Un día más para demostrar que eres capaz de lograr lo que te propongas.

Estar contigo es como estar de vacaciones.

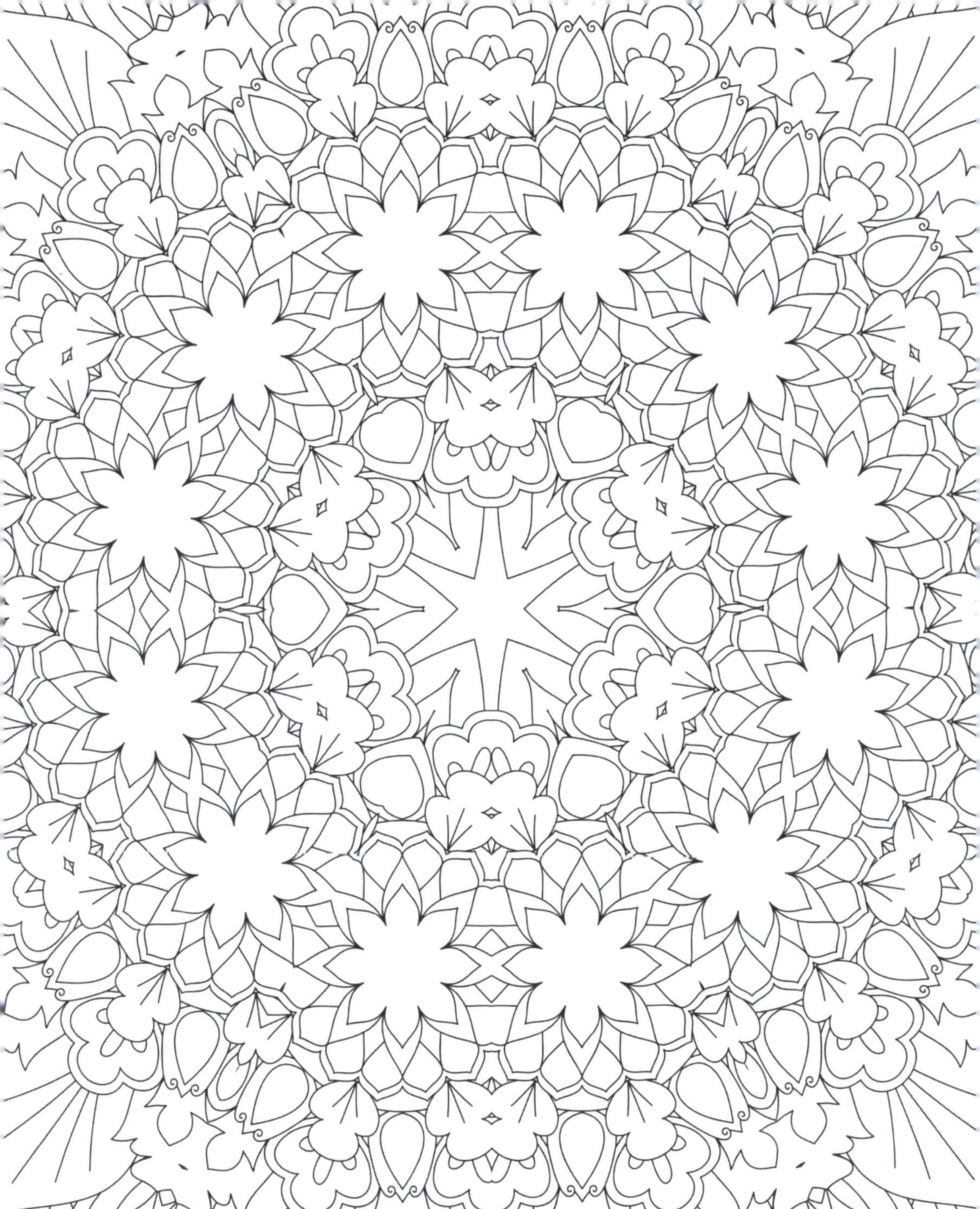

Recuerda que, aunque el día esté lluvioso,
una sonrisa en tu rostro hace que sea maravilloso.

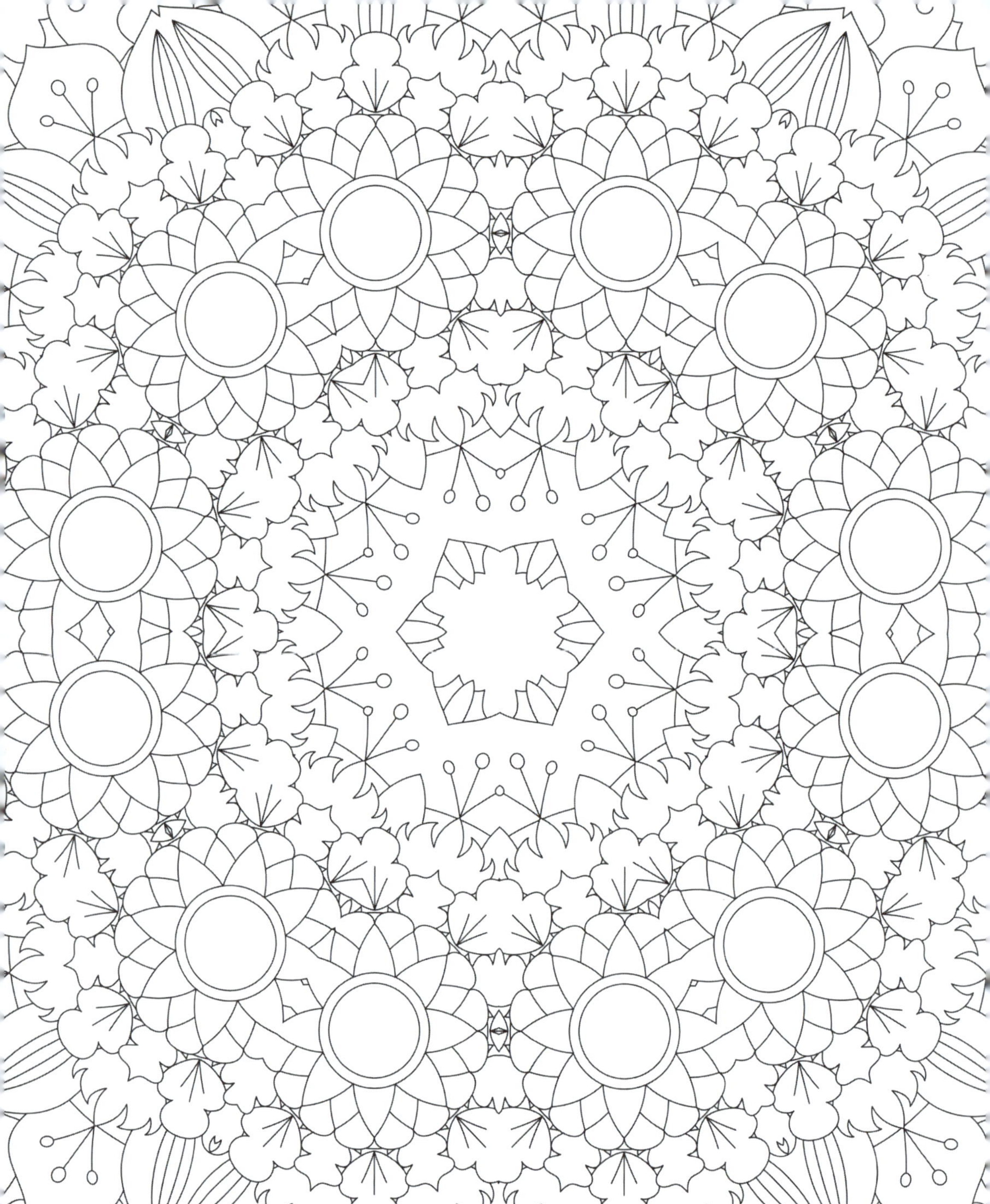

Cuenta tu edad por amigos, no por años.

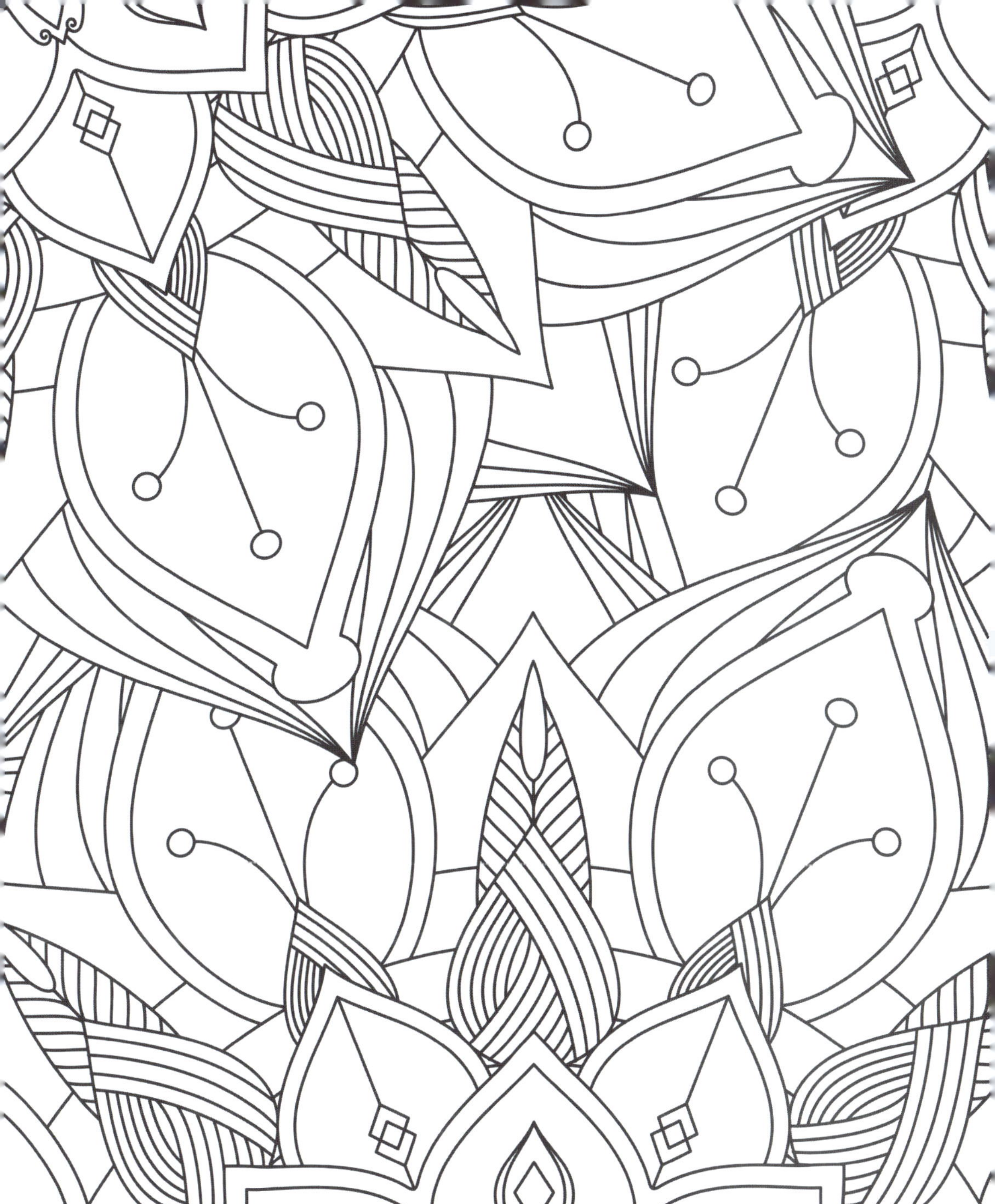

*La gente olvidará lo que dijiste, lo que hiciste,
pero nunca olvidará lo que les hiciste sentir.*

Cuenta tu vida por sonrisas, no por lágrimas.

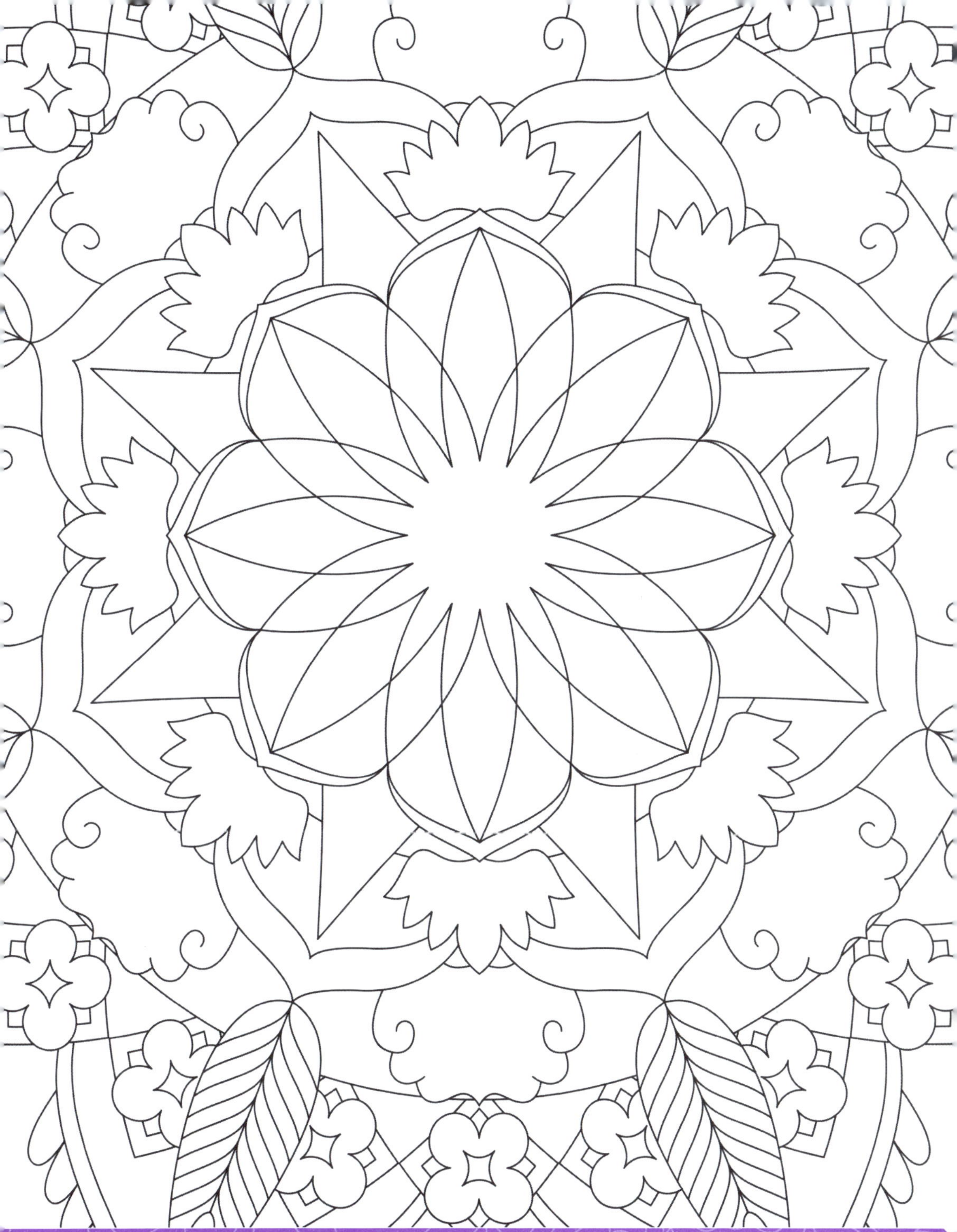

Solo hay una felicidad en la vida, amar y ser amado.

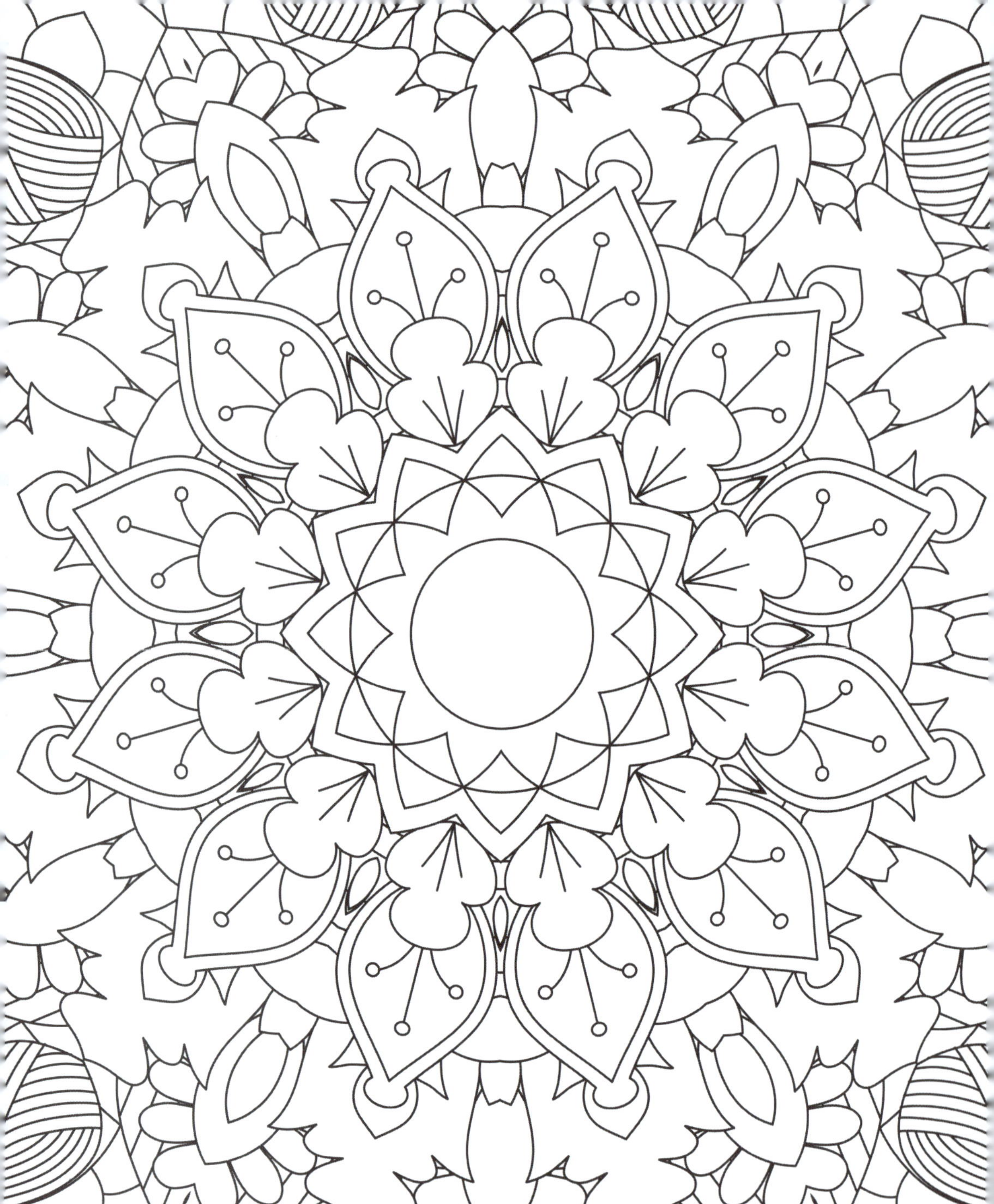

Cuando la vida te de razones para llorar,
demuéstrale que tienes mil y una razones para reír.

Deja marcado en tu corazón
que cada día es el mejor día del año.

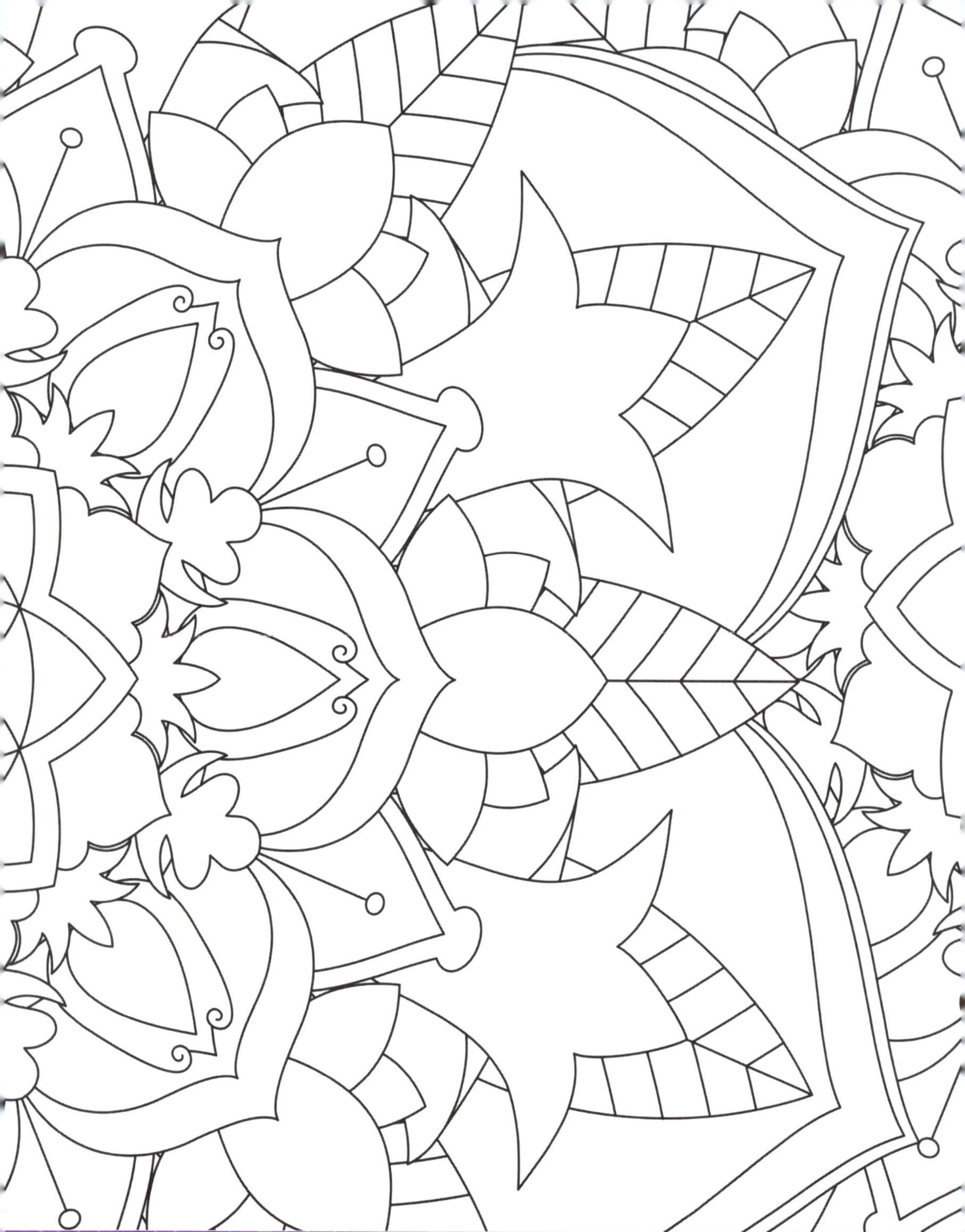

Sueña como si fueras a vivir para siempre,
vive como si fueras a morir hoy.

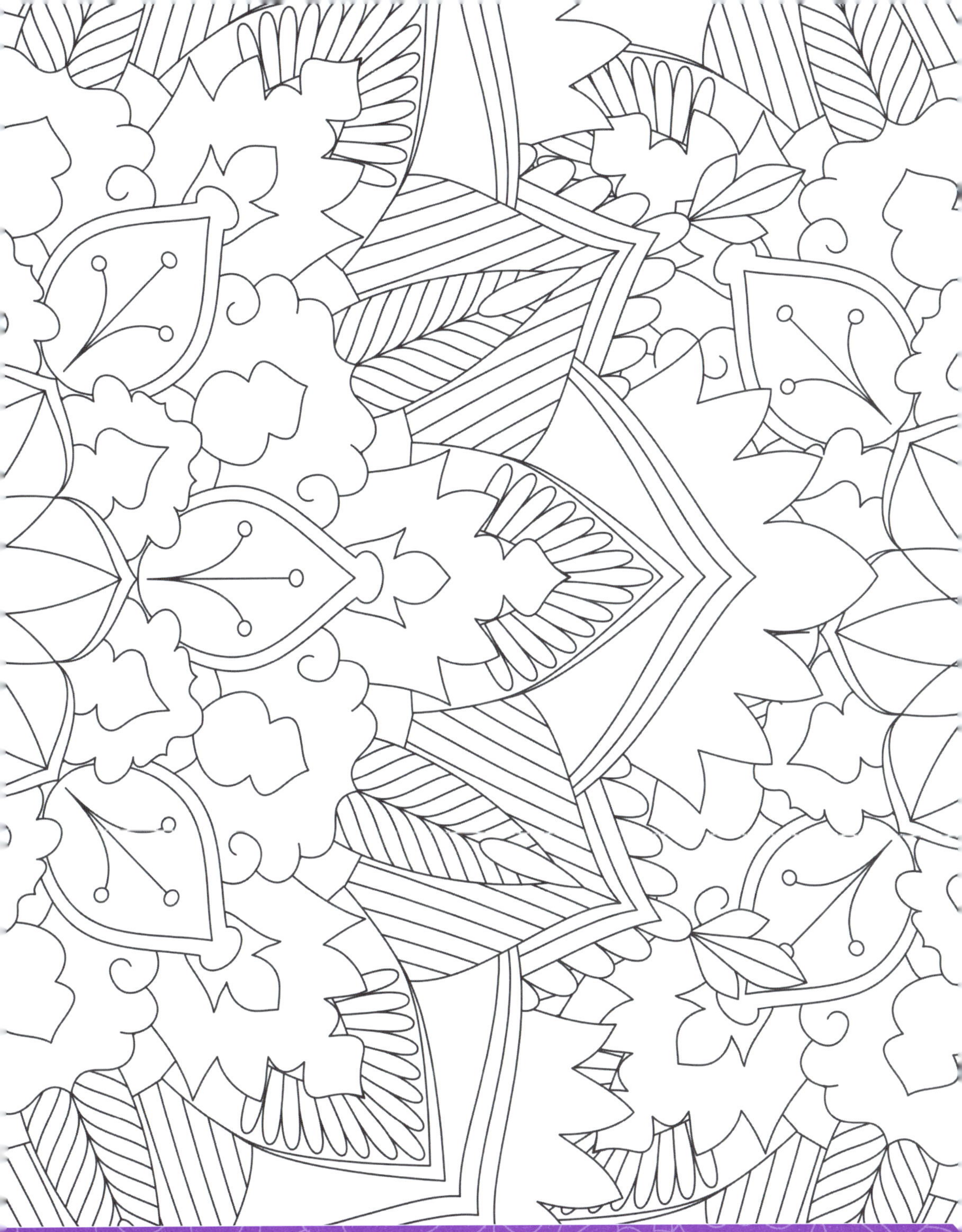

Enamórate de tu existencia.

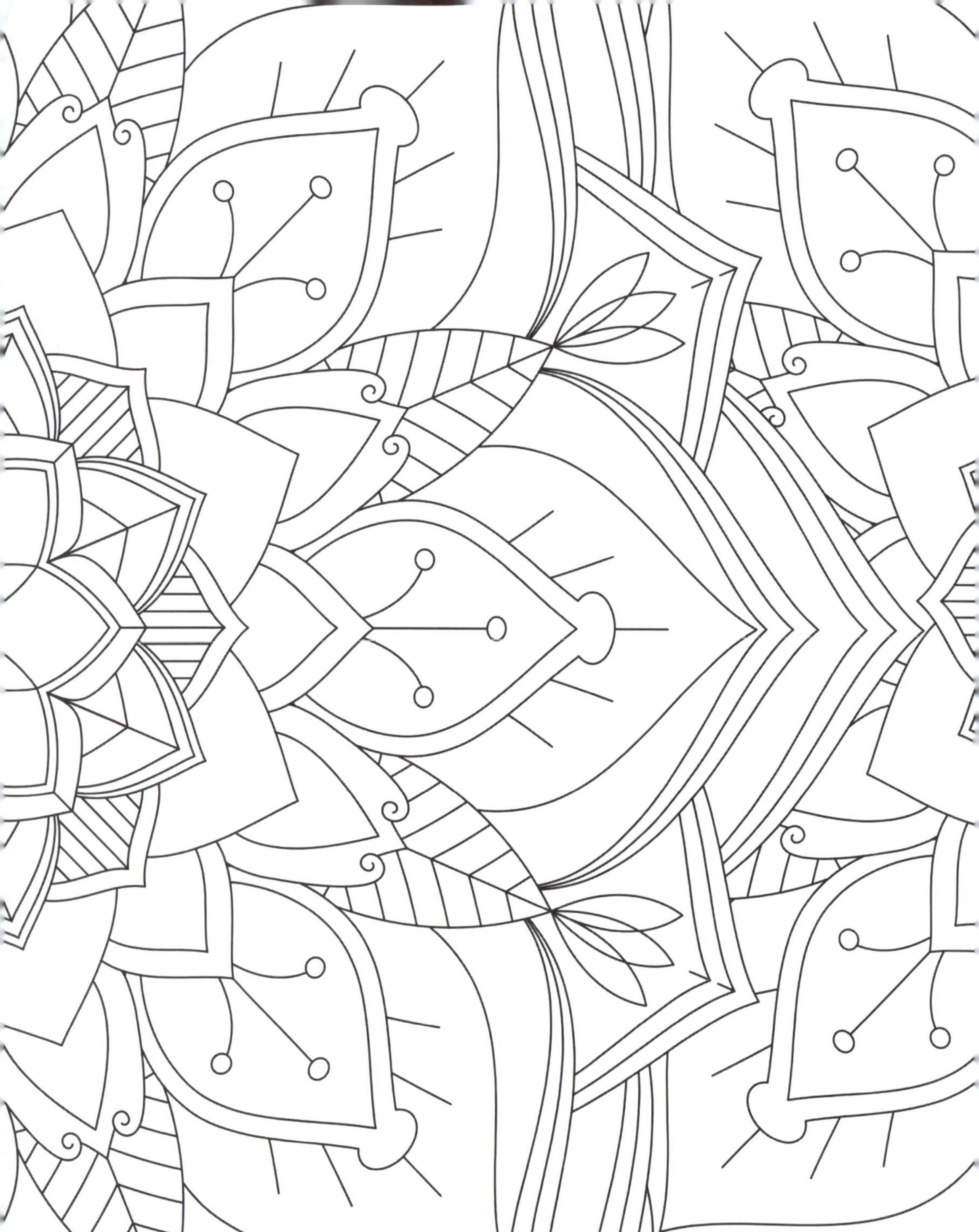

La felicidad no es algo hecho. Proviene de tus propias acciones.

Más que una vida perfecta, desea una vida feliz.

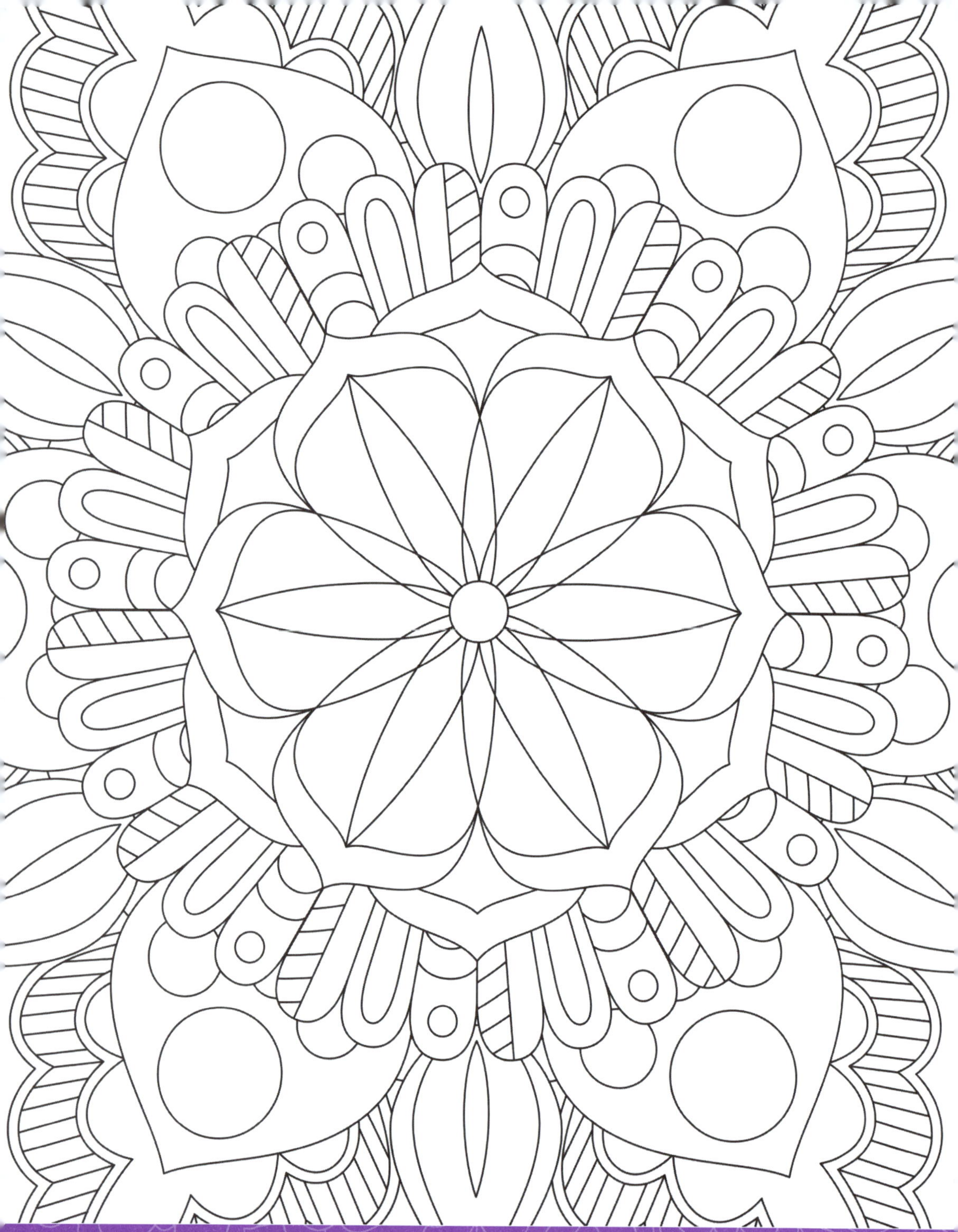

La esperanza de la vida vuelve cada mañana con el sol.

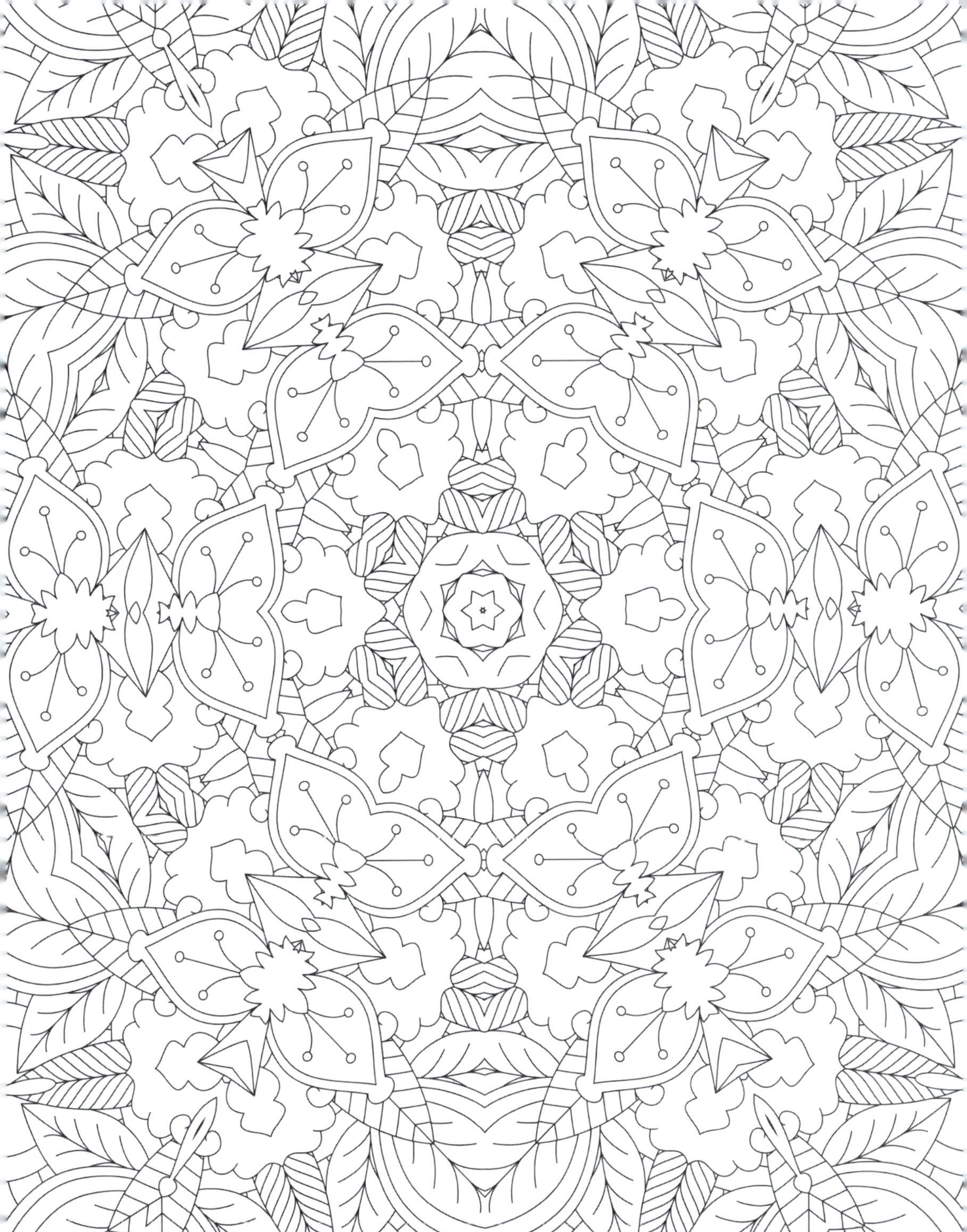

Hoy es un día perfecto para vivirlo a tu manera.

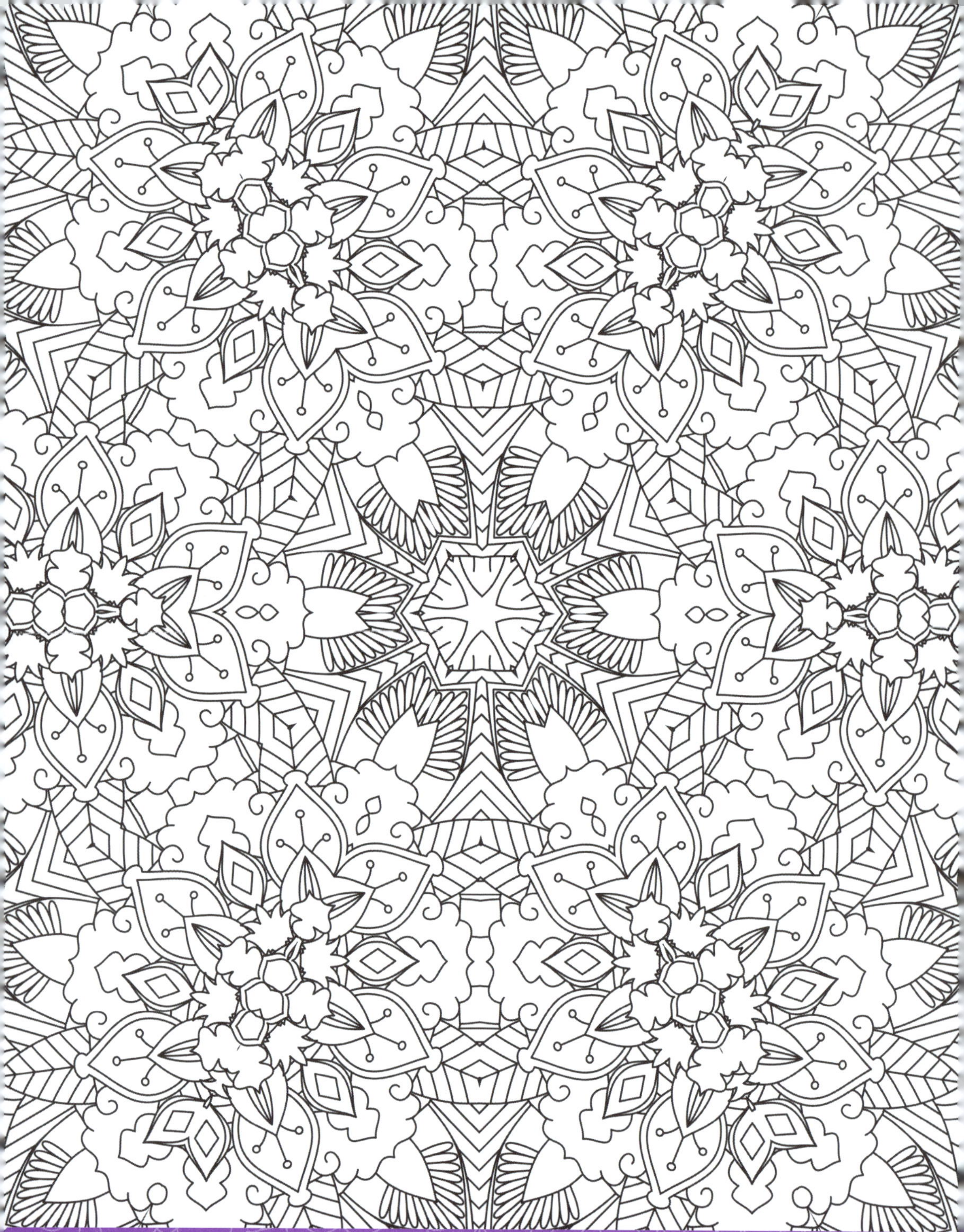

Si no sale el sol, dibújalo.

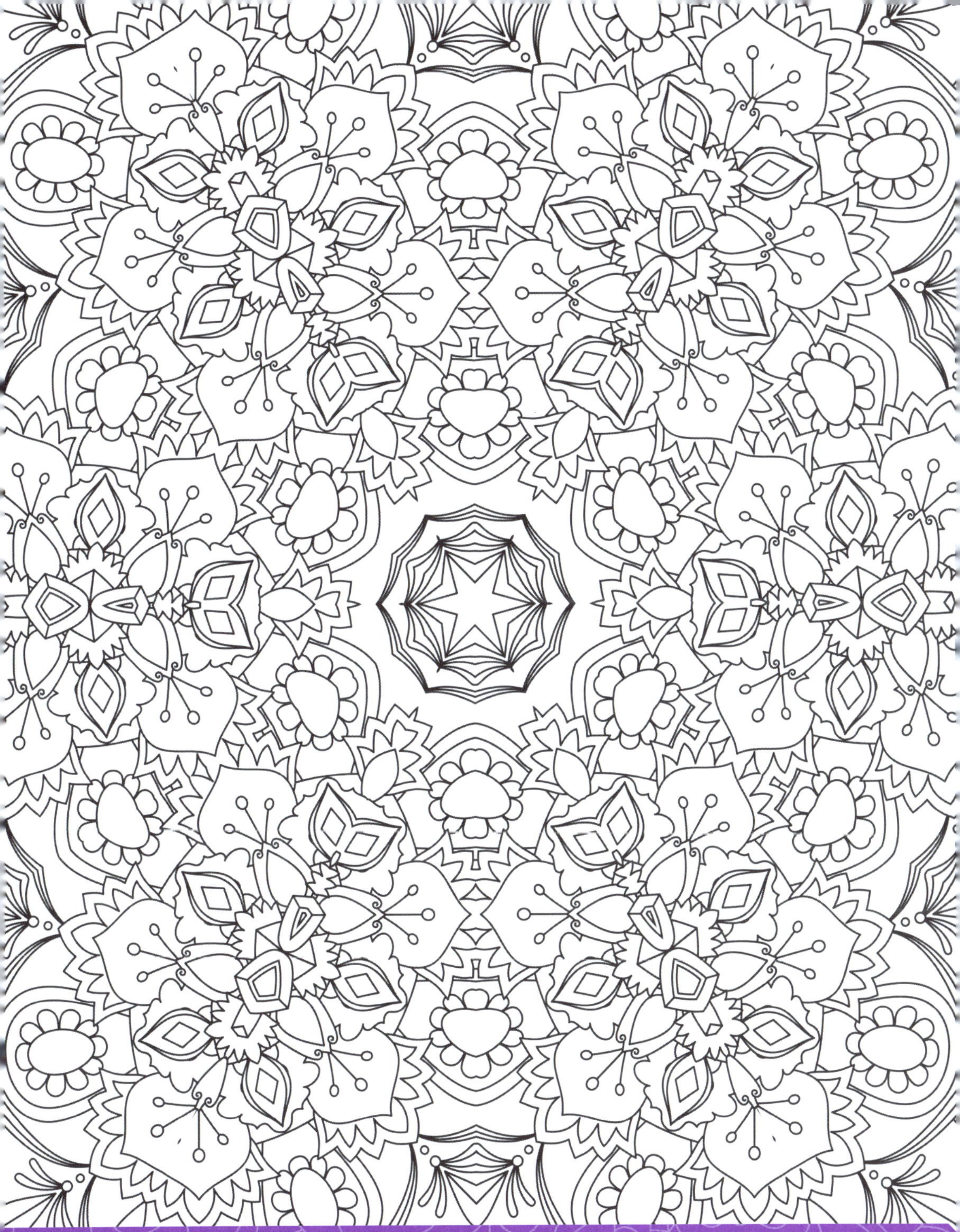

Nada es más valioso que este día. Aprovéchalo.

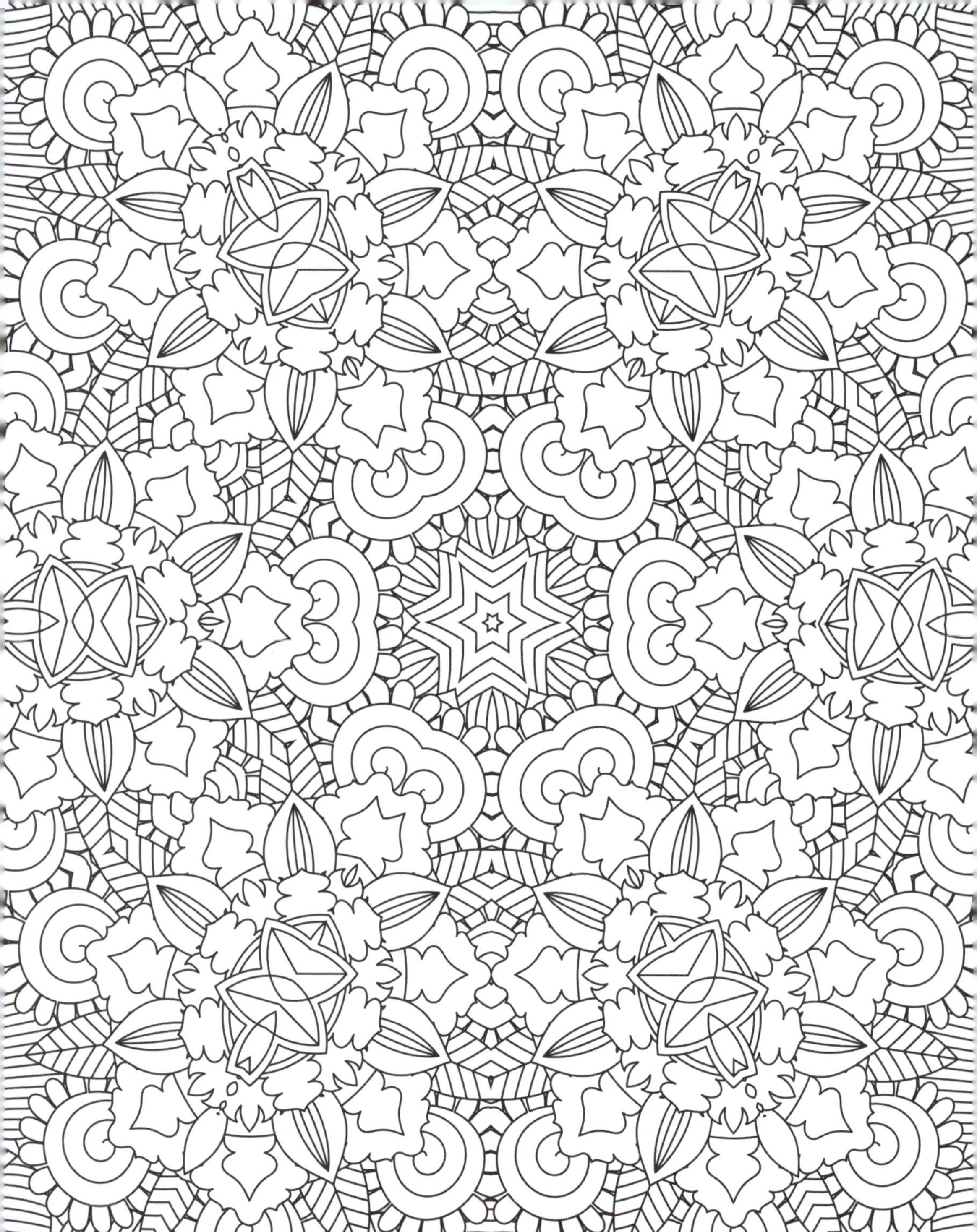

Va a pasar, porque tú vas a hacer que pase.

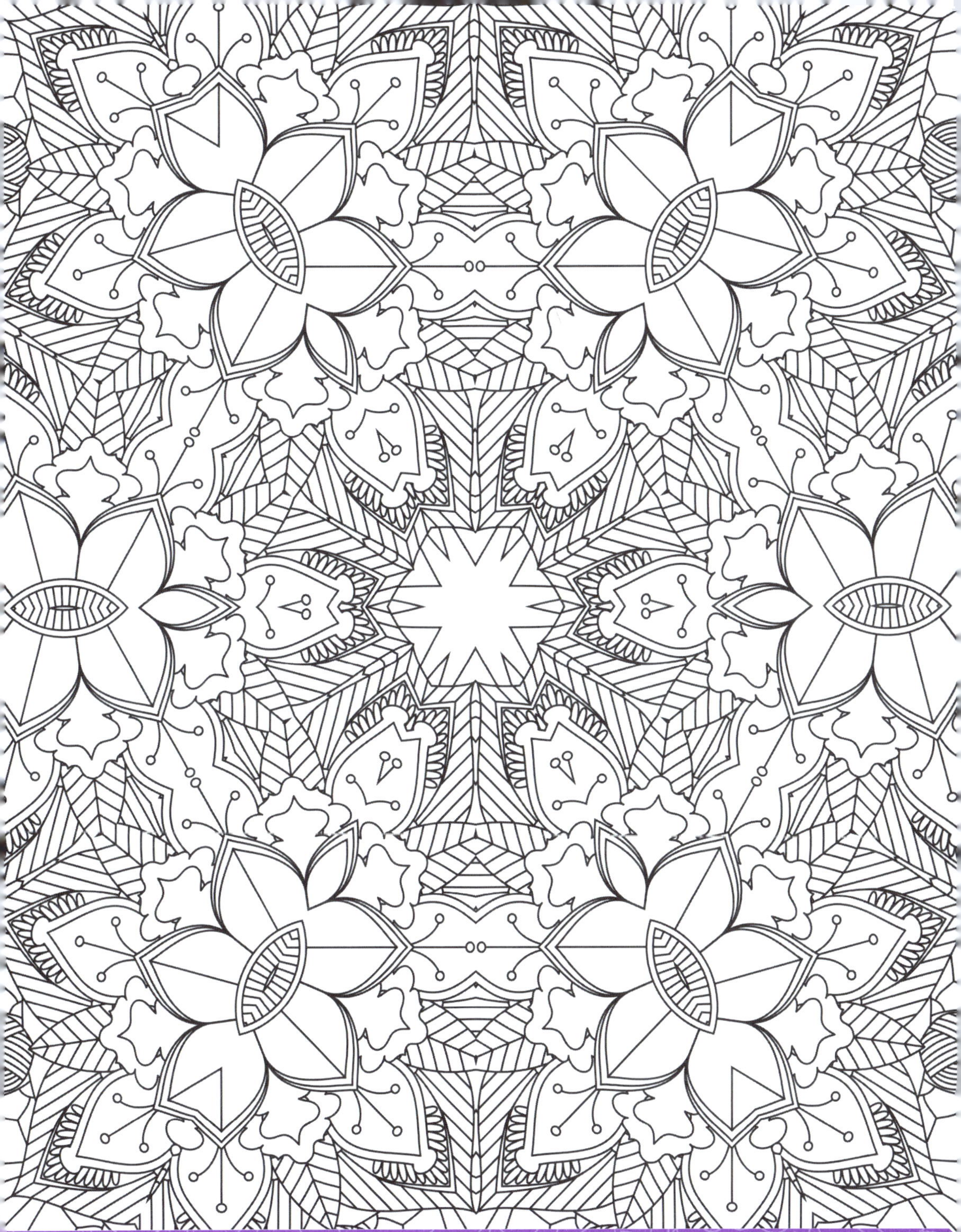

Cada mañana nacemos de nuevo.

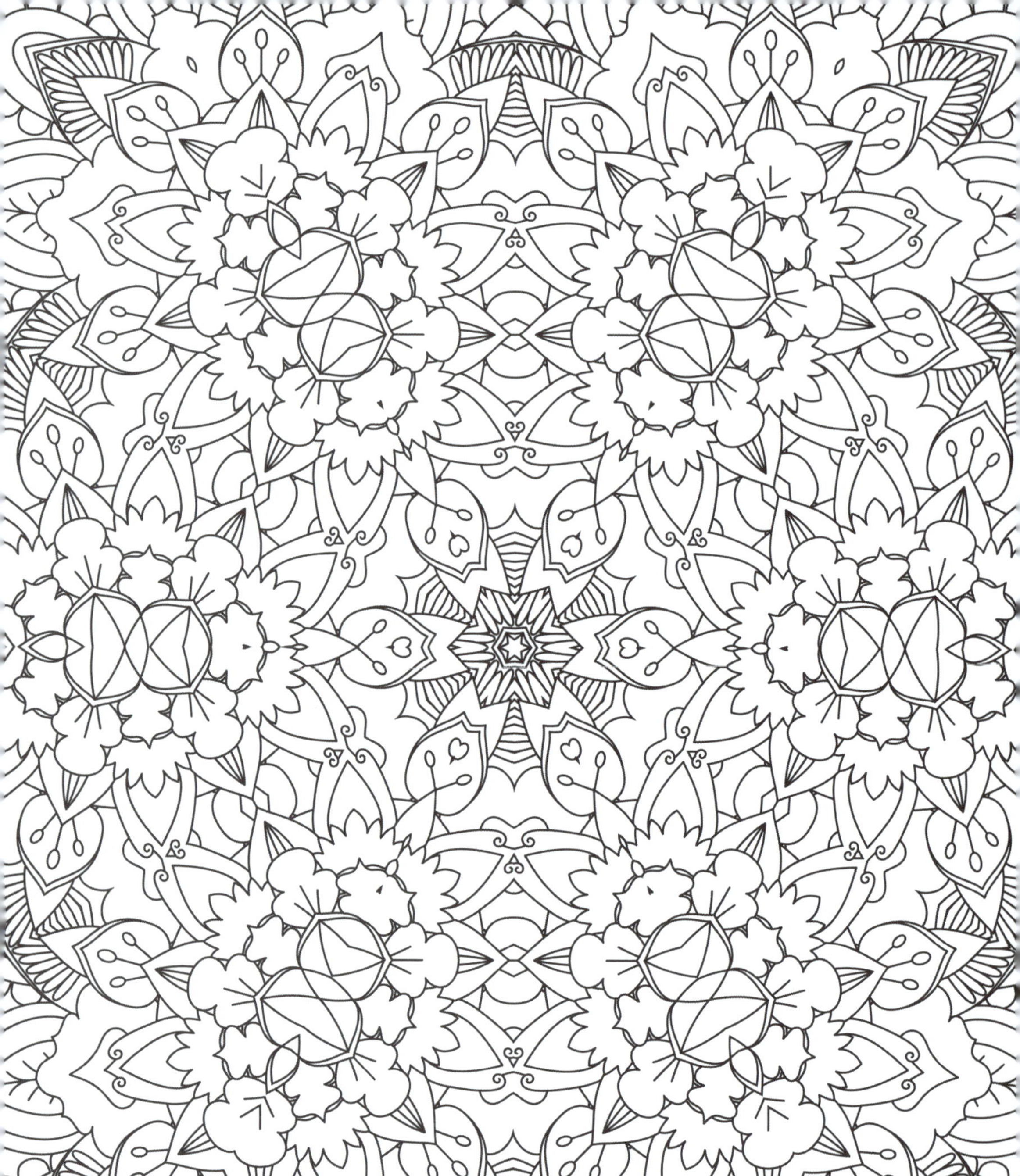

Cambia el mundo siendo tú mismo.

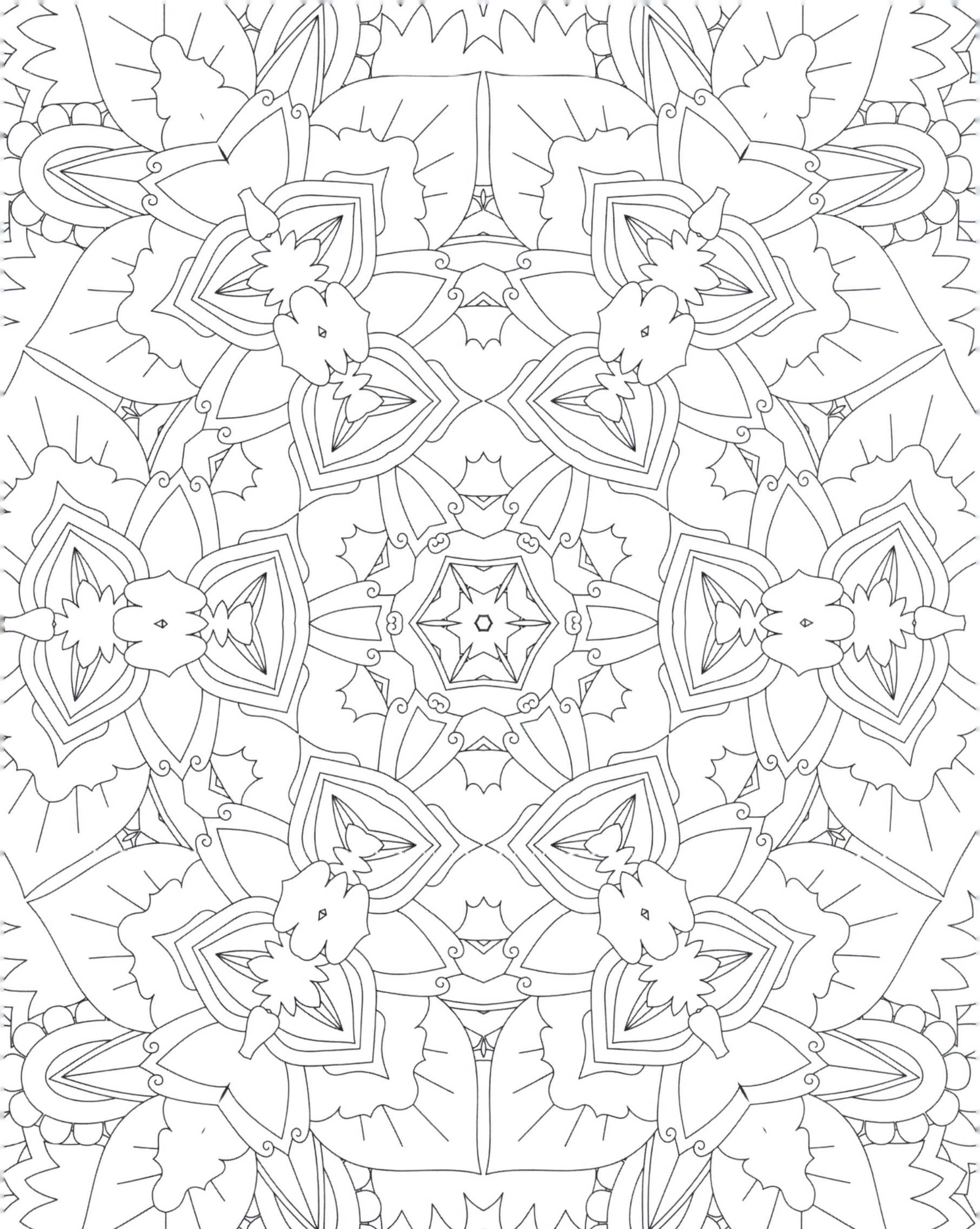

Quien con una sonrisa se levanta, un buen día le espera.

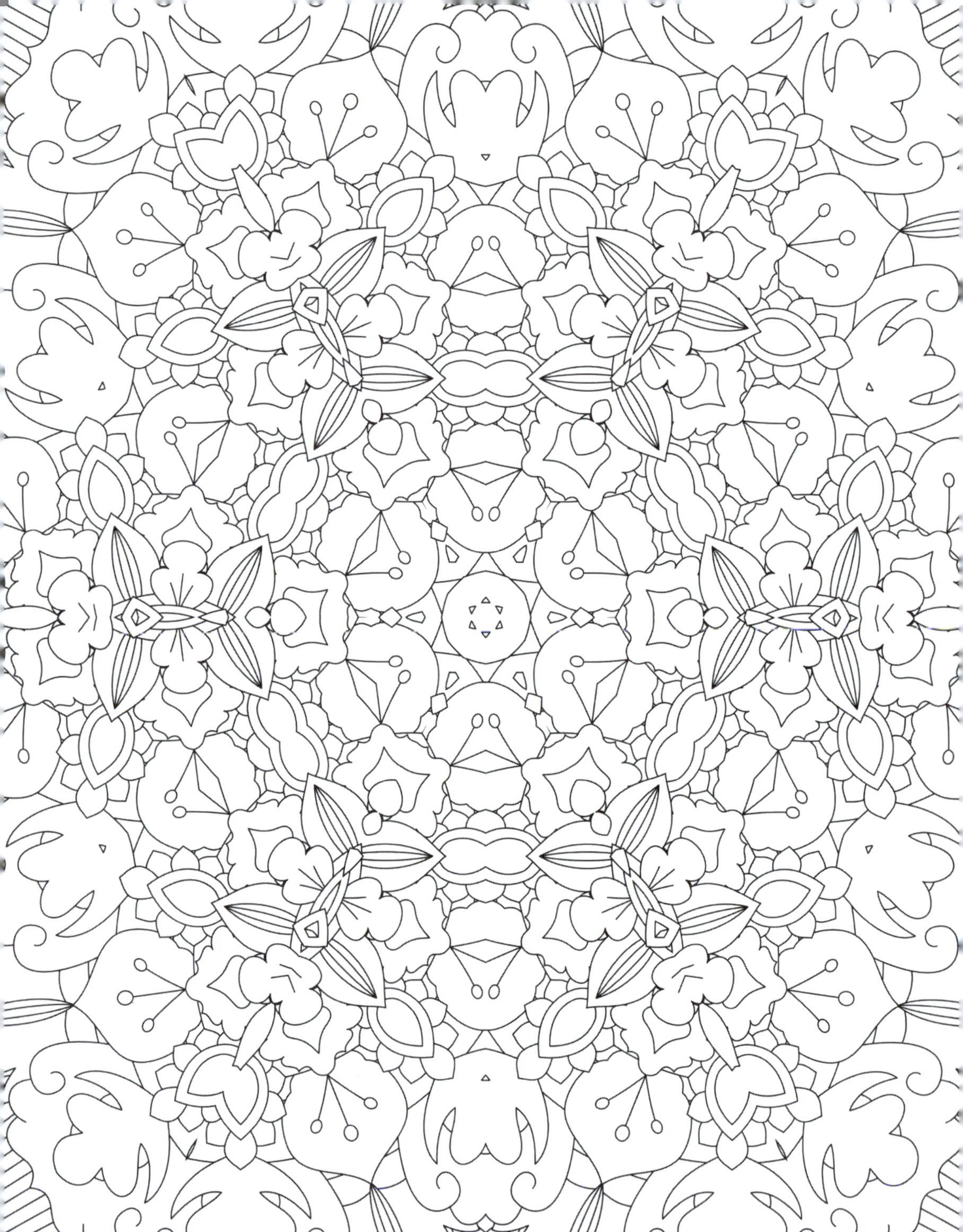

El ayer terminó, el mañana es incierto, solo cuenta hoy.

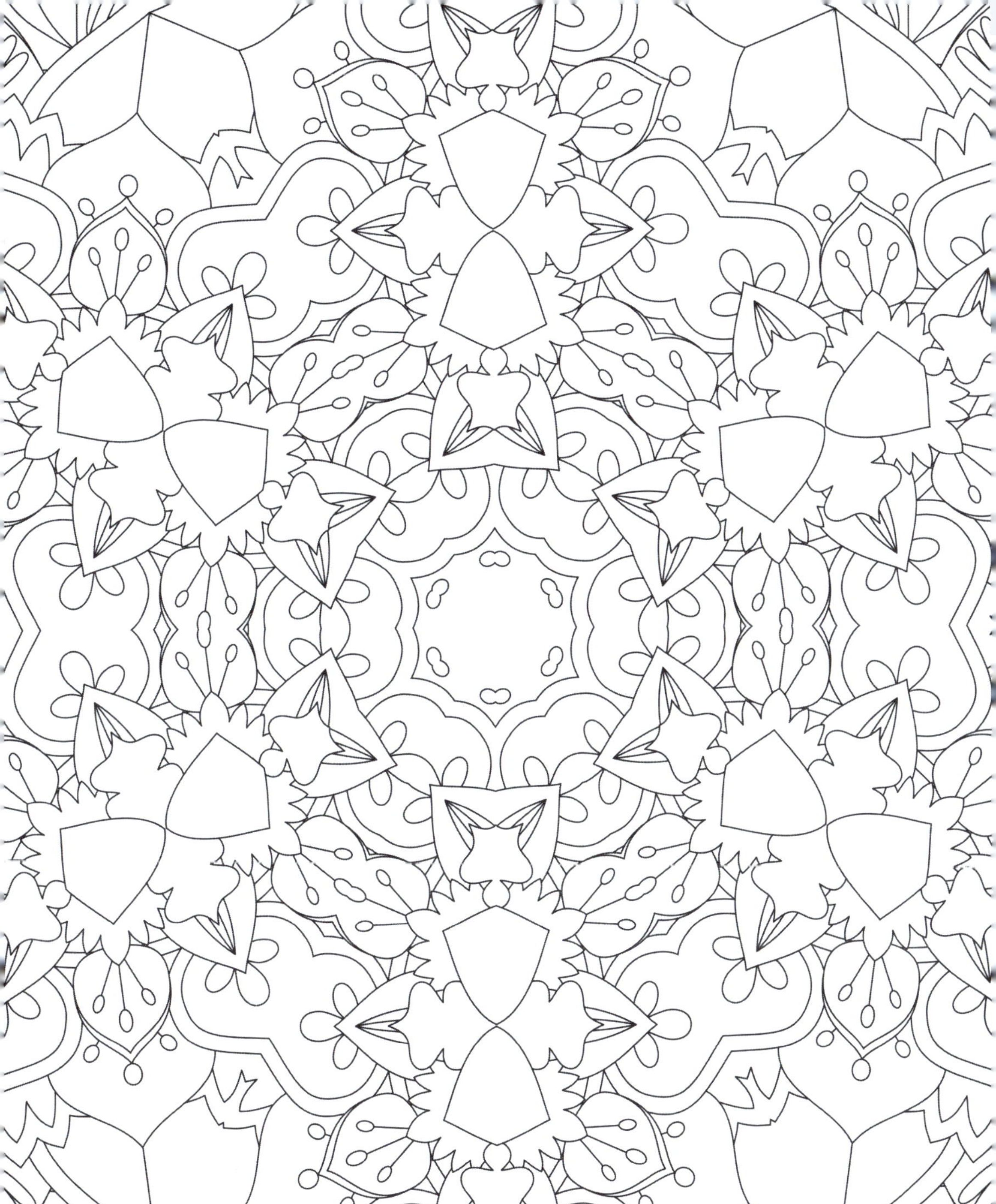

Dale a todos los días la oportunidad de convertirse
en el día más hermoso de tu vida.

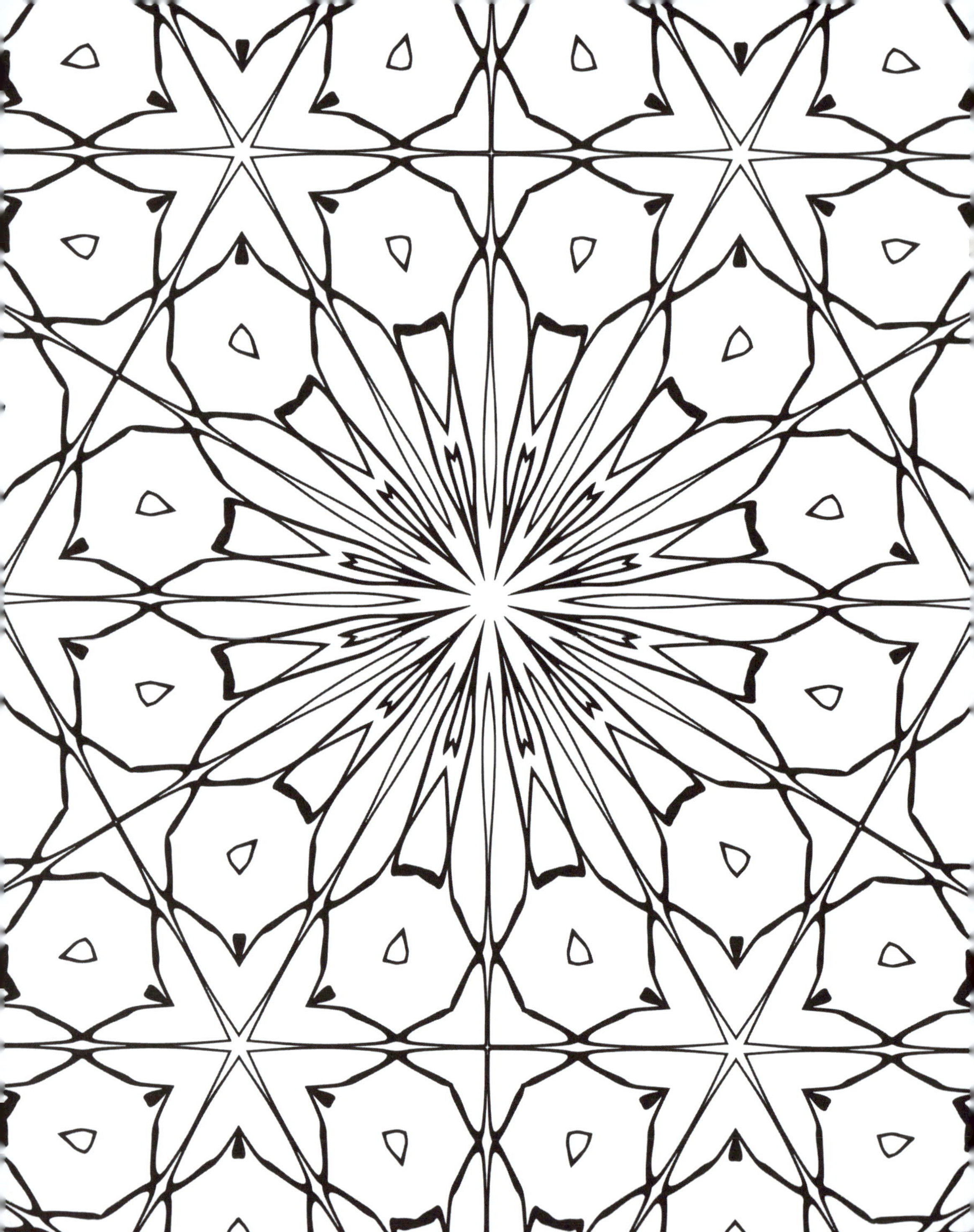

Tienes muchos sueños que cumplir en el día de hoy. Buenos días.

Cada día trae nuevas opciones.

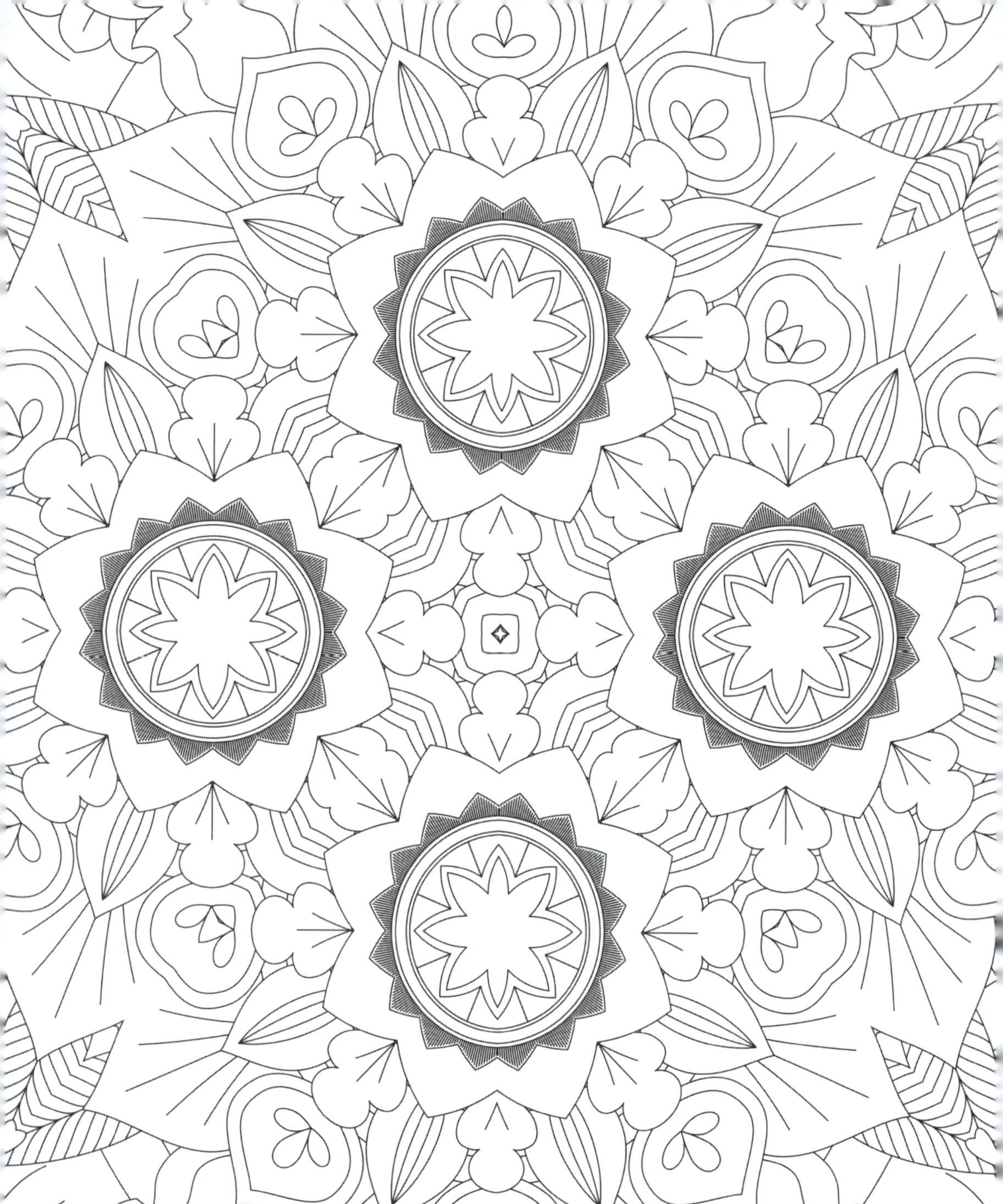

Ser buen perdedor es aprender cómo ganar.

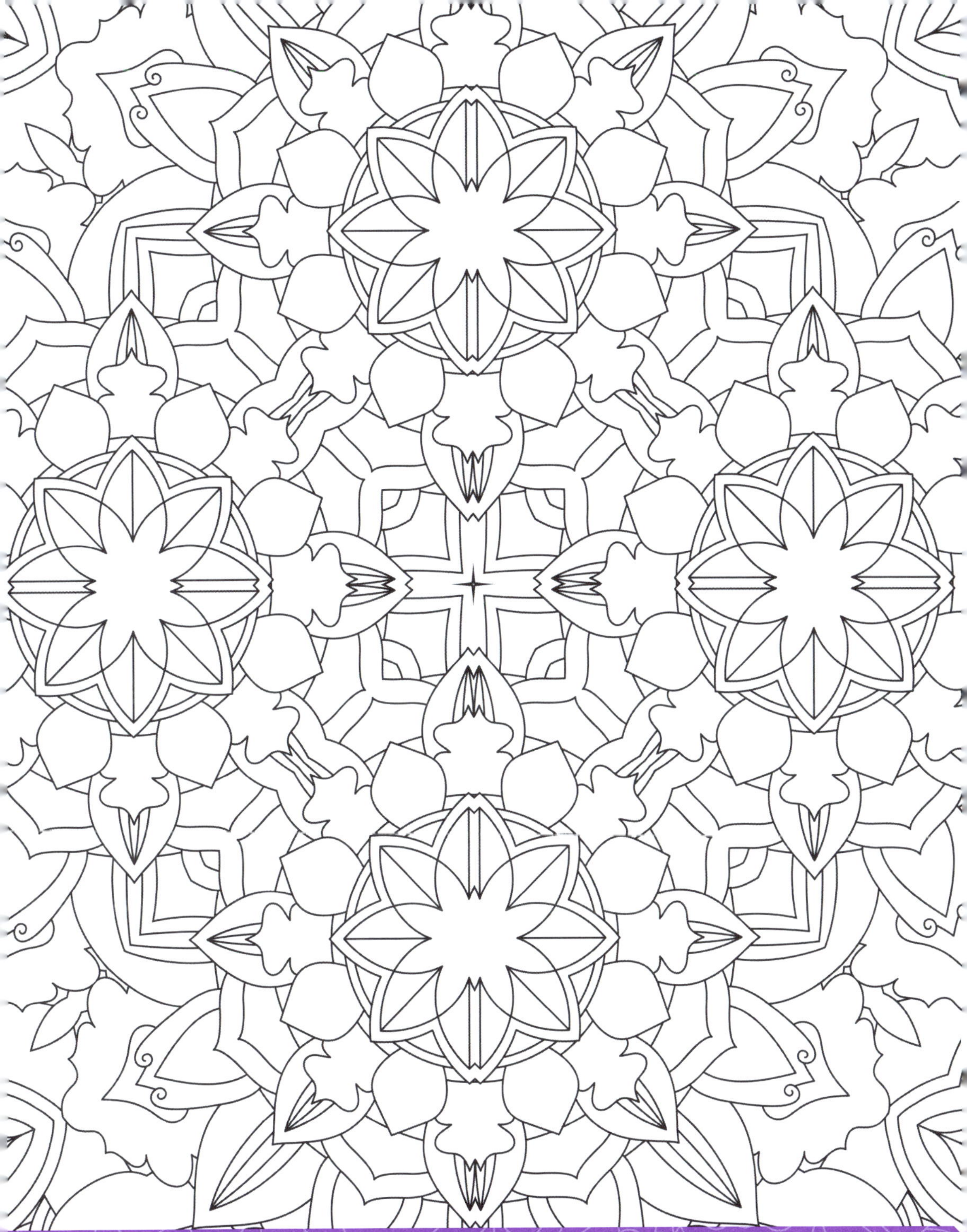

Detrás de las cortinas hay todo un mundo por conocer.

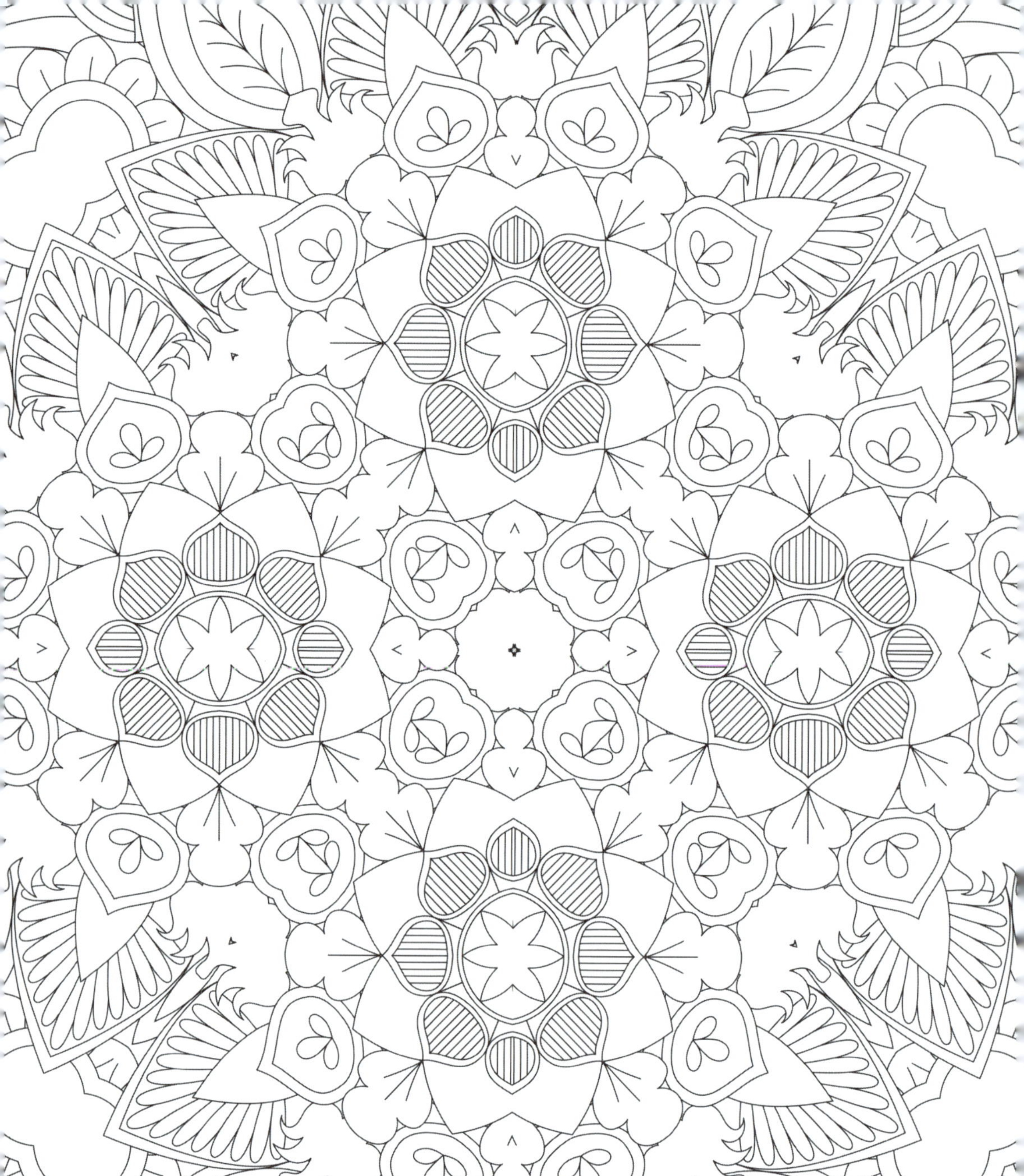

Cada mañana es otra nueva oportunidad de vivir algo increíble.

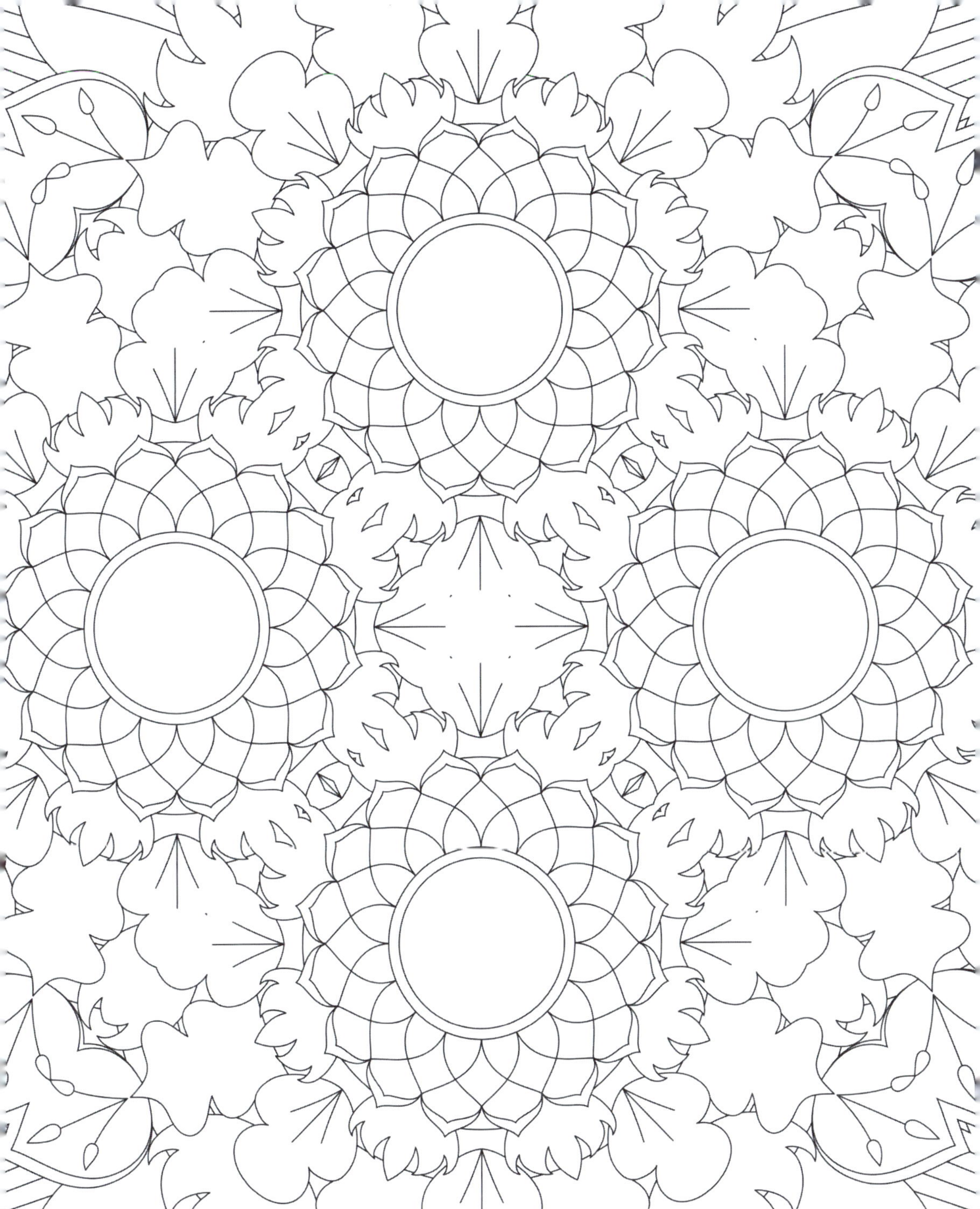

Pase lo que pase, o lo malo que parece haber hoy en día,
la vida continúa, y será mejor mañana.

En todos los días, hay 1.440 minutos. Eso significa que tenemos 1.440 oportunidades diarias para hacer algo positivo.

Empieza el día con pensamientos positivos y una sonrisa
y atraerás cosas y personas estupendas a tu vida.

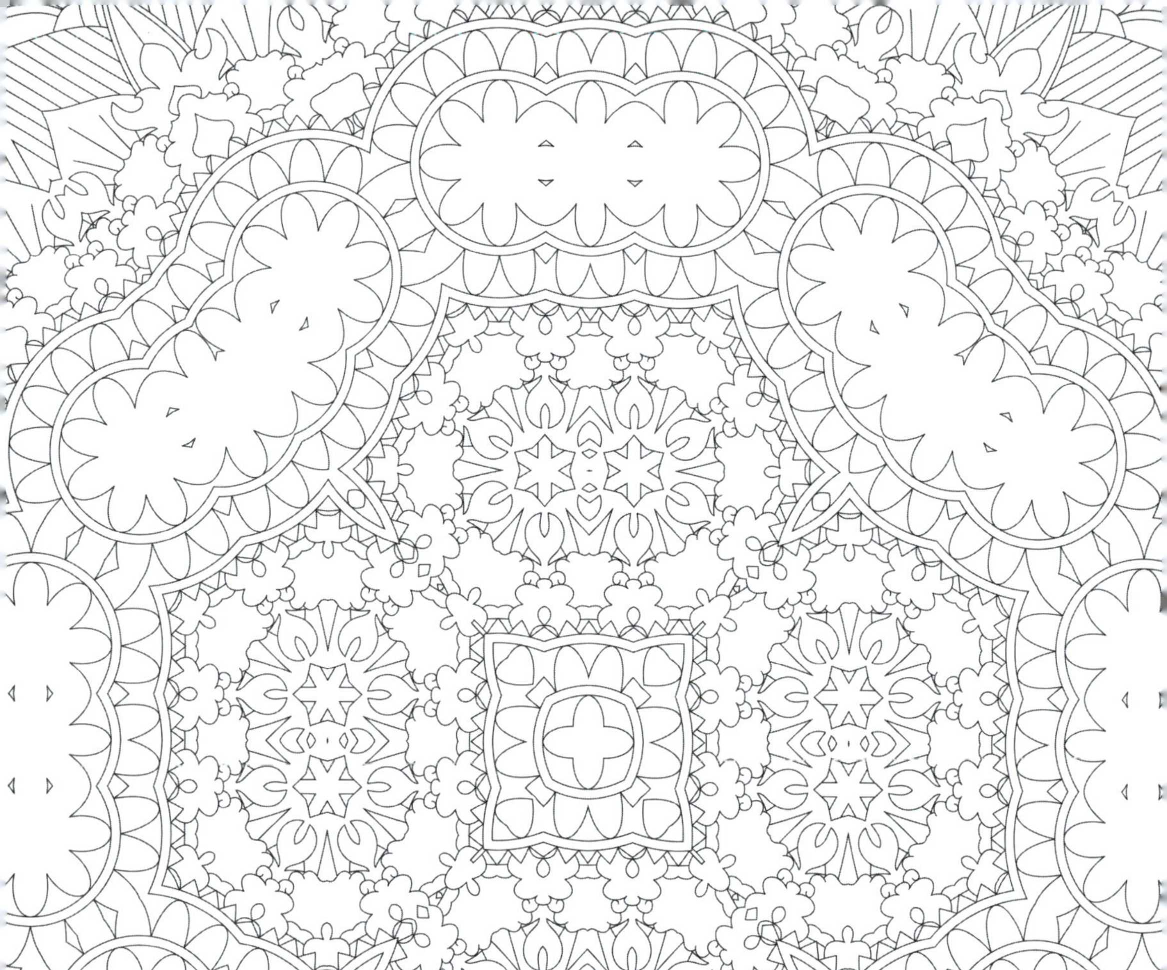

Hoy es el día en que vamos a comernos el mundo.

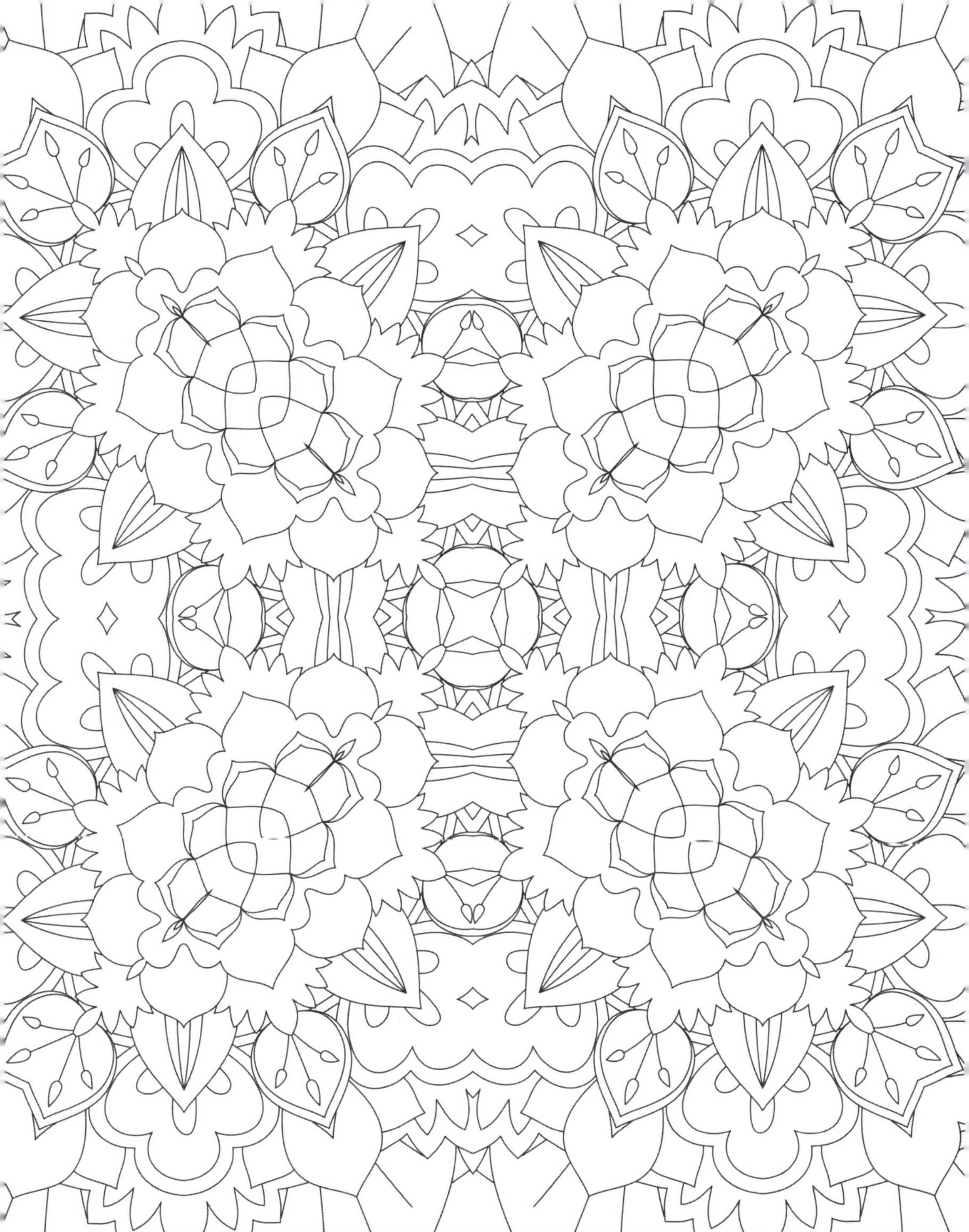

Si el día no ha merecido la pena, es porque estás acumulando sonrisas para el mañana.

¡Felicidades!

Has llegado al final del libro *Mandalas para mejorar tu concentración.* Esperamos que hayas disfrutado de la experiencia de colorear y que hayas encontrado la paz interior, la atención plena, la creatividad, la diversión y la visualización que estabas buscando.

Este libro ha sido diseñado para ayudarte a mejorar tu concentración de una manera divertida y relajante. Cada sección ha sido cuidadosamente creada para ayudarte a lograr diferentes objetivos, desde la relajación hasta la visualización creativa.

Recuerda que el acto de colorear es una forma poderosa de reducir el estrés y mejorar la concentración. Así que, siéntete libre de seguir coloreando y explorando tu creatividad y tu imaginación mientras te relajas y te concentras en el momento presente.

¡Gracias por elegir *Mandalas para mejorar tu concentración*! Esperamos que haya sido una experiencia enriquecedora para ti.

¡Hasta la próxima aventura de colorear!